GEWOON OMDAT IK GING

De titel van deze bundel is ontleend aan het verhaal 'Onderweg in Bosnië' van H.A. Bloemink, in *Adieu adieu sweet bahnhof*, de beste reisverhalen van 1987, bijeengebracht door Rudi Wester, Uitgeverij Contact, 1988

DE BESTE REISVERHALEN VAN 1988

GEWOON OMDAT IK GING

bijeengebracht door Rudi Wester

1989 *Uitgeverij* Contact Amsterdam

Eerder verscheen *Adieu, adieu sweet bahnhof*, reisverhalen uit 1987

Copyrights berusten bij de respectievelijke auteurs
© samenstelling Rudi Wester
Omslagontwerp Pieter van Delft, ADM International bv, Amsterdam met dank
aan alle postzegelontwerpers waarvan een ontwerp op het omslag is afgebeeld
in de collage.
Typografie Wim ten Brinke, BNO

CIP-GEGEVENS KONINKLIJKE BIBLIOTHEEK, DEN HAAG

Gewoon omdat ik ging: de beste reisverhalen van 1988 /
bijeengebr. door Rudi Wester. – Amsterdam: Contact
ISBN 90-254-6640-0
SISO 961 UDC 82-992 NUGI 470
Trefw.: reisverhalen.

INHOUD

INLEIDING

Er zijn mensen die helemaal niet van reizen houden, en het onzin vinden zich over de wereldbol te verplaatsen. Ter illustratie van hun opvatting halen ze dan het bekende *Reis door mijn kamer* (1793) van Xavier de Maistre aan: 'Het plezier dat je beleeft door in je kamer rond te reizen, is gevrijwaard van de ongedurige afgunst der mensen en is niet afhankelijk van het fortuin.' Minder bekend is dat de auteur het schreef tijdens een zes weken lang gedwongen huisarrest, wat toch een ander licht werpt op deze vorm van reizen.

Wat zijn trouwens de motieven om op reis te gaan? Vroeger werd nogal eens aangegeven dat het vooral ter verdrijving van de verveling was, een rusteloze zoektocht naar de einder. Søren Kierkegaard verzucht in *Entweder-Oder* (1843): 'Men is het zat op het land te leven, men reist naar de hoofdstad; men is zijn vaderland zat, men reist naar het buitenland; men is "Europazat", men reist naar Amerika enzovoort, men geeft zich over aan een fanatieke hoop op oneindig reizen van ster tot ster.'

Maar verveling drijft de moderne reiziger zelden, of in elk geval schrijft hij er niet over. Wat vooral opviel bij het doorlezen van reisverhalen die in 1988 verschenen zijn, is dat veel reizen 'in het voetspoor van...' gemaakt werden. Ethel Portnoy ging naar Sardinië om te zien wat er van de plekken die D.H. Lawrence in zijn *Sea and Sardinia* beschreef, overgebleven was. Carolijn Visser wilde 'een gedeelte van de reis volgen die de Hollandse heren ruim driehonderd jaar geleden maakten' langs en over de Parelrivier in China. Karel Knip moest absoluut de laatste reis van de *Plancius* meemaken en noteert vol ongeduld: 'Varen willen wij, weg van de blubber, de auto's, de crossmotoren, de sneeuwscooters, de surfers en de kolencentrale die onze *arctic dream* verzieken.' Jan Donkers nam de onmogelijke taak op zich de mysterieuze auteur B. Traven in het uiterste zuiden van Mexico te traceren. En Guido Golüke schreef bijna nog mooier over Biswas dan Naipaul zelf.

Dat reisverhalen 'in het voetspoor van' geschreven worden, heeft ongetwijfeld te maken met het feit dat reizen, zodra je buiten de kamer van de Maistre komt, geld kost. Een mooi literair doel zal krante- en tijdschriftredacties eerder bewegen daar iets voor vrij te maken dan voor 'zomaar' een reis. Ook zal het zeker te maken hebben met de persoonlijke obsessie van de schrijver die, misschien gedreven door Cees

Nootebooms definitie van de reiziger als 'controleur van de werkelijkheid', wel eens met eigen ogen wil aanschouwen of literatuur en werkelijkheid iets met elkaar te maken hebben. Angst, verwachtingen en teleurstellingen kleuren dan zijn verhaal. Want, zoals Kees Ruys zo mooi schrijft in 'De lachende schedels van Kuching': 'Het vreemdste ogenblik van elke reis naar plaatsen waar je nog niet eerder was: het ogenblik waarop de lang bewaarde voorstelling zich met de waarheid meet, niet past en wordt vervangen, voor altijd.' Dat overkwam in Brest Matt Dings, die de reis van Flaubert door Bretagne dunnetjes overdeed: 'Ongelovig loop ik er rond. Goed. Deze straat is wel zéér mies, maar om de hoek? Om de hoek is het net zo. En dat plein dan? Erger. Het volgende blok? Hetzelfde.'

Moeten reizigers alleen reizen? Je zou bijna denken van wel, als je Robert Vachers klaagzang over reisgenoot Ivan leest of Joop Waasdorps prachtige observaties over 'het onderontwikkelde kameraadschapsgevoel' van zijn vaargezel. Reizen zal altijd een individuele, eenzame aangelegenheid blijven, ook al reist men met meerderen. Of, zoals Inez van Dullemen het uitdrukte: 'De reis naar buiten is, als 't goed is, tegelijk een reis naar binnen. Al reizende stel je je zelf voortdurend op de proef.'*

Dat wij over deze beproevingen, deze tartingen van het lot en het genot dat dit verschaft, kunnen lezen is een geluk dat ons steeds meer ten deel valt. Want de goede reisliteratuur, ooit een stiefkind in de letteren, groeit en bloeit als nooit tevoren. Niet iedereen luistert naar Remco Camperts mooie verzuchting: 'Reizen behoort tot de grote vreugdes in het leven. Maar erover schrijven: nee.'

Rudi Wester
Amsterdam, februari 1989

___

* Uit: *Onze Wereld*, juli 1988.

ONWERKELIJK

Thuis in Amsterdam heb ik er geen last van. Daar loop ik door mijn kamer en weet dat het mijn kamer is en dat ik het ben die erdoor loopt. Ik hoef er geen seconde over na te denken.

Ik kijk uit het raam de straat in en weet dat het een straat in Zuid is, een jaar of honderd geleden gebouwd, met dat speciale, ook op de helderste dag ietwat vergane, licht waarin deze buurt zich drenkt.

Ik weet dat allemaal zo goed dat het niet in mijn hoofd opkomt om me af te vragen of het wel zo is. Dit ben ik en dat is de straat en straks doe ik de deur open (die klemt een beetje) en loop ik in die straat.

Dat is de werkelijkheid, even werkelijk als de nagels van mijn tenen of de glasbak op de hoek.

Maar al deze ogenschijnlijk zo onwrikbare gegevens – dit ben ik en dit is de wereld – komen op losse schroeven te staan zodra ik op reis ben. Elke vanzelfsprekende zekerheid verlaat me.

Dat begint al in de trein tussen, laten we zeggen, Dordrecht en Roosendaal. Bestaat het echt wat ik zo snel aan me voorbij zie trekken?

Je moet aannemen dat het zo is, maar het liefste zou ik iedere honderd meter willen stoppen om na de aanwezigheid van de kiezels op de spoordijk onder mijn voeten te hebben vastgesteld het weiland in te lopen en even op zo'n houten hekje te zitten of met mijn hand door het slootwater te gaan.

Ik zou ook de deur van zo'n gammel schuurtje kunnen openen en in het duister ervan een hark en een schop en een stapel jutezakken ontwaren. Dan zou het al een stuk werkelijker worden.

En deze gewaarwordingen hebben dan nog betrekking op het vaderland.

Onlangs was ik in Indonesië. Daar zat ik iedere dag bij zonsondergang op de voorgalerij van het kleine hotel in Menteng – een soort Zuid van Jakarta. De sateverkoper kwam langs met zijn karretje, even later de man van de gestoomde rijst, weer later die van de limonade.

En steeds moest ik mezelf inprenten: ik zit nu in Indonesië op een voorgalerij en die meneer verkoopt sate en daar groeit een bananeboom en ik zie hoe het snel donker wordt en ik ruik zware zoete geuren.

Maar met hoeveel nadruk ik dit ook tegen mezelf zei, ik bleef het gevoel houden dat het niet waar was, dat ik mezelf maar wat wijsmaakte.

Ik benijd de mensen die over reiservaringen kunnen schrijven. Het enige dat ik zou kunnen noteren is dat ik heel gelukkig was, maar dan ben je gauw klaar. En trouwens: was ik ik wel?

DENS VROEGE

HET LAATSTE REISVERSLAG
VAN JOOP WAASDORP

'Je moet er wat voor doen, hoor, als je wilt verkassen. En dan heb ik
het nog niet eens over de centen, maar over de moeilijkheden. Je weet,
ik ben een strandjongen. Alles uit. Spiernaakt. Tegen dat klimaat hier
kan ik niet. Ik wilde het Spaanse klimaat. Mijn grote tocht daarnaar
toe is goed uitgepakt. Ik heb goed gegokt.

We schrijven het jaar 1982. Toen ik tegen m'n AOW liep had ik het
in mijn hoofd gezet om naar Spanje te gaan met de boot. Misschien
had ik zes, zeven jaar eerder kunnen gaan, maar ik was toen nog druk
met de schrijverij, ook wel eens een radioprogrammaatje. Alles op uit-
nodiging, hoor.

Mind you: nooit ergens om gebedeld. Dat doe ik niet. Dan verrek-
ken ze maar. Ook wel eens op televisie. Mijn verhalen las ik voor in
literaire clubs op het toneel. Ik heb dat met veel plezier gedaan, want
je werd zo ook nog een soort acteur.

Af en toe nog wel eens een reportage voor *Het Vrije Volk*. Na afloop
werd ik door ze in het Hilton Hotel ondergebracht. 's Nachts wilde ik
een raam opendoen, maar het was allemaal airconditioning, dus dat
ging niet. Verrek, dacht ik, ik stik hier van benauwdheid.

Maar een mooi leven en als ik onderweg wilde zijn heb ik het zeker
niet zonder plezier gedaan. In 1982 heb ik de ouwe Albatros vaarklaar
gemaakt en dat was geen kleinigheid. Die winter heb ik elke dag, ook
zaterdag en zondag, aan de boot gewerkt. Ik had er een mooi dieseltje
in, maar dat was stuk. Op de brommer door Nederland geraasd naar
een adres en ter reparatie gegeven. Aardige mensen. Ze belden mijn
vrouw op dat het een dure reparatie zou worden. Nou, zei mijn vrouw,
doet u het maar, want hij wil toch varen.

In de eerste week van mei was alles voor mekaar en in de derde
week, bom op dat halve jaar van werken dat je groen wordt, de grote
reis. Die winter is geen sinecure geweest, hoor.

En dan is het: welke route neem je. Je kunt via Gent, Belgium naar
Noord-Frankrijk. Je kunt ook de oostroute nemen, de Belgische Maas.
Maar eerst moet ik je wat anders vertellen. Moet je niet lachen.'

Ik lach niet.

'Ik ben samen met een ander gegaan. Ik in mijn boot, hij in de zijne. Dat was een zekere Roelof. Ik had hem op het IJsselmeer leren kennen. Hij was wat ouwer dan ik, zat ook tegen z'n AOW aan en was vliegtuig-technicus geweest. Wij gingen dus uiteindelijk met zijn tweeën weg.

We hebben toen de godsmazzel gehad dat het een prachtige zomer was in 1982. Door Nederland voeren we naar België en op de Ooster-schelde raakt hij tussen de takken. "Roelof," riep ik, "dat zijn takken, die zijn voor huisgebruik. Dat is voor mensen die de rivier kennen, want als je tussen de takken raakt, zit je als vreempie helemaal niet goed." Want daar was ik al eens op gestrand.

Op de Westerschelde werd Roelof bang en dat was idioot, want er was niks om bang voor te zijn. Het was prachtig weer. Niks aan de hand. Toen werd-ie bang. Sluis na sluis. Van die kolere grote sluizen, Terneuzen. Daar kwamen we bij Sas-van-Gent. Dat is de grens. Dat is een no man's land, dat is gewoon een betonnen kaai waar ook de douane is.

Nou ligt daar een schepie, een tankertje met gevaarlijke stoffen. Daarna kwam een open ruimte en dan kreeg je die grote binnenvaart-bakken met tweeduizend PK erin. Ik zeg: listn' man, Roelof, hier is een mooi leeg plekkie. Nee, gevaarlijk, daar mag je niet liggen, zei hij. En ik ook een oliebol luister naar hem, dus wij schuiven met zijn tweeën – mijn stomme fuckin' schuld ook, hoor – achter een lege bak, die aan een draad vastligt vanachter, want zo'n schipper holt even naar de douane en dan meteen terug en weg. Ik oliebol ga er ook achter en wij maken daar vast. Ik zal het mezelf altijd kwalijk blijven nemen.

Goed, bij de douane geweest. Ik manoeuvreer er weer uit en zeg: ik zie je zo. Da's goed hoor, riep hij, dag hoor, ga maar. Maar al wie ik zag, geen Roelof. Ik maar wachten. Daar kwam hij eindelijk aan. Wat denk je? Die bak was gaan dwalen en die heeft hem met die kont een opdonder verkocht zeg. Hij had van die schuurlijsten van dik staal, daar zaten zulke deuken in. Hij is binnen tegen de grond gesodemie-terd, heeft zich nog behoorlijk bezeerd, zo is-ie gemangeld tussen die bak en de wal.

Als ik daar gelegen had met m'n houten schepie was ik er misschien bij dood gekomme, hè. Ik zeg: "Dat heb je nou, maar ik ben net zo'n klootzak geweest als jij dat ik er ook achter kroop." Het was bijna voor ons afgelopen hoor in Sas-van-Gent. Dat heb je op zo'n reis, zulke klo-te dingen. Afijn, vergeet dat maar weer.

In België sluis na sluis. In Kortrijk hebben we in de stad gelegen. Dat was wel leuk. Toen Noord-Frankrijk. Daar is een tunnel. Rood en groen licht. "Het is groen hoor," zegt een Fransman, "u kunt door." Wij erin, pom-pom-pom-pom. Een soort metrotunnel moet je je voorstellen.'

Die tunnels zijn toch verlicht?
'Yes, maar medium. Zo schemerig. Zo'n druipende tunnel.'

De mast gestreken?
'Ja, de hele reis al. Je kunt nergens zeilen. Het is sluissies, bruggies, zandbanken. Zeilen is er niet bij.'

Ik sprak iemand die beweerde dat je op bepaalde stukken van de Rhône je motor in zijn achteruit moet zetten vanwege de sterke stroom.
'Niet helemaal gelul, maar wel voor een deel. Kijk, toen die Rhône nog niet gekanaliseerd was, was het niet te harden. Dan moest je een gids hebben. Daar zijn de gruwelijkste dingen gebeurd, maar de Franse staat heeft dat gekanaliseerd. Nu is die Rhône getemd en tussen de sluizen ga je stroomafwaarts. Zeer aangenaam. Maar de motor in z'n achteruit. Dat is zuiver gelul. Niets van waar.

Maar nu die tunnel dus. Mijn maat voer voorop, ik erachter en aan die tunnel kwam geen eind. Geen end aan! Dat was ook geen wonder, want hij was vier kilometer lang. Geen tegemoetkomend verkeer. Nee, wachten aan de andere kant, pom-pom-pom-pom, op de motor. Na een hele tijd zo'n klein gaatje licht. Net een omgekeerde verrekijker. We waren erdoor, maar dat was niet leuk hoor.

Noord-Frankrijk door en dan kom je ten slotte vanuit het noordwesten op Parijs aan. Roelof wist een plekkie waar je in de stad mooi kon afmeren, maar een storm hadden we. Jezus, wat stormde het op die Seine. En een verkeer: grote bakken, duwdingen, Jezus, Jezus, iets verschrikkelijks. En een zee dat er liep. Gelukkig mee. En in de verte zag je de skyline van Parijs met die enorme flatgebouwen. Toen we eindelijk bij Roelof z'n plekkie aankwamen mochten we daar niet afmeren. Kon niet, mocht niet. Kon hij natuurlijk ook niks aan doen. Dus wij verder en via allerlei doorvaarten komen we eindelijk in het centrum van de stad, Île de la Cité, het eilandje waar de Notre-Dame staat. Nou ja, dacht ik, we zijn er tenminste, want die noordwestinvaart is verschrikkelijk. Urenlang fabrieken, ellende en nergens aanmeren, niks. Verschrikkelijk, echt waar.

Afijn, in de Seine komen we te liggen tegen een woonboot. Roelof, mijn maat, was van plan voor een maand in Parijs te blijven, want hij had daar kennissen. Maar in no time kregen we ons buik vol van Parijs. We lagen maar tegen die woonboot te bolderen, overdag en 's nachts rondvaartboten, andere boten, je deed geen ene nacht een oog dicht. We zijn gewoon gevlucht. Zuidoostelijk verlieten we Parijs weer. Langs een kronkelende rivier en dat was wel aardig. Ten slotte kom je dan terecht in het negentiende-eeuwse kanalensysteem. Steeds weer sluissies. Als je een kilometer hebt zonder sluizen mag je je handen dichtknijpen. Het houdt niet op. Ze zijn gratis, maar de schipper moet de sluiswachter helpen ze open en dicht te draaien. En er komt geen eind aan, het houdt maar niet op. Ik kan het je niet in woorden vertellen hoe erg dat is. Er was een Fransman met een klein bootje die er ook niet meer tegen kon. Op een gegeven moment kwamen we alwéér bij zo'n sluissie en die sluiswachter had een hondje, een vreselijk misbaksel en wat denk je dat Roelof zei? "Wat hebbu een lief hondje." Nou vraag ik je. Ik zeg: "Roelof, dat is geen hondje. Dat is een afschuwelijk mormeltje. En die bloemen die jij zo mooi vindt zijn van plastic. De Franse cultuur is kapot. Het is niks meer."

Nee, het ging op het laatst niet lekker meer. Weer kwamen we bij een plaatsje en lagen er in een volle sluiskolk. We keken haast over de sluismuur heen. Roelof was ineens vertrokken met zijn boodschappentas. Het probleem was dat het niet boterde tussen Roelof en mij.

Een van de eerste sluizen die je hebt als je uit Holland vertrekt is die grote, stinkende Volkeraksluis. Je kent hem wel, die grote sluis naar de Oosterschelde. Vol met jachten en je weet hoe dat gaat: ze stampen er maar een zootje in en Roelof lag daar al netjes vlak voor de deuren te wachten. Maar ik was nog niet zo ver, want er waren andere jachten voor mij. Ik moest opvaren en dat ging niet, dus buiten mijn schuld ging het een beetje mis. Een bocht maken en weer opvaren. Dat zijn spannende momenten. Daar hoef ik je niks van te vertellen. Maar Roelof heeft geen ogenblik omgekeken hoe ik het maakte. Dat vind ik geen kameraadschap. Zeker niet als je allebei alleen op een boot zit. Dan denk je toch: verrek, hij maakt het even niet zo leuk. Maar ik dacht, nou, pech gehad. Zeker een onderontwikkeld kameraadschapsgevoel.

Eén ding zal ik je zeggen: toen ik het achter de rug had wist ik één ding zeker. Ik dacht dat rotten fuckin' kanalensysteem doe ik nooit meer. Niet naar het noorden en niet naar het zuiden. Nooit meer. En dat wilde ik nog wel bij de notaris vast laten leggen ook.

Na de laatste grote sluis ben je er eindelijk af. Dan zijn die kleine sluissies afgelopen. Jongen, dat is een bevrijding. Een bevrijding. Dan ben je er eindelijk door. Dan vaar je op de Saône, een mooiere rivier dan de Rhône. Het is daar dan ook mooi weer aan het worden, want ik spreek nu van juni. Daar hebben we nog een week moeten wachten, want er haperde iets aan een sluisje. Roelof ging aan de verkeersweg liggen in de gloeiende zon. Ik aan de landelijke kant onder de bomen. Er was alleen geen paal om af te meren. Ik zeg: ''Roelof, je ligt hier goed. We rammen een stump in de grond, dan kun je hier ook afmeren.'' Maar nee. ''Ik lig hier prima,'' riep hij. Ik zeg: ''Please yourself.''

Op een zaterdag kwamen we op een plek met graswallen waar je kon zwemmen. Dat was een verademing, want ik was er op het laatst heel slecht aan toe. Door de hele expeditie had ik geestelijk zo'n opdonder gekregen. Dat mag je gerust weten. Als er toen iemand was gekomen die had gezegd: ik geef je zoveel voor die boot, dan had ik gezegd: oké, geef maar op, dan zie ik wel hoe ik weer in Holland kom. Ik kon niet meer overeind. Mentaal dan. Ik heb die tocht zwaar onderschat en ik kon het niet meer aan.

We lagen daar in een soort verbreding met een klein graanmalerijtje en een zandstenen kaai. En ik had de moed echt laten zakken. Ik dacht wat lig ik hier heerlijk. Waarom blijf ik hier niet tot er een of andere gek komt die die fuckin' boot wil kopen? Zo ver was ik, daar draai ik helemaal niet omheen, verrek nog an toe. Ik vertel je een waar verhaal. Gelukkig is het niet gebeurd.

Bij een sluis moest je af en toe je papieren tonen, je vlaggebrief. Roelof had ze overal al in de hand. Wacht nou toch even, riep ik, je hoeft ze toch niet overal te tonen. Maar o God, nee, dat verdomde kruipen voor de overheid, hè? O, het was zo'n crawler. Daar kan ik niet tegen. Correct handelen, natuurlijk, maar niet slijmen.

Dan kom je op de Rhône. Een mooie, rustige rivier met grote sluizen die er gebouwd zijn voor de tankers, maar daar zijn er niet eens veel van. Je gaat stroomafwaarts, dus zo veel gas hoef je niet te geven. Je tippelt heel rustig over de rivier en da's prachtig, maar één ding: geen jachthavens te zien langs de Rhône. Als je de nacht ingaat moet je voor anker. En dat mag, want het is een heel brede rivier. Maar je hoeft niet te denken: nou gaan wij eens een mooi plekkie voor de nacht zoeken, want dat is er niet bij daar. Als je mazzel hebt krijg je zo'n kleine verbreding of van die schuine kaaien. Je moet pikken wat er is.

Ik heb maar één keer in een jachthaventje gelegen. Mooi hoor, ik haalde mijn boodschappen across the road. Nee, dat was fijn.'

Ik hoorde van iemand dat je plastic zakken kunt krijgen waar vijftig liter water ingaat, zodat je je kunt douchen.

'Wat is dat nou voor flauwe kul. Als je geen water hebt kan je je niet wassen. Dan leef je een paar dagen in je kleren. Douchen met een plastic zak water. Allemaal gelul! Allemaal complicaties en dat maakt het leven verschrikkelijk moeilijk. Je hebt het al moeilijk genoeg zonder die dingen.

Op een gegeven moment ontdekten we een verlaten jachthaventje. Het was wat vernield door de jeugd, maar voor ons prima geschikt. Ik zeg: Roelof, prima stekkie voor ons. Maar Roelof moest door naar Lyon, want daar verwachtte hij zeer belangrijke post uit Nederland. Ga jij dan naar Lyon, zei ik, dan blijf ik hier en kom wel eens kijken wanneer we verder kunnen. Nou, ik heb er heerlijk een week gelegen. Later kwam de eigenaar eens kijken, dat was een beetje pijnlijk natuurlijk, maar hij maakte gelukkig geen bezwaar.

Heerlijk gezwommen. Gewoon alles laten zakken en in de Rhône. Nog een paar handdoeken gekocht in een winkeltje met een lieve vrouw. Ik dacht: godverdorie, wat ben ik hier lekker aan het keutelen.

Op een gegeven moment dacht ik: jaahaa, nou moet ik toch eens verder. Roelof zat nog steeds in Lyon te wachten op zijn post die niet kwam en hij zei zelf: dan moeten onze wegen hier maar scheiden. Het heeft geen zin dat je op me wacht. En ik zei: nee inderdaad, dan ga ik alleen verder. I've been very pleased to meet you, Roelof. Good luck, zeg ik en wil hem een hand geven. Maar dat deed-ie niet, hoor.'

Nee? Hoe kan dat nou?

'Niet omdat-ie kwaad was, maar dat deed-ie niet. Een slak hè, inwendig een slak. Ach, het klikte niet tussen ons, en dat was niet alleen zijn schuld. Maar als ik nou met jou optrek en we gaan scheiden na zo'n tocht...'

Dan springen toch de tranen in je ogen?

'Nou, nou, de tranen in je ogen, maar ik zou jou wel een stevige jat geven en zeggen: Hein, good luck, no hard feelings. Maar nee hoor, ik dacht o God, wat is het ook eigenlijk een slak. En daar hou ik niet van, Jezus nee, dat moet ik niet. Goed, moet-ie zelf weten.

Een jonge man met een prachtige motorzeiler, een Duitser, gaf mij een gids van de Rhône. Hij zei: hebt u daar wat aan? Natuurlijk had ik er wat aan, want die dingen zijn zo duur en het was een prachtgids, prachtig, prachtig. Roelof wachtte nog steeds op de post. Ik had de hele kolerezooi aan boord, dus daar ging ik: alleen.

Meteen een grote sluis, pom-pom-pom-pom, gas terug, stationair. Ik dacht nou moet ik vastmaken en dat is een gedoe. Maar nee hoor, hij gaf meteen groen. Hij had gezien dat ik eraan kwam en ik kon er zo invaren. Ik vaar altijd heel kalm een sluis in, want als er iets met je motor gebeurt knal je tegen de deur op.

Als de deuren open zijn heb je in de sluiskolk nog de afwaartse stroom, daarom moet je achter het eerst vastmaken en daar moet je wel geroutineerd in zijn. Als je een groentje bent – en dat geeft niks, want we zijn allemaal groentjes geweest –, dan gaat dat niet. Dan val je, je sodemietert te water. Zenuwen en je schip kwakt tegen de sluisdeur aan. Dan is de boot aan. Je moet goed weten hoe je moet werken. Niet over je rotzooi vallen. Als je alleen bent moet je uitgekiend werken, want de gevarenfactor is hoog.

Dus ik zit in de sluis en we zakken. Het schot gaat open, ik denk: dat gaat goed, geen punt, geen punt. Ik geef die Franse Rhône-sluizers zo'n goede pers, hè. Beter dan hier hoor. Ik heb wat afgeleden in de sluizen hier. [met een harde, nasale stem] ''Man, ik heb toch gezegd, dat je wachten mot.'' Als je die microfoonstem niet verstaat...'

Het zijn ss'ers.

'Nee, geen ss'ers, Hein, welnee, boekhouders. Gewoon boekhouders, you know. Vervelende muggezifters. Het spijt me dat ik het zeggen moet, maar deze mensen hebben een pest aan hun werk. Ze vinden dat ze door het kapitalisme worden uitgebuit en dat zal jij godverdomme weten. Lijdelijk verzet, een strontmentaliteit. De Schellingwouderbrug, weet je wat ik daar heb gehad? Ik wil net onder de brug doorvaren en hij doet hem dicht! Bijna op m'n mast. Ik draaide me om en riep: ga je godverdomme weg of ik verniel je, kreng. Dat is toch vreselijk. Ik heb het gehad in Dordrecht dat-ie de hefbrug liet zakken toen ik eronder zat. Het is gewoon lijdelijk verzet, een jansaliegeest en jij moet voor hun rancune betalen. Heb ik gelijk of niet?

In IJmuiden ben ik ook bijna een keer voor schut gegaan omdat ik die microfoonstem niet verstond. Ik draaide dwars door de stroom in die sluis terwijl er een grote coaster achter me zat en toen zei-ie: ja, nou kan je niet meer terug. Ik riep, nee, maar ik moet wel verstaan wat je zegt. We zijn er nog net heel afgekomen. Samen met William Rothuizen. Werden we bijna door zo'n grote fuckin' coaster gekraakt. Komen we uit die sluis en worden we achterop gezeten door zo'n groot motorschip van Rijkswaterstaat. Die kerel stond gewoon uit z'n neus te vreten. Ik heb er geen goed woord voor over. En ik ben niet onredelijk.

Het is ook de rancune van: hij hoeft niet te werken. Hij zit op z'n jachie en wij moeten werken. Maar wat ik ervoor heb moeten doen om op dat jachie te zitten, daar wordt niet naar gevraagd. En daar kan ik zo de kolere over in krijgen.

Goed, die eerste sluis in de Rhône ging prima. Twee mijl, stroom mee. Heel plezierig.'

Hoeveel mijl loopt-ie dan?

'Nou ik geloof stroomafwaarts met mijn twaalf PK-karretje loop ik drie knopen. Zeg maar tegen de acht kilometer. Ik hoef de motor niet op te jagen, kan ik alles precies bekijken, de bochten overzien en zo.

Ik had mijn gekregen Rhône-gids voor me, want je moet weten waar je bent. Dat is heerlijk. Toen ik alleen was hield ik 's middags geen pauze meer. 's Avonds at ik warm, maakte mijn potje klaar, want je kunt op die rivier niet zeggen: nou ga ik eens siësta houden, want de Rhône is vrij onherbergzaam. In de steden heb je van die schuine kaaien. Daar staan geen bolders op en het loopt zo schuin af. Dan lig je daar in de gloeiende bloody zon. Dat doe je niet.

We zijn nu in Toulon. Daar heb ik een week gelegen. Roelof lag nog steeds in Lyon om op de post te wachten. Op de rivier mag je even buiten de boeien overnachten. Dan zeggen ze niet: wat doe je hier, donder op. Dat mag daar.

Op een avond kwam ik bij een dorpje. Ik denk, ik anker hier even, want ik heb geen sigaretten meer. Een Fransman bracht me achter op een ouwe fiets helemaal naar het winkeltje. De hele dag was er wel scheepvaart geweest, maar 's avonds werd het rustig. Anders kun je met goed fatsoen niet voor anker natuurlijk. Ik lag voor anker bij een kleine brug. Geen mistral gelukkig, want die kan gemeen waaien op de Rhône. Ik heb hem niet gehad. Mazzel. Zo'n mistral kan de boel totaal verkankeren. In voor- en najaar heb je er meer last van en in de winter kan hij tot orkaankracht aanzwellen. Er zijn schepen reddeloos vergaan in een mistral.

Verder ging ik de Rhône af. Grote sluizen af en toe. Ze kennen me op het laatst, want ze bellen door, hè. Een sluisman zei: ah, Albatros. "Het is een ouwe boot," zei ik tegen hem, "en ik ben ook oud." Hij zei: "Zo te zien gaat het anders nog best." Een prima behandeling. Die vind je hier niet. Ik heb het gehad, dat ze mij alleen schutten. Zo'n bootje! Zesentwintig meter zakte je. Ik lag al in de sluis en dan wachtte hij nog twintig minuten of er nog iemand bij wilde komen. Komt er nog een jachtje dan kan-ie erbij, maar is er na twintig minuten niemand meer dan úúúúúúnnnn gaat er een claxon en begint-ie jou alleen te schutten. In die enorme sluis, alleen, waar je zesentwintig meter moet zakken!

De bolders gaan met je mee. Op het laatst zie je die man in het bruggehuis haast niet meer. In zo'n ravijn van sluismuren te liggen is be-angstigend, hoor. Dan denk je als m'n karretje nou maar niet afslaat. Van die grauwzwarte, druipende muren, in een grot van alg lig je en je hoopt dat je karretje het maar zal doen straks, lekker van pom-pom-pom-pom.

Dan ga je eruit en waar de deuren zijn bij die scheiding, loopt er wat water door. Daar krijg je een vervelende stroming van. Daar moet je even een beetje gas geven, anders kom je in een klotekolk terecht. Maar dan ram je door en als je er dan weer uit bent zeg je: goh, wat deden ze dat weer goed. Nee, Nederlanders moeten niet te veel over Fransen zeggen, want dan krijg ik de pest in.

Goed, ik die Rhône verder af. Een keer een verbreding met riet. Leuk, een stukkie Vinkeveen. En dan denk je: wat is dat toch allemaal leuk hier. Een stukkie rietland en in de namiddag nog warme zon. Lek-ker zwemmen tussen de waterlelies. Dan denk je, God, wat heb ik het naar m'n zin.

Een dwarsrivier van de Rhône is de Garonne. Daar was een jachtha-ven waar ik wat boodschappen wilde doen. Dure sigaretten en allemaal van die opgeprikte lui. Ik weer terug. Toen kwam ik ten slotte bij een verlaten jachthaven. Een haven die door les Pilots in orde gemaakt was, maar in de versukkeling was geraakt.

Ik kwam daar. Boeien. Netjes invaart. Ik dacht: zou dat niet ver-zand zijn. Is dat wel helemaal koosjer, pom-pom-pom-pom, ja hoor. Kraan, huis, halfgesloopte kiezelpompen, geen mens te zien, één aa-kie, oud schip. Ik dacht: dit is prima. Ik ontdekte nog een voor drie-kwart in het water hangende lijn, 42 meter. Heb ik nog. Ik heb het groen eraf laten drogen en dacht hallo, 42 meter. Dat kost wat hoor.

Toen was het zo ver, moet je goed begrijpen, dat ik in die reis begon te geloven. Kun je je dat voorstellen? Ik was helemaal bijgekomen. Nou heb ik weer iets in de hand, dacht ik, ik begin nou af te tellen. Op een gegeven moment kom je op de Rhône bij een afslag en een bord dat naar Avignon wijst, maar daar wou ik niet naar toe. Ik wou naar Sète. Daar kom je via Avignon ook wel, maar dan kom je bij Saint-Louis en dan bij Marseille en dat moet je niet hebben. Je komt in een waskanaal, dat geen waskanaal is, maar de kleine Rhône. En dat is zo leuk [met een hoge stem], o, dat is zo leuk.'

Begin jij op zo'n lange tocht niet in jezelf te lullen?
'Ja, jazeker, dat doe ik. Ik ben veel alleen geweest op de boot en op het laatst vertel je jezelf verhalen. En je wordt ook eigenwijs. Je denkt dat een ander niks kan.' ·

Hoe werkt dat dan uit, Joop?

'Als je iemand bij je krijgt aan boord kan-ie niks goed doen. Dan word je een ouwe mopperkont. Maar je vertelt jezelf verhálen op zo'n tocht. Daar kom ik trouwens rond voor uit.

Ken je *De waterman* van Arthur van Schendel? Die man voer zo lang alleen, dat hij zichzelf hele verhalen vertelde en op het laatst de werkelijkheid niet meer zag. Jaahaa, zo ver kan het komen, maar dat was bij mij niet het geval. En je moet goed begrijpen: ik kan erg goed alleen zijn. En ik kan heel best voor mezelf zorgen en mijn schip in orde houden. Ik heb ook een zekere hardheid. Je moet je boel in de gaten houden, discipline hebben. Je moet jezelf dwingen. Ik ben geen hard iemand, maar ik kan tot op zekere hoogte ontberingen verdragen en ik zal het niet gauw opgeven. Maar alleen kunnen zijn is ook heel belangrijk op zo'n tocht. Er zijn mensen die om hulp schreeuwen als ze twee dagen achter mekaar alleen zijn. Zo ben ik niet. Kijk, je moet me niet tussen vier muren opsluiten. Dat red ik niet.

Je hebt op zo'n tocht ook lang de tijd om over de dingen na te denken. Wie veel in mijn herinnering teruggekomen zijn zijn de kleine, lullige dingen. Nooit dat ik een Duitse officier doodschoot. Dat komt nooit terug in mijn gedachten. Dat schijnt verbannen te zijn uit m'n herinnering. Maar dreigende dromen heb ik wel. Dan zie ik in Amsterdam bij het Amstelhotel Adolf Hitler staan. En die moet ik verdonkeremanen. Dan zie ik benen met glimmende laarzen. Angstdromen. Dat is toch iets... dat hou je.

Ik zal je dit vertellen: over die lange reis van mij, want dat was het, ben ik zeer tevreden. Dan denk je: dat heb ik toch maar gedaan. En ik ben blij dat ik daar nu al vier jaar in Spanje zit en het zo verschrikkelijk naar mijn zin heb. Ik hoop dat jullie reis ook zo goed loopt.

Nee, nou moet je goed luisteren, jongen. Ik spreek je niet tegen, maar ik wil je de waarheid onder ogen brengen. Daar zit ik hier voor en ik ben nou eenmaal geen jaknikker. Voor overwinteren in Frankrijk is je schip te klein. Je bent twee meter te kort. Je doet het misschien toch voor een winter, maar daarna zeg je: nooit meer. Dat wil je echt nooit meer. Zul je zien.

Verder met mijn reis dus. Ik voer op de Petit Rhône. Heerlijk, want ik ben een jongen van alles uit en de hele rotzooi bruin laten worden. Dat heb ik nou eenmaal. Dat is een complex van me en eh, mag 't?

Maar dan kom je aan het eind van de Petit Rhône en bij de sluis: l'Écluse de Saint-Gilles. Zaterdagmiddag. Er lagen wat binnenvaartbakken. Ik maakte vast en dacht: die draait natuurlijk niet meer voor mij. Had je gedacht. Bom. Groen. Binnenkomme. Verval, zo'n klein stukkie. Heerlijk sluissie. Spakenburg. Zoiets. En dan kom je op een kanaaltje dat doorgaat naar de Camargue en dat de Rhône verbindt met Sète. Het is vijfenzeventig kilometer, maar vrij smal. Ik dacht, ik doe het lekker rustig aan, een heerlijk kanaaltje: pom-pom-pom-pom. Voor de nacht vastgemaakt. De Camargue is van dat vlakke land, Hollands bijna, blauwe lucht en mistral. Gelukkig maar, want dat verdrijft de muskieten. Een weekend in de Camargue. Heerlijk. Helemaal tot rust gekomen. En als je dan verder gaat zijn er geen sluizen meer en kom je in een oud vestingstadje. Achter de muren heb je meteen de cafés, verkeer verpest het stadje zelf, maar je kunt er vastmaken in een leuke jachthaven van de Kamer van Koophandel en voor buitenlanders is dat gratis. Je hebt er ook nog een leuke werf van mooie houten boten, maar dan heb je het aardigste deel van het kanaal gehad. De rest naar Sète is niet zo mooi meer.

Als je nou van dat kanaaltje naar Sète gaat kom je eerst in een ondiepte, een lagoon met stokken aangegeven en dan voel je het als de kolere: mistral, IJsselmeer. Verdomme, o god, verschrikkelijk. Ik dacht, wat een zee staat hier, zeg, op dat ondiepe klotelagoon. Jezuschristus, meteen de mast over het schip. Gehandicapt. En nog voor anker ook in die kolerezooi en maar waaien!

Als je dan in Sète aankomt moet je goed weten hoe je vaart. Ik heb het niet goed gedaan, want ik nam de verkeerde stadsbrug en ik schraapte met mijn mast onder de dragers van de brug door. Kun je het je voorstellen?'

De rillingen lopen over mijn rug.
'Ik haal het niet, ik haal het niet, dacht ik steeds. Tja, verkeerd gevaren.'

Wat had je dan moeten doen?
'Goed varen natuurlijk! Ik had beter in het boek moeten kijken, in die gids. Die geeft precies aan hoe je daar varen moet. Ik kwam in een groot havenbassin terecht. En je moet vooral niet denken dat Sète een kleine haven is. Dat is een bonk van een zeehaven. En omdat ik verkeerd gevaren was kwam ik bij een stel vissers te liggen. Ik voelde het meteen al: ik lig hier niet goed. Maar ik wilde ook niet meer terug.

De eerste nacht lag ik daar. Donker. Ik lag op mijn bank en hoorde stemmen. Fluisteren, psshh, psshh. Het voerluik stond zo ver open. Helemaal kon niet, want de mast lag erover. Ik had nog wat licht van de tl-buis van de kaai. Ik sta heel voorzichtig op om te kijken. En ja hoor. Twee van die rotjongens van zestien, zeventien jaar. Die ene jongen staat in een aan mij vastgemaakt vissersbootje en die andere was bezig binnen te klimmen. Ik omhoog, heel langzaam. Onhoorbaar schoof ik naar mijn cockpit, want daar lag m'n bijltje. Dat kon nu ook van pas komen. Ik vlieg naar voren en had hem zeker de kop in elkaar geslagen als-ie me niet te snel af geweest was. Met een rotgang sprong hij terug in dat vissersbootje en ze maakten dat ze weg kwamen over dat donkere water. Slapen doe je na zo'n geintje ook niet veel meer en de volgende morgen dacht ik: zo snel mogelijk hier weg.

Een van die vissers zei: u mag hier nog wel even blijven maar morgenochtend komt er een nieuwe vissersboot die hier moet liggen. Dat is gelul natuurlijk, dacht ik, maar het bleek echt zo te zijn. Die dag heb ik geconcentreerd doorgewerkt tot de andere ochtend zeven uur. Check and double-check. Ik hoef je niks te vertellen, want als het zit moet het goed zitten. Eenmaal op zee kun je niks meer doen. Zeker niet als je alleen bent. Voldoende eten ingeslagen, diesel gekocht. Als je moet kun je bovenmenselijke prestaties leveren.

Toen die vent de volgende morgen kwam aanvaren met die nieuwe vissersboot was ik gereed om de zee op te gaan.'

DOLF COHEN

DE VAKANTIE IN DE VAKANTIE

Sommige korte verhalen krijgen hun clou pas na een eeuw. In 1861 schreef Ivan Toergenjev een stuk met de titel 'Een tripje naar Albano en Frascati' dat een portret geeft van de in Rome wonende Russische schilder Alexander Ivanov aan de hand van een tochtje dat hij met hem en zijn vriend Botkin in oktober 1857 vanuit Rome had gemaakt. Ze gaan met een koets over een bochtige weg naar Albano, ze lunchen in een herberg en ontmoeten daar een rare Belg met vreemde theorieën, huren drie paarden en rijden daarop langs de bergmeren naar de stad Frascati. En dan komt, onverwacht voor Toergenjev, de clou voor de hedendaagse lezer: 'We kwamen laat in Frascati aan. De laatste trein zou over drie kwartier vertrekken. We hadden net de tijd de dichtstbijzijnde villa met een prachtige tuin te bezichtigen. Ik ben vergeten hoe hij heette.'

Koetsen, herbergen, paarden – maar ze hadden dus ook met de trein naar Frascati kunnen gaan!

Men hoort niet op vakantie te gaan. Er is geen betere plek om met vakantie te gaan dan het eigen huis. Afgelopen maandag heb ik mijn kinderen naar het Tropenmuseum gebracht vanwaar een autobus ze naar Terschelling reed, waar ze twee weken in een Japans kamp zullen verblijven. Naar Brazilië, naar Simla, naar Suriname, naar Zambia? Nee, heerlijk twee weken niets doen – nou ja een vakantieverhaal voor het Zaterdags bijvoegsel van NRC *Handelsblad* schrijven – in je eigen huis met een stapel boeken en de telefoon eruit. Opstaan en slapen gaan wanneer je wilt; Amsterdam in lopen alsof het een vreemde stad is. De verleiding is groot om voor deze vakantieserie een tocht door Amsterdam te beschrijven, of een tocht door mijn leeskamer. Maar ik heb me voorgenomen om een dag in dit voorjaar, toen we de trein naar Frascati namen, te beschrijven.

We moesten in Rome zijn om twee schilderijen te bekijken en op een rolschaatsplank de hellende laan in de Villa Borghese af te sjezen. Zelfs in dat vroege voorjaar is het op de bekende plaatsen al druk. Toen ik een half leven geleden voor het eerst in Rome kwam, in de paasvakantie van mijn eerste baan, als wiskundeleraar, in de dagen dat een Italiaanse krant zijn hele voorpagina vulde met de decimeterhoge letters: UN UOMO VOLA INTORNO ALLA TERRA, toen kon ik nog in mijn eentje in het Pantheon staan. Nu staat bij de Sixtijnse kapel een ambulance klaar om de platgedrukte omhoogkijker die tegen zijn buren bewusteloos valt, naar het ziekenhuis te brengen.

Het werd tijd voor een vakantie in de vakantie. We wilden op het station een kaartje kopen voor de eerste trein die vertrok.

Vraag nooit in Rome aan het loket om kaartjes voor de eerste trein die vertrekt. Ik moest een plaatsnaam noemen, en gauw ook, anders werd de reiziger achter me geholpen. 'Frascati,' riep ik, zonder direct besef wat dit ook al weer was, hoe ver het was en of daar niet een dioxinefabriek stond te stinken.

We dieselden Rome uit en waren in een half uur in Frascati. Een oude muur en een hoogspanningskabel vochten de hele weg om de eer het mooiste gevonden te worden. Ik ga het woord 'mooi' nog vaak en onbeschaamd gebruiken.

In Frascati gaan de rails nog verder, een tunnel in, maar de trein niet. Wij betraden het perron waar Toergenjev, Botkin en Ivanov honderdeenendertig jaar geleden op de trein stapten, en liepen Frascati in.

Ik heb geen idee hoe je zo'n stad moet beschrijven. Het is duidelijk dat je appreciatie geheel afhangt van je humeur, je reisgezelschap en het weer. Aangezien die drie niet beter konden, kan ik u Frascati van harte aanbevelen. We namen een minstens honderddertig jaar oude kamer in een hotel waar nog een koetsingang bestond, aan het Romeplein.

Uit het raam zag je naar rechts het dal waar Rome moest liggen, en links achter het autobusplein de prachtige tuin van de Villa Aldobrandini, zo heet-ie, Toergenjev.

Konden we die villa bezoeken? Ja, dan moesten we 's ochtends een toegangskaartje bij de vvv halen. We aten in een restaurant waarvan ik u de naam niet geef, dronken daar twee flessen *frascati*, en gingen vroeg naar bed. Ook in Frascati vonden we het wat druk, waar komen al die mensen toch vandaan? Waar gaan al die mensen heen? En waarom zijn ze in de tussentijd zo dicht bij ons? Wat je in Frascati, buiten de eigenlijke stadsmuren, ook nog hebt is iets wat ik voor het laatst in Curaçao had gezien: het flaneren in de auto – doelloos rondjes rijden met vrouw, kind en open raam.

We stonden vroeg op en vertrokken voor een tocht met onbekende bestemming. Wie een stuk als dit schrijft moet toch minstens tegen de lezer zeggen: 'Doe dit ook,' of: 'Doe dat vooral niet,' en hem goede raadgevingen schenken. Sinds je in vliegtuigen je koffer niet naast je

stoel mag zetten, maar deze een heel eigen reis moet laten ondernemen, reis ik 'met handbagage'. Omdat we van plan waren door de Italiaanse bossen en velden te lopen hadden we inderdaad niet meer mee
dan twee handen kunnen pakken. Een damestas is het beste – die is
stevig, heeft veel vakken en er kan weinig in. Zo droeg ik op de dag
die ik ga beschrijven een damestas waarin een paperback het zwaarste
ding was.

De vvv gaf ons een kaartje voor de Villa Aldobrandini, maar zei dat
die niet vanbinnen te bezichtigen was. De nakomelingen van kardinaal
Aldobrandini wonen er nog. Maar vanbuiten was het ook al... mooi?
Laten we zeggen dat je niet het gevoel had dat de binnenkant schatten
zou bevatten die een uur uitzending op *Arts Channel* zou kunnen waar-
maken. De tuinen waren in precies de juiste mate van verwaarlozing.
Je hebt tegenwoordig in Amsterdam mannen die altijd een baard van
drie dagen hebben. Hoe doen ze dat? Als ik mijn tuin verwaarloos, is
het snel een ondoordringbaar bos brandnetels. Maar deze tuin werd
dan ook door drie kaartende tuinmannen bijgeknipt.

In het poortgebouw was een school gevestigd. Aan de muur hing een
bordje met het opschrift *Museo Etiopico* en een wijzend handje. Omdat
het bordje aan één spijker was bevestigd, wees dat handje naar beneden, de grond in. Maar in de hele wereld is men blij een reiziger de
juiste weg te wijzen. Het was die kant op. We liepen de Willem Mas-
saiastraat op, en een dennenbos in. Links stond een kerkje. We duw-
den de deur open en zagen een monnik bezig met schilderen. In het
Spaans zei hij dat de ingang voor het Ethiopisch museum ernaast was.
We belden aan bij de deur naast de kerk. De Spaanse monnik deed
open. Het museum bleek het woonhuis te zijn van een missiebisschop,
waarin zijn hele fotoalbum en een kist gestolen goederen uit Abessinië
was uitgestald. De Spanjaard legde alles uit: dit was het bed van de bisschop, en dit was zijn stoel. Aan deze tafel zat hij; in dit boek las hij.
Ondertussen gluurden we naar foto's waar steeds de bisschop in het
midden stond, omgeven door zwaarbewapende Italiaanse soldaten en
kruiperige Haile Selassies. In het gastenboek bleek dat er vijf dagen
eerder ook al iemand op bezoek was geweest, en wel de familie Oost-
veen uit Utrecht.

Over de Tuscolo-weg, waar Cicero altijd wandelde, kwamen we bij
het autobusplein. We stapten in de eerste bus die wegreed. Die ging
niet verder dan een paar kilometer, tot het plaatsje Grottaferrata. Daar
was een ontbijtwinkel met een mevrouw die een voor de vroege morgen
té uitpuilend decolleté aan had, als je een decolleté kan aanhebben.
Een andere bus, geheel gevuld met schooljeugd, kwam aanrijden. We

reden langs Rocca di Papa, dat me aan Ermelo deed denken, en stapten uit in Genzano, omdat de bus niet verder ging.

Genzano is misschien een prachtige stad vol wandkleden en standbeelden, maar wij wilden immers wandelen door de Italiaanse bossen en velden. Een geel bordje, nu met twee spijkers, wees resoluut naar *De Antieke Schepen*. We liepen de straat uit en zagen beneden ons het meer van Nemi.

Waarom is het Nemi-meer, dat we die hele dag zouden zien, zo mooi? Omdat er niets vaart. Omdat het de heuvels eromheen zo mooi weerkaatst. En waarom zijn de heuvels om het Nemi-meer zo mooi? Omdat ze op het gladde meer uitkomen. Zo blijf je aan de gang.

De weg naar beneden was wel van asfalt maar tijdens onze afdaling reed er niets op. Aan de rand van het meer kwamen we bij een enorme hal waarnaast zes timmerlieden uitpuften. Ze vertelden ons dat de twee *Antieke Schepen* uit 1930 uit het meer gehaald waren en in 1943 verbrand. Nu waren er nieuwe *Antieke Schepen* gemaakt, en daarvoor bouwden ze deze enorme hal die ze nu aan het aftimmeren waren. Vijfenveertig jaar hangt dat gele bordje dus al in Genzano te wijzen naar schepen die dertien jaar boven water zijn geweest.

Langs de rand van het meer lopen we verder, terwijl een gevoel van geluk ons zonder dat we er iets tegen kunnen doen bevangt.

Boven op de heuvelrand zien we de muur van het stadje Nemi. Aan het begin van een omhooggaand bospaadje staat dat hier de resten van een Diana-tempel zijn te vinden. We beginnen de klim.

Tot op dat moment waren al onze stappen willekeurig geweest en konden we ons steeds veilig terugtrekken in de bewoonde wereld. Maar nu hadden we een doel: Nemi. En we hadden een pad, waarvan het maar de vraag was waar het heen ging. En we hadden vier appels. De zon stond nu hoog aan de hemel. De damp boven het meer verdween. We gingen zitten op een paar stenen, aten een appel, vermeiden ons, en besloten weer verder te klimmen. Later begreep ik dat onze rustplaats de resten van de Diana-tempel moeten zijn geweest.

Het pad was aan beide zijden begroeid met akkermunt, balsemien, boksdoorn, dauwnetel, hondsdraf, pluimgras, rosmarijn, sassafras, vuurdoorn en zeepkruid. En dan heb ik nog de rustigste namen gekozen uit de negen-letterrubriek van de afdeling 'Bloemen, Bomen, Gewassen, Planten' van *Verschuyls Grote Puzzelencyclopedie*. Maarten 't Hart en Jan Wolkers schermen altijd met hun grote kennis van de flora. Ze denken dat je alleen van de natuur kan genieten als je overal de naam van weet. Ze vergissen zich. De natuur is ook voor analfabeten mooi. Dat vogelkenners het aardig vinden om van een stipje in de lucht te zeggen of het een aasgier of een zuurvink is, dat begrijp ik, maar de bloeiende en de niet-bloeiende omgeving van ons pad zou er voor mij niet mooier op zijn geworden als ik wist hoe alles heette. Wel had ik het u dan kunnen beschrijven – maar ik weet zeker dat al die namen u niets zeggen. Als Maarten klaagt dat schrijvers het verschil tussen de *lipdoddige akelei* en de *vergeelde sproetkous* niet meer kennen, dan zou hij moeten begrijpen dat zijn lezers dat ook niet weten, en dat een verstandig schrijver ze daarom niet gebruikt. Ik schrijf toch ook niet dat ons bospad een hypercyclische derdegraadskromme met negatieve parameter in Zipf-fractaal beschreef?

Het pad was extra mooi omdat er buiten ons geen mens op liep, en er ook geen mens zijn resten had achtergelaten.

Eindelijk bereikten we de asfaltweg boven op de heuvel. En daar, vlak voor de poort van Nemi, zagen we iets wat we in geen honderd jaar zullen vergeten. Een vuurrode Fiat met de twee deuren wijd open en de radio hard aan. Naast de auto wiegelen op de tonen van de popzender een jongen en een meisje, in een pak en een jurk, de armen om elkaar heen, zonder ook maar te kijken naar het meer van Nemi, dat in al zijn diepzinnigheid beneden mooi lag te wezen.

Nemi is een verstandig stadje, al vrees ik dat de rij van restaurants het teken is dat op zondagen en in de zomermaanden de bezoekers alle schoonheid bedekken met hun gele broeken en tassen.

Nu konden wij met alleen de familie zelf eten in een familierestaurant. Ze lagen iets op ons voor, zodat we steeds op hun tafel konden aanwijzen wat wij eten wilden. Hier hadden ze geen frascati, zodat we twee andere flessen namen. Buiten begon het te stortregenen. Ik kocht onder een afdak een doosje bosaardbeitjes. Die eet je met tientallen tegelijk alsof het erwten zijn. De bosaardbeiman vertelde dat er buiten Nemi twee hotels waren, een met voordelen en een met nadelen. Nauwelijks stak ik mijn duim op, of een Fiat 850 stopte en bracht ons naar hotel *Il Refugio*, een in de jaren dertig door amateurs uit triplex en glas opgetrokken paviljoen. De grote eetzaal kijkt langs de hele lengte uit op het meer. Hij wordt verlicht door ronde tl-buizen die in de bekken ‹ n opgezette wolfskoppen zitten. De baas stond voor een bord met ‹ leutels, en dacht lang na over de vraag of er nog een kamer was. ‹ welijks lagen we in ons kuilbed of een autobus vol Italiaanse ‹ lkinderen van twaalf en dertien jaar leegde zich in ons hotel. Alle r‹ es leken op Madonna, en dan heb ik het over die Amerikaanse. ‹ lgende dag voltooiden we onze omgang rond het meer door te r‹ naar Genzano. Op het pleintje waar de koffie werd ge- s‹ as het al zo'n lawaai dat niemand opkeek toen ze voor onze voeten de straat met een trilboor gingen openbreken. Daar kwam een bus aan waar met grote letters ROMA op stond. Ik sprong ervoor en vroeg de chauffeur: 'Gaat u naar Rome?' 'Ja, ik ga naar Rome.' Wat kan het toch heerlijk zijn om een vraag te stellen waar je het antwoord al op weet. Ik moest nog meer vragen stellen om mijn metgezellin de tijd te geven onze koffie te betalen. Wij wilden niet als die rare Belg van Toergenjev onze herberg zonder betaling verlaten.

'Dus u gaat naar Rome?'

'Ja, ik ga naar Rome.'

'Ik moet naar Rome.'

'Stapt u dan maar in.'

'Hoe lang is het rijden?'

'Drie kwartier.'

'Drie kwartier. En waar komt u aan in Rome?'

Op deze vraag wist ik het antwoord niet, en ik ben het nu al weer vergeten. Zou ik de chauffeur nog durven vragen hoeveel de reis naar Rome kostte? Nee, daar kwam ze al aanhollen op de hakjes die de hele vorige dag in mijn damestas hadden gezeten.

Een bus is geen koets. Wij hadden geen Russische schilder mee. We waren Eduard Douwes Dekker niet tegengekomen. Maar we hadden wel het hele tochtje van Toergenjev in tegengestelde richting gemaakt. We hadden gezien wat hij had gezien. Er was op ons tochtje niets bijzonders gebeurd. Het meer van Nemi is misschien niet het mooiste meer ter wereld. Maar de afdaling, de opklimming en de omwandeling maakten het tot een dag die ik wilde opschrijven toen me een vakantieverhaal werd gevraagd. Elke stap was puur geluk, maar ik kan niet uitleggen waarom.

RENATE DORRESTEIN

DE GEEST VAN CORNWALL

'Reizend van Londen naar Land's End verplaatst men zich terug in de tijd, met een gemiddelde snelheid van een miljoen jaar per mijl,' schrijft de historicus F.E. Halliday in zijn beroemde *A history of Cornwall*, een boek dat in het jaar driehonderd miljoen voor Christus aanvangt en zich bijna laat lezen als een verslag van de ontstaansgeschiedenis van de wereld zelf. Oerconvulsies brachten Cornwall ooit als een van de eerste gedeelten van het Verenigd Koninkrijk van de bodem van de ziedende zee naar de oppervlakte; zon, wind en regen beukten en schuurden het landschap ontelbare eeuwen; graniet werd gevormd en doorperst met ertsaders; tot vier keer toe rukte het ijs op, en het smeltwater vervormde de kust en verbreedde de rivieren en gaf Cornwall zijn huidige vorm: het uitgestrekte been van een pootjebader die zijn teen rillend in de Atlantische Oceaan steekt.

Dit oude, oude land van steen heeft vele bijnamen. De bewoners van het graafschap noemen het kortweg *The Duchy*, het toeristenbureau spreekt veelbelovend over *The Land of Legend* en voor pelgrims van diverse denominaties is het *The Realm of Saints and Sinners*. Cornwall is het land van koning Arthur, van mist en storm, van ondrinkbare boerencider die *scrumpy* heet, van vuurtorens en schipbreuken, van verlaten tinmijnen, van buitenissige heiligen die vanuit Ierland op een drijvende molensteen of een koolblad kwamen overgevaren, van eeuwen eigenzinnig verzet tegen de Saksen, van zeemeerminnen en betoverde draaikolken, van deplorabele armoede, van kunstenaars en zonderlingen.

Maar bovenal is Cornwall de kust: 524 kilometer kliffen en stranden, havens en riviermondingen, waarlangs, nu eens op duizelingwekkende hoogte en dan weer op zeeniveau, op en neer en op en neer, een van de meest befaamde lange-afstandpaden van Groot-Brittannië loopt, het Cornwall Coast Path.

Dit wandelpad is 'a fair old trot', zoals de Britten zelf graag zeggen. In zijn boek *The Kingdom by the Sea* verzucht de Amerikaanse reisschrijver Paul Theroux halverwege zijn mammoetwandeling rond de complete kust van het koninkrijk: 'Why don't the English ever use the word "far"?' Misschien heeft Theroux, omdat hij gaandeweg de ware betekenis van 'just a canny little step' ging bevatten, besloten zijn etappe door Cornwall per trein te doen. Maar wat zijn oogmerk ook geweest mag zijn om de kust van het graafschap over te slaan, hij heeft zichzelf een bijzondere ervaring ontstolen.

30 AUGUSTUS

C. belt om te zeggen dat ze gepakt en gezakt is (haar rugzak weegt al elf kilo, dus of ik de ijzerwaren maar voor mijn rekening wil nemen. Kompas: toch gauw 85 gram), terwijl ik nog niet eens weet welke schoenen ik morgenochtend om half zes aantrek: de Paladiums waarmee ik Offa's Dyke heb gelopen, de Dachsteins van de Western Highland Way, of de Hanwags van Skye en de Outer Hebrides. Of de nieuwe Rockies? Om elf uur 's avonds nog met de Rockies naar het strand om te voelen wat ze in het zand doen. Van je slof-slof dus. Wat altijd beter is dan van je schuur-schuur, qua blaarkans. Zorgelijk heen en weder gestampt en gedacht: thuis zie ik elke dag de zee – wat zou ik me eigenlijk met meer dan tien kilo op mijn rugje naar een andere kust slepen? Morgenavond om deze tijd hebben we onze eerste etappe gehad en zitten we waarschijnlijk met de voeten in een sopje in Bude (opblaasbaar teiltje niet vergeten).

'Blasted Bude' noemde de schrijfster Jean Rhys haar woonplaats aan de Atlantische noordkust, waar ze in 1957 begon aan de negen jaar durende marteling die ten slotte haar onvergetelijke *Wide Sargasso Sea* zou opleveren. Rhys was niet gelukkig in Cornwall, waar volgens haar de wind rechtstreeks, met een snelheid van negentig mijl per uur, uit Siberië kwam aangewaaid. In brieven aan haar dochter klaagde ze voortdurend over de kale, onherbergzame omgeving en vooral over het gebrek aan bomen. Rhys was een sombere vrouw, maar wat het landschap betreft had ze geen ongelijk: alles wat hier probeert te groeien, alles wat het waagt de kop op te steken, wordt door een meedogenloze wind omvergeblazen. Het duin boven op de kliffen is leeg en desolaat. Nog slechts enkele decennia geleden was deze kuststrook een paradijs voor 'wreckers and smugglers. I sympathise with the smugglers,' schreef Rhys aan haar kleindochtertje Ruth, 'but the wreckers were bad hombres. They used to put a light on the rocks (pretending it was a lighthouse), then when the poor ships smashed up, they'd all swarm out and grab the cargo (*Not* the people!).'

Die morose opmerking stoelt op historische feiten: lange tijd is er in Cornwall een wet geweest volgens welke de lading van een vergaan schip voor de vinders was, wanneer er tenminste geen overlevenden waren. Er bestaan dan ook volop akelige verhalen waarin de op de rotsen gelokte schepelingen, wanneer zij wanhopig probeerden het vege lijf te redden, op het strand met bijlen en knuppels werden opgewacht om teruggedreven te worden in de kolkende oceaan. Menige drenkeling zou tot op heden dit noodlottige oord tijdens stormachtige nachten vanuit gene zijde bezoeken om de nazaten van zijn kwelgeesten met ijl gejammer uit de slaap te houden. Er is geen baai of het spookt er.

Misschien is de tastbare aanwezigheid van machten die het verstand te boven gaan, er door de jaren heen verantwoordelijk voor geweest dat zoveel schrijvers langdurig in Cornwall hebben gewoond en gewerkt – of misschien is het beter te zeggen dat in deze sprookjesachtige windstreek van Engeland natuurkrachten effectief samenspanden om je tot in je botten te doordringen van de aanstekelijke sensatie dat de schepping hier ononderbroken aan de gang is: onder de voortjagende wolken ligt land noch zee er twee tellen hetzelfde bij, uit de wilde werveling barst elk moment een nieuw aanzien te voorschijn, niets lijkt onwrikbaar vast te staan, en de nooit aflatende wind, die paradoxale bron van zowel angst als bekoring, jaagt maar door en door. Het oeuvre van bijvoorbeeld Daphne du Maurier zou zonder Cornwall niet hebben bestaan; niet alleen heeft zij het graafschap in boeken zoals *Rebecca* en *Jamaica Inn* prachtig geportretteerd, maar bovenal geldt voor al haar werk dat het door de geest van Cornwall lijkt te zijn ingeblazen: die merkwaardige combinatie van mogelijkheid en onmogelijkheid, aards en onaards tegelijk, die haar personages en haar lezers voortdurend de benauwende vraag opdringt of ze nu waken of slapen.

Thomas Hardy, ook een auteur van extremen en een liefhebber van wat zich tussen hemel en aarde verbergt, zou vermoedelijk al evenmin dezelfde zijn geweest als hij niet met Cornwall was besmet. In 1870 werd hij als assistent van een architect naar St. Juliot gezonden, een volle dagmars van Jean Rhys' Bude vandaan, om de restauratiemogelijkheden van de plaatselijke kerk op te nemen. Op een maandagavond in maart kwam hij bij de pastorie aan, waar de deur werd geopend door de schoonzuster van de dominee, Emma Gifford. Vier jaar later trouwden zij. Het nabijgelegen Boscastle zou de achtergrond vormen voor Hardy's latere *A Pair of Blue Eyes*. Boscastle bezoeken, of elke andere plaats aan de geheimzinnige en dramatische Atlantische kust van Cornwall, is een antwoord vinden op de vraag waarom de Nederlandse literatuur de Nederlandse literatuur is. Nee, onze zee zit ons niet mee.

2 SEPTEMBER

Windkracht 10. De zee afwisselend groen, grijs, en brandend blauw. Op tachtig meter hoogte sloeg het schuim ons vanmorgen nog in het gezicht. C. zei dat het gewoon regen was. Ze ging een eenzaam kerkje op een punt fotograferen, dat als een schaakstuk in het lege landschap stond ('zeker voor al die om zeep geholpen zeelui'); met haar statief op de schouder tornde ze tegen de wind in, soms verloor ze haast haar evenwicht, maar ze wankelde onverzettelijk voort naar de rand van de klif. Ik werd bang van de wind en zette gauw mijn walkman op om naar Dylan te luisteren. Toen viel me in dat ik C. dan niet zou kunnen horen als zij om hulp schreeuwde, waarna ik meteen besefte dat landlubberlongen sowieso kansloos zijn tegenover dit gebulder – het was allemaal zeer naargeestig. Ook bleken de Rockies te lekken als de hel, maar wat erger is: ze hebben niet genoeg grip op de natte rotsen. Klimmen gaat best, gewoon je gewicht op je voeten houden, maar: what goes up, must come down, en bij het afdalen loert diabolisch slipgevaar. Hoe ik op die speelgoedschoenen een paar honderd kilometer moet afleggen, is mij vooralsnog een raadsel.

Doormarcherend naar het westen ziet de reiziger al van verre het kasteel van Tintagel op de kliffen liggen: het hart van Arthurs koninkrijk is bereikt. Hier zou de legendarische ideoloog van de Ronde Tafel zijn geboren, en het wat meer landinwaarts gelegen Camelford is natuurlijk Camelot, waar hij hof hield.

Dat er rond het jaar 500, toen het Romeinse rijk niets meer voorstelde, door een groot krijgsheer orde op zaken is gesteld in Engeland, klopt historisch vermoedelijk wel. In zijn *Historia Britonum* uit 685 noemt de geschiedschrijver Nennius een Arthur als de man die, een paar honderd jaar voor Karel de Grote, in deze verste uithoek van de bekende beschaafde wereld de rust herstelde – en sedertdien hebben generaties schrijvers zich aan verdichtsels rond zijn persoon gezet. Tennyson schreef *The Idylls of the King*, Malory *Morte d'Arthur*, Twain *A Connecticut Yankee in King Arthur's Court*, White *The Once and Future King*, Bradley *The mists of Avalon*.

Het is eenvoudig te begrijpen waarom Arthurs geschiedenis in de loop der eeuwen niets aan aantrekkelijkheid heeft ingeboet: het is een verhaal over grootse aspiraties en nobele daden, over ridderlijkheid en heldenmoed, doorsneden met de mooiste liefdesgeschiedenis die er bestaat, die van de trouwe Lancelot en koningin Guenevere. De tragische driehoek tussen de koning, zijn vrouw en zijn ridder representeert strevingen van alle mensen en dilemma's van alle tijden, en wordt extra dramatisch door de intrinsieke goedheid van alle betrokkenen: als deze hoofse, moreel hoogstaande personen er al niet uitkwamen, hoe moeten wij gewone stervelingen dan ooit hopen zonder brokken door het leven te komen?

Het al even romantische verhaal van Tristan en Isolde, die met koning Mark in een bijna identieke driehoek verstrikt zaten, is door Malory verbonden met het Arthur-drama: hij maakte Tristan, die eigenlijk in het gebied van Fowey en Truro thuishoort, tot een ridder van de Ronde Tafel. Wat elders een fysieke of chronologische onmogelijkheid is, wordt in Cornwall heel wel bestaanbaar. Het geeft dus ook niet zoveel dat het kasteel in Tintagel pas uit de twaalfde eeuw stamt en de fundamenten uit de vierde eeuw – het blijft Arthurs geboorteslot. Andere plaatsen in Engeland, zoals Glastonbury, hebben ook hun Arthur-connotaties, maar Cornwall maakt de meest geëigende aanspraak op authenticiteit, domweg omdat de essentie van Cornwall de kern van de Arthur-legende is: waarschijnlijkheid en onwaarschijnlijkheid zijn allebei even sterk aanwezig. Het is passend om hier niet louter in de validiteit van feiten te geloven, want was Arthur zelf niet een dromer, die in de duistere dagen van zijn heerschappij de macht van de sterkste ambieerde op te heffen en visionaire ideeën had over wat we nu democratie noemen?

Deze hooggestemde gedachten vervliegen snel in de winkelstraat van Tintagel, waar replica's van het fameuze zwaard Excalibur worden verkocht, alsmede bloempotten en vingerhoeden in de vorm van de koppen van Lancelot en Guenevere. Toeristen verdringen zich voor The Hall of Chivalry, in de jaren dertig gebouwd door de puddingfabrikant Frederick Thomas Glasscock, die na zijn pensionering naar Cornwall verhuisde. Tegenwoordig wordt deze Hall, volgestampt met mooie en lelijke arthuralia, gebruikt voor bijeenkomsten van de vrijmetselaars, maar Glasscock, die het gebouw liet optrekken uit zeventig verschillende lokale steensoorten, bedoelde het als hoofdkwartier van de door hem opgerichte Fellowship of the Order of the Knights of the Round Table. Voordat hij aan een hartaanval zou bezwijken, ridderde hij er tegen betaling menige pelgrim.

4 SEPTEMBER

Topdag met onverwacht warm weer. Wasgoed gedroogd door het aan de rugzak vast te knijperen. Onderweg bramen geplukt en veel gedronken uit een zoetwaterstroom. Vroege paddestoelen, bloeiende brem en hei, hagen van fuchsia en valeriaan. Vandaag niet eenmaal gedacht: wat doe ik mezelf toch aan? Soepel het ene been voor het andere gezet, zoals men zich sinds de dageraad der mensheid heeft verplaatst. Alleen naar de walkman (Dire Straits) gegrepen bij zeer steile beklimmingen. C. doet dan opera, en loopt maar te hijgen van *O Carmen, Carmen!* Letterlijk geschreeuwd van vreugde om de zee, zo fonkelend. Men zou verwachten onder deze omstandigheden tot goede gedachten te komen over het bestaan, het universum en alles, maar ik werd slechts geplaagd door het besef de beoordelingsfout van mijn leven te hebben gemaakt: Rockies vanochtend om half negen al doorweekt van de dauw – vanavond lagen mijn tenen er als gekookte mosselen bij; van één teen is al het vlees weggerot.

Tussen Rock en Padstow moet een veerbootje genomen worden. Dreigend roept de veerman: 'Hurry up as quick as you can: the tide's going out. The tide is going out!' Midden in de baai ligt een zandplaat die Doom Bar heet. Volgens de overlevering is dit wonderlijke wad ontstaan toen een zeemeermin, woedend omdat ze door de plaatselijke bevolking met zevenschotten was beschoten, daar handen vol zand neerwierp.

Rock en Padstow, typische Cornish kustplaatsjes met veel toeristen, hebben de ongeëvenaarde dichter Sir John Betjeman wellicht door het hoofd gespeeld toen hij in zijn ironische *Delectable Duchy* opmerkte: 'Now as we near the ocean roar/ a smell of deep-fry haunts the shore/ And on the sand the surf-line lisps/ with wrappings of potato crisps.' Hoe graag het toeristenbureau ook mag reppen van onbedorven vissersdorpen en haventjes waar de tijd heeft stilgestaan, de werkelijkheid is anders. Na al die uren hoog op de ruige kliffen, met alleen het geluid van de zee en de meeuwen, is het telkens een cultuurschok om naar zo'n drukbezochte badplaats af te dalen. Van grote afstand zijn de parkeerplaatsen al zichtbaar, want bijna overal zijn de nauwe straatjes met hun huizen van zilverkleurige leisteen en hun dozijnen Ye Olde Gift Shoppes niet op zoveel automobielen berekend. Geen verkeersbord komt vaker voor dan dat met het opschrift: 'All vehicles prohibited (except perambulators and hand propelled wheelchairs).'

Veel van de overstelpende drukte wordt overigens goedgemaakt door de onweerstaanbare eigenaardigheid van Britse badplaatsen, die elke flair ontberen, en waar, meestal onder loodgrijze luchten, met een zekere verbetenheid wordt gerecreëerd door bleke gezinnen die met blote benen achter hun in keurige rijen opgestelde windschermen de elementen weerloos ondergaan.

De beroemdste van deze kustplaatsen is St.Ives, van oudsher een artiestenkolonie, met alle pittoreske kanten van dien. Dame Barbara

Hepworth maakte er haar door de Keltische *stone circles* geïnspireerde monumenten, en Virginia Woolf bracht er als kind haar vakanties door, in Talland House, recht tegenover de vuurtoren op Godevry Point, die model zou staan voor *To the Lighthouse*.

Slechts zes mijl, wat over de kliffen vier uur gaans betekent, van St. Ives vandaan ligt Zennor, het onlieflijke gehucht waarnaar D.H. Lawrence uitweek nadat zijn roman *The Rainbow* door de censuur was verboden. Even buiten dit uit boerderijen bestaande gat huurde hij een huis, waar hij met zijn vrouw Frieda, Katherine Mansfield en haar man John Murray een commune wilde beginnen. Het valt niet mee je de mondaine Mansfield in deze pastorale omgeving voor te stellen, met geen andere afleiding dan bassende hofhonden en koeien. Het gezelschap had een moeilijke start, want bij hun aankomst was het huis nog niet bewoonbaar – er moest onder meer ten behoeve van Katherine een wc worden aangelegd – en er werd de eerste weken kwartier gemaakt in The Tinners's Arms, een simpele dorpsherberg, waarvan de huidige waard negen katten beweert te hebben. Al na een paar maanden waren de onderlinge ruzies zo hoog opgelopen dat Mansfield het manuscript van *The Aloe* inpakte en in het zuiden van Cornwall haar heil zocht. Lawrence bleef met Frieda achter en schreef *Women in Love*, totdat de plaatselijke bevolking, wars van kunstenaars, de politie op zijn dak stuurde, en hij wegens het bezit van 'pornografisch materiaal' uit Zennor werd verbannen. Later zou blijken dat Lawrence en Mansfield in Cornwall allebei tuberculeus waren geworden – een sinistere vorm van het bloedbroederschap waartoe Lawrence zijn vriendin altijd had proberen te pressen. Over het graafschap schreef hij: 'It is not England. It is bare and elemental, Tristan's land. I lie down a cove where the waves come white under a low, black headland whick slopes up in bare green-brown, bare and sand under a level sky. It's old, Celtic, pre-Christian. It belongs to two thousand years back – that pre-Arthurian Celtic flicker of being which has disappeared so entirely. [. . .] All is desolate and foresaken, not linked up. But I like it.'

6 SEPTEMBER

Er zijn wel leukere dingen dan die godverdomde onmogelijke Rockies en mijn door hun toedoen gemartelde achillespezen: C. is gisteravond ten huwelijk gevraagd door een tachtigjarige zeeman, die veel te vertellen had over de tijd waarin mannen nog echte mannen waren, en ze allemaal ZULKE handen hadden van het roeien, en ze konden zingen en tapdansen op cafétafeltjes. Trouw toch met die man, zei ik, dan hoef je hier nooit meer weg en dan kom ik je zeven à acht keer per jaar bezoeken. Maar de zeeman (die claimde Dirty Dick te heten) wenste dat zij elke dag voor hem zou koken, en daar begint C. op haar leeftijd niet meer aan.

Gelukkig had zij vandaag ook eindelijk eens een blaar. Mijn leedvermaak daarover werd afgestraft toen ik op de vermaledijde Rockies een reusachtige schuiver maakte en stuurloos naar beneden begon te storten, lang genoeg om die lorrige schoenen te vervloeken. Maar Sinte Endelienta, Cornwalls heiligste heilige (zij nuttigde haar leven lang nooit iets anders dan melk) stond mij bij en voorkwam dat ik in een hand propelled wheelchair eindigde.

Nabij St. Just verandert het aanzien van Cornwall andermaal: landinwaarts worden de schoorstenen van verlaten tinmijnen zichtbaar. Al decennia lang wordt er geen tin meer gewonnen in het graafschap, maar niemand heeft ooit de moeite genomen de niet langer werkzame mijnen af te breken. Dit door mensenhanden gecreëerde landschap van torens detoneert vreemd genoeg geenszins met de elementaire kliffen – de restanten van de mijnbouw ogen juist als weloverwogen moderne varianten op de Keltische *standing stones*, zoals ook de gigantische schaalontvangers van het satellietstation Goonhilly, dat verderop als een fata morgana oprijst. Misschien doelt men op dit verbijsterend harmonieuze en gelijktijdige naast elkaar bestaan van diverse tijdperken, wanneer men het heeft over de zogeheten tijdloosheid van Cornwall.

Het is nu nog maar een korte etappe naar het meest westelijke punt van Europa. Dickens heeft gezegd dat niets een zonsondergang boven Land's End kan overtreffen – maar dit uiteinde van het schiereiland heeft ook op een nevelige vroege ochtend een hoop te bieden. De rotsen hebben gezichten en staan als norse reders over de oceaan uit te staren, wachtend op de terugkeer van de vloot. Een misthoorn loeit klaaglijk boven het grijze, glansloze water. Tussen Land's End en de ruim twintig mijl uit de kust liggende Scilly-eilanden zou zich het verdwenen land Lyonesse bevinden, dat door Arthurs hoftovenaar Merlijn tot zinken werd gebracht. Langs dezelfde lijnen van waarschijnlijkheid ligt de koning daar begraven, in het geheimzinnige landsdeel Avalon, alleen toegankelijk voor priesteressen en feeën. Talloos zijn de vissers die in heldere, maanverlichte nachten diep onder water de daken van huizen en torens van kerken hebben gezien – even talloos zijn zij die beweren dat Arthurs strijd tegen de Saksen niets anders is dan de verzinnebeelding van onze eigen gevechten in het leven, net zoals zijn queeste naar de Heilige Graal alleen maar het symbool is van de innerlijke reis naar ons diepste zelf. Hoe het ook zij, de betovering van Land's End wordt hardhandig verbroken wanneer de mist plotseling optrekt en men zich, ontsteld, omringd ziet door hotels, souvenirwinkels, nagebouwde piratenschepen, en een richtingaanwijzer volgens welke New York 3147 mijl verderop ligt.

De waterwereld van de kliffen blijft gelukkig gewoon zichzelf, mijl na mijl slaat de zee tegen de curieuze rotsformaties, zoals zij sedert de oertijd al doet. De veranderingen die zich hier voordoen, zijn louter natuurlijk van aard: het graniet ligt achter ons, leisteen strekt zich nu uit. Het duinlandschap heeft plaats gemaakt voor veengebied. De vegetatie wordt weelderiger, de geuren diverser. De onherbergzaamheid van het noorden en het noordwesten verdwijnt haast uit de herinnering bij de lieflijkheid van de zuidkust van Cornwall, die per dagmars toeneemt. Hier aan de rivièra van Cornwall, compleet met palmen en al, ligt het vriendelijke dorp Mousehole, waar in 1777 Dolly Pentreath overleed, de laatste Cornish sprekende persoon op aarde. Vandaar is Penzance gemakkelijk te bereiken, de geboorteplaats van Maria Branwell, die haar plaats in de geschiedenis heeft verdiend door het leven te schenken aan Charlotte, Emily en Anne Brontë. Maar de Brontëzusters zijn weer een heel ander verhaal, en noden tot een nieuwe, aanlokkelijke bedevaart op beter schoeisel.

10 SEPTEMBER

Met een laatste, heroïsche inspanning in één ruk naar Lizard Point gelopen (daarvoor loop je: voor die momenten dat het vanzelf gaat en je alleen nog maar de sensatie ervaart van de vrije wind die, zonder een enkele gedachte aan te voeren, dwars door je zondige ziel waait), dat het meest zuidelijke punt van Cornwall is. Daar houdt de Atlantische Oceaan op en neemt het Kanaal het over. Aan het Kanaal heeft men niets te zoeken: morgen naar huis, minus één verrotte teen. Ik denk dat ik nog gauw even zo'n fijne stenen vuurtoren koop, voor als ik thuis 's nachts bang ben in het donker, en dan maar snel de Rockies in brand gestoken.

KAREL KNIP

DE LAATSTE REIS VAN DE
*PLANCIUS**

Het arctisch wonder begint al in de Boeing 737 die ons van Tromsø in
Noord-Noorwegen naar Longyearbyen op Spitsbergen vliegt. We vertrekken 's avonds om half tien uit donker Tromsø, vliegen pal noord en
landen anderhalf uur later bij daglicht op het vliegveld van Longyearbyen. Het klopt, want het is nog zomer, het is zoals het hoort maar
je had er niet aan gedacht.

Scheepswerktuigkundige Hans Mazee, mede-eigenaar van de *Plancius*, heeft een autootje gehuurd om ons van het vliegveld naar de haven
te brengen. Het blijkt dat we met z'n zevenen zijn – tot nu toe hadden
we ons, Hollands trekje, zorgvuldig incognito gehouden. Wie niet direct meekan bekijkt de kalme drukte in het stationsgebouw. Sportieve
jongelui steken zich opvallend onopvallend in arctische survival kleding en jongleren met indrukwekkende jachtgeweren. Gisteren (1 september) is de jacht op diverse bewoners van de Spitsbergen-archipel
(die wij eigenlijk *Svalbard* moeten noemen) geopend, zoals ook uit grote
affiches is af te leiden, en nu maakt de beter gesitueerde Noorse jeugd
zich op om sneeuwhoenderen en kleine rietganzen eens een toontje lager te laten zingen. Binnen de natuurreservaten mogen zij niet komen,
zegt het affiche, de gouverneur van Svalbard, de Sysselman, zal daarop toezien. En veel vogels zijn al naar het zuiden vertrokken, weten
wij.

Als de laatste luchtreizigers het stationsgebouw verlaten gaat daar
het licht uit. Aan boord van de *Plancius* is de tienkoppige bemanning
in de mess bijeengedreven om haar eens aan de nieuwe badgasten te
laten ruiken. Drie Noorse passagiers hadden zich al eerder ingescheept
en we staan dus met z'n tienen tegenover elkaar – maar zij zijn jonger. Het late uur staat geen al te diepgaande kennismaking toe. Mazee
leest de regels van de Interne Dienst voor – we moeten corveeën –
en deelt mee dat we pas morgenavond zullen gaan varen, want de
meeste stemmen hadden aangedrongen op een dagje Longyearbyen
voor sight-seeing en toeristisch winkelen. Van dat laatste zal het de ko-

* Zie ook pagina 45

38

mende twee weken immers niet meer komen.

Longyearbyen blijkt te zijn wat het al was in de jaren dertig, toen hier de *Stella Polaris* met toeristen rondvoer: een mistig, modderig mijnstadje te midden van donkere, besneeuwde bergen en troebel zeewater. De huizen zijn barakken en wat hun aan pijpleidingen verbindt, ligt niet in maar op de grond, want de permafrost begint al op een paar decimeter onder het maaiveld en schijnt zich tot op 150 meter diepte uit te strekken. Het stadje wordt gered door de fraai uitgeloogde resten van vroegere mijnbouw, hoog tegen de bergen, en het vriendelijke Svalbard Museum, dat informatie geeft over dierenleven, de pelsdierenjacht, poolexpedities, de Duitse bezetting, toerisme en mijnbouw.

Het eerste en enige hotel, het Hotel sur le Adventbai, verscheen in 1896 en is allang weer gesloten. De (steenkolen-)mijnbouw dateert van 1902 maar werd pas in 1904 door de Amerikaan Longyear flink aangepakt. Het museum trok dit jaar 9500 bezoekers, voornamelijk Russen die op reuzen als de *Brezjnev* en de *Gorki* worden aangevoerd. De enige winkel van Longyearbyen verkoopt zacht fruit, kamerplanten tegen woekerprijzen en verder: thermoskannen, Noorse truien en bontmutsen.

Varen willen wij, weg van de blubber, de auto's, de crossmotoren, de sneeuwscooters, de surfers en de kolencentrale die onze *arctic dream* verzieken. 'On expedition to the northpole' en om acht uur 's avonds gaan we: niet noord maar zuid, want de laatste reis van de *Plancius* voert rond de zuidpunt van Svalbards hoofdeiland Spitsbergen naar het kleinere oostelijke eiland Edgeøya (waar zich een Nederlands onderzoeksstation bevindt) en dan weer verder naar het zuiden naar Halvemaaneiland en het eiland Hopen en via het geïsoleerde Bereneiland terug naar Tromsø.

Morgen zullen we al voor het eerst aan land gaan bij het permanente Poolse onderzoeksstation in de fjord Hornsund en omdat een confrontatie met een ijsbeer niet (immers: nooit) uitgesloten is, zal reisleider Paul de Groot ons vanavond wapeninstructie geven. De Sysselman eist dat toeristen gewapend aan wal gaan. Reisleiding en wapeninstructie zijn bij De Groot in goede handen, want niet alleen werkt hij tegenwoordig bij de Rijkspolitie – twintig jaar geleden maakte hij deel uit van het groepje van vier onderzoekers dat bij Kapp Lee op Edgeøya overwinterde om er ijsberen te tellen, te vangen en te merken.

We zullen ons de beren van het lijf houden met een klassiek assortiment aan karabijnen, een revolver, vuurpijlen, rookpotten en donderslagen maar dit jaar ook een nieuw wapen testen: de ratel. Zelfs onderzoeker Piet Oosterveld, die vorig jaar nog bij Kapp Lee door een beer in zijn hoofd werd gebeten, houdt vol dat ijsberen alleen aanvallen bij een al te onverhoedse confrontatie. De kritische afstand schijnt ongeveer veertig meter te bedragen: wie binnen die radius plotseling opduikt heeft het ergste te vrezen. Daarom zullen wij zingend en ratelend door de bergen van Svalbard trekken opdat alle beren tijdig de wijk nemen. De journalist biedt aan de ratel te dragen, want hij herinnert zich uit zijn diensttijd dat een karabijn vier kilo weegt.

Volgens programma gaan wij op zondagochtend 4 september voor anker voor het Pools station dat, radiografisch gewaarschuwd, de Nederlandse vlag laat waaien. Rubberboten, nee: *zodiacs*, brengen ons naar het zwarte strand voor het barakkencomplex. Daar worden we besprongen door een viertal alleraaibaarste maar uiterst potige poolhonden – één minder dan de bedoeling was, zegt stationsleider dr Piotr Głowacki, want vorige week is een hond door een beer gedood. Het station, dat 27 onderzoekers huisvest, ligt naast een flinke gletsjer, de Hansbreen, die het voornaamste voorwerp van onderzoek blijkt te zijn.

Terwijl de passagiers wat over de Hansbreen gaan wandelen zal de verslaggever proberen met de Polen ter zake te komen wat, door een niet te stelpen aanvoer van vodka, niet eenvoudig blijkt. Maar dit staat vast: de Polen zitten al naast de Hansbreen sinds het Internationale Geofysisch Jaar 1957 en zijn er niet meer weg te branden. Men bestudeert gletsjers op Spitsbergen omdat deze vergelijkbaar geacht worden met het type gletsjer dat gedurende de ijstijden Polen bedekte (het zijn *continentale* gletsjers en geen *alpiene*) maar, geven zij toe, ook omdat het Noorse bestuur van Svalbard onderzoekers ongekend weinig in de weg legt: een uitvloeisel van het Spitsbergen Tractaat uit 1920 dat ook Russen en Nederlanders praktisch de vrije hand geeft. Worden de Denen op Groenland niet moe bureaucratische barrières op te werpen, hier komt de Sysselman maar eens per jaar op inspectie.

Het gletsjeronderzoek heeft klassieke componenten naast moderne aspecten: men meet temperaturen in boorgaten, registreert seismische trillingen en labelt de ijsmassa. En binnenkort zullen de Polen, samen met de Canadese glaceoloog en speleoloog dr Jacques Schroeder van de universiteit van Quebec (die ook al niet op Groenland terecht kan), via natuurlijke verticale schachten afdalen naar de bodem van de gletsjer om daar, op honderdtwintig meter diepte, rechtstreeks de invloed van het schuivend ijs op de ondergrond te bekijken. En wat het broeikaseffect betreft: dit jaar alleen al heeft de Hansbreen zich vijftig meter teruggetrokken.

In overeenstemming met de eisen van de tijd besteden de Polen in

toenemende mate aandacht aan lucht en luchtverontreiniging, lucht-
en regenmonsters worden geanalyseerd volgens UNESCO-richtlijnen.
Ook boven Spitsbergen blijkt al geruime tijd zure regen te vallen, de
pH van het hemelwater daalt soms tot 3,3 en dat komt niet van de kolencentrale in Longyearbyen maar van de industrie in Europa. 's Zomers is de regen het zuurst.

Een uitvoerige rondleiding door het goed geoutilleerde station
besluit het bezoek; wat er aan computers is geïnstalleerd, blijkt van
westerse makelij: Epson, Casio en Commodore. De Polen nemen
vriendelijk afscheid, wensen ons sterkte met de ratel en zeggen zelf
meer vertrouwen in vuurpijlen te hebben. 'Honden zijn het best.'
Maar wij hebben geen honden.

Nu wij in de Hornsund zijn zullen wij ook de Sofia-kammen gaan
bekijken: een geïsoleerde steile rots die een van de grootste drieteen-
meeuwenkolonies van Svalbard herbergt. Inderdaad blijken de dieren
er, zo vlak voor de poolwinter, nog te zijn, zelfs zijn er nog grote groe-
pen brandganzen en kleine rietganzen en boven zee nog wat papegaai-
duikers en kleine alken. Sofia-kammen biedt de bezoeker een aanblik
die karakteristiek mag heten voor de meeste vogelkolonies op Spitsbergen: een steile rotswand met daaronder, groeiend op het vogelvuil, een
rijke vegetatie aan lepelblad, het bekende 'salaat' van de zeventiende-eeuwse walvisvaarders, probaat middel tegen scheurbuik.

Onder de kolonie zwerven poolvossen, azend op eieren en jonge vogels die uit het nest vallen. Grote burgemeesters (verwant aan zilver-
meeuwen), die op Spitsbergen de rol van roofvogel vervullen, houden
dat groene gebied met hetzelfde oogmerk in de gaten. Wat verderop
staat de verlaten maar nog intacte hut van een trapper die, op zijn
beurt, achter de poolvossen aan zit. In de hut bij Sofia-kammen bevonden zich – detail – nog twee onaangebroken pakken Hollandse volle
melk.

Het noordelijkste deel van de reis wordt in de avond van maandag
5 september bereikt als de *Plancius* behoedzaam langs het front van de
indrukwekkende Negribreen-gletsjer vaart. De voortgang 'op halve
kracht' hangt samen met de aanwezigheid van grote hoeveelheden ijs-
bergen, voortbrengselen van de Negribreen. Gezagvoerder Lourens
Reedijk heeft er aardigheid in om daar op een steenworp afstand langs
te varen – de Noorse passagiers (Titanic!) spreken er schande van
maar schieten toch ook verbeten hun films vol. De directe nabijheid
van zoveel ijs brengt de luchttemperatuur, die overdag nog tot boven
de tien graden opliep, subiet tot het nulpunt terug. Van de beruchte
katabatische winden (koude luchtmassa's die van de gletsjer naar bene-

den stromen – zie vooral Richard Adams *Voyage through the Antarctic*) viel niets te bespeuren.

Dinsdagochtend blijken we al voor Kapp Lee te liggen, 's nachts is men de Storfjorden overgestoken. We bezoeken het Nederlandse station, een formidabele Nissenhut uit 1968, die blijkens achtergelaten aantekeningen twee weken voor ons verlaten is. Oosterveld, naar Spitsbergen teruggekeerd alsof er niets gebeurd is, heeft de hut voor onmiddellijk gebruik gereed achtergelaten. Wie de beren werende balken voor de deur weghaalt en naar binnen stapt, loopt met zijn gezicht tegen een lucifersdoosje aan dat aan een touwtje hangt (een traditie waar de Noren zelf inmiddels van afstappen, hun hutten zijn al vaak voorzien van hangsloten: dat doet toerisme).

De groep besluit tot een excursie in de omgeving van Kapp Lee en zal daar nog lang aan terugdenken. Het terrein is nogal geaccidenteerd en een van de passagiers – zij heeft hoogtevrees – gaat wenend voorwaarts. De al te bruisende rivier wordt maar niet overgestoken en gemakshalve trekken wij naar de grazige vallei die Oostervelds object van onderzoek blijkt te zijn: hij bekijkt er voor het RIN het effect van natuurlijke begrazing op een natuurlijke vegetatie dus het effect van rendierbegrazing, want hier graast niets anders. Links en rechts liggen rendiergeweien en rendierkarkassen die bij nadere inspectie vaak nog aantekeningen van de onderzoeker dragen. Als de rendieren ten slotte ook zelf verschijnen en goed benaderbaar, dat is: fotografeerbaar blijken, raakt ons groepje in een goede stemming.

Na de verlate picknick gaat het dan welgemoed terug naar de boot, we wijzen elkaar op de sneeuwgorzen en brandganzen, op het lieve zonnetje en op de formidabele rotsblokken vlak boven ons tegen de helling waartussen, zien we nu, trouwens ook een beer lag te slapen, want het dier komt geïrriteerd overeind. We schatten de afstand op zeventig meter en hopen dat de beer hetzelfde doet.

Te laat natuurlijk voor de ratel maar De Groot wil niet van het experiment afzien. Het effect geeft weinig hoop, de beer komt verder omhoog en besluit resoluut poolshoogte te nemen. Wij verstijven en vergeten camera's en weermiddelen. *Arctic adventure*, de reisleider ontgrendelt zijn karabijn: 't kan een ellendige geschiedenis worden. Maar plotseling draait de beer zich om en gaat er op een holletje vandoor, de pas versnellend als wij, moedvattend, nog eens even ratelen. Hij verdwijnt tussen de rotsen en ligt even later aan de overkant van de rivier in het gras te rollen. Experiment geslaagd? Het is niet zeker en veiligheidshalve keren we hoog boven steile klippen terug naar de hut, nu ook andere passagiers in tranen meevoerend.

Niet alleen beren blijken wandelingen op Spitsbergen gevaarlijk te maken, merken we woensdag als wij, na een bezoek aan nog uit te graven traanovens uit de zeventiende eeuw en de al vluchtig geïnventariseerde fundamenten van een Russische hut bij Habenichtbukta nog tot een korte wandeling besluiten en opeens in een dichte mist belanden. Het komt erop aan eenvoudig langs de kust terug te lopen tot aan het punt waar men ons met de zodiacs zal ophalen, weten we, maar de tocht duurt in de nevel langer dan bedoeld en we arriveren een uur te laat. Er is niemand en heel in de verte toetert wanhopig de *Plancius*. We besluiten tot het geven van noodsignalen en zetten vuurpijlen, donderslagen en revolvers in. Weldra verschijnt van over de heuvels een passagierend deel van de bemanning dat ook verdwaald was. Pas daarna arriveren de zodiacs.

Zo raakt men *arctisch gehard*, op vrijdag gaan we bij Andreetangen aan wal terwijl daar toch goed zichtbaar twee ijsberen op ons wachten. We negeren ze – ijskoud – en concentreren ons op rendieren en roodkeelduikers, en wat later op een groep slapende walrussen die ons pas op het laatste moment gewaar wordt. We tellen er in totaal tien en beseffen daarmee een tiende van de totale Spitsbergen-populatie in beeld te hebben gekregen. De meedogenloze jacht op walrusivoor – nog terug te vinden in geweldige walrusknekelhoven zoals bij Kapp Lee – heeft de walrus op Svalbard bijna uitgeroeid. Sinds de totale bescherming van 1952 neemt de populatie weer langzaam toe. Als we later naar de boot terugvaren duiken twee walrussen snuivend vlak naast de zodiac op. *Fotostop* dus en laat die journalist, die Fridtjof Nansens *In Nacht und Eis* gelezen heeft, maar kletsen over onverwachte agressie. 'Zelfs ijsberen durven geen walrussen aan te vallen,' zeggen later de verbouwereerde Noren die het schouwspel moesten missen omdat zij weer andere traanovens bekeken.

Spanning en sensatie? De *Plancius*-officieren zullen pas toegeven dat daarvan sprake was als het schip schuimend in de golven verdwijnt. De kans daarop neemt die avond snel toe als besloten wordt zuinigheidshalve zo dicht mogelijk om de zuidkaap van Edgeøya ('Negerpynten') naar het nieuwe reisdoel Halvemaanseiland te varen. De zeekaart is voldoende gedetailleerd, de radar werkt en de satellietnavigatieapparatuur geeft bijna om het kwartier een nieuwe positie door (want de banen van navigatiesatellieten komen boven de pool te zamen) maar waar het aan schort is dat de Britse Admiraliteit nog niet aan dieptemetingen is toegekomen.

Hoe diep is het hier tussen de eilandjes voor Negerpynten, dat is de vraag. Een paar jaar geleden is de *Plancius* ook eens op een onderzeese rots lek gestoten en dat kan nu weer gebeuren. Geïnteresseerd volgt de bijna voltallige bemanning op de brug de vorderingen en beneden in de loodsverblijven bidden de passagiers om hun behoud. Buiten is een sneeuwstorm opgestoken en af en toe bonken zware stukken drijfijs tegen de boeg. Maar de dieptemeter zakt niet beneden de achttien meter en onze diepgang is nog geen drie. We redden het, na middernacht komt Halvemaanseiland al in zicht.

Halvemaanseiland ligt op de trekroute van de ijsbeer die zuidelijk om de Spitsbergen-archipel in westelijke richting loopt. Het eiland geniet de faam 's winters de hoogste berendichtheid van Svalbard te bezitten. Tot in de jaren zeventig, toen de ijsbeer beschermd werd, is er onder de dieren huisgehouden.

Wij krijgen wat je zou kunnen noemen een winters beeld van Halvemaanseiland te zien. Het eilandje ligt diep onder de sneeuw te midden van los pakijs dat uit het noorden is aangevoerd. Op het strand staan drie beren en over het geheel buldert een stormachtige wind, die de zee een onbehaaglijk aanzien geeft.

De beren zijn verdwenen als we een uurtje later nat en koud arriveren. We moeten ons behelpen met de sinistere stapels berenskeletten die in de loop van deze eeuw op het eiland zijn ontstaan en bezoeken de comfortabele, maar nu wat vervallen hut van de al lang geleden verdwenen ijsberenjager, een hut die de wetenschappelijke belangstelling geniet van de Noorse passagier Waling Gorter-Grønvik, conservator van het Vads Museum in Noord-Noorwegen. Hij maakt zich sterk voor conservering en mogelijk restauratie. Bij wijze van souvenir steken we, als de conservator even niet kijkt, een van de vele honderden scherpe patronen die hier in het rond verspreid liggen, in onze zak.

Die avond verlaten we de archipel, op weg naar Hopen, naar Bereneiland en ten slotte Tromsø. Een wat treurigstemmende, eenzame tocht nu de walvissen verdwenen zijn en alle steun moet komen van de trouwe, maar zwijgzame noordse stormvogel: 'de immer wenende begeleider van den zeeman'.

Al binnen een maand na terugkeer in Nederland wordt de verslaggever bevangen door een heftig heimwee naar de koude eilanden en het dappere scheepje dat hem daar rondvoer. Hij besluit de *Plancius* nog eens gedag te gaan zeggen in haar thuishaven en zal tegelijk een blik werpen op de vogeltrek boven Goeree. Zo staat hij op zondagmorgen 16 oktober om zes uur in de donkere haven van Stellendam. Het kost geen moeite de oude loodsboot tussen de zware vissersschepen te ontdekken – de lichten branden, de generator zoemt en in de kombuis ligt brood op tafel: kennelijk is een wacht aan boord. De dekken zijn schoongemaakt, de rendiergeweien, de zakken afval, het verzamelde drijfhout en de ton met rottende zeehondekarkassen zijn verwijderd. Maar er is meer veranderd: ook de romp is overgeschilderd, de naam *Plancius* is spoorloos verdwenen en in een lettertype dat het ergste doet vrezen prijkt de nieuwe naam *Waterproef*, een woordspeling die op een Amsterdams plezierkruisertje niet zou misstaan.

'Eigenlijk een soort "sell and lease back",' deelt de Stichting Plancius desgevraagd mee. 'Het schip is verkocht aan de Rotterdamse reder Joon & Co en zal voorlopig in de oude staat blijven. Volgend jaar kunnen we het nog terughuren zodat we onze verplichtingen kunnen nakomen. Inmiddels gaan wij op zoek naar een nieuwe *Plancius*, met een wat ruimere accommodatie en een mogelijkheid om ook eens het pakijs binnen te varen, een ijsversterkt schip dus. Nee, wij gaan door, neemt u dat van ons aan.'

MEER OVER DE PLANCIUS

De *Plancius* heeft zijn bestaan te danken aan het zogenoemde Smeerenburg-project van het Arctisch Centrum van de Rijksuniversiteit Groningen. Het Smeerenburg-project (archeologisch onderzoek aan de overblijfselen van zeventiende-eeuwse Hollandse walvistraanovens op Amsterdameiland in Noordwest-Spitsbergen) ging, na een terreinverkenning in 1978, in 1979 van start. Na dat eerste jaar was duidelijk dat het transport voor de expeditie in de toekomst het grootste probleem zou zijn – men vond daarom dat er eigen vervoer moest komen. Overwogen werd om met hulp van de sponsors van het project (onder andere de Van Veen Group, eigenaar van Carl Denig, en *Elseviers Magazine*) voor de duur van de opgravingen een expeditieschip te charteren maar al gauw bleek dat het verstandiger was een schip te kopen. Dat werd de loodsboot *Pollux* die door de dienst Domeinen in maart 1980 te koop werd aangeboden.

De *Pollux*, die 25 jaar dienst heeft gedaan bij Delfzijl, was een zusterschip van de *Castor* en de *Betelgeuze*, alle drie loodsboten die in 1950 volgens marinespecificatie bij Pot in Bolnes gebouwd werden. (De schepen vertonen veel overeenkomst met de *Bellatrix*, *Antares*, *Procyon* en *Sirius*, die in dezelfde tijd bij Boele in Bolnes van stapel liepen. De *Sirius* wordt nog gebruikt door de milieubeweging Greenpeace.) De *Pollux* bood accommodatie aan 24 loodsen en een zelfde aantal bemanningsleden (terwijl er voor het varen nog geen tien nodig zijn) en was, omdat men toch niet van plan was het pakijs in te varen, praktisch direct inzetbaar. Het indrukwekkende kanon was er al door de marine afgehaald.

Voor het beheer en het 'uittreden' van de *Plancius*, zoals de oude *Pollux* werd herdoopt, werd de Stichting Plancius in het leven geroepen. De *Plancius* heeft het Smeerenburg-project in 1980 en 1981 bijgestaan. Daarna was het veldwerk van het Arctisch Centrum afgelopen en nieuwe expedities kondigden zich niet direct aan. Bij eigenaars en beheerders van de *Plancius* bleef het gevoel bestaan dat het schip beschikbaar moest blijven voor natuurwetenschappelijk onderzoek in arctische omgeving zoals trouwens ook in de statuten van de stichting uitdrukkelijk wordt verklaard.

Om de exploitatie op zijn minst kostendekkend te krijgen besloot men in 1982 tot het organiseren van commerciële natuurreizen, eerst alleen in de zomer naar Britse vogeleilanden, Jan Mayen, Bereneiland en Spitsbergen, later gedurende de wintermaanden ook in het Caribisch gebied. Dat laatste is nooit een succes geworden, de verre reis naar Venezuela en het verblijf in havens waar aanzienlijke havengelden betaald moeten worden, maakten de reizen duur. Bovendien was er veel concurrentie.

De noordelijke reizen liepen beter, de *Plancius* kan door haar geringe diepgang en grote wendbaarheid makkelijk dicht onder rotsachtige kusten komen om daar passagiers in rubberboten af te zetten. Toch is op de exploitatie van de *Plancius* de laatste zes jaar gemiddeld per jaar een verlies van 40 000 gulden geleden en dat ondanks het feit dat de bemanningen bijna altijd alleen tegen kost en inwoning meevoeren.

Manhaftig heeft de stichting aan het gestelde doel vastgehouden en zij kan ook een indrukwekkende lijst van wetenschappelijke expedities laten zien waaraan in een of andere vorm steun werd verleend: zij het in de vorm van transport, huisvesting of telecommunicatie of met het beschikbaar stellen van geïmproviseerde laboratoriumruimte. Men heeft naast Nederlanders Belgen, Noren, Engelsen en Amerikanen vervoerd. Het ministerie van financiën verleende de stichting dan ook in 1984 de status 'instelling van algemeen nut'.

Helemaal probleemloos is de omgang tussen de vaak erg jonge en avontuurlijk ingestelde *Plancius*-bemanningen en wetenschappers overigens nooit geweest, zoals ook in het Smeerenburg-expeditieverslag 'Spitsbergen 79° NB' (Elsevier, 1981) valt te lezen. De indruk is dat *Plancius*-bemanningen vaak ruim de tijd namen om zich een oordeel over wetenschappers (en passagiers) te vormen en hun maritieme laatdunkendheid ondertussen niet onder stoelen of banken staken.

Niettemin had men zich een frequenter wetenschappelijk gebruik van de *Plancius* voorgesteld dan heeft plaatsgevonden. Kennelijk is het aantal arctisch geïnteresseerden gering of richt de belangstelling zich tegenwoordig meer op de Zuidpool. Opvallend is dat een serie over arctisch onderzoek, in het voorjaar van 1988 in het weekblad *Interme-diair*, waarbij nadrukkelijk op de beschikbaarheid van de *Plancius* voor wetenschappelijk onderzoek werd gewezen, geen enkele serieuze reactie opleverde. Henk van Veen van de Van Veen Group en de Stichting Plancius: 'Onbegrijpelijk als je bedenkt dat we wetenschappers voor de helft van de passagiersprijs vervoeren en zelfs nog minder als er hele-maal geen geld is. Tegenover de *Plancius* staat op Spitsbergen alleen pe-perduur helikoptervervoer.'

BEN HAVEMAN

VERLOREN ZONEN

In een haarspeldbocht ver boven het dorp waar de mooiste meisjes van het eiland wonen, zeilen de eerste cassettebandjes als afgekloven botten door het open raam van zijn taxi. Vannacht heeft Nikos zeker voor vier dagen te veel *ouzaki* gedronken en nu raakt hij al rijdend in de stemming om schoon schip te maken.

Nikos bezit één tand, een zestonige claxon en het vermogen met de linkerhand losjes langs ravijnen te laveren, terwijl duim en wijsvinger van de andere het stof wegwrijven van tapes met volksmuziek vol weeklagende, hese of jengelende maar altijd weer brandende liefde. Een voor een stopt hij de cassettes in de speler, hoort enkele maten aan met een grijns van afkeuring op zijn stoppelkaken, grist ze er abrupt weer uit en smijt ze naar buiten, in de achteruitkijkspiegel met toegeknepen ogen speurend naar een reactie van zijn ex-vrouw die hij op het vliegtuig naar Australië zet en die een pukkel op haar kin heeft.

Haar blik is terneergeslagen. Afgezien van die eenzame ondertand, zo bruin als een verbrande pinda, beschikte Nikos tot voor kort ook over een geheime liefde. Zij was gebitsloos en schonk hem een dochtertje dat al twee tanden had toen de liefde verloren ging doordat Nikos' vuisten nogal eens los kwamen te zitten.

Hup, daar buitelt weer een bandje door okergele stofwolken naar de bermkrekels: Maria Fantouri – de geprezene – peuken, bierflessen en haar eigen lyriek achterna. Diep beneden ons komt de Golf van Geras als een spiegel aanschuiven door een kraag van olijfbomengroen. Aan enkele takken bungelen de tape-guirlandes van Nikos' nutteloos geworden liefdesliedjes.

Afscheid van Lesbos?

Zoals in de mythische oudheid de wind een droevige melodie ontlokte aan de lier van Orfeus, ritselt de *Meltèmi*-bergwind door de afvalhopen van de Helleense beschaving. Waar zure regen en milieubeschermers onbekende begrippen heten, temperen gezwellen van plastic en blik de wandelverrukkingen in een arcadisch landschap.

En dan het Griekenland van de hygiëne.

Het lijkt een wraak van een natie op de jaarlijkse sprinkhanenplaag van verbrand bloot: geen kafeneion en taverna of de retirade geurt er bedwelmend. De afstand tussen menselijk afval en uitgestalde etenswaren is al gauw met een paar passen overbrugd. Om verstoppingen te voorkomen moet gebruikt toiletpapier worden gedeponeerd in een treurig ogend plastic korfje dat niet al te vaak wordt geleegd en waarvan het deksel ontbreekt. Meestal is het toiletpapier op.

De gevorderde Hellas-toerist heeft dan ook altijd een pakje tissues op zak; een uitrusting die eigenlijk zou moeten worden uitgebreid met een set wc-brildekjes, een flacon vloeibare, desinfecterende zeep of Wetties, een flesje reukwater benevens een vliegenmepper.

Vier jaar eerder huurden wij op Levkas, aan de Ionische kust, een optrekje van een man die geprobeerd had zijn moeder te wurgen. Na een verblijf van jaren in een inrichting sprak hij met de traagheid van een patiënt wiens gemoedsgesteldheid door een rijk assortiment tranquillizers wordt gefilterd.

Hij bracht de dag veelal achterovergeleund tegen een trap door, likkend aan chocolade-ijsjes. De klacht van zijn gasten dat er tijdens het douchen elektrische schokjes werden gevoeld, wimpelde hij glimlachend af met de geruststelling dat zulks 'no problem' was en juist 'very good for the heart'. Alleen wanneer het wc-papier op was, brulde hij boven zijn chocolade-ijsje iets in de spelonk waar meestal het gesnurk van zijn hoogbejaarde moeder onbevoegden op eerbiedige afstand hield.

Hij had de baard van een zeerover, maar zij was de baas. Zij hield de meest eenvoudige levensbehoefte achter slot en grendel verborgen voor haar bedlegerige man, haar twee zoons en haar schoondochter. Onder haar rokken, die glommen van het vuil, rammelde een sleutelbos op verzoek. Dan kwam ze na een minuut of tien aansloffen, de gevraagde toiletrol stuurs voor zich uit houdend alsof het een zeldzaam exemplaar betrof waarvan de overhandiging een gunst leek die bij hoge uitzondering werd verleend.

Aten wij soms wc-papier? Ogen als naalden prikten ons vast in de categorie van verkwisters, waartoe ze ook haar Belgische schoondochter rekende die van de zenuwen al diarree kreeg als ze het wijfje om een kopje suiker, laat staan om een rol wc-papier kwam vragen.

'Dus jullie gaan naar Turkije, uh? Weet je dat ze daar hun kont afvegen met hun hánden, uh?'

Nikos Eentand, de taxiboekanier, spuwt uit het raam, alsof daarmee de onthulling van het jaar is bezegeld; een fabel tot werkelijkheid uitgeroepen. Wij lachen hem uit, hij speelt de gekrenkte trots.

Ontrouw zijn we. Turkije is de grote mode, het nieuwe Spanje, maar wij moesten toch beter weten. Qua uiterlijk trouwens geen Turkser Griek dan Nikos: viereneenhalve eeuw Ottomaanse overheersing hebben op Lesbos meer sporen nagelaten dan de ruïnes van een enkele minaret.

Het is anderhalf uur varen naar de overkant. En natuurlijk is het bespottelijk te verwachten dat ook de toiletten aan boord van de Griekse veerboot *Aeolis* naar Westeuropese maatstaven zouden zijn uitgerust. Nog geen reden om een geleende Nikon AF-3 compactcamera op een haakje aan de binnenkant van de deur te laten hangen, maar die dingen gebeuren blijkbaar: onder bepaalde omstandigheden.

Een half uur later hangt hij er dus niet meer.

Hoeveel momenten van verstrooidheid in een mensenleven worden er door de verzekering gedekt? Mijn verstrooidheid gaat over in voorspelbare activiteit. Vrij snel worden twee jonge Duitse motorrijders door ons behoorlijk onsympathiek gevonden. Hadden bij het inschepen aan de haven van Mitílini al geen boodschap aan de rij wachtenden voor hen. Voordringers van het type skinhead. Zouden wel eens *neonazi's* kunnen wezen.

En die Griekse tantes dan, met die boodschappentassen, klaar om te worden volgepropt met *Lacoste*-shirts of schoenen die in Turkije spotgoedkoop zijn?

Hoe een onbenullig incident van dertien in een dozijn met het verstand aan de haal gaat. Bij aankomst in het haventje van *Ayvalik* is evengoed iedereen verdacht.

Het douanekantoortje walmt als een magnetronoven en het tergend lange wachten begint: op gezag van de kapitein worden koffers stuk voor stuk omgewoeld, als zien de autoriteiten een vondst van explosieven tegemoet. De ventilator weigert en de mensenslang gromt en sist en zweet van kwaadheid.

Een uur later zien toeristen hun dagexcursie naar de archeologische opgravingen van Pergamon al in rook vervliegen. Buiten de hekken heft hun touringcar-chauffeur in vertwijfeling de armen.

Wachtenden met koopdrift in het bloed ruziën met Turkse beambten. Met de grond van zijn aartsvijanden amper onder de voeten laat het dagjesvolk zich niet zonder protest de tijd ontstelen die het nodig acht voor het afstropen van Turkse bazars en het laten rollen van zijn drachmes; in de beknellende omhelzing van de EG hebben de Grieken immers ineens de economische voordelen ontdekt van een bezoek aan het islamitische buurland. Zijn daar textiel en lederwaren niet minstens de helft goedkoper?

Duistere blikken in onze richting.

Nu heeft de douanechef, om de zoekactie te versoepelen, de gebruiksaanwijzing met het signalement van de camera weliswaar laten rondgaan, maar veel baat vinden zijn helpers er niet bij. Zelfs het meest antieke exemplaar wordt onder protest van de eigenaar uit diens rugzak gevist en aan ons getoond. Dienstijver maakt voor mijn zoon geen uitzondering, instructies zijn instructies. Dus moet ook zijn eigen apparaat eraan geloven.

Bitte, Herr: Diese?

Als een sjeik door bedienden omringd, onthaalt de Turkse reisagent ons op veel airconditioning, en op appelthee uit kopjes van zilver. Ook wilden wij hem wellicht de eer aandoen om, als het ons schikte, een dezer dagen kennis te maken met een boottocht die ons langs de naburige eilandjes voor de kust van Klein-Azië zou voeren. Als troost voor het ongemak dat u op het Griekse schip is overkomen, zo legt hij zijn gasten uit, de handen gevouwen.

Efcharistó polí, hartelijk dank, reageert mijn zoon van elf spontaan. Ojé, schrikt hij, dat is Grieks: taal uit een andere wereld. Schoonheidsfoutje. Maar onze gastheer doet of hij niets onwelvoeglijks hoort, óf weet zijn gekwetstheid met een glimlach te maskeren. Vanaf de muur kijkt Atatürk streng op ons neer.

Niet ten onrechte. Het *Wat en Hoe in het Turks* is zelfs nog niet één keer doorgebladerd. Dat kan niet. Dat is verkeerd. Misschien wel even verkeerd als de combinatie van een Hawaii-shirt met een strooien hoedje op een verbrand lijf, dat ik op het internationale vliegveld van Athene de strofe 'Meisjes met rode haren, die kunnen kussen, dat is niet mis' heb horen lallen.

Nasmeltend van gêne staan we in de zon, wanneer vrouwen met hoofddoekjes en regenjassen voorbijschuifelen.

Van die lange jassen. Tot aan hun kin dichtgeknoopt. Zoals op de Amsterdamse Dappermarkt tijdens een hagelbui. Maar hier is het over de veertig graden, hier zijn palmen en moskeeën. Het beeld klopt niet, ook al klopt het wel. Ik ben verkeerd geconditioneerd. Zeg maar gerust: van slag. Met één been in de Oriënt, maar het hoofd nog vol gezoem van de totaal andere atmosfeer op een vrolijk Grieks terras. Die jassen maken de cultuurschok compleet. De bevolking van Turkije is zo aardig. Zó lief. Je hoort niet anders (al wordt doorgaans, en naar mijn gevoel te veel in één adem, bezongen hoe goedkoop het er wel is, zo wáánzinnig goedkoop). Iemand die het land met zijn camper had doorkruist, vertelde hoe een motoragent hem in een dorpje in het binnenland passeerde, zijn voertuig tot stoppen maande en de Nederlandse bestuurder, voorbereid op het ergste, vervolgens uitbundig de hand ging schudden: 'Herzlich Willkommen in die Türkei.'

Wat het onderkomen had moeten zijn, presenteert zich vanbuiten als een der talrijke kleedlokalen bij een zwembad. Vanbinnen twijfelt het tussen uitgewoond kippenhok en vergaderschuur voor de Bende van de Zwarte Hand, doch met het oog op de geur zouden er ook ezels gestald kunnen wezen, waarna men de herinnering aan hun aanwezigheid vergeefs heeft proberen te verjagen door het aanbrengen van kamferballetjes, vervolgens de vloer besprenkelend met het extract van viooltjes.

Er wipt iets donkers door de douche-toiletruimte.

Maar bakpoederwit is het strand dat, behalve een hoog transistorgehalte, van die uit riet en plastic opgetrokken overkappingen kent waar de jeugd zich vermaakt bij de meest troosteloze verzameling gokautomaten die ik tot dusver heb gezien. Schragen met lange tafels, zoals in Beierse bierhallen. Het is de bedoeling dat de gasten hier hun maaltijden gebruiken.

'Allemachtig-achtentachtig, wat-is-Rotterdam-toch-prachtig,' schatert de figuur die aan de haven kaartjes verkoopt voor de terugreis naar Griekenland. Hij komt met perziken aandragen alsof hij zeggen wil: jullie maken een grote vergissing, hoor; prachtige hotels genoeg hier.

'Von wo Sie kommen? Aaah Holland. Wunderbar. Magnifique.' Geen verkoper van tapijten en lederen kleding of hij ziet in ons persoonlijk de prestaties van het meesterschap van Gullit of Van Basten belichaamd en wij zouden derhalve wel gek zijn als wij niet ingingen op de speciale korting die hij ons, meters achternalopend, op een rekenmachientje voortovert.

Wij zijn gek.

Een vorstelijke lunch voor drie personen komt op totaal f 9,40. Dat wil een Hollander toch altijd: op vakantie in een land waar de gulden liefst twee daalders waard is? Met het uitzicht op de zwarte rookkolom uit een fabrieksschoorsteen probeer ik onze gehaaste aftocht te rechtvaardigen.

Met de democratie in Turkije was het ook maar zozo gesteld; in Amsterdam waren Turkse fascisten deze zomer onder progressieve landgenoten blind aan het moorden geslagen en geen figuur heeft me in mijn dromen zo langdurig achtervolgd als de Turkse gevangenisbeul uit de film *Midnight Express*.

Drie obers met snorren kijken van een afstand verheugd toe; een liefdesverklaring zonder tekst. Aan de Döner Kebab zal het niet liggen. Ik voel me schuldig, maar het is niet anders: gezakt voor het toelatingsexamen Klein-Azië. Turkije als versmade minnares. Afgewezen, nog voordat er iets moois heeft kunnen ontluiken.

'Appeldoorn?' roept de eigenaar ons na.

Ongeloof als wij ons diezelfde middag met bagage weer inschepen, na een meelevende handdruk van de douanechef. Hij schudt het hoofd. Hij wil onze koffers dragen.

Beschaamd en bedremmeld zien wij de mislukte expeditie maar als een variant op die ene over Bram, wanneer hij ontdekt dat er een gloednieuwe piano het huis van zijn bovenbuurman Moos wordt binnengetakeld. Na een week wordt de piano weer naar beneden getakeld. 'Moet je dat ding nou alweer verkopen?' informeert Bram niet zonder leedvermaak. 'Uh, nee hoor,' zegt Moos: 'Ik ga naar les.'

Met Lesbos in zicht komt een bemanningslid ons dek opstormen, waar de Griekse kapitein inmiddels als een vader ouzo en toebehoren voor de verloren zoon en de zijnen heeft laten aanrukken. Het verhaal van de verdwenen camera zoemt weer rond en even later staan we gebogen over een vuilniszak die naar poep ruikt.

Een triomfkreet uit het ongeschoren hoofd van de vinder. *Ekí*! Daar ligt-ie!

Filmpje onklaar, maar toestel ongedeerd. Verstopt gehouden: misschien wel door de vinder zelf, die grijnzend de vindersbonus toucheert als de kapitein even een andere kant opkijkt. Wat maakt het nog uit? Tegen middernacht blijkt onze 'eigen' kamer in het dorp van Nikos nog vrij.

'Ik heb 't allemaal zeker gedroomd,' zegt mijn zoon de volgende ochtend met een geeuw.

Wat is dat toch, dat Griekenlandgevoel?

Eftegía en Panaiotis trokken op hun zeventiende straatarm naar Alaska en begonnen daar een *pizzeria*. Ze kregen kinderen en ze kregen geld. De familie verhuisde naar Boston, waar al een omvangrijke Griekse kolonie zetelde. De horeca-activiteiten breidden zich er gestaag uit. Zo voorspoedig, dat Panaiotis op zijn veertigste binnen was en Boston 's zomers voor zijn geboortedorp op Lesbos verruilde. Hij liet er een hotel bouwen en begon zich te vermaken met de vrouwelijke gasten.

Veel fruittelers op het eiland hadden hun boomgaarden inmiddels al laten verkommeren, zodra er in het aarzelend opkomende toerisme meer brood leek te zitten. Zij waren jaloers op Panaiotis, die uitgezakt in een Mercedes rondreed en in het hotel geen klap meer uitvoerde, ofschoon hij vaak zorgelijk over zijn buikje wreef.

Zo lang hij zich er maar niet openlijk aan overgaf, zag Eftegía zijn uitspattingen door de vingers. Maar toen een zestienjarige haven-del met geblondeerd haar uit de hoofdstad Mitílini niet meer bij haar Panaiotis was weg te slaan en de mensen er schande van spraken, stapte zij naar de advocaat en schopte hem de deur uit.

Het hotel bleek niet op zijn naam maar op de hare te staan. Dus kwam hij met hangende pootjes terug, beloofde beterschap en verlegde zijn jachtterrein naar het strand, waar hij via slappe praatjes aanpapte met Scandinavische meisjes.

In het gezelschap van een man die op zijn kosten dronk, kwam hij ons eens wat sullig grijnzend vragen hoe je in het Frans ook alweer 'I like you very much' moest zeggen. Hij vond het wat *stupid* het aan zijn zoons te vragen, want die waren toch al op de hand van hun moeder.

De rol van *kamaki*, versierder, verhinderde Panaiotis niet de volgende ochtend op de ontbijtpatio kopjes koffie voor zijn vrouw aan te dragen. Dat had hij in al die jaren nog nooit gedaan. Zijn zoons, toch al tegen hem, lachten hem uit.

Eftegía, zich van haar kant op het dorpsfeest verheugend in de belangstelling van een broodmagere kapper die eindeloze hurkdansen uitvoerde met een halfvol bierglas op het hoofd, hield haar man aan het lijntje. Kwam Panaiotis met nieuwe kleren voor haar aanzetten, dan wist ze hoe laat het was. Ze griste de kleren uit zijn handen en deed de deur voor zijn neus op slot. Eens schrokken wij midden in de nacht wakker van tumult. Het kwam uit de tuin, die tijdens de huwelijkscrisis door onkruid was overwoekerd.

Als een chimpansee tijdens de bronst had Panaiotis gepoogd zijn tors via de te korte noodtrap het dakterras naast Eftegía's slaapkamer op te slingeren. En waar vorig jaar nog tomaten groeiden, lag hij nu: log en kermend in de distels.

Na die vernedering was hij wel eens een paar dagen met een verovering weggebleven, daarbij en passant tal van strategische punten op het eiland beplakkend met dezelfde stickers die tevens zijn Mercedes sierden: *Michael Dukakis for President.*

Niet omdat hij nou zo'n vurig Democraat was: Republikeins was ook best geweest. Het ging hem en de hele Bostonclan immers om de *Griek* Dukakis. Hij was een van hen. En hij had zijn *roots* op Lesbos.

Op de zuidflank van de berg Lepetymnos doet een slingerplant vol kuilen een forse aanslag op de ruggen van de inzittenden, alvorens de huurjeep in een bocht met cipressen hikkend tot stilstand komt bij het bord *Pelopi*. Daaronder prijkt het trotse opschrift: *Welcome to the hometown of Michael Dukakis*. Geen spelfout te bekennen. En dat wekt verwachtingen in een klimaat waar aanprijzingen als *Butter unt honinck* en *Haburgers and Chiken* schering en inslag zijn, tot in de neonreclame van Athene toe.

Maar rond dit middaguur is in heel Pelopi geen sterveling te bekennen die een syllabe meer spreekt dan zijn eigen taal. Oplettend gevolgd door oude mannen en een kolonne wespen lunchen we bij de dorpstaverna, waarvan een wand wordt opgeluisterd door een metershoge kleurenposter van een Spaans palmenstrand. (Ongetwijfeld is op de Bahama's inmiddels een oogstrelende reclame voor Hellas opgedoken, terwijl het etablissement *Costa del Sol* aan de zuidkust van Lesbos meer als eerbetoon van de eigenaar aan diens Spaanse echtgenote moet worden uitgelegd.)

Het opmaken van de rekening duurt ruim een kwartier. Er komen zeven, acht mannen aan te pas.

Dukakis, jaja, Dukakis! *Spiti*, huis!

Kakelend priemen ze in de richting van een berghelling. In de brandende zon storten wegwerkers er beton voor een nieuw talud. Pelopi wordt opgepoetst in afwachting van de verloren zoon, die zonder twijfel zal komen zodra hij het Witte Huis heeft betreden: een zekerheid waaraan Pelopi's burgemeester in zijn invitatie zelfs niet waagde te twijfelen.

Toen Pelopi nog Geliá heette, had niemand in de wereld van het dorp gehoord. Geliá betekent lach. Op de kaart van Lesbos komt het niet meer voor, sinds de ster van Dukakis in Amerika rijzende is. De naam van een vorst uit de Griekse oudheid werd, gelet op de nieuwe omstandigheden, door de autoriteiten stukken waardiger bevonden. De wereld weet intussen dat grootvader Dukakis er geboren werd en zijn geluk elders ging beproeven. En zijn geboortehuis?

De burgemeester is vandaag naar de hoofdstad afgereisd, maar ook de 81-jarige Yakobo Manolis is bij pelgrimages naar het *Dukakis-huis* een druk geraadpleegd persoon. Louter omdat hij het met zijn vrouw Maria bewoont. Leunend op een stok gaat hij zijn gasten voor naar zijn nederig onderkomen dat ineens een attractie is gebleken.

De oudjes spelen hun rol met verve. Er komen zoetigheden op tafel. Er wordt verheugd gewezen naar een dienblad waarop de skyline van Melbourne is afgebeeld. Inderdaad, daar wonen de kinderen en hier, ja hier staat hij dan, ingelijst, op een ereplaats naast het reliëf van de aartsengel Michael: 'Jaja, *President*!'

Met gepaste eerbied zet Maria de foto terug. Ze verjaagt een vlieg en kijkt ons verwachtingsvol aan. Haar man schraapt zijn keel.

Einde voorstelling.

Een buurvrouw toucheert onze drachmes, als vergoeding voor de explicatie. Aan haar gezicht te oordelen had zij meer verwacht.

De Nederlandse hostess Lean V. wil Pelopi onmiddellijk in haar jeep-safari opnemen. Zij draagt meestal T-shirts die haar navel bloot laten. Zij is in ons dorp bekender dan Papandreou en zij is onze vriendin. Zij kan fantastisch schelden in het Grieks en bovendien is zij de koningin van Lesbos – al zou je dat niet afleiden uit de uitlaat die met een ijzerdraadje aan de bumper van haar Visa bungelt.

Officieel bewoont Lean een verdieping boven een stinkende garage in Mitílini aan de oostkust, met twee klapstoeltjes van een tientje per stuk, maar altijd een potje pindakaas in de ijskast. Aangezien haar gasten over het hele eiland verspreid zitten en Lesbos ongeveer een derde van Nederland beslaat, is ze permanent onderweg, overnachtend in een vies keukentje hier, of bij een vriendin daar. Soms in een kantoor, als er overboekingen zijn.

Van vliegveld naar hotel, van excursie naar kantoor; van Molivos in het noorden naar Skala Eressou in het westen en altijd taxichauffeurs of restauranthouders die met haar uit eten of uit drinken willen. Onderweg in haar autootje wordt zij soms in een gehucht staande aangehouden en betrokken in familiedrama's, krijgt zij de lekkerste fêta aangeboden, klagen gasten dat het water koud is of het ontbijt niks voorstelt en is zij voortdurend haar contactlenzen kwijt.

Haar boeken en haar zus zijn ingepakt, respectievelijk getrouwd in Nederland; haar verleden strekt zich uit van Indonesië tot de Azoren, met een kortstondig huwelijk als Amerikaans intermezzo; 's winters raapt ze hier olijven tot haar rug gebroken is en ze is 38 jaar, lacht als iemand die zich met alles verzoend heeft, hoewel ze van de Grieken geen macho-gedrag pikt en als een helleveeg tekeerging tegen de man die in Zuid-Afrika enig fortuin maakte en haar hand door het autoraampje naar binnen trok waar hij een erectie bleek te hebben.

Jeder sei auf seine Art ein Grieche, aber er sei's, sprak Goethe.

De man die haar dat kunstje flikte, Yórgos, bezit behalve een zegelring een toeristenboot die eigenlijk van de bank is, maar op weg naar een baai van fluweel of een met harswijn overgoten zonsondergang, een imponerende ritssluiting trekt door de Egeïsche Zee. Yórgos heeft alleen te weinig klandizie, omdat de Scandinavische mafia een *deal* heeft met de eigenaren van de kleine rotbootjes waarheen alle Vikingtoeristen zich als makke schapen laten leiden.

Yórgos heeft zorgen, dus afleiding nodig. Zijn vrouw betitelt hij weliswaar als de moederkerk tot wie hij zich steeds zal bekeren, maar hij mag nu eenmaal ook zo graag elders ter kerke gaan.

'Zoals de storm vanaf de bergen in de eikeboom breekt,' dichtte Sappho reeds, 'zo heeft Eros mijn hart door elkaar geschud tot in mijn ziel.'

Wanneer zij geen snor bezat, zou onze favoriete serveerster, door haar ouders uitgehuwelijkt en van haar man in Athene weggelopen, door Sappho bezongen kunnen zijn. Helena. Ze is jong en gracieus, maar haar lach is smartelijk. Ze werkt in ons vaste restaurantje en als we een dagje overslaan lijkt ze gekwetst. Haar nieuwe omgeving is haar van nature vijandig gezind, want zij heeft haar man verlaten en dat hoort niet en haar driejarig zoontje zit ook maar bij de babysit.

Helena klampt zich aan ons vast met de vanzelfsprekendheid waarmee Griekse gezinnen op het strand anderen plegen in te sluiten en over vreemde hoofden heen schreeuwend conversatie voeren, waarbij een transistor de leemten opvult.

's Avonds zijn Helena's ogen rood. Er schieten vleermuizen over ons heen. Door de nacht waaieren flarden van een zestonige hoorn: Nikos de taxiboekanier. Dromerig sta ik voor het huis dat wij eens met zijn hulp ontruimden, omdat er poep uit de badkamer omhoog kwam.

Ach, weet ik, een sanitair ongemakje doet niets af aan het besef dat het meest aanlokkelijke Frankrijk ergens in het zuiden van de Balkan ligt. In tegenstelling tot de Côte d'Azur ziet de zwemmer hier vooralsnog geen faecaliën aan zich voorbijdobberen.

Die avond ontdekt Helena's baas bij sluitingstijd een baby, vredig slapend tegen een zak aardappelen in de hoek van zijn taverna. Met het wezentje op de arm gaat de vinder onder de sterrenhemel ('Please, please! Baby, baby!') op kromme beentjes op zoek naar de ouders, die elders nog even gezellig een flesje opentrekken. Onderweg verliest hij zijn bril.

En wij, wij proosten met de oude vrijgezel Stavros, die in zijn broek plast, steeds meer harswijn aanbiedt en jammert en smeekt en als een kind met de vuist op tafel slaat om op de foto te komen. Omdat, fluistert hij glunderend, als de fles ten slotte is omgevallen en de foto genomen, hij zeker weet dat hij ons volgend jaar vanuit de hemel zal toeklinken.

GERRIT JAN ZWIER

REIS NAAR DE LENTE

'Finland is een merenland. Wanneer tijdens de korte zomers de eindeloze spiegels van het water het licht weerkaatsen, is de hele trillende atmosfeer bleek-zilver. Bleek is ook het lover van de zilverstammige berken die overal langs meren en op scheren tegen de donkerder sparren afsteken. [...] Niet voor niets geeft een mens zich over, vrijwillig of gedwongen, aan een land en een landschap die in hun grondtrekken zo eenvoudig zijn. De rotsachtige bodem waartussen het water spoelt; de overvloedige bomen, maar in weinig soorten; de niet talrijke beroepen en bedrijven die bij zulk een streek horen; dit zijn de eenvoudige machten die karakters vormen in het bleek-zilveren licht en de lange schemering.'

Zo begint Albert Verwey zijn inleiding bij de Nederlandse vertaling van *Het lied van de vuurrode bloem* (oorspr. 1905), een klassiek Fins gedicht van Johannes Linnankoski. Het beschrijft op een naïef-psychologische manier de belevenissen van een boerenzoon die, na een conflict met zijn vader, houtvlotter wordt. Na vele omzwervingen over rivieren, en nadat hij de harten van vele jonge meisjes gebroken heeft, keert Olof het nomadenbestaan de rug toe. Aan de zijde van zijn geliefde – een rijke boerendochter – slaat hij letterlijk weer de hand aan de ploeg. *Het lied van de vuurrode bloem* is slechts één voorbeeld uit een hele reeks plattelandsromans waarin de verbondenheid van de Fin met de natuur wordt uitgebeeld.

De Fin is, zo lezen we in reisgidsen en boeken over Scandinavië, een 'buitenmens', een 'natuurmens'. Hij verkiest het landleven boven de stad, en als hij noodgedwongen in de stad zijn geld moet verdienen, dan trekt hij er elk weekend op uit, om in de buurt van zijn tweede huisje te gaan vissen of skiën. Wie op een zomerse vrijdagnamiddag Helsinki over de snelweg nadert, zal geen last hebben van enige drukte; op de andere rijbaan, waar de inwoners van de hoofdstad zich bevinden, staan de auto's echter bumper aan bumper.

Sommige schrijvers aarzelen niet om het Finse volkskarakter te verklaren vanuit hun verhouding tot de natuur. Er zijn maar weinig Finnen (circa vijf miljoen) en er is in hun land veel natuur (Finland is tien keer zo groot als Nederland). Men heeft dus al gauw last van gevoelens van eenzaamheid. 'In de kleine dorpjes op het platteland valt er niet veel voor hen te doen,' las ik in een reisgids, 'behalve naar de schitterend mooie natuur kijken. Maar hoe mooi die ook is, daar wordt men op den duur weemoedig van.' En wie eenzaam is en verdrietig, grijpt al gauw naar de fles. Pas dan wordt de anders zo stille en schuchtere Fin luidruchtig. Hij begint te zingen en te dansen, al lukt het hem zelden om echt vrolijk te worden. Vooral in de lange, donkere winter zouden de Finnen behoefte hebben aan een stevige borrel.

Welnu, de waarheid is anders. Ook in de korte, lichte zomer hebben vele Finnen last van een grote dorst. In de kofferbak van de auto's die in de weekeinden op weg zijn naar camping of tweede huisje, ligt de drank hoog opgetast.

Ruim twintig jaar geleden was ik voor het eerst in Finland. Ik was bezig aan mijn Grand Tour, die mij naar streken ver boven de poolcirkel moest brengen. In de achttiende en negentiende eeuw was het voor Engelse jongelui van goede komaf heel gewoon om een reis naar Italië te maken. Deze Grand Tour, die hen in aanraking bracht met de voortbrengselen van de klassieke cultuur en de Italiaanse schilderkunst, fungeerde als een soort *rite de passage*, een overgangsrite, waarna de jongeling zich als een volwassen man behoorde te gaan gedragen.

Nu staat Scandinavië niet bekend als een schatkamer vol kunst, en evenmin was ik van goede komaf, maar toch had ook mijn Grand Tour de intentie om een streep te zeggen onder het verleden. Door Spartaans te leven, te liften door vreemde barre streken en vele maanden van huis te zijn, deed ik eens iets anders dan proefwerken maken en tentamens afleggen. We konden ons immers altijd nog vestigen, boer worden, zoals Olof uit *Het lied van de vuurrode bloem*. Maar laat ons, vóór het zo ver is, een tijdje leven als nomade.

Mijn eerste nacht op Finse bodem bracht ik door op een camping bij de havenstad Turku. Het was een vrijdagnacht. In de loop van de avond arriveerden daar steeds meer auto's, niet van toeristen, maar van Turku-Finnen. Terwijl zij hun koepeltentjes opzetten en de drank uit de kofferbak laadden, galmde de muziek uit de autoradio's over het terrein. Een lange, lawaaiige, dronken nacht brak aan, waarin ook ik werd meegetrokken. De bewoner uit het koepeltentje naast mij kwam al gauw langs om even kennis te maken. Misschien voelde hij zich eenzaam, en ook wat weemoedig, door al die ruisende sparren om ons heen. Hij sprak wat Duits, en van hem leerde ik dat *olut* bier is, *perunamussi ja makara* aardappelpuree met worst betekent, en een *tulitikkurasia* niets anders is dan een lucifersdoosje. Omdat hij me ook tot tien leerde tellen, heb ik aan hem de wetenschap te danken dat de ganzen Yksi, Kaksi en Kolme, uit het avonturenboek over Niels Holgersson, in het Fins Een, Twee en Drie heten.

Hij beweerde dat zijn klinkerrijke moedertaal tot de eenvoudig te leren talen behoorde. Elke letter werd immers uitgesproken, de klemtoon viel steeds op de eerste lettergreep en het Fins kende veel leenwoorden: *hotelli, motelli, kioski, poliisi, pankki* (= bank), *pastilli, bensiini, teatteri, apteekki* en *ottomatti.* Sommige woorden, zoals *koulu* en *tuoli,* begreep je direct als je er een 's' voor zette: *skoulu* (= school) en *stuoli* (= stoel). Al die naamvallen hoefde je niet te leren, want de Finnen gebruikten er zelf ook maar een paar. Enkele weken geleden was ik weer terug in het 'land van de duizend meren' (in werkelijkheid gaat het om meer dan zestigduizend meren). Dit keer ging het niet om een Grand Tour, maar om een Sentimental Journey. Het doel was Lapland, waar mijn metgezel en ik zestien jaar geleden, toen we nog antropologie studeerden, veldwerk hadden verricht. Hij had zich aan de Noorse kust verdiept in zalmvisserij; ik had mij op de toendra van Finnmark geïnstalleerd, en hield van daaruit scherp het oog op de (weinige) activiteiten die de bewoners van het gehucht Suosjavrre ontplooiden. Wij wilden eens gaan kijken wat de Kust- en Rivierlappen (die zichzelf kortweg Samen noemen) tijdens onze afwezigheid gepresteerd hadden. En route wilden we een kijkje nemen in het gebied van de Skoltlappen, dat ten noorden van het Inari-meer (op 69 graden noorderbreedte) gelegen is.

Het Finse landschap is inderdaad eenvoudig van aard. Een asfaltweg doorsnijdt een dicht groen bos van dennen en sparren, waartussen het wit van berkestammen oplicht. Zij omzomen de vele meren, waaruit eilandjes oprijzen, die op hun beurt ook weer met bomen overdekt zijn. De Finnen zelf zijn gemakkelijk te herkennen: zij dragen een honkbalpet en gaan bij voorkeur gehuld in militaire camouflagejasjes. Zij mogen dan verzot zijn op vissen, skiën en stoombaden, in wegrestaurants en bij benzinepompen wordt al spoedig duidelijk dat zij hun hart aan nog iets anders verpand hebben: aan fruitautomaten. Gebiologeerd staren ze naar de kleurige, ronddraaiende vruchten, die nooit op een landelijke groenteveiling worden aangevoerd. Zou de fruitautomaat, naast de video, er het zijne toe hebben bijgedragen dat de eenzaamheid van het platteland enigszins is opgeheven?

Aangezien vele dorpen en steden aan een meer (*järvi*), rivier (*joki*), strand (*ranta*), inham (*lahti*), waterloop (*salmi*) of op een eiland (*saari*), landtong (*niemi*), berg (*mäki*) of bij een waterval (*koski*) gelegen zijn, wemelt het in Finland van plaatsen als Kilpisjärvi, Utsjoki, Lappeenranta, Lokalahti, Suomussalmi, Viitasaari, Rovaniemi, Pieksämäki en Taivalkoski. Ook de Finse familienamen verwijzen vaak naar de natuur of naar de elementen in het landschap; zo zou de al genoemde schrijver Johannes Linnankoski in het Nederlands Johannes Kasteelwaterval heten. Andere bekende auteurs als Aleksis Kivi, wiens *De zeven broeders* (r) aan het begin staat van de Finse romankunst, de Nobelprijswinnaar Frans Eemil Sillanpää en de befaamde atleet uit de jaren twintig Paavo Nurmi, heten in vertaling Aleksis Keisteen, Frans Eemil Bruggehoofd en Paavo Grasmat.

De reis naar het noorden werd, in de begindagen van juni, een reis naar de lente. Hoe noordelijker we kwamen, hoe lichter het groene waas rond de berkebomen werd. Na duizend kilometer rijden, zagen we dat de lente in Lapland pas aangebroken was. Aan de bomen hingen de eerste katjes, groene stengeltjes staken boven de grond uit, maar bloemen waren er nog niet. Muggen ontbraken eveneens! Op het Inari-meer lag zelfs ijs, waarover een koude wind blies. De plaatselijke muskieten hebben meer warmte nodig om uit te kunnen vliegen. Wat een verschil met de zomer van 1972, toen Lapland in de greep was van een hittegolf en dichte wolken muggen zich te goed deden aan het bloed van mensen en dieren. Een enkele passage uit het verhaal dat ik over mijn volkenkundige leertijd op de toendra heb geschreven, geeft een goede indruk van de doorstane ellende:

Badend in het zweet ben ik vanmorgen om kwart over zes al opgestaan, niet omdat ik uitgerust was of het gewoon niet meer uit kon houden in bed omdat ik lag te popelen deze nieuwe zonovergoten dag binnen te springen, maar heel eenvoudig omdat ik met muggen overdekt was. Mijn frambozeneus wordt nu op slordige wijze door een paar zoenlippen onderstreept en mijn linkeroog zit dicht. Voor me in de vensterbank zitten hele legioenen rode zwelbastjes uitgeteld te suffen. Komaan, al deze kwelgeesten een voor een tussen mijn vingers te laten knappen, lijkt me een opmonterend begin van deze dag. De tiende dag van mijn verblijf in Suosjavrre, Lapland, is aangebroken.

Rijden door Lapland is een moeiteloze affaire geworden. Alom heeft het asfalt de vroegere modder- en steenslagwegen overdekt. Toch is het raadzaam niet te hard te rijden. In het noorden van Finland trekken de rendieren niet naar de kust, zoals in Noorwegen, maar zij zwerven rond door de bossen. Vanuit de begroeiing langs de weg komen ze dan ineens te voorschijn, en in dat geval is het voor alle betrokkenen het prettigst als de remweg niet te lang is. Sommige koeien, of ossen, dragen een bel om de nek, wat aan Fins Lapland een onverwacht Zwitsers cachet geeft.

Langs de weg verschijnen de eerste kraampjes van Toeristenlappen, met rendierhuiden en -geweien, messen, melknappen, kleurige mutsen en poppen, en van berkehout gemaakte trollen. Op het erf van de rode, witte en gele huizen heerst de gebruikelijke chaos; een gesloopte auto, oude sleeën en sneeuwscooters staan kriskras door elkaar, naast een wigwam van berkebomen die als brandstof voor de houtkachels dient, bevindt zich een halfondergronds schuurtje waarvan de deur uit de hengsels hangt. Nu en dan staat er een bord langs de weg, met een vvv-logo, dat de passant attent maakt op een of andere bezienswaardigheid. Soms gaat het om een stroomversnelling of een museum, maar meer dan eens verwijst het naar iets uit de Lapse geschiedenis of mythologie. Dan is er sprake van een oude offerplaats (*seide*) of van een meer met een zogenaamd dubbele bodem. In werkelijkheid is er dan natuurlijk niets te zien – de steen, de knoestige dwergberk en het meer geven geen enkel geheim prijs. Het is natuurlijk ook niet zo gemakkelijk voor de plaatselijke vvv om Lapland te verkopen. Het gebied is vooral aantrekkelijk voor mensen die van rust en weidse landschappen houden. Oudere mensen vaak, die de tijd nemen om naar de Noordkaap te tuffen.

's Avonds, op de camping, zitten ze genoeglijk in hun caravan of kampeerwagen aan tafel, verdiept in een spelletje scrabble of in een kruiswoordpuzzel. Voor hen die niet in vissen, vogels en vergezichten geïnteresseerd zijn, is Lapland een plaag van muggen, dat geen enkel amusement te bieden heeft. Zij denken dat alle rendieren mannetjes zijn, omdat beide geslachten geweien dragen. Zij mopperen dat ze nog geen Lap gezien hebben, omdat ze denken dat een Lap steeds in klederdracht loopt.

Er zijn nu mooie folders over Lapse streken te krijgen, waarin de tekstschrijver zich in allerlei bochten wringt om zijn produkt te verkopen. Maar over pioniersplaatsen als Ivalo of Inari valt weinig te vertellen. Daar staan wat huizen, een reusachtige supermarkt, een benzinepomp, een postkantoor en vooruit, ook nog een openluchtmuseum.

Wat hebben deze en andere noordelijke plaatsen te bieden? Volgens de folders kun je er – als de bewolking het toestaat – van de middernachtzon genieten; je kunt een tochtje over het meer maken; je kunt een eindje gaan kuieren en genieten van de vriendelijke atmosfeer; er is een midzomerfestival en een roeibootrace; je kunt in het meer zwemmen; er is een minigolfbaan en een skischans. Het klinkt allemaal wat machteloos. De toerist, die vermaakt wil worden, komt toch niet naar Lapland. Eén keer volgden wij de aanwijzing van de vvv om een bere- hol te komen bewonderen. Vanaf de nering van een Toeristenlap loopt een plankier tamelijk steil de heuvel op. Aan het eind ervan ligt een groot rotsblok, waarvan de onderkant door stromend water is uitge- hold. Daar zou ooit een jager de nacht hebben doorgebracht, niet we- tend dat hij zich in het hol van de beer bevond. In het hol ligt een gastenboek. Mijn vriend heeft het doormidden gescheurd.

ETHEL PORTNOY

HET VAKANTIE-EILAND VAN EEN 'PERVERSE' AUTEUR

Op 4 januari 1921, meer dan zestig jaar geleden dus, vertrokken D.H. Lawrence en zijn vrouw Frieda met de veerboot uit Palermo op Sicilië naar Cagliari op Sardinië. Lawrence was destijds zesendertig jaar oud. Zijn eerste roman, *The White Peacock*, was tien jaar daarvoor verscheen het jaar daarop was hij ervandoor gegaan met Frieda von Richthofen, de vrouw van zijn tutor Ernest Weekley.

Ten tijde van zijn reis naar Sardinië stond zijn roman *Women in Love* op het punt te verschijnen, en toen dat gebeurde werd het boek begroet met krantekoppen als: 'EEN WEERZINWEKKENDE STUDIE VAN SEKSUELE VERDORVENHEID.' *Lady Chatterley's Lover*, zijn laatste roman, zou zeven jaar later uitkomen. Toen dat boek verscheen ('MIJLPAAL VAN HET KWAAD'), werd het onmiddellijk verboden – ongekuiste exemplaren waren pas te koop na een geruchtmakend proces in 1960, waarbij de Engelse censuur op kunstwerken werd opgeheven. Het huwelijk van Lawrence en Frieda was echter uiterst monogaam en allesbehalve orgiastisch.

Omdat Lawrence leed aan tb, bracht hij de weinige jaren die hem op zijn zesendertigste nog restten, door in warme landen. Sicilië was zonnig en goedkoop geweest, maar nu hadden hij en de 'bijenkoningin', zoals hij zijn Frieda noemde, het gevoel dat het tijd werd voor iets nieuws. Dus pakten zij het koffertje dat ze de 'kitchenino' noemden in met kookgerei, bestek, zout, suiker en natuurlijk thee, en stapten ze op de boot naar Sardinië.

Van de drie grote eilanden rondom de laars van Italië is Corsica beroemd om zijn grote zoon Napoleon, en Sicilië om de vulkaan de Etna, maar Sardinië is een soort raadsel. Wat weten we tegenwoordig van Sardinië? Dat de Aga Khan er een badplaats heeft gebouwd. Dat het niet een van de welvarendste delen van Italië is en een communistisch bolwerk. Deze ontwikkelingen lagen nog in het verschiet toen Lawrence en Frieda midden in de winter vertrokken voor hun reis die nauwelijks een week zou duren, maar Lawrence genoeg stof zou bieden voor een van de amusantste reisboeken ter wereld: *Sea and Sardinia*.

Lawrences boek vertelt veel over de zee en zijn avonturen op diverse veerboten, en maar een beetje over Sardinië. Laten we met hem en Frieda meegaan als ze geland zijn in Cagliari. Ze kwamen terecht bij Caffè Roma, waar ze thee dronken op het terras. Het ligt aan de via Roma, een overwelfde promenade als de rue de Rivoli in Parijs, en biedt uitzicht over de haven; achter wuivende palmen zie je de grote schepen die net zijn aangekomen uit Napels, Palermo of Tunis.

We vinden het zonder moeite: Caffè Roma is nog steeds een trekpleister, en deze avond doet men er geweldige zaken met bier en ijs, terwijl de 'menigte voortgolft, op en neer, op en neer, langzaam' – men maakt zijn avondwandeling onder de bogen, langs Afrikaanse straatventers uit Tunis die druk handel drijven in imitatie-Cartier-horloges of namaak-Louis-Vuittontassen. Natuurlijk is de voorgevel van Caffè Roma nu fel verlicht door neonbuizen en vanbinnen diepgaand geplastificeerd, maar achter in een etablissement kun je meestal sporen van het verleden ontdekken. En als ik de twee stenen treden naar de wc ben opgegaan, tref ik dan ook, achter een paar zware negentiende-eeuwse deuren die kreunen onder twintig lagen verf, een primitief Turks toilet aan waarvan Lawrence en Frieda misschien gebruik hebben gemaakt.

De voorgevel van ons hotel, eveneens aan de via Roma, is praktisch aan het oog onttrokken door de steigers van de tribunes voor de gelukkigen die kaartjes hebben weten te bemachtigen voor de grote processie van de volgende dag. Sint-Efisio, of liever zijn beeld, zal door de stad worden gedragen om vervolgens te voet te worden overgebracht naar Nora, zo'n dertig kilometer verderop langs de kust, de plaats waar hij de marteldood is gestorven. Efisio, een officier in het Romeinse leger ten tijde van Diocletianus, was naar Sardinië gestuurd om het christendom uit te roeien. In plaats daarvan bekeerde hij zich en beleed hij zijn geloof in het openbaar. Hij is in 303 in Nora ter dood gebracht door zijn mede-Romeinen.

In 1652 drong de zwarte dood door op het eiland via een schip dat in Alghero had afgemeerd. Gedurende vier verschrikkelijke jaren was Cagliari overgeleverd aan dood en anarchie, totdat de burgers op het slimme idee kwamen Sint-Efisio om hulp te vragen. Het sterven nam een einde en uit dankbaarheid beloofde men elk jaar zijn beeld naar Nora te dragen en dan weer terug.

Die grote processie, die gevolgd wordt door een vierdaags festival van volksmuziek en -dans, begint op 1 mei, wat ervoor zorgt dat er geen 1-meiviering door de communisten kan worden gehouden. De datum zorgt er ook voor dat het een affaire van Sardiniërs onder elkaar blijft, want het massatoerisme overvalt het eiland niet zo vroeg in het seizoen.

Aangezien de processie drie uur zal duren, is het zaak zitplaatsen te veroveren, dus zorgen Martin Kers en ik ervoor dat we de volgende ochtend bij de vvv zijn op het moment dat de deur opengaat. Het meisje achter de balie bekijkt onze brief van Avenue met grote argwaan, maar kennelijk heeft haar baas meteen door dat die tot nog meer toerisme kan leiden, want in een mum van tijd hebben we de kostbare kaartjes die ons toegang verlenen tot de eretribune die gereserveerd is voor gasten van de burgemeester. Dat meisje heeft wat ik later ga herkennen als 'het Sardische gezicht': mager, als het scherp van een bijl, met een vooruitstekende kin en een neus als een snavel (op portretten van Napoleons moeder Laetitia zie je dat ook – en bij Jan Klaassen en het duveltje-uit-een-doosje). Bij wijze van dank overhandigt Martin haar een paar van zijn als prentbriefkaart uitgegeven foto's die hij daarvoor altijd bij zich draagt, en dan zie ik wat ik zou gaan herkennen als 'de Sardische glimlach'. Kortstondig als een bliksemschicht flitst over een gezicht vol wantrouwen, of melancholie, of gemelijke trots, opeens een glimlach, zo lieflijk dat je je afvraagt òf je het wel hebt gezien.

Die processie heeft Lawrence niet te zien gekregen, maar wat zou hij ervan hebben genoten! In zijn boek schrijft hij lyrische pagina's vol over de plaatselijke klederdracht, en hier zijn de klederdrachten van achtenvijftig verschillende dorpen te zien terwijl ze Efisio door de stad begeleiden. Achtenvijftig verschillende klederdrachten op één klein eiland – dat wijst niet op goede verbindingen, eerder op isolement, en dat isolement heeft zelfs genetische sporen achtergelaten. Alle mannen uit sommige dorpen die in de optocht meelopen, zijn heel lang, uit andere zijn alle mannen heel klein. De meisjes uit één dorpje zijn stuk voor stuk schoonheden, en de meisjes uit een ander zijn zonder uitzondering afstotelijk.

Aan de optocht met de klederdrachten waren boerenkarren voorafgegaan, *tracca's*, met wielen van een soort die het laatst in het antieke Rome te zien waren, voortgetrokken door telkens twee ossen met kleurig versierde horens als de koeien op een feest in India, en beladen met kinderrijke boerengezinnen waarvan de moeders manden met speciale offerkoeken op schoot hadden. Daarnaast stapten herders in enorme schapevachten die speelden op de schrille *launeddas*, de lange dubbele pansfluit die we zo goed kennen van Griekse vazen. En toen kwam de

Maagd, die een enorme pop van koren bleek te zijn. Aangezien ik nooit zoveel overblijfselen van het verleden op één plek bij elkaar had gezien, dacht ik dat ik dood was en in de antropologenhemel was beland.

Veel van de klederdrachten van de vrouwen zijn replica's, dat zie ik in één oogopslag, maar andere, van oeroud brokaat of stijf van goudborduursel, zijn echte museumstukken. Afgezien van één dorp waarvan zowel mannen als vrouwen in fel rood, oranje en geel gekleed gaan (ze lijken op de heren, vrouwen en boeren uit het kaartspel), draagt iedere man het kostuum dat Lawrence heeft beschreven: '...het witte overhemd met wijde mouwen en het nauwsluitende zwarte lijfje van zwaar, inheems fries, laag uitgesneden. Daaronderuit een korte kilt of volant van datzelfde zwarte fries, met een band die tussen de benen door loopt, tussen de wijde broekspijpen van grof linnen. De broek verdwijnt onder de knieën in strakke zwarte beenkappen. Op zijn hoofd draagt hij de lange zwarte muts, waarvan de punt in zijn nek of over zijn oor bungelt. Zo knap als hij eruitziet, en zo prachtig mannelijk! Hij loopt met de handen losjes op de rug, langzaam, rechtop en ongenaakbaar.' En zo lopen de mannen nu nog; elk groepje komt rustig en trots aangelopen, met de handen op de rug of met de duimen in de armsgaten van het vest – geen armgezwaai, alles hier is zelfbeheersing!

Na de dorpsbewoners komen de burgemeester en gemeenteraad, ongemakkelijk op paarden gezeten; vervolgens de plaatselijke militie, op dartele paardjes die almaar over de tramrails tussen de kinderhoofdjes slippen – de rails van het stoomtrammetje dat Lawrence had gezien; maar dat is er niet meer, het is vervangen door bussen. Ten slotte verschijnt de heilige in zijn gouden koets, en wat een verrassing! Deze Romein draagt zeventiende-eeuwse plunje, hij lijkt sprekend op zo'n grote marionet die je bij het poppenspel in Palermo ziet, en iemand heeft op zijn poppegezicht een opgekrulde snor en een sikje geschilderd met te glimmende zwarte verf. Alle toeschouwers staan op en verlaten de tribunes om hem een eindje te volgen. De ware gelovigen gaan hem nu te voet begeleiden over de grote weg naar Nora, en wat een vreemd gezicht is het als het kleine groepje getrouwen aan weerszijden van de gouden koets voortsjokt over het grote viaduct – hun zwakke gezang verdrinkt bijna in het gebulder van het langsrazende verkeer.

We hebben nu de hele middag om het hotel te zoeken waar de Lawrences hun intrek hadden genomen toen ze in Cagliari waren aangekomen, want de festiviteiten zullen pas 's avonds worden voortgezet. Lawrence heeft de route duidelijk beschreven: de trap op en aan de linkerzijde van de 'brede, steile, saaie boulevard', de viale Regina Margherita. Maar waar is het? Het enige hotel dat ik zie is een splinternieuw wonder van moderne architectuur dat zo recent is opgetrokken, of zo duur is, dat het niet eens in mijn gidsje van plaatselijke hotels staat. Ik duw de rookglazen deuren naar de marmeren hal open en zeg tegen de hooghartige receptionist dat ik La Scala di Ferro zoek. Hij kijkt me aan alsof ik zojuist uit een kronkel in de tijd ben gevallen. 'Dat hotel is al zo'n twintig jaar geleden gesloten.' 'Heeft het misschien op deze plaats gestaan?' 'Nee, vlak om de hoek.' Ik wil nog meer vragen, maar aangezien hij naar me kijkt alsof ik hondepoep onder mijn schoenen heb, sluip ik weg en zetten we hijgend en puffend de beklimming van de steile boulevard voort. Nadat we zijn afgeslagen, zien we inderdaad een verlaten gebouw, maar het is zo groot, dat het ooit het ministerie van dit-of-dat moet zijn geweest. Met al die keurige luiken voor de ramen kan het geen voormalige gevangenis zijn. Vlak erachter is een pleintje, en daar zien we, boven een rolluik dat eruitziet als de ingang van iemands garage, art-decoletters gebeiteld in steen: La Scala di Ferro. Zullen we op de deur van het gebouw ernaast kloppen? Dat lijkt een privé-woning. Ik voel me ontmoedigd, en ik maak een grote fout: ik vergeet Martin te vragen een foto te maken van die art-decoletters.

Cagliari is nog grotendeels zoals Lawrence het heeft beschreven, 'allemaal stukjes en beetjes'. Er zijn verscheidene brede boulevards die omhoogleiden van de via Roma, maar plotseling, na een paar huizenblokken, doodlopen op een rij onopvallende woonhuizen. Grootse gebaren die tot niets leiden. Het grote terras met uitzicht over de stad, terrazzo Umberto I, dat steunt op kolossale trappen, heeft achter zich de plaatselijke achterbuurt, de Castello, waar Lawrence bijna een volle waterpot over zijn hoofd kreeg uitgestort. Nu heeft deze buurt riolering en elektriciteit. Maar hoeveel men ook renoveert, ruimte kan men er niet scheppen. De druk van de toenemende bevolking heeft de kleine achttiende-eeuwse paleizen veranderd in volle huurkazernes. Je kunt niet eens een stap achteruit doen om die minipaleisjes in je op te nemen, want op slechts een armlengte afstand, aan de andere kant van de straat, staat een akelig flatgebouw.

Het is hier anders dan in elke andere achterbuurt die ik heb gezien. De volkswijken van Napels zijn lawaaiig, levendig, rommelig, iedereen leeft op straat. Hier zijn de straatjes vlekkeloos schoon, en met nu en dan een schemerig winkeltje, een bakkerszaak of wasserij; iedereen zit binnenshuis, zelfs de radio's staan zacht, het is bijna spookachtig. Men onderneemt pogingen de vergane glorie van deze buurt te herstellen, en bij ons hadden projectontwikkelaars haar helemaal opgekocht, aangezien men hier uitzicht heeft op zee. Maar de Sardiniërs hebben nooit veel op gehad met de zee, die is zo akelig vlak en saai; rijkdom bestaat voor hen uit land.

We hebben de Castello net op tijd verlaten om het festival van volksdans en -muziek op de piazza del Carmine vlak achter ons hotel bij te kunnen wonen. De dorpelingen die sinds vijf uur op de been zijn, om tien uur aan de optocht deelnamen en om één uur achter Sint-Efisio aan gingen lopen, hebben nog genoeg energie om in koor te zingen, concerten op de *launeddas* te geven en hun plaatselijke dansen op te voeren. En wat een ongewone dansen! Ik heb zelf aan Amerikaans *square-dancing* gedaan, dat is wild en ruig, dynamisch als de Verenigde Staten zelf, met wapperende haren, wervelende rokken en kreten van een dionysische vrolijkheid. Maar hier: hoe welvoeglijk, hoe ingehouden. Een hele rij mannen komt naar voren met minieme, verlegen pasjes en trekt zich dan weer zedig terug, voorwaarts en terug in golven. Zo plechtstatig en zo ingehouden – zo'n strakke beschaving als dit is!

Plotseling wordt de menigte onrustig. Uit de verte hoor ik wat klinkt als een heleboel koeiebellen en een stampend geluid. Ik laat me door de menigte meevoeren naar de rand van het plein, en al gauw zie ik in een straat iets wat onze kant uit komt, een schouwspel dat ik nooit zal vergeten. Twee rijen – nee, geen mannen, *wezens* – verplaatsen zich in onze richting door gelijktijdig te springen, in een zigzagpatroon, nu eens deze kant op, dan weer die. Hun gezichten, of liever hun maskers, zijn angstaanjagend, groot en zwart geblakerd, en hebben hetzelfde oerprofiel dat ik bij het meisje had gezien, maar dan langgerekt, zodat je in het gat van de mond de punt van de kin van de gemaskerde ziet, als een vlezige, uitpuilende tong – de Mamuthonen!

Ze komen langzaam de straat uit, gehuld in harige bruine schapevachten, met de handen aan de riemen over hun borst waaraan de enorme bochel op hun rug bevestigd blijkt te zijn, een bochel die bestaat uit kilo's zware, dicht bijeengeplaatste metalen klokken. Hij lijkt op iets wat van de wand van een prehistorische grot is gesprongen.

Ik sta als aan de grond genageld, tot een van de wezens plotseling met een sprong en gegrom en belgerinkel zijn enorme zwarte masker in mijn gezicht duwt. Ik schiet achteruit, en hij moet de doodsangst in mijn ogen kunnen lezen. Er is heel wat voor nodig om mij bang te maken, maar een primitief gedeelte van mijn hersens herkende en vreesde deze verschijning die op me afkwam uit de afgrond van eeuwen.

Ik moet even op een bankje gaan zitten om bij te komen. En ik vind de juiste bank, want naast me, onder een lommerrijke boom, begint een van de mannenkoren in klederdracht te repeteren voor hun optreden – ze zingen eenstemmig, en niet versterkt door de microfoons van het festival, een oeroud lied van een weemoedige schoonheid. En wat zien ze er fantastisch uit. Als alle mannen zich elke dag zo kleedden als deze, zouden ze onweerstaanbaar zijn en zou er op de wereld nooit iets tot stand gebracht worden – of alleen ertussendoor. Ook Lawrence heeft dat gezien toen hij keek naar de kostuums van de mannen: 'Zo mooi als mannelijkheid is, wanneer men de juiste vorm weet te vinden. – En zo volstrekt belachelijk als de mannelijkheid wordt gemaakt in moderne kleren.' Met die wijde witte mouwen en strakke zwarte lijfjes zijn ze stuk voor stuk schoonheden, of ze nu lang zijn of klein, lelijk of knap.

Aan het monumentale gedeelte van Cagliari komt al gauw een eind; voorbij de vormeloze voorsteden liggen de bergen, en de dorpen. Op het station, vlak naast ons hotel, hebben Lawrence en Frieda de trein van half drie genomen, een boemeltje dat naar het centrum van het eiland ging. Wij huren gewoon een auto. De reis naar hun eerste halte – Mandas – een afstand van vijfenzeventig kilometer – kostte hun vijf uur, en stelde hun 'kitchenino' zwaar op de proef. Wij doen er anderhalf uur over.

In Mandas proberen we tevergeefs het hotel boven het station binnen te komen waar zij de nacht hebben doorgebracht. Voor alle ramen zitten luiken en het ziet eruit alsof het al tientallen jaren leegstaat. De stationsrestauratie waar zij 's avonds hebben gegeten, is nu slechts een geplastificeerde bar waar kauwgom en frisdrank in eigenaardige lichte kleuren worden verkocht. De volgende ochtend besloten de Lawrences, in de hoop een betere indruk van het landschap te krijgen, hun reis per bus voort te zetten, en die nam dezelfde route als de bus van tegenwoordig – door de uitlopers van de bergketen die Gennargentu heet. Wij volgen deze weg ook, maar anders dan toen in januari is de weg in deze fraaie meimaand bezaaid met bloemen. Aan weerszijden zijn de bermen omgetoverd in borders vol vaste planten; grote dotten kleur, in kunstige combinaties. Wanneer ik in mijn tuin een dergelijk effect probeer te bereiken, kost me dat maanden werk; hier is het gratis, kilometers achtereen. Ook zijn er complete weilanden die één enkele kleur vertonen: het goudgeel van madeliefjes, het rood van klaprozen of het paars van distels, enorme stroken kleur die één boodschap doorgeven: dit land is niet ontgonnen. Waar het land droog is, wordt het omsloten door dezelfde natuurlijke heggen van enorme cactussen die Lawrence heeft gezien – hun platte groene schilden zijn hier en daar versierd met kleine, rode, peervormige vruchten, als in een Krazy-Katstrip.

Steeds hoger komen we in de bergen, niet van die scherpe, angstwekkende pieken met witte kragen zoals in Zwitserland, maar breedgeschouderde, massieve exemplaren, overdekt met dichte bossen. Hier en daar staan kurkeiken, en hun donkerbruine schors heeft de kleur van de daagse rokken van de boerenvrouwen. Soms is de gladde grijze stam kaal, maar meestal stopt het ontschorsen vóór de takken, zodat de boom lijkt op een blote arm met een bruine gehandschoende hand die naar de hemel wijst. De lucht is als kristal, en elke grasspriet, elk blad tekent zich scherp af. Ik ervaar hetzelfde als toen ik op mijn vijfde mijn eerste bril kreeg, toen ik vanuit mistige vaagheid terechtkwam in heldere afgrenzingen. Maar alles hier is ook een beetje onwerkelijk. De hemel is zo blauw, de lucht zo fris en schoon, de weg zo keurig en leeg, de groene bergen met hier en daar donkerder boomgroepen, allemaal zo netjes, en geen levende ziel of huis in de wijde omtrek... het is of je onder een glazen stolp zit. Er zijn geen eenzame boerenhoeven, de huizen klitten aan elkaar in dorpjes waar water is, en zelfs daarvandaan worden de mensen weggezogen door de grotere plaatsen in de streek.

Een zo'n dorpje is Sorgono. De beschrijving die Lawrence geeft van de nacht die hij daar heeft doorgebracht in Ristorante Risveglio is een klassiek gruwelverhaal in de reisliteratuur geworden, alleen geëvenaard door Erasmus' beroemde stuk *Over Duitse herbergen*. Net als bij Erasmus was voedsel het hoofdprobleem. De Lawrences moesten hongerig en verkleumd uren zitten toekijken hoe een boer een lam heerlijk bruin roosterde, om ten slotte alleen maar wat koude afkrabsels vol botsplinters opgediend te krijgen; de eigenaars van de herberg hielden het lekkerste voor zichzelf. Wat hun slaapkamer betrof: het beddegoed was zo smerig, dat Frieda haar hoofd niet op het kussen durfde te leggen voordat ze een doek om haar haar gewonden had.

Wij vinden de herberg aan de hand van zijn heel nauwkeurige beschrijving. Aan de zijkant zie ik het hoge raam van de grote koude ruimte waar zij eindeloos op hun avondeten hebben zitten wachten. De bar opzij, aan de weg, die vroeger open was bij weer en wind, is nu dichtgemaakt en voorzien van een groot bord: Pizzeria. Aan de andere kant van het huis is een binnenplaatsje, en daar, achter een open portaal, zie ik een heel klein kamertje met een groot tv-toestel en een tafel waarbij een oeroude vrouw en een bejaarde man staan, op het punt plaats te nemen voor hun middagmaal. Ik klop bedeesd op de deurpost en vraag of dit vroeger Ristorante Risveglio is geweest. Er is nog een man, van een jaar of vijfendertig, die in een hoek zit. Hij staat op en komt naar me toe. 'Aha,' zegt hij glimlachend en knikkend, '*il libro di Lawrence.*' Ja, precies, zeg ik blij verrast, en hij komt naar buiten, terwijl de oude vrouw mij woedend aankijkt omdat ik hem weghaal van zijn eten.

We lopen rond. Nee, de herberg is gesloten, en de pizzeria is alleen in de zomer open. Nee, hij heeft geen sleutel, en de eigenaar woont ergens anders. We wenden ons weemoedig af en te laat bedenk ik dat ik vergeten ben aan het wijfje te vragen of zij het knappe meisje 'met een onbeschaamd, niet helemaal prettig optreden' is geweest dat Lawrence hier in 1921 heeft gezien. Dat meisje zou nu in de tachtig moeten zijn – en zou ze zich die avond in het verre verleden herinneren?

Nuoro, in de tijd van de Lawrences een klein marktstadje, is nu de metropool van de omgeving. Ze waren er per bus uit Sorgono heen gereisd en hebben er de nacht doorgebracht in kamer zeven van de herberg Ster van Italië, recht tegenover de apotheek. Nuoro is de geboorteplaats van de schrijfster Grazia Deledda, een van de weinige vrouwen die de Nobelprijs voor Literatuur hebben gekregen (in 1926, voor haar romans over het boerenleven op Sardinië). Maar als Lawrence haar niet had genoemd, had ik dat nooit geweten.

Ons hotel in Nuoro heet dan ook Hotel Grazia Deledda, en het is groot en modern, en het ligt dan wel recht tegenover een apotheek, maar ook die is gevestigd in een groot modern gebouw. Toch bevinden we ons op de plek waar de bus van de Lawrences stopte – staan deze gebouwen op de plaats van de oudere die zij hadden gezien? Dat is op geen enkele manier na te gaan, tenzij we een oude bewoner te pakken krijgen, maar iedereen hier is jong.

De volgende ochtend volgen we de route van Lawrence en zijn bijenkoningin door Orosei en Siniscola, en vandaar naar de kust, waar zij op een boot naar het vasteland zijn gestapt. Het is raar, maar na het bezoek aan die plek waar Lawrence het eiland verliet, zou ik alles een beetje een anticlimax vinden. En toch was er nog zoveel te zien, zoveel dingen die hem versteld hadden doen staan. De beroemde witte rotsformaties van Capo Testa, zo gebeeldhouwd en gekliefd door de wind dat ze lijken op een pakhuis vol dolgedraaide beelden van Henry Moore. Die eigenaardige rotsen liggen vlak buiten S. Teresa di Gallura, waar de winkels vol hangen met kralen kettingen, in kleur variërend van een donker gebrand rood tot het bleekste roze, de kleur die je krijgt als je één druppel bloed in een kopje melk laat vallen.

Hoewel Lawrence ze niet noemt, moet hij ze gezien hebben toen hij door de binnenlanden reed, de resten van forten uit de bronstijd op de bergtoppen. Maar zou hij de kracht hebben gehad om helemaal naar boven te klauteren? Een hele klim, alsof je je naar boven werkt langs de buitenkant van een soort gigantische bijenkorf, gemaakt van gladde, ronde rotsblokken. Arborea heeft hij nooit gezien, maar hij zou plezier hebben gehad in de grap die in de naam van die streek schuilt, 'land van bomen', terwijl het bestaat uit vlakke, boomloze zoutpannen. Lawrence, die zo geïnteresseerd was in de verhoudingen tussen de seksen, zou ook met plezier hebben gekeken naar de avondlijke taferelen in Oristano, waar het beeld van koningin Eleonora van Arborea, de machtige vrouw die de eerste grondwet van het eiland heeft opgesteld, elke avond een moederlijke blik laat glijden over een plein vol ronddrentelende tieners op zoek naar meer dan vriendschap.

Toch heeft Lawrence in de paar dagen die hij hier heeft doorgebracht de geest van Sardinië weten te grijpen, zoals die nu nog is. Telkens weer vergelijkt hij de Sardiniërs met de Sicilianen – en steeds valt die vergelijking uit in het voordeel van de Sardiniërs. Hij zegt dat niet met zoveel woorden, dus zal ik het namens hem doen: hij vindt de Sicilianen hoerig, zoals ze hun aanvallers onderdak hadden geboden en zich met hen hadden vermengd; hun houding tegenover vreemdelingen is zelfs nu nog een van verleiding. De terughoudende Sardiniërs ('stoer en mannelijk') belichaamden echter alles wat hij bewonderde, want Lawrence was eigenlijk niet zozeer bezig met seksproblemen, als wel met seksespecificiteit, met wat mannelijkheid betekent, in het algemeen en die van hemzelf in 't bijzonder.

Hij maakt ook melding van hetzelfde dat ik er voel, de onwerkelijke sfeer die er heerst. Waar die vandaan komt, weet ik niet. Wat hij zegt over Sardinië, dat het 'buiten tijd en geschiedenis' valt, is niet waar. Sardinië is vaak aangevallen en soms zelfs bezet, door de Romeinen, de Genuezen, de Spanjaarden, de Oostenrijkers. Misschien heeft het gevoel dat Sardinië 'erbuiten valt' iets te maken met het feit dat het een eiland is, en met de bergen waarin Sardinië zich altijd heeft kunnen terugtrekken om trots zichzelf te blijven. Sardinië is ontoeschietelijk, onafhankelijk, Sardinië heeft altijd de zee de rug toegekeerd – en de kusten minachtend overgelaten aan de vreemdelingen die daar zoveel waarde aan bleken te hechten...

Terug in Cagliari. Het is laat in de middag. Morgenochtend vroeg vliegen we terug naar Rome. En ons rest nog één laatste taak. We hadden vergeten een foto te maken van de art-decoletters die La Scala di Ferro aangaven, het eerste hotel van de Lawrences. Dus neemt Martin zijn zware tas met fotoapparatuur op zijn schouder en lopen we weer hijgend en blazend tegen de helling op. Ja, daar is het, en daar zijn de letters. En kijk, wonder boven wonder, het rolluik is omhoog, en dat waarvan we dachten dat het iemands garage was, blijkt een gang te zijn die naar het binnenplaatsje leidt dat Lawrence noemt – en daar is het hotel, dat moet het zijn! Een grappige laat-negentiende-eeuwse Moorse fantasie. En behoorlijk vervallen. Maar het wordt kennelijk gerestaureerd, overal liggen zakken cement en planken. Het rolluik is open omdat de arbeiders bij hun vertrek vergeten hebben het neer te laten. Het zal hier prachtig zijn als het klaar is.

Op de begane grond vind ik de kamers waarnaar men de Lawrences eerst had verwezen. Dan beklim ik de marmeren trap, die nu overdekt is met vergruizeld pleisterwerk, en loop door de dubbele klapdeuren waar zij doorheen zijn gegaan toen ze een slaapkamer kregen die meer naar hun zin zou zijn, een van deze sinds lang leegstaande kamers die uitkijken op de viale Regina Margherita. Hier, op deze plaats, is hun tocht begonnen. En wat een geluk dat we hier op dit moment zijn teruggekomen en gewoon naar binnen konden lopen, wat een geweldige bof.

'Kijk eens!' roept Martin vanaf de binnenplaats. Hij lacht; hij heeft iets gevonden tussen de rommel. Waar kijkt hij naar, daar op de grond? Oud behangselpapier? Een menukaart van vroeger? Het ziet eruit als een tijdschrift. Het is een tijdschrift, vuil en opgezwollen van de regen, achtergelaten door de bouwvakkers. Eén blik is voldoende om mij te vertellen wat voor soort tijdschrift het is: die kronkelende ledematen, die zuigende monden, die cilindervormige voorwerpen, die donkere driehoeken. Ik sta erbij als door de bliksem getroffen; het is als een boodschap vanuit het graf: 'Ja, ik ben hier geweest, en ik ben nu bij je.'

Wat vind jij hiervan, Lawrence? Was dit waar je naar streefde, had je dit verwacht? Jouw boeken zijn teder, een lofzang, niet op de lust, maar op het verlangen, geen promiscuïteit met velen maar de aanbidding van de ene. Jij had het gevoel dat er iets heiligs en geheimzinnigs zat in de eenwording van een man en een vrouw, terwijl ik op die bladzij niet eens kon nagaan hoeveel mensen eraan meedoen.

Geschokt staar ik over de vreselijke kloof van Tijd en Verandering. Kijk eens wat er gebeurd is in de afgelopen zestig jaar. De menselijke seksualiteit is gewoon een handelsartikel geworden, als alles in onze beschaving; ze is doorgedrongen in het rijk van het Geld, de grote instinctieve drift uitgebuit om een paar centjes op te strijken. *Lawrence, thou shouldst be living at this hour.* Kijk eens wat je op gang hebt gebracht. Maar is zo'n beschuldiging niet nogal naïef? Wat Lawrence schreef – een revolutionaire daad die voortkwam uit zijn verlangen al het menselijke te onderzoeken – , was slechts een onderdeel van een grotere beweging, de grote algemene drang naar vrijheid. Hij zou een dergelijk tijdschrift afschuwelijk hebben gevonden, maar het is niet meer dan een nevenprodukt van die beweging, een gedrocht. Toch ben ik blij dat we het daar zagen liggen. Wat een volmaakt besluit van mijn verhaal!

JEAN-PAUL FRANSSENS

REISBRIEVEN

AAN H.J.A. HOFLAND

Amsterdam, 8 december 1987

Beste Henk,

Mijn boek is klaar. Ik wil meteen weg. Ik moet eruit. Ik heb er genoeg van hier te zitten. Mijn rug is krom en mijn gedachten lopen door elkaar. Kortom: ik ben doodop. Ik wil naar Tunesië. Ben je daar ooit geweest? Ik heb er een prachtige reisgids over gekocht. Er zijn woestijnen met oases. Ooit heeft John Müller me eens een heel poëtisch verhaal over een woestijn in Tunesië verteld. Ik wil op een kameel. Als Berber met een, hoe heet zo'n ruime jurk-mantel ook alweer? Ik heb bijna een uur in een reisbureauwinkel met een nummertje in mijn hand op mijn beurt zitten wachten. Dat bleek niet nodig te zijn geweest want ik kwam alleen voor wat reisfolders en die kreeg je zo mee, zonder te hoeven wachten. Veel mensen willen op reis. Ongehoord. Jonge mensen, naar alle werelddelen zwerven ze uit. Ik was negentien jaar toen ik voor het eerst de Nederlands-Duitse grens passeerde om naar Zwitserland te liften. Ik kwam niet verder dan Worms waar ik de Aziatische griep kreeg en bijna in een badkuip van een hotel ben verdronken. Maar dat vertel ik later nog wel eens.

Misschien ben ik wel overspannen. Ik weet het niet, maar in dat vreselijke reisbureau had ik het gevoel dat ik een beetje gek aan het worden was. Heb jij dat ook wel eens? Dat je overal op let? Hoe mensen eruitzien. Je overal aan ergert. Laat die mensen toch. Als iemand met alle geweld naast je wil gaan zitten met een bakje patat moet zo'n man dat toch zelf weten. En dat meisje met al die gaten in haar broek en die verfvlekken, wat gaat jou dat aan. Ik ging zover dat ik een hond die buiten tussen de fietsen stond, vriendelijk toeknikte. Maar dat was helemaal geen hond maar het hoofd van een blonde vrouw die haar fiets op slot deed. Begrijp je hoe ik eraan toe ben? Dus weg hier. Ik moet ervandoor. Of merk je dat niet? Ieder mens heeft recht om er eens tussenuit te gaan. Weet je die mooie tekening van Peter van Straaten nog? Die literaire-levenstekeningen die zo prachtig zijn? Zit die schrijver moedeloos op een bank naar buiten te staren terwijl zijn vrouw zegt: Maar Jan, je bent er toch veertien dagen geleden al eens helemaal tussenuit geweest? Peter is echt een geweldenaar. Jij hebt me toch een keer gewezen op die evolutie in zijn Lubbers-koppen. Steeds verder en verder. Steeds een bijna ongemerkt schepje erbovenop en als je een van het begin van het jaar met die aan het eind vergelijkt, dan zie je hoe ver die durft te gaan. Ik heb daar zo'n bewondering voor...

Maar afgezien van alles: in de vliegmachien naar Noord-Afrika. Ik beloof je dat ik zal schrijven. Moet ik niet eerst ingeënt worden zoals die keer toen ik naar Senegal ging? Dat hoort dan toch in die reisfolders te staan? Hoe kom je dat nu te weten? Daar ben ik indertijd knap ziek van geweest. En is daar niet een incubatietijd voor nodig? Ik wil volgende week al weg. Nu dan, tot ziens. Misschien zie ik je nog, en anders tot over een tijd. Het is een interessant land. Met een Grieks, Romeins, Moors en Turks verleden, lees ik net. Er zijn duizenden Nederlanders als slaaf verkocht nadat hun schepen werden buitgemaakt. Maar genoeg over dat alles. Vaarwel!

In alle haast!

Hartelijke groeten van Jean-Paul

Lanzarote, 14 december 1987

Beste Henk,

Zoals je ziet zit ik niet in Tunesië maar op Lanzarote. Het is in Tunesië heel koud en je moet wat die woestijnen betreft ernstig rekening houden met plotselinge afkoelingen in de nacht. Het kan er dan zelfs vriezen en aangezien ik toen ik je de laatste keer schreef een stevige griep had met koorts: negenendertig-twee, leek me dat te gevaarlijk. Maar dat mooie boek over Tunesië heb ik wel meegenomen. Hier is het helemaal niet koud, zelfs een graad of vijfentwintig. Ik bewoon een luxueus appartement met een heerlijk ligbad, plus een heleboel handdoeken die elke dag worden ververst en buiten een zwembad. Niet bepaald avontuurlijk. Lanzarote is een van de zeven Canarische Eilanden, als je dat nog niet wist. Ik niet voor ik die reisfolder in handen kreeg. Ongelofelijk hoe de wereld van het toerisme in elkaar zit. Je pakt een blaadje met foto's, vult wat in, betaalt en twee dagen later lig je duizenden en duizenden kilometers van je moederland op een ligbed bij een zwembad. Ik hoop dat het in Amsterdam twintig graden vriest want dat hoopt iedereen die er in de winter tussenuit knijpt.

Het hele eiland is bedekt met lava en allemaal kleine korreltjes die onder je blote voeten blijven plakken. Nu begrijp ik ook waarom er hier zoveel zwerfkatten zijn. Het is eigenlijk net een grote, heerlijke kattebak. Die katten hier hebben een verrukkelijk leven. De mensen die van heinde en ver zijn gekomen hebben vaak, net als ik, hun kat

thuisgelaten. Die aanhalige zwervers verlossen hen van al hun schuld-
gevoel wanneer ze hen van onder tot boven volstoppen. Een Lanzeroot
zou het natuurlijk nooit in zijn hoofd halen een blikje kattevoer of hap-
grage brokken te kopen. Maar in dat bungalowwinkeltje hier staan de
blikjes als bij A.H. keurig in het gelid. Ik natuurlijk, sentimenteel als
ik ben, van die blikken gekocht. De Spaanse mevrouw van die winkel
vond het eigenlijk heel begrotelijk. Neemt u toch sardines, meneer.
Veel goedkoper en ook goed. Die blikken kosten inderdaad het vijf-,
zesvoudige. Maar dat is slecht voor ze. Sardientjes met al die olie en
dat zout. Katten mogen absoluut geen vet en geen zout. Melk is volkomen funest voor elke kat. Die van mij lust het niet eens. Trouwens ook
geen vet of varkensvlees. Maar ik moet je wat over die katten vertellen.

Hier om het huis scharrelen er zo'n stuk of acht rond. Prachtige en
zoals je begrepen hebt, goed doorvoede exemplaren. Nu heb ik helemaal geen verstand van katten. Ik hou van mijn eigen kat en als ik in
Amsterdam een kat voor het raam zie zitten wil ik er wel een praatje
mee maken. Geen kop is gelijk. Er zit er in Amsterdam op het Rusland
een achter het vensterglas, die is zo mooi dat je je er geen voorstelling
van kunt maken. Ongehoord. Van een eeuwenoude voorname schoonheid. Bijna paarsblauw met groengrijze ogen. Ik verheug me er steeds
op om naar hem te kunnen kijken als ik over het Rusland loop en ben
altijd teleurgesteld als hij er niet zit. Maar kattengedrag, onderling,
daar heb ik nooit een studie van gemaakt. Hier met al die beesten heb
ik toch een boel opgestoken. Van die, laten we zeggen acht katten die
hier geregeld binnenkomen om wat te eten is er één de baas. (En vooral
te drinken want het regent hier nooit. Ik heb ze meteen water gegeven
nadat ik er een chloorwater uit het zwembad had zien drinken.)

Ze zijn er in alle soorten en maten. Er is een hele oude, bedaagde
cyperse bij. Prachtig getekend met enorme snorharen. Omdat hij zo
oud is loopt hij een beetje schonkig en hoog op zijn voorpoten. Als je
hem alleen ziet aankomen denk je dat hij een baas is en dat iedereen
voor hem een stapje terug zal doen. Dat is niet zo. Integendeel. Misschien door zijn leeftijd heeft hij niets meer in te brengen, dat merkte
ik al dadelijk toen ik een bak eten neerzette. Hij kwam er niet aan te
pas, werd door klein en groot weggeblazen en -gegromd. Ik heb een
apart bakje voor hem neergezet maar omdat de katten en poezen met
zijn zessen of zevenen tegelijk binnenstormen ontstaat er in hun groep
ook weer een afdeling zwakkere, niet zo vechtlustige broeders die blij
zijn met zo'n rustige tweede plaats. Daar komt mijn besnorde veteraan
ook niet aan te pas, dus een derde bakje neergezet, een beetje uit de
buurt, waaruit hij al spinnend en knorrend, volledig tevreden met zijn

derde plaats, zit te eten. Er is één bij die uit het eerste schoteltje mag eten, dat is volgens mij de komiek van de hele bende. Hij heeft een ooglap voor, dus een wit en zwart gevlekt oog. Een normaal lijf maar een kolossale angorastaart. Kun je je voorstellen? Een normaal lijf en een staart die bijna een keer zo groot is als zijn hele omvang! Maar wie is nu de baas. Een kleine, rode poes. Heel lief, maar de baas. Iedereen omringt haar met ontzag. Gedecideerd komt ze vaak als laatste binnen. Aan de kant. Waar is de grootste bak? Wegwezen iedereen. Ze eet langzaam en wordt door deze of gene voorzichtig, uiterst behoedzaam benaderd. Dat kan met knorren en staartgezwaai gepaard gaan, maar ook met gelik. Het liefst aan en in de oren. Als mejuffrouw het toestaat mag er dan ook worden meegegeten. Zij is ook de eerste die zich dan behaaglijk naast me neerstrekt en natuurlijk uitgerekend op dat papier gaat liggen waarop ik jou aan het schrijven ben.

Gisteravond iets merkwaardigs beleefd. Carla komt uit het dorp met een konijn aanzetten. Ik ben gek op konijn en aangezien ze weer eens een keer wat had goed te maken moest ik worden getrakteerd. Konijn in de pot. Lekker sudderen en in een voortreffelijke roomsaus met peperkorrels gedompeld. Een lekkere Canarische wijn en tomatensla met paarse uiringen, olijfolie en veel knoflook smaken er natuurlijk heerlijk bij.

Carla stelt vast dat het konijn veel en veel lekkerder is dan thuis. Veel malser. Zelfs wat zoetiger. Zoetiger? Inderdaad. Mals en zoetig. Een lekkere smaak. Dat komt omdat het dier vers is. Misschien vanmiddag, hooguit vanochtend geslacht. Zat er een kop aan het beestje? Je weet het verschil tussen een kattebek en een konijnebek. Carnivoor en herbivoor. Dus een konijn heeft van die bekende tanden voorin. Nee, een kop was er niet bij. Een stukje bont aan een van de poten wellicht? Nee, ook niet. Vreemd. Nou ja, wie daar op let...

Ik vertel zo tijdens het eten dat er in de oorlog veel katten verdwenen omdat je het verschil tussen een kat en een konijn hoegenaamd niet proeft. Wie het ogenblikkelijk in de gaten hebben dat zijn katten. Die zouden nooit hun soortgenoot opeten maar geen stap terugdoen voor een konijn want dat is immers in geen enkel opzicht familie van hen.

Uitproberen. Tenslotte zijn hier katten genoeg...

Ik pak een lekker, mals stukje en gooi dat op de stenen vloer. Twee, drie katten springen erop af. Ruiken even, kijken elkaar aan, om zich vervolgens, met een blik van afgrijzen op de gever, af te wenden. Er komen nog twee andere katten op af. Precies hetzelfde. Ik zeg dat die beesten overvoerd zijn. Dat ik ze al brokjes en weet ik wat had gegeven voor wij aan tafel gingen. Het werd met moeite geaccepteerd. Tenslotte was het beestje al opgegeten. En, dat stond vast, de roomsaus was beslist afkomstig van een koe...

Hartelijke groeten van Jean-Paul

Amsterdam, 15 augustus 1988

Beste Henk,

Terug van vakantie. God zij gedankt, geloofd en geprezen dat ik hier met een gezond en gaaf lichaam (uiterlijk althans) aan je mag zitten schrijven, en niet aan flarden ben gereten door een macho Fransoos. Vreselijke dingen heb ik weer meegemaakt op de wegen. Erg ongezond voor je hart, denk ik, die plotselinge momenten van levensbedreiging. Vijftig doden elk weekeinde! Bekeuren. Oppakken. Opsluiten. Auto in beslag nemen: niets helpt. Ze doen het allemaal. Het heeft niets met status, beroep of opleiding te maken. Iedereen maakt zich aan dat misdadige rijgedrag schuldig.

Carla en Daan (duim in de mond) lagen vaak vredig naast en achter me te slapen, onwetend van de gevaren die hen links en rechts voorbijschoten. Doodeng. Ik heb geen risico's genomen. Ben kalm aan in mijn Aziaat naar de Dordogne gereden. Tweemaal overnacht op duizend kilometer. Fatsoenlijker kan het niet. Maar toch: levensgevaarlijk.

Maar iets anders. Een eerlijke vraag: heb jij wel eens gekampeerd? Ik bedoel niet tijdens een interessante expeditie in de Himalaya, nee, gewoon, *en famille*. Ik vraag het je eerlijk, recht in je gezicht. Nu, ik wel. Wil je het horen?

Zoals ik je de vorige keer al schreef, was ik dus een week of wat daarvoor in de Dordogne op zoek naar een vakantiehuis. Ik heb er een paar bekeken maar ik begreep al heel gauw dat ik me dat zelf niet mag aandoen, in andermans spullen gaan wonen. Een hotel is wat anders. In de meeste gevallen heeft de anonimiteit van zo'n inrichting op mij een positieve uitwerking. Ik word er soms opgewonden van en denk vaker dan in mijn eigen bed aan vieze dingen. Dingen waar ik me niet over verbaas, gelukkig, maar die 'thuis' zelden bij me opkomen. Maar goed. Kamperen. Leuk ook voor Daan want een jongen van elf moet je niet in een bos of op een heuvel in een gehuurd onderkomen wegstoppen. Ik had nog ergens een driepersoonstent liggen van eeuwen geleden. Ik ging naar v&d voor een gasstelletje. Ik graaide in de kampeerafdeling links en rechts overlevingsartikelen bij elkaar. Scheerlijnen. Drie verschillende soorten haringen. Een echte rubberhamer voor f 4,75. Een schep om poepgaten mee te graven. Zaklantaarns. Een mens met honderden mogelijkheden. Noem maar op. Drie opblaasbare kussentjes. Die stonken weliswaar naar condooms maar waren erg handig en namen geen plaats in. Potten en pannen had ik thuis, borden ook en als die stuk gaan koop je nieuwe. Carla had 'bedjes' en slaapzakken. Daar hoefde ik niet voor te zorgen. Ik zag nog een tentje staan dat slechts twee kilo en tweeëneenhalf ons woog. Voor nog geen tachtig gulden. Hoe kunnen ze het maken voor zo weinig geld? Dat liet ik niet staan. Ook bij kamperen moet er in het leven een uitwijkmogelijkheid zijn. Van jou ken ik het Gevoel van Columbus: 'Het onbekende land in, liefst met een geweer over de schouder. De ontdekkingsreiziger hoeft dan niet per se op een onschuldig dier te schieten; het gewapend zijn op zichzelf is al voldoende, geeft hem zekerheid dat hem in het onbekende niets kan gebeuren.'

Nu, over mij kwam het gevoel van Robinson Crusoë: 'Binnen deze omheining, of vesting, bracht ik, met eindeloze inspanning al mijn rijkdommen, al mijn proviand, ammunitie en goederen, die ik hierboven reeds genoemd heb. Ik maakte een grote tent, die ik, om mij te beschermen tegen de regens die daar in een bepaald deel van het jaar zeer hevig zijn *dubbel* maakte, [. . .].' De cursivering is van mij.

Welnu dan, op pad. De wijde wereld in, dat wil zeggen naar de Dordogne. Eenmaal daar aangekomen bleken 'de bedjes' en 'onze slaapzakken' 'nog ergens thuis te liggen'. Toch maar eens proberen op die harde grond, zonder dekens. Natuur is natuur en tenslotte had ik nog van die rubberkussentjes. Voor de rust en voor de zekerheid ging ik maar in het handige lichtgewichttentje liggen. Want door ongemakken gaan humeur en verdraagzaamheid er meestal niet op vooruit. Natuurlijk begon het juist die nacht te regenen terwijl het er in die streek wekenlang kurkdroog was geweest. Waar Crusoë in de achttiende eeuw wel aan had gedacht, namelijk aan een dubbeldekstent, had ik verzuimd. Gulden regel: als je al een enkeldakstent hebt, raak het zeil niet aan want daar komt lekkage van (Peter van Straaten). Drijfnat werd ik. Omdat ik met de tentingang tegen de keiharde rotsachtige helling op was gaan staan stroomde het water naar binnen. Dan maar in de auto slapen. Geen oog dicht gedaan. De volgende dag in de gloeiende hitte van 35 graden in de zon gezeten. Mijn rug liep ongemerkt een derde- zo niet vierdegraadsverbranding op, zodat ik de volgende nacht in het hotel waar we naar waren uitgeweken ook weer geen minuut heb geslapen, en dat niet alleen vanwege die rug maar ook door het leger muggen van een formaat en daadkracht zoals ik die alleen op IJsland ben tegengekomen. Wat erg allemaal.

Zie hier een afbeelding van Château de Puymartin. Ik werd er rondgeleid door een dame die evenals haar hond, die haar grommend met opgetrokken bovenlip begeleidde, geen tegenspraak duldde. Het is best een aardig kasteel maar voor het grootste deel eind vorige eeuw door restauratie verwoest. Boven in een van de torens aangekomen vertelde de gids dat eeuwen geleden de slotheer zijn ontuchtige vrouw in de torenkamer had ingemetseld. Het arme mens scheen het in het geniep met een metselaar te hebben gedaan en hij vond het een ingenieuze straf dat karweitje door deze meneer te laten uitvoeren. Ze heeft er nog twaalf jaar vertoefd en werd van water en brood voorzien via een gat in de zoldering. Toen ze dood was had haar man nog niet genoeg satisfactie. De metselaar werd er weer bijgehaald om haar stoffelijke resten in de muur te metselen. Nu zou ze spook spelen door elke maand bij volle maan over de tinnen te wandelen.

Je gelooft me natuurlijk niet als ik je vertel dat ik twee dagen later bij volle maan de heuvel op ging. (Kijk maar in je agenda: vrijdag 29 juli, volle maan.) En echt, ik heb haar gezien! Ze was helemaal niet doorzichtig zoals ik me had voorgesteld na twaalf jaar water en brood. Het was een mollig type dat daar in een vaal strijklicht, dat 'toevallig' op haar gericht was, verscheen. Ze leek verdacht veel op dat mens met die hondetandjes. Verderop liepen nog wat mensen. Ze gniffelden en giechelden. Het had een gezellige, ouderwetse griezelsfeer, die jij je ook nog wel van vroeger herinnert als een tante of een oom bij de winterkachel een eng verhaal vertelde.

De volgende dag besprak ik het geval met mijn kampeerboer maar die zei met een besmuikte glimlach: ja, wat ze tegenwoordig niet allemaal verzinnen voor die toeristen!

Vakantieverhalen zijn in de regel even vervelend als het bekijken van andermans vakantiefoto's. Het is een jaarlijks terugkerende plicht waaraan je bijna zonder iemand diep te beledigen niet ontkomt. Maar toch nog het volgende. Op de terugweg had ik even onder Chartres genoeg van het gerij en sloeg de eerste beste zijweg in op zoek naar een plek met een hotel. Dat werd een heel gezoek want ik vond niets. Eindelijk naderde ik een vrij stadje. Hier moest een hotel te vinden zijn. Ik rij het marktplein op en roep: Proust! Ik had niet op het plaatsnaambord gelet maar toen ik die kerk zag met dat dakruitertje en die klok wist ik het meteen: dit is Illiers. We vonden een onderkomen in een hotel bij het station en ik moet je bekennen dat ik niet van bedevaartsoorden houd, maar dat er toch iets met me gebeurde toen ik het hotel (Guermantes) betrad en in de lounge een grote foto van de schrijver zag hangen om even later in de eetzaal onder zijn overlijdensaankondiging en andere portretten mijn maaltijd te nuttigen. Er heerste een gewijde sfeer onder de bedevaartgangers in het restaurant. Die zonder uitzondering over boeken en kaarten waren gebogen om zich voor te bereiden op een tocht naar de vele heilige Proust-oorden die het plaatsje rijk is.

Een afschuwelijke plek. Ik heb een Proust-monografie van Rowohlt. Je kent die mooie boekjes wel. Daar staan immers altijd foto's in. In mijn Proust-exemplaar veel foto's van zo'n jaar of vijftig, zestig geleden. Ook van het marktplein met de kerk, die ik daardoor ogenblikkelijk herkende. Maar er is niets van die dode sfeer verdwenen. Het was begin augustus en de bladeren vielen al geruisloos van de platanen. Een nare plek. Genoeg voor veel verdriet. Ik ga er nooit meer naar toe.

'[. . .] 's avonds, in Combray, in een tijd dat de stad nog maar her en der was verlicht en je er rondtastte in een vochtige, lauwwarme, gewijde duisternis als van een kribbe, amper hier en daar besterd met een pitje dat niet helderder brandde dan een waskaars.' (vertaling Thérèse Cornips.)

Veel groeten van Jean-Paul

MATT DINGS

'FLAUBERTS BRETAGNE'

Het landschap doet me denken aan die oom die in zijn volgende leven koe in Amerika hoopte te worden. Hij kon daar heel dromerig over praten. 'Zomaar wat grazen in weilanden waar geen eind aan komt, en je alles twee keer laten smaken – het lijkt me wel wat.'

Hier, aan de oevers van de Loire, was oom nooit geweest. Het had hem ook wel aangestaan. Velden zijn er zonder horizon, peppels tekenen op de juiste momenten wat perspectief in het glooiend groen en het is er kalm, keurig, weids en mals: een bedaarde koeiedroom. Er lijkt weinig veranderd sinds Gustave Flaubert er rondreisde en het beschreef als 'van een schoonheid die streelt zonder je in beslag te nemen, die charmeert zonder te verleiden en die, in één woord, meer gezond verstand dan grandeur heeft en meer geest dan poëzie: dat is Frankrijk'.

Door deze streek, langs de Loire en haar kastelen, reisde Gustave Flaubert met zijn vriend Maxime du Camp naar Bretagne. Het was 1847; geen vreemdeling die daar ooit kwam; het verre westen was een onbekend gewest, naar het scheen ruig en primitief en bewoond door arme drommels die iets onverstaanbaars spraken.

De twee zouden samen een boek over hun tocht schrijven. Du Camp liet het echter bij die bedoeling, zodat het beoogde boek ook niet verscheen. Flauberts uitgewerkte impressies werden pas na zijn dood ontdekt en uitgegeven. Vorig jaar kwamen ze in een smakelijke vertaling van Ernst van Altena alhier op de markt onder de titel *Langs velden en oevers*.

Nantes, Flauberts eerste pleisterplaats in Bretagne, was toen al een flinke stad. Dat is het nog, zegt men. Men zegt zelfs dat er nu wel 250 000 mensen wonen. Maar men zegt zovéél; zeker is dat zich deze toch mooie voorjaarsavond niet vlug een andere observatie aandient dan: er fietsen twee mannen door een laan. Een tijdje later valt nog op dat richtingwijzers hier niet naar het centrum verwijzen maar naar McDonald's, en dat doet toch weer heel werelds aan. Ter plekke heet het place du Commerce. Ik tel er drie fast-food zaakjes, twee cafés, een handvol rumoerige jongens, twee postende politiewagens en een grote schutting die roept dat hier een parkeergarage komt! van 26,5 miljoen francs! voor zeshonderd auto's!

'Ik geloof,' schreef Flaubert, 'dat Nantes een tamelijk stompzinnige stad is, maar ik heb er zoveel garnalen gegeten dat ik er een zoete herinnering aan heb.'

Een bordje wijst naar Hôtel de France. Daar logeerde hij destijds. Een aapje verscheurde er zijn witte handschoenen en een bediende hielp hem aan goede sigaren en reukwerken. 'O, maar zeker,' glimlacht de receptioniste, 'uw schrijver was onze gast. Buiten, even verderop, vindt u nog een plaquette.'

De wandtegel bevindt zich in de strenge gevel van een ander gebouw. Hier, lees ik, was het Hôtel de France vroeger gevestigd. Er kwamen vele bekende reizigers. En inderdaad sliep Stendhal er.

Nu biedt het gebouw onderdak aan Ambiance 2000, schakel uit een keten amusementshallen. Boven de entree hangt een poster van presidentskandidaat Chirac: 'Samen komen we verder.' Daarnaast zegt een briefje: 'Gelieve niet bij de ingang rond te hangen.'

Flaubert vermaakte zich er wel. Hij beklom de toren van de kathedraal, bezocht enige musea, peinsde over de evolutie en de mens die net de eerste letter kon spellen 'van dat alfabet dat geen omega heeft' en zocht naar sporen van Gilles baron de Rais. De laatste was maarschalk van Frankrijk en medestrijder van Jeanne d'Arc. Nadat de Maagd was gevangen genomen trok hij zich terug op zijn landgoed, waar hij zijn fortuin er in gezwind tempo doorheen joeg met een levensstijl waaraan geen koning kon tippen. De naslagwerken weten dat hij zich vervolgens bekwaamde in de alchemie met de bedoeling metaal in goud te veranderen en zich, toen dat niet lukte, in het satanisme stortte. Tijdens nachtelijke plechtigheden offerde hij minstens 140 kinderen aan de duivel. Uiteindelijk werd hij gevangen genomen en op de Magdalena-weide te Nantes verbrand.

Hm, mompelt een medewerkster van het Maison du Tourisme, terwijl ze er een stokoud boek op naslaat, die brandstapel moet op de tegenwoordige chaussée de Madeleine hebben gestaan. Terwijl ik erheen loop vraag ik me af wat ik er nu zal aantreffen. De brandweer zou aardig zijn. Het blijkt slechts een streekziekenhuis.

Hij nam de kustweg naar het westen en miste toen la Baule, want dat was er nog niet. La Baule is aardig als men er op een loze voorjaarsdag komt. Kilometers appartementen en hotelkamers voor een handvol gasten: het lijkt nu een pracht van een vergissing. Gratis voor niks gaat het ook nog eens passend druilen. Een strandpaviljoen wenkt, en een glas *kir*, voor een toost op de verlaten badplaatsen.

Maar dan vraagt Carnac de aandacht, vooral voor zijn menhirs, want veel meer valt er niet te beleven, dat begrijpt Carnac ook wel. Er zijn nóg enkele bezoekers en ernstig wandelen we samen langs de lange rijen stenen. We lopen heen, we lopen terug, we lopen naar de grootste, we lopen naar de gekste, en dan voelen we ons toch licht bedot.

Zo zijn ze ook bedoeld, meende Flaubert, 'als een stevige grap, daar achtergelaten door een onbekend tijdperk, om de geest van antiquairs overmatig bezig te houden en de reizigers te verbijsteren'. In een hilarisch relaas somt hij een reeks dolle interpretaties van oudheidkundigen op en komt dan met zijn eigen 'onweerlegbare, onweersprekelijke, onweerstaanbare' conclusie: 'De stenen van Carnac zijn grote stenen.'

Daar valt iets voor te zeggen, dat geef ik Flaubert toe als ik nog eenmaal over het mysterieuze stenenveld tuur. Een stevige grap, natuurlijk – en ook een grap die wij nooit meer zouden kunnen uithalen. We zouden een subsidieaanvraag moeten indienen en onze bedoeling in achtvoud moeten motiveren, een commissie zou er een rapport aan wijden, media zouden schande spreken van verkwist gemeenschapsgeld en als het dan toch doorging zouden toeristenfolders het raadsel ten slotte haarfijn uitleggen.

Vlak bij Carnac steekt het schiereiland Quiberon van wal. Het is een nogal verstrooide landtong, slordig volgebouwd, die uitmondt in het gelijknamige dorp. Flaubert vond het kerkhof daar het boeiendst. Rond het knekelhuis trof hij namelijk een reeks vitrines met doodshoofden aan. Een dode te Quiberon verbleef een tijdje in zijn graf, verhuisde dan naar het knekelhuis en ging vandaar naar een massagraf, tenzij een nabestaande hem voor de vergetelheid wilde behoeden en een hokje voor althans zijn schedel financierde.

Kort voor Flauberts bezoek had men het gebruik van de doodshoofdhuisjes willen afschaffen, maar daar was een oproer van gekomen en het was gehandhaafd. Echter niet tot in 1988, want nu vindt men behalve de graven nog slechts het knekelhuis. De deur staat open. Schappen staan er netjes vol met het soort vuren kistjes waarin men ook wel wijn cadeau krijgt, maar nu gevuld met opgevouwen skeletten die liggen te wachten tot er geen haan meer naar kraait. Het is geen alledaags gezicht, maar toch lijkt het minder poëtisch dan de doodshoofden met hun aangevreten neuzen en hun voorhoofden die glommen onder het slakkenslijm; ze kwamen Flaubert tenminste voor als 'zeer schoon' en leverden 'een degelijk en goed schouwspel op'.

Of er nog meer te melden valt over Quiberon? Nu ja, men heeft er een niet gering stel rotsen, een jaarlijks sardinefeest, en de boot naar Belle-Ile. Flaubert voer erheen in het gezelschap van een levensmoede soldaat die er een jaar moest uitzitten wegens het verkopen van een broek. Het eiland bood mooie kliffen, en vooral zoveel lucht. Hoe bedompt was dan toch de stad, waar de zielen stierven op de vensterbank.

Toen hij weer verder trok richting Sainte-Anne-d'Auray en Baud, dineerde hij op het schiereiland nog met een handelsreiziger die hoog opgaf over zijn veroveringen, onder wie zelfs vrouwen *die tussen zwart satijnen lakens sliepen.* 'Overigens verveelde dat avondmaal ons niet, het is soms erg prettig met stomkoppen te praten.'

Sainte-Anne is hét bedevaartsoord van Bretagne. Gidsen melden wervend dat de pelgrims zich hier geknield een hoge trap op bidden, maar gelukkig is het er nu stil. Tegenover de trap is de toeristenhoreca neergestreken en ik krijg visioenen van hete zomerdagen waarop terrassen vol bierdrinkers de pelgrims naar boven juichen. Niet veel verder staat de Venus van Quinipily in een stralend landschap. Flaubert vond het beeld reuze lelijk, maar de zware dijen en vlezige billen wel weer sensueel. Dat is de tijdgeest; 1988 heeft andere opvattingen over zinnelijkheid.

Er zweeft nog een vage geschiedenis van hoop en lust rond de godin. Zij had de vruchtbaarheid en het verlangen in portefeuille en daarom kwamen zwangere vrouwen en jongeren die naar verloofden smachtten ooit baden in het waterbekken aan de voet van haar beeld. Ooit. Vroeger. Nú klinkt bij Baud alleen de ijselijke kreet van de tuinvrouw: 'Mon Dieu, c'est pas possible, u vertrapt mijn bloemen, maar past u toch op, u loopt op het perkje, denkt u toch aan de bloemen, ik werk hier de hele dag aan de bloemperkjes en iedereen loopt er maar overheen, mijn hemel, nu doet u het bijna wéér, het is toch niet waar!'

Soms heeft het onbenul een naam: Quimperlé bij voorbeeld. Quimperlé bestond al toen de domheid nog moest worden uitgevonden – een bevallig stadje op een puik plekje aan een kronkelstroom tussen de heuvels. Heel, heel lang bleef het oud en authentiek en schots en scheef. In de zomer van 1847 was het in elk geval nog 'een van de aangenaamste gelukzaligheden' die een reizend schrijver in Bretagne kon overkomen. Daarna is hier een reeks bestuurderen aangetreden die geschiedenis iets voor vroeger vonden. Anderhalf scheef straatje lieten ze staan voor de toeristen, en vooruit, ook de ronde kerk met de jichtheilige mocht overeind blijven, maar voor de rest zou hier Een Modern Stadje verschijnen. Tegenwoordig ronkt er een grote weg dwars door het plaatsje en ziet het eruit als overal. De gemeente is heel gelukkig. Onlangs heeft de wethouder van stupiditeiten het luidsprekercircuit voor middenstandsmuzak geopend en tegenover het anderhalve scheve straatje doet een winkel goede zaken met echte oude Bretonse souvenirs.

Op vele plekken langs deze kust is Bretagne snel aan het verdwijnen. Comfort van het alomtegenwoordige onbestemde soort komt ervoor terug. Dorpen vernieuwen hun kernen en dijen eindeloos uit in een vloed van landhuisjes. Rond grotere plaatsen slibt de commercie aan met haar doffe weilandwinkels. Ruimtelijke ordening is in het Frans: *laissez faire*.

Intussen blijven de reizigers komen. Ze zoeken het laatste oude vissersdorp en laten er hun francs achter bij een kleine brasserie, die er meteen een aluminium pui voor koopt, en een stuk grond voor een villaatje buiten. En volgend jaar komen de reizigers terug en klagen zachtjes dat Bretagne zichzelf niet meer is en dat het toch aardiger zou zijn als de mensen er bleven huizen in schilderachtige bouwvalletjes, als leuke paupers.

Flaubert maakte de echte armoe mee. Vlees en brood waren zeldzame luxes. Hij ontmoette een postiljon die in acht maanden geen brood meer had geproefd en schreef dat de ondervoeding Bretagne tal van mismaakten opleverde. 'De armoede van het Zuiden heeft niets triests, ze doet zich aan je voor als pittoresk, kleurig, blijmoedig, zorgeloos, ze warmt haar vlooien aan de warme lucht en slaapt onder de wijnstokken; maar die van het Noorden, die het koud heeft, die klappertandt in de mist en blootsvoets door de vette aarde ploetert, lijkt altijd vochtig van tranen te zijn, verkleumd, lijdend en boosaardig als een ziek dier.'

Dat is allemaal goddank zeer voorbij. En, houd ik mezelf voor, misschien mag je de lelijkheid niet laken van de welvaart die je waardeert.

Maar Pont-Aven dan? Moeilijk geval. Pont-Aven beschikt over een eersteklasstroompje en allerlei idylles van bruggetjes en bloesembomen. Je zou het meteen schilderachtig willen noemen en het treft dan ook dat Paul Gauguin hier jarenlang leefde; precies een eeuw geleden vestigde hij er een historische schildersschool. De gevolgen zijn niet uitgebleven: kitsch-galeries, kladschilders en crêperies, zelfs een Dortmunder-Kronenkroeg, en op elk bruggetje staan we te poseren voor de cameraatjes van onze geliefden. Lelijk? Vreselijk. Maar mag de reiziger klagen over wat hij aanricht? Ik kom er niet helemaal uit en stel dan maar vast dat het bijzonder oenig van Flaubert was Pont-Aven over te slaan toen het nog mooi was.

Het wordt tijd voor een pleisterplaats. Quimper? Het is er charmant, zeker in het Grand Café, maar daar lees ik bij de tournedos dat Flaubert er een abattoir bezocht. 'Op de drempel ervan likte een grote hond aan een bloedplas en trok met lange tanden langzaam het blauwe lint van ossedarmen, dat men hem zojuist had toegeworpen, uit elkaar.' Goed, dan maar naar Pont-l'Abbé.

Er verglijdt een verlaten landschap, dat je inderdaad 'aankijkt als een verdrietig gezicht'; dan wacht een geruststellend stille plaats. Een landerig café toont me een paar hard-rockers, de markt enige oude vrouwen in klederdracht, meer opwinding heeft men niet voorhanden. In 1847 greep hier nog een poging tot doodslag plaats, maar het is niet aannemelijk dat er sindsdien nog iets van betekenis is voorgevallen.

Meteen buiten Pont-l'Abbé begint het wilde westen. Steen, een paar blote huizen, steen. Geen boom die er nog wil groeien. Het enige dat er gedijt is de legende. In deze stenen onherbergzaamheid troost men zich graag met de verbeelding. Zo wil het verhaal dat Tristan uitgerekend hier zou hebben gesmacht naar de eindeloze Isolde. Dat lijkt me sterk, maar meteen neem ik aan dat er op kwade avonden wel eens een brandende toorts door de schemering danst: het is wel een landschap voor de rusteloze geest van een moordenaar uit 1593.

Saint-Guénolé... Meeuwen zeilen krijsend door het dorp, dat huivert in de zeewind, verder is er geen leven te bekennen. Waarom ook? Wat zouden mensen hier moeten zoeken? Je zou er misschien een aardige thriller kunnen opnemen. Je zou er een verbeteringsinstituut voor optimisten kunnen vestigen. Maar voor een dorpsleven is het hier echt te desolaat.

En dan dient zich niettemin een haventje aan waar een paar vissers hun boten schilderen. Wat verder klinkt schel kindergelach uit een school. Het gebouw staat, nogal wreed, naast een stel rotsen dat even eng als aantrekkelijk is. Er wordt gewaarschuwd voor verdrinkingsgevaar en wrakstukken van schepen roesten weg tussen de elegantste steenpartijen – met een beetje storm moet je hier sirenen kunnen horen.

Zo trok Flaubert langzaam richting Brest, door stille velden en dorpjes waar een vreemdeling nog een sensatie was, 'iets vaags en iets schitterends waarvan ze zich graag rekenschap geven; ze bewonderen hem, ze bekijken hem, ze vragen hem hoe laat het is om zijn mooie horloge te kunnen zien, ze verslinden hem met de blik, met een nieuwsgierige, afgunstige, wellicht haatdragende blik, want hij is rijk, ja, heel rijk, hij woont in Parijs, die verre stad, die reusachtige en opzienbarende stad'.

De stille velden bleven, en de herinneringen. Het ene dorp weet nog van een heilige die bescherming tegen hondsdolheid bood, een ander gehucht gedenkt de wilde dagen van een duivelse prinses en elders wordt verhaald van Is, de gezonken stad, die eens de mooiste ter wereld was, en die bij tijd en wijle van onder de zeespiegel haar klokken luidt voor hen die het horen willen.

De dorpjes zijn met hun tijd meegegaan en verfletst, maar niemand hoeft er nog op te kijken tegen die schitterende, rijke vreemdeling. Alleen in het oude Locronan vangt men nog een glimp op van hoe Flaubert de dorpen van Bretagne aantrof: bescheiden, beminnelijk en van een bedaardheid alsof er nooit wat zou veranderen. – Men kan oude plaatsjes niet vertrouwen.

Noordelijker, bij Pointe de Penhir, torenen de rotsen hooghartig boven de zee uit. Er staat een groot bord waarop het Comité Interministériel de la Qualité de la Vie zich op de borst klopt wegens het natuurmonument en als ik uitgelachen ben vind ik helemaal boven een klein lui plekje. Dat is de perstribune. Ik pak mijn pen, zie mezelf daar zitten, verslaggever op rots, en dan waaien de woorden weg. Laat maar, roept de wind, en zingt een opera tegen de kliffen.

Met ontblote borst, het hemd bollend in de wind, de halsdoek rond de heupen, de rugzak om de schouders, wit van het stof, gebruind door de zon, met gescheurde kleren en versleten schoenen, als 'onbeschaamde en zeer trotse zwervers', kwamen Gustave Flaubert en Maxime du Camp in Brest aan. 'Mensen bleven stilstaan om naar ons te kijken en we waren de moeite waard.'

Brest. O, Brest... Als je de slechtste stedebouwer van Europa zeven nachten niet laat slapen en hem vervolgens geblinddoekt en met bokswanten om de handen een stadsplan laat tekenen, ontwerpt hij nog een stad die zevenmaal aardiger is dan Brest.

Ongelovig loop ik er rond. Goed, deze straat is wel zéér mies, maar om de hoek? Om de hoek is het net zo. En dat plein dan? Erger. Het volgende blok? Hetzelfde. Maar dan is er toch een klein Caribisch café met een zonnig opgeschilderd geveltje. Een negerin danst – tien uur 's ochtends – achter het vensterglas. Komaan, een kop koffie, hier moet toch wat geluk te vinden zijn.

Ze is dronken, de dansende negerin, en als de jukebox klaar is daalt ze neer op haar kruk en bestelt een nieuw glas bier. 'Pas maar op dat Le Pen je niet ziet,' lacht een zeer dronken blanke man. De vrouw schatert. Daarna zegt niemand meer wat en hangt de stilte loodzwaar boven het ochtendbier. Als ik weer ga roept de negerin: 'Au revoir, et votez Le Pen!'

Het verbazendst is dat de troosteloosheid hier zo compleet is. Na de tweede wereldoorlog, die vrijwel niets van de stad had overgelaten, ontstond hier een litanie van flats, zo consequent dor, dof en vreugdeloos dat – pakweg – Warschau erbij vergeleken een zinderend oord is waar de levenslust door de straten stuitert.

Aan de oorlog lag het niet helemaal, want Brest heeft kennelijk een traditie van onaantrekkelijkheid. Als je geen ingenieur bent, vond Flaubert al, verveel je je er snel. De matrozenwijk was wel aardig, maar daar bleek de goede oude lichtekooi een nette dood gestorven. Zeker, de matrozen vonden er nog wel een lief, en Flaubert noteerde zelfs een lach van genot van een 'brave rossige meid wier borst ongegeneerd uit haar hemdje hangt', maar 'ze schrikt van grote woorden en brengt de centjes die ze verdient naar de spaarbank'. Zo zat Flaubert 'met triest gemoed en de dood in het hart' in een rode salon tussen de getemde ontucht en overpeinsde hij het verlies van het meisje van plezier: 'Waar is zij? Waar is zij? Is zij uitgestorven op deze wereld en krijgen de mannen haar nooit meer te zien?'

Het lijkt er sterk op, deze avond in Brest. Als zich geen ander nachtleven wil aandienen dan een verlaten café en een frietwagen, klamp ik een taxichauffeur aan en bestel op de toon van een man van de wereld een rit naar de eerste de beste nachtclub. 'Pardon?' Hij schudt medelevend het hoofd. 'Brest, c'est calme.'

En dan eindigt de avond in een schizofreen etablissement dat ook alweer 'Stendhal' heet. Boven dansen veertigers de tango, in de kelder twintigers de hitparade. Boven gaat een wat vervallen Spaanse graaf in weergaloze slalom over de vloer, beneden vallen drie jongens tussen de decibellen en bij de boksvideo in slaap.

Als er brand is, zegt een briefje op de hotelkamer, moet u vochtige lappen tegen de deur houden en tegelijk uw aanwezigheid in het venster kenbaar maken opdat de brandweer komt. Ik kijk naar buiten. Mist. Met een beetje goede wil kon aan gindse zijde van het vensterglas best een andere stad liggen.

Over de noordkust van Bretagne schreef Flaubert veel minder dan over het ruige zuiden. Wat viel er ook over te zeggen? De eerste etappes van de weg terug door Bretagne leidden langs welvarende streken die hem deden denken aan deugdzame vrouwen: 'Je waardeert ze, maar je gaat eraan voorbij om andere te vinden.' En dat men er zulke mooie aardappelen verbouwde? 'Wat heb ik daarmee te maken?'

Na al die deugdzaamheid komt een heel genoeglijk binnenland, dat niet veel last heeft gehad van bewonderaars. Flaubert zweeg nu, want

Du Camp zou hierover schrijven, maar die zweeg ook. De noordelijkste punt van Bretagne sneden zij af. Hoewel er aan de kust bij Perros-Guirec toch piekfijne kleine baaien liggen met blanke stranden tussen roze rotsen.

In de oude vesting Saint-Malo nam Flaubert de draad weer op: 'Dit kleine volk lijkt, gevestigd tussen Bretagne en Normandië, tegelijkertijd van het eerste de onverzettelijkheid en de granieten vasthoudendheid te hebben en van het tweede de hartstocht en de bezieling.' Bovendien: 'Het ruikt er naar Newfoundland en gezouten vlees met de ranzige geur van lange reizen.'

Hij haalde er mooie geschiedenissen op en bezocht wat bezienswaardig was. Het graf van Chateaubriand, bijvoorbeeld, op een eilandje in de zee vlak voor Saint-Malo. De golven brachten de poëet-staatsman 'de weemoedige wellust van de horizonten en de streling van de stijve briezen' en des dichters hart zou zich 'traag over het niets versnipperen op het eindeloze ritme van deze eeuwige muziek'.

Het was duidelijk een mooi moment, die zomermiddag van 1847 aan het graf van Chateaubriand, en ik wil daar beslist niets aan afdoen, maar Chateaubriand stierf pas in 1848. 'We hebben rond het graf gelopen,' schreef Flaubert een jaar eerder, 'we hebben het met onze handen aangeraakt, we hebben ernaar gekeken alsof zijn gast er nog in aanwezigheid was, we zijn ernaast gaan zitten.'

Daar laat de Flaubert, de liefhebber van het detail en van het volmaakte, een prachtsteek vallen. Vermoedelijk heeft hij Chateaubriands graf jaren na zijn tocht door Bretagne opgezocht en die ervaring met terugwerkende kracht verwerkt in zijn reisnotities. Dezelfde onhandige antidatering geldt dan voor een bezoek aan het kasteel Combourg, waar Chateaubriand zijn grauwe jeugd doorbracht. Flaubert beschreef het in een ontroerd *in memoriam*, gedateerd op een moment dat de overledene nog volop leefde. – Niets mooier dan de kleine *faux pas* van een perfectionist.

Ik raak verdwaald in een restaurant waar te beluisteren valt hoe de serveersters giechelend de belachelijkste gasten bespreken, en vervolgens in een rock-café waar doodvermoeide kinderen hun bezopen vaders proberen wakker te schudden uit een slaap van dertig glazen. Ik probeer me Flaubert hier voor te stellen in een elegant betoog over de stompzinnigheid, bij *Satisfaction* van de Stones.

Maar mijn gids is alweer de stad uit en wandelt het einde van zijn 'zwerversgril' tegemoet, een beetje melancholiek, want 'net als het vertrek kent ook de terugkeer zijn vervroegde verdrietigheden die je reeds tevoren de fletse uitwaseming toezenden van het leven dat je leidt'.

ELLEN OMBRE

REIS

De dag voor mijn vertrek naar Benin vraag ik me vertwijfeld af wat ik in dat verre land moet zoeken. Mijn onzekerheid groeit wanneer de juffrouw van het reisbureau mij belt met de korte mededeling dat mijn vertrekdatum gewijzigd is. Het vliegtuig waarmee ik zou reizen schijnt uit de lucht te zijn genomen. Dezelfde dame had me aanvankelijk verbaasd en met een voorzichtig gelijk in haar stem te woord gestaan, toen ik vertelde naar Benin te willen reizen. 'Bedoelt u niet Belize of misschien Belem?' vroeg ze, haar kennis van verafgelegen plaatsnamen die met een b beginnen etalerend. 'De democratisering van het toerisme in Benin is kennelijk nog niet op gang gekomen,' verontschuldigde ze zich even later, want op de wereldkaart die ze te voorschijn haalde om mij te doen afzien van een reis naar nergens was te zien dat Benin, ingeklemd tussen Togo en Nigeria, werkelijk bestond.

Eerst ben ik lichtelijk opgelucht dat mijn vertrek verdaagd is, maar het besef dat mijn reisangst daarmee nog langer wordt uitgesmeerd, is onverdraaglijk. Thuis maak ik ruzie met de mensen die mij het dierbaarst zijn in de geheime hoop dat iemand zo verstandig zal zijn om mij het vertrek te verbieden. Maar dan denk ik weer dat het wellicht een opluchting is tijdelijk vrij te zijn van de veroordeling tot man, kind en het gezinsleven, weg op borgtocht. Maar het is grootspraak. De reisplannen worden werkelijkheid, mijn reiskoorts heeft plaats gemaakt voor zwaarmoedigheid en vliegangst.

Uit een ver verleden verschijnt een gelijkenis die mijn vader mij als kind ten voorbeeld hield. Ik zat op een klein bankje aan zijn voeten. Hij hield een sigaret tussen twee vingers geklemd en zoog daar met korte tussenpozen aan. Het groene pakje Four Aces lag binnen handbereik op het bijzettafeltje en in de rookwolkjes van zijn sigaret gehuld vertelde hij de geschiedenis van de ramp bij Meerzorg en van de jongen die die overleefde omdat een goede geest hem leidde.

Een ploeg jonge voetballers uit Paramaribo moest spelen bij Mariënburg, een plantage gelegen aan de andere kant van de Surinamerivier. Toen Balthus Dompig aan de Waterkant kwam, zaten de meeste jongens al in een walvissloep, die aan de kade lag afgemeerd. 'Instappen mannen, we roeien eigenhandig naar de overkant,' riep er eentje en de rest van de jongens sprong de boot in, met uitzondering van de jongen Dompig. Iets hield hem tegen, een goede geest, een levensgids, die hem belette in de sloep te stappen. Hij bleef aan de Waterkant staan en keek zijn langzaam wegroeiende makkers na, die hem uitjouwden en nariepen dat hij een Frederik Fluweel was. Hij had spijt en schaamde zich voor zijn gebrek aan durf, maar het was te laat, hij had de boot gemist. Hij staarde over het water en zag de sloep kleiner worden. Maar toen... hij kon zijn ogen niet geloven! De boot geleek plotseling een tredmolen, de stemmen van de jongens echoden over het water in één grote kreet om hulp en daar verdwenen ze als één man in een maalstroom, vlak voor Meerzorg.

'Wees nooit teleurgesteld als iets niet doorgaat. Je weet nooit waarvoor het goed is en welke ellende je bespaard blijft. Laat je nooit leiden door overmoed,' zo eindigde mijn vader zijn verhaal.

Ik besluit om met een andere maatschappij te reizen om zo voortekens te omzeilen. Ik ben bezwaard op reis gegaan, de herinnering aan mijn kinderjaren met mij meedragend naar andere tropen dan waar ik vandaan kom.

Usman, een medepassagier op weg naar zijn geboortestad Kano, is handelaar in antieke Afrikaanse kunst. 'De mooiste stukken vind je niet in Afrika zelf, maar in de vooraanstaande musea in de Verenigde Staten en in Europa. Kunst is handel, wie het meeste biedt, heeft het, simpel,' legt hij uit. Hij wil weten waar ik vandaan kom. Tot zijn spijt weet hij niet waar Suriname ligt, maar hij verontschuldigt zich en beweert dat het er niet toe doet waar je vandaan komt, als je er, zoals ik, zo internationaal uitziet. 'De verstrooiing van de Afrikanen over de wereld, een interessant gegeven, vindt u niet?' Zonder mijn antwoord af te wachten vervolgt hij: 'Het waren natuurlijk de veroordeelden en voor een deel krijgsgevangenen die als slaven werden verhandeld.' Usman meent zijn zaken te kennen. Hij stelt vast dat het cabinepersoneel niet vooringenomen is tegen de overwegend zwarte passagiers, die in kleurige panjes en boeboes in hun stoel gevouwen zitten. Hij klikt met zijn vingers en de stewardess komt naar ons toelopen. Hij bestelt een whiskysoda on the rocks, trekt zijn das recht, maakt een beweging met het hoofd als een vogel die zich in de zon koestert en plukt een onzichtbaar pluisje van zijn donkerblauw kostuum.

'Pas op jezelf,' zegt hij als hij in Kano het vliegtuig verlaat, 'en als je ooit in Nigeria komt, moet je zeker mijn familie opzoeken.' Hij drukt me bij het afscheid een visitekaartje in de hand, Usman International Enterprise Worldwide.

Het schemert als we veilig landen in Lomé, de hoofdstad van Benins buurland Togo. De geuren zijn me vertrouwd, ik kan de warmte ruiken.

De fransjipani is in bloei, de hibiscus heeft zijn bloemen al gesloten. Het is voor het eerst sinds Suriname dat ik weer in een omgeving ben met overwegend zwarte mensen en ik betrap mezelf erop de douane-beambte in het Nederlands aan te spreken, misleid door de tropische entourage.

De weg van Lomé naar Cotonou doet me nu en dan denken aan de weg naar Zanderij, zoals ik die vijfentwintig jaar geleden kende. Bos-negers boden daar aan de kant van de weg fruit en houtsnijwerk te koop aan. In het begin van de jaren zeventig hebben vier grootopper-hoofden van bosnegerstammen uit de binnenlanden van Suriname de oversteek gemaakt naar West-Afrika, een bezoek aan hun landen van herkomst. Silvia de Groot heeft hen vergezeld en er later over geschreven. Ik heb haar boek nu mee op reis genomen.

We rijden de donkerte tegemoet en al gauw is er buiten bijna niets meer te zien, behalve af en toe een olielampje langs de weg met in het schijnsel schimmen die wij voorbijschieten. Zonder obstakels passeert de bus bij Gran Popo de grens tussen Togo en Benin.

'We naderen de hoofdstad.' Traag en vermoeid klinkt de stem van de chauffeur. In een keten van duizenden olielampjes ligt Cotonou, als een reusachtige kerststal in de nacht.

Wie uit de haven- en hoofdstad Cotonou het binnenland in wil, is aangewezen op de ene nationale autoweg, die van Abomey met zijn kuilen en zijn ribbels als een reusachtig wasbord de reiziger op iedere meter een klein obstakel biedt. De weg voert in de tijd terug: naarmate de reis vordert worden de nieuwe betonnen eengezinshuisjes met hun golfijzeren daken schaarser en verschijnen hier en daar hutten met da-ken van stro. Mijn bestemmingsplaats is Papane, een dorp in de brous-se. Daar in de binnenlanden van Benin ontmoette ik Maurice de Saint-Nazaire. 'De intellectueel van dit gebied,' zo werd hij aan mij voorgesteld, maar hij zei: 'Het heeft niets te betekenen.' Ik gaf hem een hand, hij stak mij aarzelend de zijne toe. Bij de tweede ontmoeting maakte ik een lichte buiging en hij ook, zo had ik het anderen zien doen en die neiging heb ik me toen eigen gemaakt. Op een middag aan het einde van zijn dagtaak raakten we in gesprek. Hij, een Nagot, bleek een godvruchtig man, belijdend katholiek, maar de hostie had hij nooit genomen. Maurice was de echtgenoot van een eerste, een tweede en een derde vrouw. Hij zat tegenover mij, van het Alras uit Surina-me, een vreemde, maar toch óók verwant, moeder en vrouw van een man, maar toch alleen op reis. Mijn Frans was pover en nog houterig van de snelcursus, het zijne zwaarwichtig van koloniale belegenheid. Wat hulpeloos door mijn taaltekort wist ik aan de conversatie niet veel bij te dragen.

De zon ging onder, de vliegende honden zochten hun plek tussen de grote ronde bladeren van de tekbomen. De avond zette in met de geluiden van de nacht. Het gesjirp van krekels, het tweetonige geluid van veldsprinkhanen en het kwaken van padden en kikkers vormden een achtergrondkoor. Maurice sprak, ik luisterde naar zijn verhaal.

'Kinderen sterven ook. Daar kun je heel treurig over zijn, maar zo gaat dat soms. Hoe jonger ze zijn, des te meer kans lopen ze om je te ontvallen, want het is slechts een oneffenheid die de geboorte van de dood scheidt. Als een kind vier, vijf jaar geworden is kun je opgelucht zijn. Het doodsgevaar is geweken en uitgesteld tot later. Je moet echter altijd waakzaam zijn en proberen een oogje op je kinderen te houden. Als je ze uit het zicht verliest kan dat noodlottig zijn. Veel families zijn door een kind met de dood geconfronteerd, ook mijn gezin is het overkomen.

Mijn moeder wilde een van mijn zonen bij zich hebben. Ze koos het kind dat als derde werd geboren, zoon van mijn tweede vrouw. Later heb ik me afgevraagd, waarom het juist dat kind moest wezen, maar dat is gepraat achteraf. Zolang alles goed gaat zijn de gebeurtenissen uit het leven vanzelfsprekend, pas wanneer het ongeluk om de hoek komt kijken vraagt men zich af.

Het komt veel voor dat kinderen worden afgestaan. Niet iedereen kan zich een groot gezin veroorloven. Het hebben van veel kinderen is een rijk bezit, het geeft een man aanzien. Al die kinderen moet je kunnen onderhouden. Wat heeft een rijk man aan een groot stuk land, wanneer hij niet in staat is om het in cultuur te brengen, doordat het nooit regent en het zaad in de kiem gesmoord wordt? Wat moet een man beginnen als hij in een dorpje woont, waar in de verre omtrek geen school is en hij graag zou zien dat, al was het maar één van zijn zonen leert lezen en schrijven? Dan sta je je kind af in zijn eigen belang. Je zoekt een gezin waar het kan worden ondergebracht.

Als je geluk hebt, komt het bij een familielid terecht, of bij een bekende. Anders komt het in het huis van een vreemde op basis van wederkerigheid; het kind verdient zijn onderdak door allerlei werkzaamheden te verrichten; water halen, op het land helpen en duizendenéén andere karweitjes.

Ik dank God dat ik heb kunnen leren. De paters hebben mij opgevoed, ik heb hun boeken gelezen en hun voedsel gegeten. Lourdes, de

Seine, het Louvre, Lodewijk de Veertiende zijn namen die in mijn geheugen staan gegrift. Racine, ik wou dat het mogelijk was nog eens een boek van deze grote schrijver in handen te krijgen. Heimwee naar mijn dorp heb ik niet gekend, maar ik heb het me ook nooit afgevraagd, want er was geen tijd voor ledigheid. Ik was een uitverkorene in mijn dorp en als zoon van de paters rustte er een grote verantwoordelijkheid op mijn schouders. Mijn familie steeg in aanzien... Maar ik dwaal af van wat ik wilde vertellen.

Ik was mijn moeder veel verschuldigd voor alles wat zij mij had geschonken en ik kan met recht zeggen dat het een offer was om haar mijn zoon af te staan. Zijn moeder en ik hebben het tot het laatste uitgesteld, maar het moest er ten slotte van komen. Vier, vijf jaar is een betere leeftijd, dan wennen ze elders eerder, mijn zoon was ruim zes jaar oud.

We hebben hem niets verteld. Zijn moeder en een van de andere kinderen vergezelden ons, om hem niet achterdochtig te maken.

Dagen voor de reis was het kind stil en teruggetrokken, alsof hij het voorvoelde. Van tevoren had ik met de chauffeur van de taxibrousse afgesproken en hij stopte zowaar die zaterdagochtend aan de kant van de weg bij ons dorp. Mijn moeders dorp is een uur of twee gaans, dicht bij Save. In de voormiddag bereikten we Save.

De middag gleed traag voort, er leek geen einde aan te komen. De jongen was niet van ons weg te slaan. 's Nachts heb ik naast hem geslapen en ik heb hem tegen me aangedrukt.

De maan was nog aan de hemel zichtbaar toen zijn moeder, zijn broer en ik heimelijk vertrokken, de kleine jongen achterlatend in de diepe slaap van de onwetenden.

Achteraf heb ik gehoord dat hij gepoogd heeft weg te lopen. Steeds weer is hij terug naar zijn grootmoeder gebracht. Hij weigerde te eten of te drinken. Zes weken nadat we hem hebben achtergelaten bereikte ons zijn doodsbericht.'

Maurice houdt zijn hoed stevig tussen beide handen geklemd en kauwt op zijn kaken. Hij staart vermoeid voor zich uit en glimlacht krampachtig. Aan zijn verhaal is niet veel toe te voegen. Opeens staat hij op, haalt een zaklantaarn te voorschijn en zegt: 'Een goede nacht,' en verdwijnt in het donker.

JAN BROKKEN

'EEN BASILIEK IN HET REGENWOUD'

GRAND-BASSAM, ZATERDAG 30 JANUARI

Ieder gebouw draagt een naam en die naam maakt het verval nog troostelozer. Het Hôtel de France, waarvan alleen de voorgevel nog overeind staat, le Paris-Bar, met mozaïeken die ooit bij parasols en thés dansants gehoord hebben. Het paleis van de gouverneur, imposant verveloos, imposant ontheemd, de Kamer van Koophandel, ingestort. Stratenlange decadentie, slechts een enkel huis telt bewoners. Grand-Bassam is een ruïne, het kerkhof van de koloniale tijd.

Tot 1900 was het de hoofdstad van het Franse Ivoorkust, in dat jaar sloeg de gele koorts toe, doodde een derde van de bevolking en verjoeg het gouvernement naar een gezonder oord, het twintig kilometer verderop gelegen Bingerville. Maar werkelijk vervallen raakte Grand-Bassam pas na de onafhankelijkheid; de Europeanen verlieten de villa's en geen Afrikaan bezette hun plaats. Voor de jonge natie werd Abidjan het symbool en later Yamoussoukro; Grand-Bassam herinnerde te veel aan uitbuiting en vernedering, aan slavenarbeid op Le Wharf, de scheepswerf bij de monding van de lagune, of schoenpoetsen voor het gebouw van de Western Telegraph Company, ooit het onbetwiste hoogtepunt van de koloniale architectuur. Het zakte in 1970 in elkaar zonder dat er een slopershamer aan te pas was gekomen.

Het is Gilberte die ons meegenomen heeft naar dit oord, waar ze twee mensen kent die wij beslist óók moeten leren kennen. Félix Rocher en Raymond Borremans. Die twee horen onverbrekelijk bij elkaar. Félix Rocher arriveerde drieëntwintig jaar geleden in Ivoorkust en peinst er niet over het land ooit nog te verlaten; hij inventariseert Afrikaanse dialecten en doceert aan de universiteit van Abidjan. Hij was al snel onder de bekoring van de vroegere koloniale hoofdstad, kocht er een huis, besloot het te restaureren, in de hoop dat anderen zijn voorbeeld zouden volgen en Grand-Bassam gered zou worden van de ondergang. Aan de koop van het huis was echter één voorwaarde verbonden: hij moest de vorige bewoner mee overnemen, een grijsaard die in een kamer op de begane grond woonde, Raymond Borremans. Hij zit daar nog altijd, Borremans, tweeëntachtig jaar oud, in een stoel achter de schrijftafel, dezelfde stoel waarin hij tijdens het regenseizoen van 1934 voor het eerst plaats nam, een broodmagere dwerg die pas halverwege zijn levenswerk is, het samenstellen van de Grote Encyclopedie voor Franstalig West-Afrika. Op zijn bureau heerst een maniakale orde, houten blokken behoeden archiefkaarten voor wegwaaien en de kleur van die blokken verwijst naar de aard van de aantekeningen op de kaarten; groen staat voor geografie, bruin voor geschiedenis en rood voor de onafhankelijkheidsstrijd. De draagbare televisie schuin voor het bureau duidt erop dat Borremans met zijn tijd is meegegaan, achter het bureau glimt een cassetterecorder en alleen het bandje dat erin zit en dat Borremans aan het einde van iedere werkdag afspeelt, verwijst naar een ver verleden: *Les grands succès du music-hall.*

Musicus en componist, zo noemt Borremans zich nog altijd; in de jaren twintig speelde hij banjo en richtte een eigen orkest op dat uit twaalf man bestond. In 1926 slaagde hij erin een compositie bij een Franse muziekuitgever gepubliceerd te krijgen; het zou bij die ene *Zonsondergang* blijven, een jeugdwerk, zegt hij bescheiden, maar voor iedere bezoeker ligt een fotocopie van de partituur klaar, compleet met tekst.

Borremans kwam in 1931 voor een optreden naar Ivoorkust, hij moest in het statige Hôtel de France van Grand-Bassam spelen. Een gedenkwaardige avond, driehonderdvijftig aanwezigen, Borremans kent het programma nog uit zijn hoofd. Hij duwt het raam een stukje open en wijst naar wat er van het hotel is overgebleven: een façade en een paar zwartgeblakerde pilaren. Zijn jeugd ligt hier nog geen vijftig meter vandaan, het verval dat ermee gepaard gaat schijnt hem niet te deren. Op zijn bureau staat een foto gemaakt tijdens dat concert; Borremans in een vlekkeloos witte broek en een donker colbertje, de banjo fier op de knie. Na het concert bleef hij in West-Afrika hangen; het leven was er niet duur en het was er aangenaam voor iemand op wiens visitekaartje behalve musicus en componist ook *globetrotter* stond, een woord dat in die jaren nog niet in reisgidsen thuishoorde maar in de gedichten van avonturiers als Blaise Cendrars.

Zijn vader kwam uit België. Hij trouwde met een Française en vestigde zich in Parijs. Borremans leerde het banjo-spelen in de wijk Pigalle. Het instrument was tijdens de eerste wereldoorlog met de Amerikaanse soldaten mee naar Europa gekomen, het werd in de vroege jaren twintig populair en er ging een even grote bekoring van uit als van die eveneens uit Amerika overgewaaide nieuwste muzieksoort, de jazz. Na een kortstondig succes in de Parijse muziekhallen doorkruiste Borremans het halve Franse imperium, hij speelde met zijn orkest in Oranie, Marokko, West-Afrika, Equatoriaal-Afrika, Djibouti, Tsjaad. Vanuit Grand-Bassam zou hij nog vele reizen door Afrika ondernemen, naar Europa zou hij nooit meer terugkeren. De crisisjaren, de oorlog, de Vierde Republiek, de interventie van de Gaulle, Borremans kent die wapenfeiten slechts uit kranten. De laatste herinneringen die hij aan het oude continent bewaart, stammen uit de jaren twintig, uit de Folies en de Moulin-Rouge, ten tijde van de gloriedagen van de *music-hall*.

Zijn brood verdiende hij later met zijn *cinéma ambulant*. De banjo had hij aan de wilgen gehangen, zingen doe je als je jong bent, en de andere leden van het orkest waren bovendien veilig naar Frankrijk teruggekeerd. Hij had een filmprojector gekocht, een doek en een paar rolprenten: met die attributen trok hij naar de meest afgelegen plekken. Midden in de brousse vertoonde hij het wonder van de moderne tijd, bewegende beelden, en werd hij ontvangen als een tovenaar. Stamhoofden bogen diep in het stof voor zijn *laterna magica*, boden hem onderdak aan, soms zelfs een paar van hun vrouwen, en lieten hem niet gaan voor hij de hele geschiedenis van hun volk had gehoord. Na de oorlog kregen zijn films geluid, Borremans ging met de tijd mee en doekte zijn reizende bioscoop pas halverwege de jaren zeventig op, toen de televisie ten slotte ook Afrika veroverde.

Na iedere tournee keerde hij naar Grand-Bassam terug. In 1934 had hij daar een onderkomen gevonden, in het latere huis van Félix Rocher, van de voorkamer had hij zijn werkkamer gemaakt en op die plek begon hij aan wat hij al spoedig als zijn levenstaak beschouwde: het samenstellen van een encyclopedie. Het was het werk van een megalomaan, van een man zonder enige zelfspot of wankelmoedigheid, die het in zijn kop had gezet om als de Larousse van West-Afrika de geschiedenis in te gaan. Het idee moet tijdens zijn talloze reizen geboren zijn: hij hoorde veel van de oude stamhoofden en tegelijkertijd realiseerde hij zich dat het merendeel van die op overlevering berustende kennis verloren zou gaan. In wat begonnen was met een enkele terloopse aantekening bracht Borremans al snel systeem aan, en vanaf dat moment was hij niet meer te houden. Hij verzamelde gegevens over planten, bloemen, insekten, levende en uitgestorven dieren, stammen, rituelen, oorlogen, markante kolonialen, de eerste nationalisten, politici, vakbondsleiders, steden en dorpen, schrijvers en dichters, talen, zegswijzen, dansen, totems, rivieren en bergen, alles wat ook maar enigszins te maken had met Frans Westelijk Afrika. Hij vorste twaalf uur per dag, zeven dagen per week; het werk dijde gestadig uit, nam monsterlijke proporties aan, ging uit duizenden, tienduizenden archiefkaarten bestaan en had tot doel een gebied zo groot als West-Europa tot en met de kleinste details in kaart te brengen.

Een zot. Geen uitgever peinsde erover Borremans in zijn plannen te steunen en gedurende tweeënvijftig jaar werkte hij onverstoorbaar verder aan een project waarvan ieder verstandig mens voorspelde dat het nooit het licht zou zien. Maar de dwerg liet zich niet uit het veld slaan. Goedgemutst en fris als een hoentje nam hij iedere morgen achter zijn bureau plaats, duwde de luiken open en werkte tot de avond viel. Decennia gingen voorbij, de huizen om hem heen zakten ineen, de laatste blanken vertrokken naar Europa, de straten raakten leeg, de lagune verzandde, en Borremans schreef geduldig verder, typte de tekst in het net, klasseerde de archiefkaarten in een donker vertrek en duchtte slechts één vijand: de papier vretende kakkerlakken. In een halve eeuw veranderde er nagenoeg niets in zijn leven, behalve dat het huis waarin hij woonde door Félix Rocher werd gekocht, die het steen voor steen in de oorspronkelijke staat terugbracht, een werk waar Borremans zich nagenoeg niet mee bemoeide.

Félix Rocher, de hoogleraar in het Dioula, kan zonder moeite honderd gaten schieten in het levenswerk van de autodidact, hij karakteriseert Borremans als een eigenwijs, verschrikkelijk lastig mens, een ijdele kwast, een doordrijver, hij zegt ook: 'Op de hele wereld bestaan er geen twee mensen als hij.' Want die navolger van Larousse, die zijn bezoekers met een verstrooide glimlach voorhoudt dat ieder werk op den duur vrucht draagt, kreeg zijn plannen uiteindelijk gerealiseerd. In 1986, een paar weken voor zijn tachtigste verjaardag, werd het eerste deel van de *Encyclopédie Borremans* gepubliceerd. Op het ogenblik zijn, dank zij de financiële steun van de president van Ivoorkust en dank zij mensen als Félix Rocher die een Stichting Borremans in het leven riepen, drie delen verschenen, tot en met de letter N, en de voormalige musicus mag zich nu de grondlegger van een heuse *Grand Dictionnaire Encyclopédique* noemen.

Het loopt tegen twaalven, Borremans maakt zich op voor het middagmaal. Hij draagt een gebloemd overhemd en een korte kakibroek. Zijn benen zijn zo dun dat ze zijn magere lichaam niet meer kunnen dragen; hij bedient zich van krukken. Zijn bril is beslagen, maar zelfs door die beslagen bril heen kun je zien hoe nieuwsgierig zijn ogen heen en weer flitsen. Borremans zegt zelf dat hij nog altijd de onbevangen blik op de wereld heeft van een knaap wiens leven pas begint, en dat brengt me op de vraag waarom hij in *1931* in Grand-Bassam is gebleven. Hij aarzelt even, zet zijn bril af, gaat dan toch maar weer zitten, legt zijn krukken neer en zegt: 'Ach mijnheer, gewoon uit verdriet.'

Borremans was verloofd met een Parijse brunette die hij in de music-hall had leren kennen. *Une très jolie fille*, dat moet ik van hem aannemen, want helaas heeft hij ooit eens een lucifer onder zijn enige foto van haar gehouden. Op tweeëntwintigjarige leeftijd werd hij onder de wapenen geroepen, maar dat was niks voor een jongen met een banjo die ijverig aan het lied dat hem onsterfelijk moest maken werkte, aan zijn *Zonsondergang*. Na anderhalve maand militaire dienst slaagde hij erin zich af te laten keuren door bijziendheid te fingeren en in volle looppas tegen een overste op te botsen. Hij kan er nu nog om lachen, maar de moeder van zijn verloofde lachte er niet om, ze vond hem een fantast en zei tegen haar dochter: die jongen van jou is geen man. Op haar sterfbed – zo ging dat in de dagen van de vliegende tering – liet ze het meisje beloven dat ze nooit met de musicus zou trouwen; nog voor ze begraven was, verbrak het kind de verloving; een maand later zat Borremans in Afrika.

'*Voilà.*'

Hij vindt het zelf een sentimenteel verhaal, maar ja, grote dingen ontstaan meestal uit kleinzerige gevoelens. Als ik hem zou vragen wat hij liever had gehad, trouwen met die brunette of een encyclopedie samenstellen, zou hij zonder aarzelen voor het eerste gekozen hebben. En nu we het er toch over hebben, wil hij wel ruiterlijk toegeven dat hij ooit aan die encyclopedie is begonnen om het meisje te vergeten. Verdriet, had ooit eens iemand hem verteld, slijt alleen wanneer je hard en geduldig werkt. Maar als de dagtaak erop zat en hij achteroverleunend naar het bandje in de cassetterecorder luisterde (tot in de jaren zeventig was het een grammofoon geweest), keerden zijn gedachten onherroepelijk naar zijn vroegere verloofde terug. En het vreemde was dat ze in zijn herinnering nooit ouder werd. Wat dat betreft, concludeert Borremans, lijkt liefde op muziek, want ook die *Grands succès du music-hall* klinken hem nog altijd even fris en onbedorven in de oren.

YAMOUSSOUKRO, MAANDAG 1 FEBRUARI

Youssouf Mafall was de eerste die me over de basiliek vertelde. Ik ontmoette hem tijdens mijn vorige reis, in de trein van Bobo-Dioulasso naar Abidjan.

Youssouf Mafall was rallyrijder van beroep. Hij hoopte als eerste Ivoriaan en bovendien als eerste zwarte Afrikaan Paris-Dakar te winnen. Niet alleen vanwege de rally zelf, een monsterrace, de zwaarste van de wereld, maar vooral omdat hij er dan zeker van was dat hij door de president van zijn land zou worden ontvangen. Wie het land een dienst had bewezen, mocht op een handdruk van Félix Houphouët-Boigny rekenen, en voor Mafall bestond er geen grotere eer. Zijn enige zorg was dat hij tijd te kort zou komen. Het vraagt jaren oefening en ervaring om een rally als Paris-Dakar te winnen en de president was al erg oud. Op een dag zou hij sterven en Mafall wist me ook precies te melden wanneer dat zou zijn: na de plechtige inwijding van de basiliek van Yamoussoukro. Het werk aan die basiliek was in volle gang. De grootste basiliek van de wereld. Een kopie van de Sint-Pieter in Rome, maar in alles net iets groter. Midden in het tropisch regenwoud.

Het verhaal klonk me even ongeloofwaardig in de oren als de hele geschiedenis van de stad. Yamoussoukro is het geboortedorp van de president. Het ligt op tweehonderdvijftig kilometer van Abidjan, diep in het woud. Van dat uit enkele hutten bestaande gehucht besloot de president de hoofdstad van het land te maken. Of meer nog: het Parijs van Afrika. Hij bouwde er zijn paleis. Hij bouwde er het hoofdkantoor van zijn partij. Hij bouwde er hogescholen. Hij bouwde er een museum. Hij bouwde er een veertien verdiepingen hoog hotel. Maar de stad staat leeg.

Het vreemde is dat weinig Ivorianen dat de president kwalijk nemen. Yamoussoukro is zijn droom en het volk wil hem die niet afnemen. Het buitenissige karakter van die droom verandert niets aan de verdiensten van de president. Hij heeft van Ivoorkust een ontwikkeld land gemaakt en daarmee zijn hem zijn ijdele zonden vergeven. Toen Félix Houphouët-Boigny direct na de onafhankelijkheid in 1960 voor het eerst de verkiezingen won, behoorde Ivoorkust tot de armste landen van West-Afrika. Ghana was rijk, dat heette voordien niet voor niets Goudkust, in Guinee lagen de grondstoffen voor het opdelven, in de grond van Gabon en Nigeria zat olie. Nu, achtentwintig jaar later, is Ghana totaal geruïneerd en Guinee bijna bankroet; in Gabon en Nigeria heerst chaos. Niet Lagos of Conakry maar Abidjan groeide uit tot het handelscentrum van West-Afrika.

Het waren de landbouwprodukten die de haven in eerste instantie deden bloeien. Houphouët-Boigny zag in dat het vochtige klimaat 's lands enige rijkdom was, en veranderde grote delen van het tropisch regenwoud in plantages. Cacao werd het wisselgeld waarmee Ivoorkust de opbouw betaalde, koffie, kokosnoten, ananassen, bananen, avocado's, colanoten, papaja's. Door het coöperatieve systeem deelden de boeren en planters in de snel toenemende opbrengsten, ze hadden een stuiver te verteren, waardoor een uit aannemers, winkeliers, onderwijzers en doktoren bestaande middenklasse ontstond. In tegenstelling tot veel andere Afrikaanse landen nam Ivoorkust niet de gedaante aan van een mager lijf (het gros van de bevolking) met een waterhoofd (de kleine groep welgestelden), maar onderscheidde het zich door een stevig middenrif – de kleine burgerij. Wie in Ivoorkust de handen uit de mouwen wilde steken, kon al snel aan een eigen huis gaan denken, aan een ijskast, een televisie, een auto. Het was een vrij brede laag van de bevolking die van de vooruitgang profiteerde en dat veroorzaakte een geestdrift die me direct al opviel toen ik in de trein van Bobo naar Abidjan met Youssouf Mafall praatte: hij was begonnen met het repareren van tweedehands auto's, kon op een gegeven moment een garage kopen, werd door hard werken officieel Peugeot-dealer, bekwaamde zich in zijn vrije tijd in het rally-rijden en droomde sindsdien van Paris-Dakar, van een *Franse* rally dus, in zijn ogen het hoogst bereikbare. Want dat is het opvallende in de ontwikkeling van Ivoorkust: de langste, breedste en mooiste brug van Abidjan draagt de naam van Charles de Gaulle en het stratenplan van Yamoussoukro lijkt door Haussmann ontworpen.

Bij de opbouw van zijn land schuwde Félix Houphouët-Boigny de voormalige overheersers niet. Als vurig nationalist had hij ze jarenlang bestreden, maar hij was ook volksvertegenwoordiger van het overzeese departement Haute-Ivoire geweest en in de banken van het parlement aan de Seine-kade had hij met de Fransen leren omgaan. Hij trok zijn neus niet op voor hun technisch vernuft, hij wist hoe en waar hij ze kon gebruiken. In 1960 stelde Charles de Gaulle voor de ex-koloniën een quotum aan technische hulp vast; ieder land van het vroegere Franse imperium had recht op zoveel manjaren ontwikkelingswerk. Ivoorkust soupeerde zijn deel snel op, maar in plaats van elders te gaan bedelen, betaalde het vanaf dat moment voor de Franse hulp. Een in wezen veel gezondere situatie, de Franse ingenieurs traden in dienst van de Ivoriaanse staat, voerden de orders van Ivoriaanse ministers en ambtenaren uit, verdienden fors en moesten stevig aanpoten. Als ze dat niet deden, konden ze vertrekken; *black boss warns you*. In het land kwam dan ook niet de geiteharensokkenlucht van het welzijnswerk te hangen, die je tot op de dag van vandaag in Burkina of Mali opsnuift. Het was een ander type ontwikkelingswerker dat naar Ivoorkust trok, niet de idealist met de knapzak op de schouder die in afgelegen gebieden een waterput sloeg of de bevolking de beginselen van de hygiëne aanleerde, maar de ingenieur die domweg geld wilde verdienen door wegen en stuwdammen te ontwerpen. Binnen twintig jaar beschikte Ivoorkust over een behoorlijke infrastructuur.

De politieke stabiliteit deed de rest. Door zijn stam, de Baoulé, was Houphouët-Boigny ooit voorbestemd om regionaal stamhoofd te worden. Van de dorpsoudsten in Yamoussoukro had hij geleerd dat slechte leiders de strijd aangaan en goede zich in de rol van vrederechter herkennen. Als president luisterde Houphouët-Boigny vooral. Hij nam besluiten na lang wikken en wegen, hield nooit vlammende betogen, schudde in het jacquet waarmee hij op alle staatsiefoto's staat afgebeeld (en dat door de lange panden de aandacht vestigt op zijn uitzonderlijk korte benen) geduldig handen en sprak de lange rij bezoekers die dagelijks aan hem voorbijtrok vrijwel onverstaanbaar mompelend toe. Hij was al bijna zestig jaar toen hij president werd en in plaats van zich jonger voor te doen, legde hij de nadruk op zijn grijze haren. Félix Houphouët-Boigny gedroeg zich als een wijze oude stamvader, als een *sage*, een *homme de la paix*, omschrijvingen die telkens terugkomen in het nationale dagblad *Fraternité Matin*, dat iedere dag op de voorpagina een 'gedachte' van de president afdrukt. Die gedachten laten zich in één zin samenvatten: dat van alle wegen de gulden middenweg dient te worden gekozen. Maar die op het eerste gezicht zo bescheiden oude baas benoemde wel zelf alle ministers, zag erop toe dat iedere stam bij het bestuur betrokken werd, zette het leger naar zijn hand, bouwde paleizen en een complete hoofdstad en liet zich over ieder project grondig informeren. Niets ontsnapte aan zijn aandacht, wie het niet met hem eens was werd beleefd de deur gewezen, het geringste verzet werd in de kiem gesmoord. Ivoorkust telt nauwelijks politieke gevangenen, tegenstanders wordt domweg gevraagd het land te verlaten, een echte dictator kun je Houphouët-Boigny dan ook niet noemen, een democraat evenmin, hij lijkt nog het meest op een Afrikaanse versie van de verlichte despoot, een stamhoofd dat schuchter handelt maar uiteindelijk geen tegenspraak duldt, en in onze westerse ogen mag dat dan een kwalijk trekje zijn, voor de Ivorianen sluit het naadloos aan bij de eeuwenoude traditie waarin de chef het voor het zeggen heeft. Wat zij in Houphouët-Boigny waarderen, is zijn ruime visie, zijn verlangen naar rust en evenwicht. De koele rekenaars in Parijs, Frankfurt of New York dachten er niet wezenlijk anders over, want vanwege die politieke en sociale stabiliteit besloten talloze Europese, Amerikaanse en Japanse bedrijven van Abidjan hun Westafrikaanse hoofdzetel te maken. De stad groeide in de jaren zeventig zo snel dat je maand na maand de skyline kon zien rijzen.

Ieder succesverhaal kent zijn schaduwzijden, ook het Ivoriaanse. Sinds de prijzen van de grondstoffen stagneren, verkeert Ivoorkust in grote financiële moeilijkheden. Op veel internationale hulp kan het land niet rekenen, het betaalt de tol van de relatieve welvaart, de rijke landen helpen liever de allerarmste. De schuldenlast valt nauwelijks

meer te torsen, op het ogenblik werken maar twee van de drie stoplich-
ten in Abidjan, de overheid heeft het bedrijf dat ze onderhoudt niet
kunnen betalen, de schatkist is leeg en het bedrijf is failliet gegaan. Een
enorme verkeerschaos is het gevolg. Tel daarbij de corruptie (van vooral de lage ambtenaren, die zo een graantje van de welvaart meepik-
ken), de geldverslindende prestige-objecten, de komst van miljoenen
gastarbeiders uit Burkina Faso, Ghana, Guinee en het beeld is compleet: het land is te snel gegroeid. In 1960 telde Ivoorkust drie miljoen
inwoners, nu bijna tien miljoen, de buurvolken komen als vliegen op
de Ivoriaanse honing af, voor velen is er geen werk, de snelst groeiende
wijken van Abidjan zijn op het ogenblik de krottenwijken. Maar ondanks die als een wervelwind opstekende problemen, heeft een boer
in Ivoorkust, een onderwijzer op het platteland, een winkelier in de
hoofdstad, een monteur in een provincieplaats, het twee keer zo goed
als zijn collega in Ghana of Sierra-Leone, Mali of Guinee. En dat weten de Ivorianen. Ze zijn trots op hun land, beschouwen hun president
als een levende legende en bij die legende horen nu eenmaal Yamoussoukro en de basiliek, daar valt verder niets op af te dingen.

We rijden naar het noorden. Gilberte kon niet mee, ze heeft ons haar
auto geleend, die door Gustave bestuurd wordt, een slanke jongen uit
Benin. De eerste honderd kilometer weg bestaat uit een *autoroute* die in
Frankrijk niet zou misstaan. Als je een week eerder over de wasborden-
wegen van Burkina hebt gereden, is het een fabelachtige betonbaan die
door het tropisch regenwoud slingert en met vloeiende bochten over
heuvels voert. Maar Afrika is niet veraf, de vluchtstrook wordt door
de bevolking als voetpad gebruikt. Vooral 's avonds, als je met honderdveertig over de vierbaansweg raast en in het licht van de koplampen vlak naast de witte streep een lange rij vrouwen ziet opdoemen met
schalen en vruchten op het hoofd, lijkt het oude Afrika het van het
nieuwe te winnen.

Na Toumoudé wordt de weg smaller; de verrassing die Yamoussoukro je bezorgt, wordt daardoor groter. Ineens wijkt het woud en rijd
je over boulevards die even breed zijn als de Champs-Elysées. Dertien,
veertien, vijftien, misschien wel twintig boulevards met aan weerszijden hoge aluminium lantarenpalen. Langs de meeste boulevards is
niets, weggekapt hout, gras, grote lege percelen. 's Avonds is het pano-
rama nog onwaarschijnlijker, golvende, fel verlichte asfaltlinten, een
Parijs in het regenwoud, maar zonder verkeer en met slechts hier en
daar een gebouw, een donkere kolos waarvan je je, tot je er vlak voor
staat, afvraagt of het een kapokboom is of iets van cement en steen.

We eten in Hôtel le Président, veertien etages, honderden kamers die alleen tijdens staatsbezoeken worden gebruikt en verder nooit. Een hoge hal van marmer, fauteuils van nappaleer, spiegels. Gustaves ogen rollen en vol ontzag fluistert hij: '*Beau, beau.*' Het is: groot en glimmend, duur en vooral niet Afrikaans. Na de maaltijd zoeken we de tropische tuin op en zwemmen in het als een rivier meanderende, door drie bruggen overspannen bad. Ik moet even aan de vijvers van Ludwig de Tweede van Beieren denken, het enige dat ontbreekt zijn de zwanen. Verderop ligt de golfbaan, de grootste van Afrika; het gras is van Engelse origine, maar ondanks het dagelijkse sproeien is het hier en daar vergeeld. De president zelf speelt geen golf, hij vindt het alleen een elegant spel, en het hoort bij Europa. Er wordt een toernooi gehouden, de westerse spelers zweten als otters, de temperatuur in Yamoussoukro bedraagt rond de middag negenendertig graden, zwarte jongens in korte witte broeken en kniekousen van Schots garen trekken de karretjes voort, smetteloze boys uit de koloniale tijd. Eén jongen draagt een hakmes bij zich, tegen de slangen; de zacht glooiende grasbanen mogen dan westers aandoen, het tropische regenwoud vol reptielen kijkt op de achtergrond toe.

We rijden naar de Hogeschool voor Openbare Werken, een licht gebouw, omringd door arcaden, een gebouw dat in zijn binnenste tuinen herbergt, fonteinen, uit Italië geïmporteerde palmen. Het weelderige Afrikaanse woud is niet weelderig genoeg voor deze hogeschool, bij paleizen horen Florentijnse palmen en wie daar kritiek op heeft, krijgt te horen dat ook de kokospalm in Ivoorkust is geïmporteerd, uit Brazilië, aan het einde van de vorige eeuw, door blanke planters. De Technische Hogeschool van Yamoussoukro is iets bescheidener van opzet, maar nauwelijks minder luxueus; de directeur leidt ons rond, slaat geen collegezaal over en geniet zichtbaar van onze verbazing; de universiteiten in Europa verbleken erbij tot achterbuurtlokalen. Ik schiet een student aan, hij heeft een kamer op de campus, eet dagelijks gratis in de mensa die aan de eetzaal van een modern hotel doet denken en ontvangt een maandsalaris van ongeveer tweehonderd gulden. Studeren is in Afrika een cultus; de hogescholen van Yamoussoukro zijn halve tempels. En terwijl de directeur ons naar de bioscoop leidt, ben ik er plotseling minder zeker van dat Yamoussoukro hetzelfde lot als Grand-Bassam beschoren zal zijn. Want dat beweren de meeste blanken in Ivoorkust: een doodgeboren kindje, meneer, een necropolis waar binnen vijftig jaar het regenwoud weer woekert.

Het Yamoussoukro van het Onderwijs straalt geloof in de toekomst uit, een zekere arrogantie zelfs, in ieder geval een heilig ontzag voor kennis. Hier wordt de elite van morgen gevormd, hier wordt niet als in Europa op studenten neergekeken als op onwillig vee dat geen stal verdient, hier hangt een sfeer van blakend zelfvertrouwen. En daar valt niet mee te spotten.

De directeur zegt: 'Of Yamoussoukro zal slagen, hangt af van de volgende president.' Je moet er inderdaad niet aan denken dat die van *zijn* geboortedorp ook nog eens een hoofdstad wil maken. Maar als dat niet gebeurt, als voortgegaan wordt op de weg die Houphouët-Boigny is ingeslagen, wie durft dan Yamoussoukro het voordeel van de twijfel te onthouden?

Met een wijde boog rijden we om het gebouw van de Stichting Houphouët-Boigny heen, een museum, studiecentrum en bibliotheek.

En dan staan we voor de basiliek in aanbouw. Tientallen meters hoge kolommen die de koepel moeten dragen, duizenden tonnen marmer aan de rand van het tropisch regenwoud. De president heeft de Frans-Libanese architect uitdrukkelijk opgedragen een basiliek te ontwerpen die het grondpatroon van de Sint-Pieter in Rome aanhoudt en de bouw is al zo ver gevorderd dat de zuilengalerij zich tegen de horizon aftekent. De basiliek zal zevenduizend zitplaatsen bevatten, in de zuilengalerij zullen nog eens elfduizend mensen kunnen staan en het plein voor de kerk is berekend op een kwart miljoen gelovigen.

De avond valt, de hijskranen draaien onverminderd voort; reusachtige schijnwerpers verlichten het bouwterrein; de president spoort tot haast aan, inspecteert drie, vier keer per maand de werkzaamheden, laat zich dagelijks van de vorderingen op de hoogte houden en bidt vurig de inwijding (door de paus) in volle gezondheid mee te mogen maken. Vijftienhonderd arbeiders voeren dit werk in continudienst uit; iedere nacht vallen weer bouwvakkers van de steigers, de schijnwerpers dringen niet tot in alle hoeken en gaten door, de nacht in het regenwoud is aardedonker en bovendien zo ondraaglijk heet dat de arbeiders op hun benen staan te tollen. De basiliek heeft al vele doden geëist, maar het bouwtempo wordt met geen seconde vertraagd, binnen anderhalf jaar moet dit monsterkarwei geklaard zijn.

Notre-Dame-de-la-Paix, zo zal deze basiliek heten. Vanuit de verte een droom van karton, door een decorbouwer uit Hollywood ontworpen. Je durft je ogen niet te geloven, maar een ogenblik later moet je voor een vrachtwagen wijken die weer een paar blokken uit Italië geïmporteerd marmer naar de bouwput brengt. Hier, op deze plek in het klamme Afrika, tegen de achtergrond van palmen en lianen, wordt door een roomse president gepoogd het oude Europa naar de kroon te steken. 'Maar,' zegt Gilberte 's avonds, als we uit Yamoussoukro teruggekeerd zijn, 'het is natuurlijk heel Afrikaans je door een totem, een bouwsel, een object, een plaats in het hiernamaals te verwerven.'

Afrikaans en rooms, een geloof dat bestaat bij de gratie van het pralen: de basiliek zal alleen al 7800 vierkante meter glas-in-loodramen tellen. Als dat je meegedeeld wordt, moet je toch wel even aan de krottenwijk van Abidjan denken. Wat schieten die arme donders daarmee op? Zitten zij te wachten op gebrandschilderde apostelen in een koepel die tot aan de hemel reikt? De president houdt bij hoog en bij laag vol dat hij de bouw van de basiliek uit eigen zak betaalt. 'Ik ben niet met lege handen in de politiek gekomen,' zegt hij bij herhaling, 'ik ben in rijkdom geboren.' De president komt inderdaad uit een familie van planters, de eerste zwarte planters van West-Afrika. Hij bezit nog altijd omvangrijke koffie- en cacaoplantages, hij is een welgesteld man. Maar dat de familie Houphouët-Boigny zo rijk is dat de staat met geen stuiver aan het honderden miljoenen guldens verslindende bouwwerk te pas hoeft te komen, gelooft geen Ivoriaan. 'Ik ben aan niemand verantwoording schuldig,' zegt de president daarop, 'het is met het geld van mijn familie, van mijn zuster en mij, dat ik de basiliek financier.' Het is de erfenis die hij zijn land wil nalaten. Maar zou dat geld niet beter besteed kunnen worden? Als buitenlandse journalisten dat de president vragen, schudt hij misnoegd het hoofd en zegt: 'De blanken willen niet dat wij, de zwarten, mooie dingen maken; de blanken zijn jaloers.' En dat argument herhalen de Ivorianen graag. Ze vinden dat ook zij recht hebben op *belles choses* en beschouwen de basiliek als de gepaste correctie op een eeuwenoud minderwaardigheidscomplex.

ABIDJAN, WOENSDAG 3 FEBRUARI

Het toneelstuk verhaalt de geschiedenis van een vreedzame vorst die door de heethoofdige leider van een naburige stam wordt uitgedaagd. De heethoofd tart, de onderdanen van de vredelievende vorst schreeuwen om wraak. De koning begrijpt hun woede, maar weet dat hij een oorlog zal verliezen. Zijn volk is een volk van boeren, niet van krijgers, en daarom tracht hij zijn onderdanen te overreden en stuurt hij voorzichtig op een vredesverdrag aan. Wanneer hij dat aan het einde van het toneelstuk ondertekent, heeft hij menige concessie moeten doen, maar kunnen de boeren weer rustig gaan zaaien. De boodschap is duidelijk: lange leve de vredestichter, lange leve president Houphouët-Boigny.

Beschaafd applaus.

Dèhguê ou le Pacte de paix is het eerste project van het zojuist opgerichte Nationale Toneelgezelschap. Het publiek in de bioscoopzaal van Hôtel

Ivoire bestaat hoofdzakelijk uit genodigden en zij krijgen een veel te statische, veel te trage en veel te tamme voorstelling te zien. Na afloop bier, champagne, opluchting op de gezichten van de acteurs, wat dat betreft geen verschil met een première in Amsterdam. Maar dan neemt de minister van cultuur, Laurent Dona-Fologo, in een fauteuil plaats, vraagt de toneelspelers, de regisseur en de schrijver van het stuk naast hem te komen zitten en kraakt de voorstelling een uur lang af. Hij doet dat recht op de man af. Waar ging het stuk over? De wezenlijke keuze oorlog of vrede. Waarom heeft hij dan de hele tijd de indruk gehad dat het om een kom lauwe soep ging? Was er sprake van een conflict? Jazeker, de vredelievende vorst en het oorlogszuchtige volk stonden lijnrecht tegenover elkaar. Waarom hebben de kijkers dan niet zitten te sidderen?

De minister irriteert me, het is hem kennelijk ontgaan dat kunst geen staatszaak is. Maar ik moet toegeven dat hij niet uit zijn nekharen kletst. Tijdens de voorstelling heeft hij niet zitten knikkebollen, hij citeert hele clausen uit het hoofd en over het nagestreefde doel windt hij geen doekjes: 'Jullie zijn een nationaal gezelschap en wat nationaal is moet goed zijn.' Hij belooft de acteurs een eigen theater, tournees in het buitenland, op voorwaarde dat ze met behoorlijk toneel voor de dag komen, en niet met houterig geklungel van goedwillende amateurs. 'Jullie moeten met iets eigens komen, iets waarvan ze in het buitenland zeggen: hé, dat is Ivoriaans, maar ook met iets wat dramaturgisch door de beugel kan.' En dat is nog lang niet het geval. Voorbeelden? Voorbeelden te over. De overgang tussen de scènes. Ging dat niet op z'n jan-boerefluitjes? De slotscène. Was dat wat je noemt een aangrijpend hoogtepunt? 'Dames en heren, mag ik u een raad geven? Slaat u er Shakespeare of Molière eens op na.' Het eigene gaat niet verloren als je je in de klassieken van elders verdiept. 'Er is alle reden om de blanken arrogant te vinden, maar in hun theater zijn ze zelden slaapverwekkend.' En met die boodschap neemt hij afscheid.

In het betoog van de minister vallen me vier dingen op: zijn welbespraaktheid (die me vergeleken bij het ge-ehh van Nederlandse bewindslieden als muziek in de oren klinkt), zijn betrokkenheid bij het vertoonde, zijn kritische zin en zijn verwijzing naar het Europese toneel. Dona-Fologo streeft naar theater dat niet voor het Parijse of Londense onderdoet, en dat is denk ik typisch Ivoriaans. De blik is hier voortdurend op het oude continent gericht en degenen die de lakens uitdelen leggen zich niet bij de achterstand neer. Ze zien het als een uitdaging hun land in de vaart der volkeren op te stoten en sluiten hun ogen niet voor het eigen falen.

En de acteurs? Ze reageerden aanvankelijk als geslagen honden op de kritiek van de minister, maar toen hij vertrokken was, werd er een feestje gebouwd, want dit hadden ze in ieder geval onthouden: dat ze naar het buitenland mochten, als ze goed hun best zouden doen.

ABIDJAN, DONDERDAG 4 FEBRUARI

Het is vroeg in de morgen en ik zit in Gilbertes studeerkamer te schrijven bij het open raam. Van zes tot tien kun je hier redelijk werken, soms knoop ik er nog wel eens een uurtje aan vast, maar tegen elf uur stoom ik zo van het zweet dat de bladen van mijn schrift om mijn hand krullen. De inkt loopt dan uit, het genoteerde wordt ogenblikkelijk onleesbaar en het heeft dus geen enkele zin om nog iets op te schrijven. Door zijn ligging, midden in de lagune, is Abidjan vochtig als een broeikas; je haren worden nooit helemaal droog en je handen blijven de hele dag kleffig. Het klimaat heeft eigenlijk maar één voordeel, je kunt hier ongelimiteerd drinken; een fles rosé zweet je er binnen het uur uit. Je moet werkelijk ontzettend heisen om iets van de alcohol te merken, en de volgende dag ben je zo fris als een hoentje. De siësta draagt daar trouwens aan bij, zo'n middagdutje wist de laatste restjes van een kater onherroepelijk uit, maar dat weten we al sinds Frederik de Grote – de koning liet één bediende na de middagmaaltijd twee uur slapen en een andere bediende de hele dag werken; na een jaar werden beide bedienden opengesneden, en jawel hoor, de bediende die siësta had gehouden zag er in maag, buik en darmen veel gezonder uit.

Ivoorkust is luidruchtig en vrolijk, veel vrolijker dan Burkina Faso. Ik weet dat je voorzichtig moet zijn met dergelijke constateringen, het ene volk is niet vrolijker of aardiger dan het andere; op de Here God valt veel aan te merken, maar ik ben er vast van overtuigd dat hij in zijn schepping nog wel zo rechtvaardig is geweest dat hij het aantal schurken en chagrijnen gelijkelijk over de volken verdeeld heeft. En toch kan ik me niet aan de indruk onttrekken dat het er hier opgewekter en meer ontspannen aan toegaat. Het komt ook in de literatuur tot uitdrukking, in de Ivoriaanse romans tref je zelden zwaarwichtigheid of somberte aan. Het grappigste boek uit de Westafrikaanse literatuur dat ik ken is *De brandende zon van de onafhankelijkheid* van Ahmadou Kourouma, een Malinké uit het westen van Ivoorkust. En met de eerste schrijver die ik hier ontmoet, is het lachen geblazen. Niet dat hij serieuze onderwerpen mijdt, integendeel, hij kan alleen niet nalaten om zijn eigen diepzinnigheden te schateren.

Met zijn tweeënzeventig jaren is Dadié de éminence grise van de

Ivoriaanse literatuur. Gilberte heeft hem te eten gevraagd; we praten van twaalf tot vier.

Gilberte spreekt hem met 'mijnheer de minister' aan, want Dadié is een nationale figuur die vanwege zijn verzet tegen het kolonialisme in geen Ivoriaans geschiedenisboek ontbreekt. Hij behoorde tot de oprichters van de *Parti Démocratique de Côte d'Ivoire*, de partij van Félix Houphouët-Boigny, die hem direct na de onafhankelijkheid tot directeur-generaal van het ministerie van onderwijs benoemde, en in 1977 tot minister van cultuur, wat hij tien jaar zou blijven. Die politieke loopbaan beschouwt Dadié als een schikking van het lot, hij had zijn tijd liever aan het schrijven besteed, maar het land telde te weinig intellectuelen, mannen als hij die in de jaren dertig op het William Ponty College in Dakar, Senegal, hadden gezeten, de enige middelbare school van West-Afrika waar zwarte jongens werden toegelaten, als ze tenminste briljant waren. De pas onafhankelijk geworden staat eiste hem op, en hij had te lang voor die onafhankelijkheid gestreden om de verantwoordelijkheid naast zich neer te leggen.

In 1950 was zijn eerste dichtbundel in Parijs verschenen, *Afrique debout!* Bekendheid kreeg hij met *Le pagne noir*, een verzameling fabels uit 1955. Hij schreef een twaalftal toneelstukken; het interessantste zijn echter zijn kronieken, *Un nègre à Paris*, *Patron de New York*, *La ville où nul ne meurt* (over Rome) en vooral *Carnets de Prison*. Van begin 1949 tot eind 1950 zat Dadié gevangen op verdenking van subversieve activiteiten; het proces dat tegen hem en zeven andere intellectuelen werd gevoerd, behoort tot de donkerste pagina's uit de Franse koloniale geschiedenis. Houphouët-Boigny heeft nooit gevangen gezeten, het verzet groepeerde zich rond Bernard Dadié; in zijn land wordt hij als een held beschouwd; Gabriel, de kok van Gilberte, bedient hem met bevende vingers, en de jonge schrijvers hier noemen hem, licht spottend, Saint Bernard.

Dat alles vergeet je als je tegenover hem zit. De goedhartigheid straalt van hem af, tussen de gangen van de maaltijd door houdt hij de hand van Marie-Claude vast, hij werpt zich in de discussie met de gloed van een beginnend auteur, lacht, hikt, en spreekt me aan met 'mon frère'. Iedere Ivoriaanse scholier kent ten minste één regel van Dadié uit het hoofd, de beginregel van zijn vlammend betoog tegen de blanke overheersing: *Le café sera récolté en Côte d'Ivoire* – hun 'Barbertje moet hangen'. Maar aan zijn gevangenschap heeft Dadié geen rancune overgehouden, en hij kan zonder enige bitterheid over zijn jeugd in Grand-Bassam vertellen, waar hij samen met zijn vriendje ballen raapte op de tennisbaan van het Hôtel de France. Iedere bal leverde de zwarte kinderen een stuiver op, urenlang renden ze in de brandende zon over het gravel. Vernederend. 'Welnee, we vonden die blanken mooi. Helemaal in het wit, elegant, atletisch. We waren daar niet weg te slaan.' En hij lacht, schaterend.

Wat ik misschien niet begrijp, zegt Dadié, is dat die koloniale Fransen zelf het zaad van het antikolonialisme hebben gezaaid. Met hun cultuur namen ze tevens de tegenkrachten in hun cultuur mee, met de these de antithese. Niet alleen kwamen de eerste protesten tegen het koloniale systeem uit Parijs zelf (een feit dat volgens Dadié te vaak vergeten wordt), de Franse geschiedenis is op zichzelf één lange les in opstand tegen onrechtvaardigheid. Een Afrikaan onderwerpt zich van nature gemakkelijker aan het gezag, vermengd als het voor hem is met magie en religie, met de goden die zich zelden vergissen. Pas toen de Afrikaanse kinderen de wapenfeiten van de Franse revolutie uit hun schoolboekjes vernamen, maakten ze kennis met de idee dat gezag niet altijd heilig hoeft te zijn, dat onredelijke koningen onder de guillotine eindigen en het volk, als het wordt getart, de Bastille bestormt. 'Als wij de Marseillaise op school moesten zingen,' vertelt Dadié, 'dachten we niet: dat is het Franse volkslied, nee, dan dachten we: dat is een prachtig lied, dat is een lofzang op de onafhankelijkheid, *dat lied gaat over ons.*'

's Avonds blader ik in zijn *Carnets de Prison.*

Zondag, 8 januari 1950: 'Vroeger gooiden ze mensen in de gevangenis als ze gestolen hadden, tegenwoordig worden ze opgesloten omdat ze de waarheid zeggen.'

Dezelfde Dadié zegt me op donderdag, 4 februari 1988: 'Ons geluk is dat we lang genoeg gekoloniseerd zijn geweest. De honderd jaar vreemde overheersing heeft ons rijp gemaakt voor de onafhankelijkheid. Door de strijd tegen de Fransen hebben wij een eigen identiteit gekregen. Ieder volk heeft zo'n periode nodig in zijn geschiedenis.'

ROBERT VACHER

DE FALAISE VAN BANDIAGARA

Al een paar weken, zolang ik bij Robinson Greer in huis ben, ga ik
's avonds vroeg slapen maar na een of twee uur schrik ik wakker en
lig met open ogen in de schemerige woonkamer in mister Greers bed,
en probeer ik flarden van beelden terug te halen uit onrustige dromen,
waarbij steeds de gedachte knaagt dat het tijd wordt om naar Melilla
over te steken en naar Tanger te reizen, en langs de Atlantische kust
naar het zuiden en hardop zeg ik de namen Casablanca, Agadir, Ouar-
zazate, Fès, Marrakech, en altijd is er haast bij om er te komen, liever
vandaag nog dan morgen, morgen kan te laat zijn. 's Nachts, wakker
geworden uit ellendige dromen, heb ik een geweten. Overdag telt alles
minder zwaar en verzin ik van alles om de oversteek met de *Vincente
Puchol* uit te stellen. Ik leef goedkoop, betaal geen huur en kan mijn eigen eten koken in het appartement van mister Greer die er bijna nooit
is, alleen 's nachts als zijn stamcafé dicht gaat, en 's morgens om te
ontbijten en de was te doen in de douchebak. Mister Greer heeft een
verweerd drankgezicht zonder speciale uitdrukking, hij is zuinig met
woorden, goedhartig en gastvrij. Binnenshuis draagt hij een groezelig
grijs pak en een hemd met das, buiten heeft hij er een regenjas over
aan die sluit met één knoop die aan een los draadje hangt. Hij slaapt
op een matras in de hoek van de woonkamer. In een andere hoek staat
zijn bed. Daar mag ik liggen. Hij heeft zijn eigen bed aan mij afgestaan. Zo wil hij het en niet anders. Tegen twee uur komt hij naar
huis met zijn vriend George en heeft af en toe, na lange stiltes, een onverstaanbaar gesprek met hem, en samen drinken en zingen ze tot de
dag in de lucht komt die de betovering verbreekt. Dan sluipt George
weg. Mister Greer trekt zijn schoenen uit en kruipt onder zijn deken.
Aan vier of vijf uur slaap heeft hij genoeg. Voor eten heeft hij weinig
belangstelling. Na het ontbijt, een snee brood en een gebakken ei met
spek en vette worst, gaat hij terug naar zijn kroeg waar hij George weer
treft, die net zomin als mister Greer nog weet waarom hij lang geleden
naar Spanje ging, en er bleef.
Vandaag – in mijn ijver steeds nieuwe voorwendsels te bedenken
– vond ik dat ik ten minste één keer in mijn leven een *corrida* gezien

moest hebben, en toeval of niet, vanmiddag was er een. Ik heb het ge-
vecht niet tot het eind kunnen verdragen. De stier, met lange lansen
in zijn flanken, en korte in zijn pezige nek, zag kans de torero een half
mislukte kopstoot te geven. Van affiches wist ik dat de torero een zekere Manolo Ortega was. Er zat bloed op zijn handen en op zijn witte
overhemd van ruches, maar hij vocht door en het publiek, tegelijk enthousiast en verbijsterd, kwam massaal overeind. Ik was minder onder
de indruk van het bloed dat vloeide dan van de reactie erop van de
vrouwen op de tribunes, die hysterische kreetjes slakend van hun zit-
banken omhoogkwamen en sentimenteel met zakdoekjes zwaaiden. Na
de voorstelling terug bij de plaza de toros zag ik in een stal een jonge
stier die op de grond werd gesmeten en omdat hij niet meteen opstond
tot os werd gedegradeerd, waardeloos voor de arena. In zijn van angst
vergrote ogen zag ik als in een spiegel mezelf, mijn twijfels en vage
plannen, vandaag nog moest ik een ticket kopen, aan de haven. Ik
mocht me maar met één ding tegelijk bezighouden en niet nadenken
over wat ik na Marokko wilde, ook al had ik een visum voor verschillende Afrikaanse landen. Voor het eerst werkte mijn geweten ook overdag.

Waar alles om draaide was de vrijheid te doen wat in me opkwam,
en lang te blijven waar het me beviel, en kort als dat niet het geval was.
Ik had de vrieskou en de noordelijke huiver inmiddels van me afge-
schud en me aangepast aan het licht en de ruimte om me heen. Ik hoefde alleen maar mijn bagage bij elkaar te zoeken en mister Greer de
sleutel van de flat terug te geven. Vanavond. Of morgenvroeg. De be-
slissing was gevallen, mijn besluit was dit keer definitief, en om dat te
vieren at ik, zonder nog een ticket te kopen voor het eerst sinds drie
weken buitenshuis, vis, gele rijst en artisjokken, met net iets te veel witte wijn. Na het eten bestudeerde ik een van mijn kaarten, Afrique
Nord et Ouest. Een man die een tafel van me vandaan zat, vroeg me
wat ik in Málaga deed en waar ik naar op weg was, en zonder op een
antwoord te wachten wilde hij in één adem weten welke nationaliteit
ik had, en of ik Spaans of Arabisch sprak en alleen reisde. Ik hoefde
alleen maar te knikken of nee te schudden. Wat mijn doel was? Ik had
geen doel, was me alleen vaag bewust van een richting. Hij antwoordde met een cynisch lachje en even later stelde hij zich voor: Ivan Hašek.

In de vroege avond beklommen we een heuvel met een ruïne waar
zwermen dwergvleermuizen rondfladderden. Onder ons lag de haven
en de plaza de toros. Het laatste licht van de dag zakte achter de horizon. We zaten op een meter van elkaar op het hoogste punt van de heu-

vel en met trillende stem zei Ivan dat hij op het punt stond de reis van zijn leven te maken, waarvoor hij tijd en geld had gespaard. Hij kon zich niet voorstellen dat iemand zonder een doel en plannen reisde. Zelf was hij onderweg naar de falaise van Bandiagara, een tweehonderd kilometer lange rotswand in een bocht van de Niger, driehonderd kilometer zuidelijk van de oude handelsstad Timboektoe. Hij praatte over de falaise alsof het om een geheimzinnig natuurverschijnsel ging waaromheen alles fascinerend en wetenswaardig was.

Aan de voet van de falaise leven de Dogon. Ze bouwen hun dorpen in de vorm van een op haar rug liggende vrouw. Het hoofd is de plaats waar vergaderd wordt, borsten en buik zijn woonhuizen, handen menstruatiehuizen, de vagina een altaar. Ook de voeten zijn altaren. Op verschillende plaatsen in de rotswand zijn door mensen gehakte grotten tot op tachtig meter hoogte, waarin een Nederlandse expeditie met onder andere archeologen en technici skeletten vond, armbanden, resten van kleding en neksteunen, besmeurd met drek van roofvogels die al eeuwen in de grotten nestelden. Honderden jaren geleden leefde in en om de falaise het legendarische volk van de Tellem dat zich liet verjagen door de Dogon die hun kunst en symbolen overnamen. Ivan is geïnteresseerd in de archaïsche houten beelden van de Tellem die volgens hem over magische krachten beschikten die de Dogon misten. Vast staat dat de Tellem onverschrokken klimmers waren. Hoe ze op tachtig meter hoogte in de rotswand konden komen, blijft een raadsel. De Tellem-expeditie gebruikte in 1964 een kogelronde aluminium bol aan een stalen kabel waarmee ze de bol voor de ingang van een grot takelden.

Ivan heeft veel over de Tellem gelezen en kent hun mythen en legenden. Hij heeft vooral belangstelling voor het gedeelte van de rotswand onder Pégué. Het eerste dat hij doen wil bij aankomst op het plateau van Bandiagara is op zoek gaan naar de gids Diangkoulo Dolo, die de expeditie in 1964 begeleidde. Maar mogelijk leeft hij niet meer.

Na de wandeling nam Ivan me mee naar zijn hotel. Op zijn kamer vertelde hij dat hij in Praag werd geboren. Hij is Nederlander geworden, hij praat met een ontwapenend accent. In 1968 vluchtte hij met zijn vriendin Eva naar het Westen. In de twaalf jaar dat ze samenleefden verloren ze alle belangstelling voor elkaar. Later op de avond liet Ivan me zijn landrover zien in een garagebox achter zijn hotel en kwam hij weer met een heleboel vragen. Of ik wist wat een overdrive was en een four wheel drive, en of ik een visum had voor Algerije, en voor Mali. En in hoeveel tijd ik een tent op kon zetten of een kamp opslaan. Aan alles heeft Ivan gedacht, een extra tent, een kooktent, een lasapparaat, een compressor, reserveonderdelen, en jerrycans voor de benzine die onderweg schaarser is dan water.

'Waarom ga je niet mee?' vroeg hij toen ik afscheid van hem nam.

'Ik?'

'Ja. Hoeveel tijd heb je?'

'Meer dan jij.'

'We kunnen dus meteen vertrekken?'

BOUÂRFA, 3.3

In de avond van de eerste maart steek ik de Middellandse Zee over, een dag na Ivan. Mister Greer is onvindbaar. Ik doe de huissleutel in een envelop en gooi die in de brievenbus, met de belofte op de terugweg zijn huis aan te doen. Nadat ik de meeuwen stokbrood heb gevoerd blijven ze onder een vette zwarte rook boven het achterdek hangen.

In de haven van Melilla staat Ivan bij de aanlegsteiger te wachten. Alles is geregeld, hij heeft veel droog voedsel ingeslagen, en benzine. Zonder oponthoud passeren we de Spaanse douane. In het niemandsland tussen Melilla en de Marokkaanse grens komt er een jongetje naast de landrover fietsen. Ivan ziet geen gevaar en rijdt het fietsje klem tegen een stoeprand. De jongen kan wegspringen. Zijn voorwiel is een kromme acht. Schimmen duiken op in het donker, mannen in witte djellaba's die overal vandaan komen en een nieuwe fiets eisen.

Niet van plan ook maar een peseta of dirham aan de kapotte fiets bij te dragen, rijdt Ivan door naar de douanepost, een smalle doorgang tussen een hek met prikkeldraad en twee houten keten. Er zijn twee grenswachten die ons dwingen te stoppen. Tegen een blinde muur van een stenen bouwsel wacht nog een auto. Een van de grenswachten gaat ernaar toe. Hij rukt het portier open en schopt de man achter het stuur een paar keer in zijn zij. Dan beukt hij met zijn vuisten op zijn hoofd en schouders en rukt aan zijn jasje. Net zolang tot de man uitstapt en zich geboeid laat wegvoeren. Een half uur later jaagt de andere grenswacht een dronken man weg met een knuppel. Maar eerst pakt hij hem zijn fles af. Er zit nog een bodempje in. De fles klapt aan de andere kant van het hek op een hoop bakstenen uit elkaar.

In een van de douanehokken brandt een zwakke lamp. Alles uitstallen, leeghalen, binnenstebuiten keren. Ivan moedigt de douaniers aan de tubes die hij bij zich heeft uit te knijpen, lijm, tandpasta en desnoods zijn pyjama aan te trekken. Ivan houdt de douaniers een voor een zijn pyjamabroek voor, op heuphoogte, en ze schateren. Om kwart over een kunnen we doorrijden. Het oponthoud, de achterdocht en de nieuwsgierigheid zijn een kleinigheidje vergeleken bij wat Ivan in zijn geboorteland met soldaten, bureaucraten en politie meemaakte. Hij was tankcommandant in het leger en kwam wegens insubordinatie voor de militaire krijgsraad. Hij werd gevangen gezet en ten slotte krankzinnig verklaard. Onderweg naar Nador legt hij uit welke ingewikkelde en riskante kunstgrepen hij aanwendde om uit het leger te worden getrapt. Buiten Nador zetten we de tenten op. Ik pak uit Ivans voorraad een blik boerenkool met worst van Hollandse makelij en verhit die in de open lucht op een benzinebrander. We eten en gaan slapen. Maar herhaaldelijk word ik wakker, mijn slaapzak is niet bestand tegen de vrieskou.

De volgende ochtend wijst de thermometer vier graden onder nul aan. Het eerste dat me opvalt zijn de ijskristallen op de guerba, de aan een portier van de landrover opgehangen geiteleren waterzak, door Ivan aangeschaft op een eerdere reis die hij in Noord-Afrika maakte. Ik was me met het koele water, fris en energieverwekkend, en maak een ontbijt klaar, terwijl Ivan stukken steen uit de aarde klopt, in plastic zakjes verzamelt, en voorziet van een etiket met datum en vindplaats. De winter van de nacht maakt in de loop van de morgen plaats voor voorjaar met warme zon. In de tuinen en op de velden zijn mannen en vrouwen aan het werk.

Woedend komt Ivan terug op de stompzinnigheden bij de Marokkaanse grens en vanzelf begint hij over de absurditeiten die hij in Tsjechoslowakije meemaakte. Op 21 augustus 1968, de 'dag van de schande', vluchtte hij naar Oostenrijk. Via Duitsland en België kwam hij in Nederland, waar hij als ingenieur gemakkelijk werk vond. De Russen waren zijn land binnengevallen met steun van troepen uit Polen, de DDR, Hongarije en Bulgarije. In een paar uur tijd was zijn land bezet. Verraden, onder de voet gelopen. Met vliegtuigladingen tegelijk werden de tanks binnengebracht. Hij gooide met vrienden molotovcocktails maar het hielp niet veel. Hašek is in zijn land een bekende naam. Ook de schrijver van *De lotgevallen van de brave soldaat Švejk* heet zo. Het boek staat vol dwaasheden over het leger, de politie en de regering. Švejk is een nationale held. Alles wat hem wordt opgedragen, voert hij zo stipt uit dat het fout moet lopen. Hij houdt zich zo strikt aan de regels dat hij de hele zaak saboteert, maar niemand kan hem met een vinger nawijzen en zeggen: 'Jij hebt het gedaan.'

In de loop van de ochtend komen we aan in Oujda, een plaatsje dat Ivan niet wil zien. Hij blijft, terwijl ik rondloop en geniet van de middeleeuwse taferelen, achter het stuur zitten lezen in de boeken die hij over de Dogon bij zich heeft. Baardige figuren, mannen die handkarren voortduwen, bedelaars. De straatjes zijn met riet overdekt, ze zitten vol gaten waar de hitte en het verblindende licht doorheen valt, net niet in de winkeltjes met kleren en tapijten. Voor de moskee komen er twee jongens naast me lopen. Ik voel dat ik ze niet meteen kan afschudden en wijs naar de ooievaar op het dak van de moskee die zich uitgebreid schudt en schoonpoetst. Of ik thee met ze wil drinken. Ik trap erin. Ze nemen me mee naar een lokaal waar verse mintthee wordt gezet. We drinken de thee zoet en uit kleine glaasjes. Niets aan de hand. Een waterventer met een schitterend versierde zak op zijn schouder probeert me water te slijten. Na de thee komt er een plak hasj voor de dag zo groot als een envelop. Om beurten prijzen ze het spul alsof het vierentwintig karaats goud is. Ik zeg niet geïnteresseerd te zijn, te gevaarlijk om mee te nemen naar Algerije. Ik heb geld zegt er een, en zij hebben geen geld, ik moet kopen.

'Waarom donder je niet op?'

'Wij hebben de thee betaald.'

Ik geef ze driemaal de prijs van de thee en sta op maar ze blijven me volgen, tot aan de auto, die ze woedend naroepen als we wegrijden. Ik geef hun met gebalde vuist en een vette knipoog een laatste groet. Ivan vraagt zich hardop af hoe het me gelukt is in korte tijd zoveel onheil over me af te roepen. Hij raadt me aan als we op onze bestemming zijn een jonge Dogon-meid te zoeken, voor een geit en een ezel te koop, zestien jaar, donker en besneden.

'Waarom besneden?'

De Dogonvrouwen zijn volgens Ivan allemaal besneden. Naar de wil van Amma, het opperwezen. Amma nam de aarde tot vrouw. Hij ontdekte dat ze een clitoris had in de vorm van een termietenheuvel, en dat beviel Amma niet en hij liet de heuvel slechten. Penisnijd, zeg ik. Hij kan het niet hebben dat zijn vrouw een kut én een penis heeft. Ivan geniet van mijn verklaring. Alsof er een hele nieuwe wereld voor hem opengaat. Penisnijd, het woord bevalt hem. De glimlach op zijn gezicht geeft me de zekerheid dat hij het gevoel heeft weer iets dieper in de Dogon-mythes te zijn doorgedrongen. Maar de rotswand die zijn verbeelding prikkelt is nog ver weg. Bouârfa is nog maar het begin. Het is een labyrint van holen en spelonken met vrouwen die door de kijkvensters van hun sluiers loeren. Terwijl ze onbewaakt door het labyrint dwalen, vermaken de mannen zich in een drankhuis met tarotkaarten. Voorbij Bouârfa slaan we een kamp op. De branders verstoren de geheimzinnige stilte van de avond. Na het eten drinken we moutwhisky om warm te worden. De brandende olielamp op de ijzeren klaptafel trekt een hele zwerm kleine nachtvlinders aan. Ze komen op mijn hand en mijn gezicht zitten en laten zich niet verjagen.

POSTE WYGAND, TANEZROUFT, 6.3

Dinsdag de vierde weinig problemen. Alleen een lekke achterband. In de loop van de morgen komen we bij de Algerijnse grens, onder Figuig. We rijden tussen prikkeldraad door, links en rechts liggen mijnen die je niet ziet maar er wel degelijk zijn volgens Ivan. Het douanekantoor ligt in een oase. De open deuren kijken op een door een fontein besproeid gazon uit. Omstandig worden we uitgehoord en geregistreerd. Een douanier duwt Ivan na grondige bestudering zijn paspoort in zijn hand: 'Votre identité, monsieur.'

Onder het rijden – de woestijn is al overal om ons heen – merkt Ivan op dat hij af en toe kon verstaan wat de bureaucraten zeiden. Soms gebruikten ze Russische woorden, Algerije had zich bekeerd tot de godsdienst van Lenin. Zulke bekeerlingen kwam hij in Nederland ook wel eens tegen. Als de Russen ooit Nederland binnenvielen, werden de communisten het eerst tegen de muur gezet omdat ze de verraders waren van hun eigen kapitalistische systeem. 'In Nederland nemen ze mijn beweringen niet serieus. Ze geloven me niet. Maar ik ken het heilssysteem tot in zijn rotte kern. Weet je wat Nederlanders zijn? Het zijn of boeren of piraten.'

Woensdag de vijfde komen we in Adrar aan. Onze kleren beginnen te stinken. We moeten leren zuinig te zijn met water. Ik maak wandelingen met jongens die vrijnemen van school om me de omgeving te laten zien. Jong en fris staat de haver op de vochtige, door muurtjes gescheiden akkers. Weldadig voor het oog is het zachte tere groen tussen de slanke palmen. Zonder de dunne stroompjes die het water uitvoeren zou er niets anders zijn dan een dorre heetverbrande zandmassa. Adrar ziet eruit als een burcht en heeft boogvormige ingangen, straten van socialistische snit, en een centraal plein voor militaire parades. Ivan walgt ervan.

Honderddertig kilometer zuidelijk van Adrar ligt Reggane, de zuidgrens van een gebied dat de Touat heet, een oase met twee palmplantages, Taourirt en Zaouiet. Ook in Reggane heerst de dictatuur van het heilsmodel, alles staat in dienst van de lelijkheid en verkrachting van stijl. De Fransen gebruikten Reggane als militair bolwerk. In 1960 ontplofte er de eerste atoombom. Op een dak staat een enorme schotelantenne. Reggane is op dit moment een gewone militaire basis. Nergens mag gefotografeerd worden. Ivan kan niet anders dan zijn camera in de speciale koffer houden waar de zon en het stofzand er geen vat op hebben. Er komen nog volop gelegenheden om te fotograferen, zoals op plaatsen waar de woestijnwind sculpturen heeft uitgeslepen, in het zand of in rotsen.

De politiepost in Reggane waar we ons melden ligt aan de rand van de Tanezrouft. Het is er koel, de deuren staan open. Achter zijn bureau waarop een schrijfboek ligt, zit een soldaat die ons registreert en dan zegt dat achter zijn kantoor een dode Franse jongen ligt, in een geïmproviseerde kist, gevonden door de woestijnpolitie, vlak bij zijn auto. Hij was van de hoofdroute afgeraakt en op een al jaren niet meer gebruikt traject terechtgekomen. De jongen had een deken aan een autoportier vastgemaakt, om de aandacht te trekken van eventueel overvliegende vliegtuigen, heel naïef. Hij was in het zand gaan liggen, en zo vonden ze hem, met opgetrokken knieën, terwijl het net was of hij nog steeds op zijn horloge keek. Nu lag hij in zijn kist die naar Adrar gebracht moest worden en wat ze daar met de jongen deden was hun zaak. Een mens had niet het vermogen zoals een kameel of dromedaris om watertekort op te vangen. Het bloedplasma verminderde, het bloed werd dikker, de bloedsomloop steeds trager.

Onder Reggane houdt de weg op. Het oog verliest alle houvast en menselijke tijd en ruimte maken plaats voor geologische tijd en astronomische ruimte. Alleen het kamp dat we opslaan houdt zijn menselijke proporties. De Tanezrouft, de vlakte van de stilte, is een gemakkelijk karwei voor de landrover, de aarde is vlak en stevig en bestaat vooral uit grint. Dagenlang rijden we door een absolute leegte, met hier en daar een in de grond weggezakt autokarkas en, veel vaker, door zon en wind aangevreten schapekadavers met de stank van rotting eromheen. De schapen worden uit de rijdende of stilstaande vrachtwagens gegooid als ze na vijf dagen staan, in een laadbak onder een loodrechte zon, door hun poten zakken. Een van zulke vrachtwagens treffen we op tachtig kilometer van zijn einddoel zonder brandstof. Ivan geeft de chauffeur genoeg uit een jerrycan om in Reggane te komen.

TESSALIT, 13.3

Poste Wygand lijkt op de kaart heel wat. In werkelijkheid zijn het vier wegrottende loodsen van golfplaat uit de Franse tijd, toen gebruikt voor opslag van olie en benzine. Bidon Cinq is al net zoiets. Onder Bidon Cinq maakt de eentonigheid van de Tanezrouft plaats voor zandduinen en glooiingen, en zelfs een enkele plant, zoals de kolokwint of de kwintappel. Zomaar ineens schiet uit de schrale grond iets op wat levensvatbaar blijkt. Markeren in de Tanezrouft uit elkaar vallende olievaten min of meer de route, zuidelijker valt elke aanduiding weg. Ook het bandenspoor van de laatste auto is snel weggevaagd. Hier en daar geven stapeltjes platte keien een route aan. Het bolkompas hangt tussen ons in. Soms gokken we verkeerd en moeten we terug naar een punt waar we voor de zekerheid een stokje hebben geplant met een geel vlaggetje. Af en toe neem ik het stuur over. Als we vast komen zitten kunnen we ons steeds redden en de auto uitgraven. We hebben er kinderlijk veel plezier in de vervuiling van lijf en kleding tot in het weerzinwekkende op te voeren en het uitmesten van het kruis zoals we het noemen zolang mogelijk uit te stellen.

De hitte overdag is verstikkend. We eten in de schaduw van een tentzeil, beschutting zoekend voor het meedogenloos geweld van de zon. De thermometer geeft op het midden van de dag veertig graden aan. Duizelingwekkend zijn de luchttrillingen. Ik zie bomen die oplossen, struiken die er opeens niet meer zijn, vennen en meren, zeeën die bij nadering wijken en vervliegen. Eigenlijk is er geen sprake van nadering. Er zijn scherven, sporen, halfgedroomde realiteiten, vluchtige, gemakkelijk uiteenvallende beelden. Soms blijft een enkel woord van Ivan hangen. Het woord gazelleschedel. Hij wil een gazelleschedel mee naar huis nemen. En maskers, kalebassen, kralen en armbanden. In mijn verbeelding zie ik Ivan de Tellem-grot binnengaan die hij me heeft laten zien op een foto. Het is er koel. Het woord koelte blijft hangen. Koelte. Kristallen. IJs. IJskristallen. IJskoud water. Iemand moet me een glas ijskoud water geven. Mijn tong kleeft aan mijn gehemelte alsof er tweecomponentenlijm tussen zit. Noem je dit koud? Niet eens lauw is het. Warm water, wat moet ik ermee?

'Patron, un cadeau, s'il vous plaît.'

Zomaar ineens springt er een vrouw voor de landrover. Ze heeft een aarden kom. Ik laat Ivan stoppen, giet mijn veldfles leeg in de kom en ze schiet weg.

Twee jongetjes krijgen een lift. Van één is de vader dood. Zegt hij. Ze rijden een stuk mee maar worden uit de auto gesleurd door iemand die ik oom hoor noemen.

Nog een vrouw. Ook voor water. Stemmen. Patron, iets tegen de dorst, en iets tegen de vliegen die het vocht van de oogbol zuigen, patron, iets tegen hoofdpijn en wormen in de ontlasting. De stem van Ivan. Het fascineert hem dat de woestijn in een ander geologisch tijdsgewricht zee was, en later maagdelijke tropische jungle, weer later savanne, met ingewikkelde netwerken van meren en rivieren. De woestijn brengt mensen voort die hem bevallen, sterk en hard, ze moeten niets van overdaad en verspilling hebben en zijn matig tot in hun woorden en gebaren. Niet de bureaucraten op hun kantoren, wel de nomaden die we tegenkomen, meestal met kuddes. In de Tanezrouft laat een karavaanleider de kudde stilstaan, niet om Ivan maar om mij de hand te schudden. In feite gaat het weer om een cadeau. Mijn veldfles staat hem wel aan, al lijkt het me onmogelijk dat hij die uit de verte heeft gezien. De fles is mijn eigendom en hoort niet bij Ivans uitrusting. Er zit een vilten bekleding omheen. Als die natgemaakt wordt, koelt het water binnenin af. Met zijn twee zwarte handen pakt hij het cadeau aan. Met zwier beklimt hij de kameel die naast hem op zijn knieën ligt. Er is nog een man bij, en een jongetje van een jaar of twaalf, allebei op een eigen kameel. De kudde van over de honderd beesten zet zich in beweging, op weg naar het noorden. Wij gaan verder naar het zuiden.

'Ils sont des bergers, patron.'

Twee met een touw aan elkaar vastgebonden ezels. Eén zakt door zijn poten. Ik sta naast een oude man met een helderwitte *cheche* om zijn hoofd waardoor alleen zijn neus en priemende ogen zichtbaar zijn: 'Ils sont des bergers.' Een herdersjongen slaat met zijn stok tegen de flanken en als dat niet helpt tegen de kop van de zieke ezel, die de strijd om het bestaan dreigt op te geven. Pas als de jongen tegen tere delen van zijn buik slaat komt de ezel overeind. Bij een wandeling in de omgeving van de landrover kom ik een jakhals tegen die doet of hij me niet ziet. Op een draf loopt hij langs me heen, heel vroeg in de morgen, schijnbaar feilloos de weg wetend in de eindeloze zandwoestijn, of misschien doet hij maar wat en loopt hij willekeurig een kant op, genoegen nemend met wat hij op zijn weg tegenkomt. Een schraal bestaan, net als dat van de acacia's, de bomen waar de kamelen met hun zachte bek de harde doorns van wegeten. Er nadert een vrachtwagen die naast de landrover stopt. Aan de laadbak hangt een bij zijn vier poten vastgebonden springbok, de hoorns slaan tegen de stoffig-droge grond. Voor weinig geld koopt Ivan de kop die hij op de imperial bewaart.

ANEFIS, 16.3

Bij de Malinese grens zijn er na dagen van leegte en stilte weer mensen en kleuren en wordt er gepraat en gehandeld. De formaliteiten worden correct vervuld, ze kosten een halve dag. Voor het douanekantoor zit een vrouw tussen haar vodden. Ze heeft twee kippen aan een touw en een hoop lege conservenblikken. Ze praat aan een stuk door, geen mens luistert.

Het is donker als we de avond van de dertiende in Anefis aankomen. We hoeven niet lang naar een kampeerplaats te zoeken. Buiten de nederzetting is een uitgestrekt veld met waterputten van de Toearegs, het kan geen kwaad in de buurt van water te blijven. Gebroken door een zware rit zetten we met lange tussenpozen de tenten op en drinken, achteroverliggend op onze slaapzak onder een lage sterrenhemel, een aangelengde whisky. Ivan wacht het moment af dat ik de soep klaar heb die vanavond op het menu staat. Van alles heb ik onderweg ingeslagen, wortels, kikkererwten, uien, citroenen, olijven, koeskoeskruiden. Ik ben verantwoordelijk voor de keuken, Ivan voor alles wat met de auto te maken heeft. We zijn langzamerhand op elkaar aangewezen geraakt en vormen noodgedwongen een symbiose. Onder het soep eten staat er ineens een man in uniform naast ons, een dikke, glimmende neger met bloeddoorlopen ogen en een hagelwit paardegebit. Hij zegt zijn naam en zijn rang – hij is korporaal – en vraagt wie de eigenaar van de landrover is. Dat is Ivan. Ivan staat op en gaat tegenover hem staan. De klootzak is bezopen. Hij vraagt Ivan op liederlijk-onderworpen toon of hij misschien niet wat vergeten is. Ivan denkt na maar weet zo gauw niks te verzinnen. Hij is niet gewend dingen gemakkelijk te vergeten. Dan zal de korporaal zijn geheugen wel eens opfrissen. Monsieur kan toch niet vergeten zijn, dat hij misschien per ongeluk, maar dan nog, onderweg een politiepost heeft overgeslagen? Hij had zich moeten melden in Aguelhok. Ivan wilde tijd winnen. Hij kan het niet ontkennen: 'Oublié monsieur, oublié.'

De grijns van de korporaal laat zien hoe armzalig hij Ivans verweer vindt. De meldingsplicht geldt voor de bestwil van de reiziger. De luitenant in Aguelhok, zijn superieur, heeft hem opgedragen de eigenaar van de landrover terug te sturen. Met bankbriefjes zwaaiend vraagt Ivan de korporaal of hij niks voor ons kan doen. 'Zeg tegen de luitenant dat ik voortaan de regels volg. Op de terugweg zal ik mijn excuses aanbieden.'

De korporaal gaat weg en komt een half uur later terug met het radiogram uit Aguelhok. 'Ik kan niets voor u doen. U moet onmiddellijk vertrekken.'

'Het is al donker.'

'U gaat nu terug.'

Anefis is niet meer dan een stip in de Sahara die bijna vijfduizend kilometer lang en zestienhonderd kilometer breed is. De nederzetting is een verzameling van dicht opeengebouwde leemhuizen, één grote klomp steen, vlak bij de gemakkelijk droogvallende putten van de Toearegs, smalle diepe schachten, bovenin met dunne stammetjes versterkt. De vliegen op afstand houdend zit ik de hele dag onder een acacia die me geen koelte verschaft, en schuif met de armzalige schaduw op. Ik heb een grote cirkel om me heen vrijgemaakt van kamelemest.

Af en toe bevochtig ik mijn hoofddoek als de hitte me gek dreigt te maken. De *guerba* hangt tussen twee takken. Als 's morgens de kamelen en de ezels en geiten gedrenkt worden, laat ik de waterzak vullen. Een rijzige herder laat een lap leer aan een touw omlaag. Door te snukken aan het touw verhaast hij de onderdompeling van het leer dat de vorm van een zak aanneemt. Als hij heeft opgehaald schiet het jongetje toe dat op het vee past. Hij pakt de zak vast, maakt van het leer een gootje en drinkt gulzig het troebele, naar kamelepis ruikende vocht. Als ik aan de beurt ben vult de herder mijn zak. Ik zeg er niet bij dat ik het een paar keer per dag verspil door het over mijn hoofd te gieten. Het t-shirt dat ik hem geef keurt hij geen blik waardig maar stopt hij wel snel tussen zijn kleren.

Als Ivan niet meer terugkomt ben ik aangewezen op een schapenwagen. Gisteren reed er een voorbij. Er liftten twee Franse jongens mee, die op boomstammetjes zaten die in de breedte op de rand van de laadbak rustten. Ze waren al vijf dagen onderweg, samen met zwarte chauffeurs. Twee van de vijftig schapen waren bezweken. Ik vond tussen de lemen woningen een winkeltje waar zeep en pommade te koop is, kwastjes en koorden om kamelen mee op te tuigen, sigaretten en sandalen. Ik kocht een paar sandalen, model Tegourga, en de uitbater zwoer 'à la tête de ma mère' dat ze van echte leeuwehuid waren. Tegenover het winkeltje stond de deur van een huis open. Ik zag binnen vier jonge ongesluierde vrouwen in een halve cirkel om een jongen. De jongen zat met gekruiste benen voor een stromat waarop papiertjes lagen met gekalligrafeerde koranteksten. De vrouwen, meisjes nog, gaven met geruststellende handbewegingen aan dat ik welkom was en kon plaatsnemen als ik wilde, om mee te luisteren naar de jongen die af en toe een papiertje pakte, de tekst las en van een kort commentaar voorzag, bij de meisjes een devote bewondering afdwingend.

De volgende ochtend loop ik opnieuw het huis tegenover de winkel binnen. Alle vier de meisjes zitten weer rondom de ranke jongen met zijn smetteloos witte djellaba. De ogen van de meisjes dwalen alle kanten op, eerst afwachtend, dan overmoedig en vrij. Het meisje dat het dichtstbij is kijkt me van opzij aan. Ik hoor haar ademen. Haar borst gaat heftig op en neer. Ik breek bij haar in, hypnotiseer haar, eigen me haar toe. Ik moet haar meenemen naar mijn tent en me aan haar vergrijpen... De harmattan, de hete woestijnwind, snijdt me de adem af, het fijne stofzand kruipt in mijn ogen en tussen mijn tanden, veroorzaakt neusbloedingen. Af en toe brullen er kamelen, verder blijven ze onaangedaan, rijzig en dromerig, geboren om in een onverstoorbaar flegma de mens te dienen, met een absolute onverschilligheid voor wat hij doet en wat hem beweegt. Het stof wordt laag bij de grond met de wind meegevoerd. Keien stuiteren als tennisballen over de vlakte. Een troep raven wacht ongeduldig op dadels die ik in hun richting gooi en die ik zelf niet eet omdat ze vol wormen of eitjes zitten. Ik probeer ze dichterbij te lokken. Ze slaan op de vlucht en strijken neer op de kop van een kameel en pikken in de stugge haren van zijn kuif.

Ik wacht tot vanavond. Als Ivan er dan niet is ga ik naar de korporaal in zijn lemen residentie om hem een paar vragen te stellen. Al heb ik weinig vertrouwen dat hij iets weet. Verdwaald is Ivan zeker niet. Hij kan kaart- en kompaslezen, een gegist bestek maken, mankementen aan de auto moeiteloos oplossen. Er moet iets anders aan de hand zijn. Van Anefis naar Aguelhok en terug is het 320 kilometer, dat wil zeggen ongevéér, want 'en Afrique les indications de distance ne peuvent avoir qu'une valeur relative', volgens de Michelinkaart. Reggane – Gao: 1327 kilometer. Van Gao naar falaise nog eens zeshonderd kilometer. Terwijl ik de kaart bestudeer hoor ik in mezelf voortdurend de stem van de korporaal: 'Oublié monsieur? Vergeten is géén argument. Als u misschien dacht in de woestijn anoniem te zijn, zoals in de steden van Europa...', waarbij ik een grof donker gezicht zie waarop zich een brede grijns van verachting aftekent.

ANEFIS, 16.3

Het is tegen middernacht. Een uur geleden kwam Ivan terug. Totaal leeg, murw, niet in staat zijn tent op te zetten en zijn luchtbed op te pompen. De luitenant in Aguelhok liet hem een volle dag wachten. Dat was vrijdag de veertiende. Gisteren werden de formaliteiten afgehandeld, wat tien minuten duurde. Op de terugweg traden problemen met de koeling op. Die verhielp hij met veel moeite en oponthoud. Daarna begon het zweten en klappertanden. Woestijnkoorts noemt Ivan het. Hij wil niets eten. De thermometer geeft 39,2 aan. Ik zet zijn tent op, hij kruipt onmiddellijk in zijn slaapzak.

ANEFIS, 17.3

Ik sta op als het dag wordt en was mijn kruis met niet meer water dan in een metalen beker gaat. Een woestijnvosje kijkt een ogenblik nieuwsgierig toe en gaat ervandoor. Onder een kei die ik op een wandeling half optil, verdwijnt de gekrulde staart van een schorpioen. Terug bij het kamp trek ik de rits van Ivans tent open en roep dat soldaat Švejk een verrader is en op moet staan. 'In de houding, en vlug, anders sleep ik u voor de krijgsraad en wacht u acht dagen cel.'

Mijn oubollige humor slaat niet aan. Koorts: 38,2. Er moet gereden worden, we mogen geen tijd meer verliezen. Ivan staat erop dat ik rijd. Hij zal zoveel mogelijk het kompas en de kaart in de gaten houden. Ik stel voor dat hij een dag rust neemt, maar hij wil er niet van horen. Hoe eerder we gaan, hoe liever het hem is. 'Die koorts is onbelangrijk. Die gaat wel over.'

Ik breek de tenten af en richt de landrover in, zo dat Ivan als hij wil achterin kan liggen. Denkend aan het mooie woestijnmeisje dat ik achter moet laten vertrek ik met een laatste blik op de Toearegs en de kamelen bij de waterputten. Door het open autoraam hoor ik een donkere weemoedige stem. Het lied klinkt in de verschroeiende wind, is van zo'n eenvoudige, gebiedende kracht dat ik koude rillingen voel. Dan word ik gegrepen door meelij met Ivan die machteloos met zijn fotocamera op schoot zit, misschien wel vol zelfverwijt omdat hij de lessen van soldaat Švejk niet ter harte heeft genomen.

ONDERWEG NAAR GAO, 17.3

Twee uur lang rijd ik met de kompasnaald op honderdvijftig graden. Af en toe kruisen bandensporen mijn pad. Ik moet oppassen dat ik ze niet volg. Elke vergissing wordt meedogenloos afgestraft. Voor iedere subtiele beweging van het stuur ben ik verantwoordelijk. Vroeger noemden reizigers de Sahara het land van de vrees. Geen vlaggetjes meer. Ik doe mijn best scherp op te letten en me niet te laten afleiden door steeds weer opdoemende meren waarin ik toch niet zwemmen kan. En dat hijgende meisje te vergeten dat onderricht zocht bij de mooie, wel heel vrouwelijke tekstuitlegger. Ik had liever haar dan een zieke man op leeftijd naast me gehad. Na twee uur rijden raak ik in paniek omdat ik mijn oriëntatie kwijt ben en het gevoel krijg in cirkels te rijden, of erger. Op het moment dat ik Ivan, die achterin ligt, wakker wil maken, zie ik een Volkswagenbus aankomen, de eerste tegenligger na Anefis. De auto stopt. Voorin zitten een Amerikaan en een Fransman, achter een Algerijn, een jongen van een jaar of twintig, met wie ik in gesprek raak. Joussoef, opgegroeid in de woestijn, houdt meer van Europese dan van inheemse kleren en van Europese vrouwen, die hij kent uit modebladen. Hij is de gids en de vriend van de jongens voorin. Hij stapt uit, verzamelt wat droog gras, marcouba, steekt het aan en legt er droge houtjes op, minimaal klein, zonder verspilling, want elk stukje hout is er uit schaarste, en de wind wakkert het vuurtje aan, zodat het weinige water in een kleine metalen ketel snel kookt. Om onze kennismaking te vieren drinken we mintthee van vers blad uit duimgrote buikige glaasjes.

Ivan houdt zich op de achtergrond.

Het gemak waarmee de jongens reizen maakt indruk op me, hun on-verschilligheid voor wisselende kansen en dreigende gevaren, en daar-bovenop het talent om met heel weinig toe te kunnen. De Franse jon-gen heeft net een wandeling van zeven dagen achter de rug, met twee liter water en een liter thee, dwars door onbewoonde gebieden. De Amerikaan en de Algerijn hebben hem opgepikt. De jongens vertegen-woordigen avontuur en lichtvoetigheid. Even denk ik eraan met hen mee te gaan naar het noorden, naar de palmtuinen en de vrouwen in de schaduw van dadelpalmen en abrikozebomen. Het schrikbeeld komt me voor ogen dat ik álles voor Ivan moet doen, rijden – daarbij de weg niet kwijtraken – , eten koken en hem het tot brij vermalen voedsel met een theelepeltje voeren. Dat ik zijn kleren moet wassen, en erger nog, hem als een soort verpleger moet verzorgen, een knecht voor het vuile werk. Maar op dit moment Ivan met koorts achterlaten en in een andere auto overstappen, gaat me net iets te ver.

Kort nadat de jongens zijn vertrokken begint het te stormen. Door duinketens moet ik herhaaldelijk van de kompasroute afwijken, en ten slotte de auto stilzetten omdat de felle wind uit verschillende richtingen de landrover links en rechts op een gevaarlijke manier uit balans brengt. We zitten gevangen in een kokon. De landrover staat op zeebo-dem. Het opwaaiend zand verduistert de hemel. Af en toe slaagt de zon erin de woeste zandmassa's met zijn scherpe licht te doorboren. Zelfs in de auto is het nodig mond en neus tegen het naaldscherpe stof te beschermen. We kunnen niets anders doen dan wachten tot de storm over is. Ivan heeft zelfs aan stofmaskertjes gedacht. Half ijlend geeft hij als vanuit de verte kort antwoord op de vragen die ik hem stel, om hem af te leiden. Als het over de Tellem en de Dogon gaat, leeft hij op. Hij weet dat Lébé de eerste Dogon was, de voorvader van alle Do-gon. Bij het openen van zijn graf vonden ze geen menselijke resten maar een slang waarin Lébé was geïncarneerd. De slang volgde de Do-gon op weg naar de falaise. Daar verdween hij in een gat in de aarde en op die plek bouwden de Dogon hun eerste dorp.

Als de wind gaat liggen moet ik me opnieuw oriënteren maar kom tot de conclusie dat ik de weg kwijt ben. We zijn het erover eens dat we terug moeten naar de plaats waar we thee gedronken hebben. Het windt Ivan meer dan goed voor hem is op dat we tijd verliezen. 'Zet het idee eindelijk eens uit je hoofd dat je tijd kunt verliezen,' zeg ik, en dan klaagt hij dat zijn tijd beperkt is, hij kan hooguit zes weken uit Nederland wegblijven. Ik geef hem te drinken en hij geneert zich dat hij geholpen moet worden. Later, overgeleverd aan dezelfde levensbe-dreiging, worden we voorzichtig en overdreven beleefd tegen elkaar.

GAO, 23.3, ZONDAGAVOND

Woensdag de negentiende hier aangekomen. Na nieuwe zandstormen. Gedwongen afwijkingen van het kompas. Gruis, lava, steenblokken. Steenwoestijn. Stilte. Lange gedwongen stops. Opkomende paniek. Ivans schattingen vanuit de achterbak. In zijn koortsdromen heeft hij het over een blinde gids die door iedereen gevraagd wordt. Hij zíet niet waar hij is, hij rúikt het. Elk stuk woestijn heeft een herkenbare geur. Een geweldige knal, een steen slaat door een achterruit in. Met een schreeuw van angst komt Ivan overeind als het projectiel inslaat en langs zijn hoofd vliegt. Later kokhalst hij en geeft bloed op. Anders dan ik verwacht lucht het op. Hij haalt de scherven weg en vervangt de ruit door kleurloos plastic. Hij repareert iets aan de vering en herstelt, gebruik makend van de compressor, de reserveband. Kort daarop wordt zijn toestand snel slechter.

Een van de bedompte hokken van hotel Atlantide is een tweepersoonskamer. Er staan twee bedden waarboven halfvergane muskietennetten. Ik moet de gaten dichtmaken om mezelf maar vooral Ivan een hoop ellende te besparen. Al dagen ligt hij er levenloos bij. Hij eet niet en drinkt weinig thee en af en toe een slok bouillon. Extrêmement dangereux, volgens Kafali, de hotelknecht, om te reizen met een zieke die hoge koorts heeft. 'U moet wachten tot monsieur hersteld is.' 'Réparé,' zegt Kafali die een dokter kent. Ivan wil niets met dokters te maken hebben. 'Ik moet nou geen goochelaars aan mijn bed, en zeker geen zwarte.' De ochtend na aankomst in Gao, de woestijnstad aan de Niger, ziet het er even naar uit dat Ivan opknapt, zo zelfs dat hij in zijn overmoed naar buiten gaat om met zijn dure fotocamera kleurrijke taferelen vast te leggen, op de markt en langs de rivier. Bij het schieten van zijn eerste plaatjes wordt hij in een krioelende mensenmassa aangesproken door een geüniformeerde zwarte die hem vraagt zijn vergunning te laten zien. Een vergunning? Voor wat? Om te fotograferen? Die heeft hij niet nee. Hij kan er een aanvragen. Op het bureau de police. Ivan vult papieren in, in veelvoud, wacht een uur en krijgt van de chef te horen dat hij het document morgen kan afhalen. Het zal er nog wel liggen, in een la of een map.

Kafali met zijn zwoele paarse lippen die zijn slimme vadsigheid pijnlijk blootleggen, doet alsof hij bergen verzet voor Ivan. In feite wordt het werk gedaan door Kafali's hulp, Ghazi, een jongen van veertien die hij behandelt als een schurftige hond. Ik vraag om heet water voor Ivan en Kafali schreeuwt naar Ghazi dat hij onmiddellijk water moet koken voor monsieur Hašek: 'Allez! Vite, vite, vite, toi!'

Het is heet en het waait. Vooral in de middag als het plein voor het hotel verlaten is, speelterrein van een verschroeiende woestijnwind. 's Morgens maak ik wandelingen langs de in een staat van inkrimping verkerende rivier, 'hij die zingt' in de taal van de Toearegs. Lange smalle boten worden naar de andere kant geboomd, vol mensen, takkenbossen, en zakken met rijst, of iets anders. Arm, kleurrijk, en mooi. Het mooist zijn de witte en grijswitte Arabische paarden die met hun berijders in galop het strandje op komen, om als ze willen stilstaan de teugels strak aan te trekken, waardoor het paard steigert. 's Avonds ga ik terug naar de stroom om de zon te zien ondergaan en bij de vrouwen te zitten en de open vuren waarop gekookt wordt. De avondwind is iets milder. Iemand geeft me een stromat waarop ik kan zitten. Twee mannen gaan elkaar met stokken te lijf. Omstanders proberen ze tot kalmte te bewegen. Er komen nog meer paarden het strand op, en de mannen scharen zich rondom de kookpot, met vrouwen, kinderen en zuigelingen.

Als de vuren uitdoven is het donker en ga ik terug naar de Atlantide, langs de achterkant, waar een afdak is van verweerde latten, begroeid met bougainvillea's vol rode bloemen. Daaronder zit de nachtwaker met wie ik een paar woorden wissel. Het muskietengaas in de kamer beweegt op de tocht tussen het open bovenraam en de open deur waardoor de geluiden van de hal in onze kamer doordringen. Het kappen van hout, flessen die tegen elkaar slaan. In de hal zit een negerin die soms een schreeuw geeft naar een blinde die met zijn stok tastend naar het bankje zoekt tegen een muur, naast een man die me heeft toevertrouwd dat hij zakenman is en met een vliegtuig naar Bamako wil. Alle bagage uit de landrover ligt over de lemen vloer rondom de bedden verspreid. Als ik opsta struikel ik erover. Ik betrap me erop dat ik minutenlang naar een vergeeld papiertje staar waarop staat: 1 jus d'Abricot 1000, wat duizend Malinese francs is ofwel tien Franse francs. Ik ben verstrooid en betaal voor twee slokken vocht een astronomisch bedrag. Om me af te leiden denk ik aan de twee meisjes die vechten om een schapedarm, en aan Fatima, zestien, met blote voeten hurkend op een jutezak naast een kraam. Ik vraag of ze zin heeft met me mee te gaan en iemand vertaalt het, en ze zegt dat ze wel wil, en de mannen om haar heen grinniken nerveus en blij, maar ze blijft gewoon op haar hurken zitten, stralend van trots.

Roerloos ligt Ivan in zijn kooi. Wat moet ik doen als hij op deze plek crepeert?

'Ga eens wat water voor me halen.'

'Er is nu geen water.'

'Je wilt niet gaan kijken. Het kan je geen barst schelen als ik uitdroog.'

Ivan bedoelt het niet kwaad. Hij kan zich niet milder of interessanter voordoen dan hij is. Hij kan niet liegen. Ik wel. Ik lieg maar ik haat mijn leugens. Waarom keer ik niet om en ga ik terug? Naar het noorden, de tarwe en de haver die boven de grond staan, de vlinders. Kamille, koolzaad, wilde irissen, klaprozen en oleanders. Net als op de heenweg word ik staande gehouden door een voorbijganger die me zomaar kosteloos een 'petit lait' aanbiedt. Ik moet alleen reizen. De koorts stijgt nog. Ik moet zijn toestand scherper in de gaten houden. Steeds maar wachten. Gelaten. Onverschillig. Steeds onverschilliger.

GERRIT KROL

MISSIE NEW YORK

Er zijn ogenblikken waarin ik niet in mezelf geloof: daar waar ik tot actie moet overgaan. Het imperatief is al voldoende om mij totaal te verlammen. Ervaring leert dat het in werkelijkheid allemaal wel meevalt en, belangrijker, dat actie achteraf altijd voldoening geeft. Ik herinner me tenminste die zaterdagmiddag dat ik in de bonte binnenstad van Caracas vrachtauto's tot stoppen dwong omdat ik vervoer nodig had voor mijn spullen die ik ergens bij een verhuizing had gekocht en betaald en die ik, om ze tegen roof te kunnen beschermen, vóór de avond in mijn huis moest hebben. Eindelijk vond ik iemand met een kleine pick-up bereid om met me mee te gaan om mijn koelkast, mijn stoelen en tafels en bedden uit het lege huis op te halen. Toen ik 's maandags mijn collega's duidelijk maakte dat ik, waar het ging om het regelen van vervoer en dat soort zaken, niet voor één gat te vangen was en hun het hele verhaal verteld had, kreeg ik als reactie: 'Maar dat had je de kumpenie toch kunnen laten doen?' Nooit aan gedacht, maar het is ook niet mijn stijl. Als je in moeilijkheden verzeild raakt, zorg je ook maar dat je die moeilijkheden zelf oplost. Zo ben ik opgevoed en daarom houd ik mij meestal gedeisd. Ik heb meer vertrouwen in de beschouwende kant van mijn wezen.

Ik vond het daarom niet erg handig van mijn baas om mij, in datzelfde Caracas, een magneetband mee te geven die ik, op weg naar Londen, in New York op het vliegveld zou moeten afgeven aan een zekere meneer Longbottom uit Toronto die, op weg naar Houston, in New York op mij zou staan wachten. Deze ontmoeting was gearrangeerd via telexen met een vanzelfsprekendheid die het lot meestal niet ongestraft laat. Ik twijfelde er niet aan: dit móést mis gaan.

En ja hoor. Waarschijnlijk omdat ík in het vliegtuig zat, met mijn magneetband, was het in New York zulk slecht weer dat we er met een grote boog omheen vlogen en in Boston terecht kwamen. Vier uur daar gewacht en rondgelopen voor we terugvlogen naar New York, waar intussen de wind was gaan liggen en mijn contactman misschien ook, ergens in een hotel, want bij de balie van Pan Am waar hij had moeten staan, stond hij niet.

Het was middernacht. Ik had nog net de kans het meisje dat de boel afsloot te vragen of er een zekere Mr. Longbottom op mij had staan wachten, geheel zeker van een negatief antwoord, dat ik dan ook krijg in zo'n geval. Nee, die meneer Longbottom had ze niet gezien, het speet haar, en ze kon verder niets voor me doen, want ze wilde ook wel naar huis. Ze vertrok en daarmee was de mislukking van mijn missie een feit.

Ik ging naar buiten, op pad langs donkere hallen, op weg naar een taxi, besefte dat ik geen geld had, tenminste niet voor een Newyorkse taxi, zodat ik weer naar binnen ging om geld te wisselen. In New York zijn alle zaken, winkels, kappers, theaters, vierentwintig uur per dag open, maar niet op het vliegveld. Het kantoortje waar ik mijn us-dollars had gedacht te toucheren was dicht. Gelukkig is juist in een stad als New York een mens in nood, maar met geld, nooit lang alleen en kreeg ik de verlangde dollars uitgeteld door een man in een trui met een cowboyhoed op, tegen een koers die u niets aangaat, en zo gretig geaccepteerd van mijn kant dat de ander spijt moet hebben gehad als haren op zijn hoofd dat hij mij niet nog veel meer had gevraagd.

Toen ontdekte ik dat ik op het verkeerde vliegveld stond. Ik had op het John F. Kennedy zullen landen. Via de storm en geheel andere luchtlijnen was ik op La Guardia aangekomen; wat dom dat ik dat niet had gezien. Dus de taxichauffeur de opdracht gegeven naar het grote jfk te rijden dat nog volop – want vierentwintig uur per dag – in bedrijf was en waar, doodmoe, meneer Longbottom, op de hoogte van mijn vertraging, bij de Pan Am-balie op mij zou staan wachten.

Hij stond er niet. Niemand ook had hem gezien. ('Hier heeft zeker geen Mr. Longbottom staan wachten hè?' Nee, hoe kómt u daar bij.)

Het was intussen twee uur. Ik was honderdvijfentwintig dollar aan een taxi kwijt geraakt, wat mij veel te veel leek, maar stapte noodgedwongen weer af op de volgende, om mij naar een hotel te laten brengen, toen ik op het idee kwam om eerst maar eens te kijken wat voor hotels er waren voor ik, overgeleverd aan een duistere ronselaar, vervoerd zou worden naar plaatsen waarheen ik niet wilde. Dus, aan de balie voor hotelreserveringen een hotel uitgezocht dat mij zinde... Voor één nacht, antwoordde ik op de vraag van de man die mijn naam al had ingetypt. Toen kreeg ik de tweede ingeving.

Ik zag die Longbottom hier voor dezelfde balie staan en ik vroeg de man achter het scherm of niet misschien een zekere... Naam ingetypt, geen Mr. Longbottom. Hoe laat moet dat geweest zijn, vroeg hij. Nou, misschien een uur geleden, twee uur. Bleek dat elke klant bij aankomst in zijn hotel wel erg voortvarend uit het bestand gewist werd.

'Is er dan geen print-out meer?'

Ja, misschien in de prullenmand. Dus uit de prullenmand de proppen gehaald, opengevouwen en gladgestreken en daar, men zal het niet willen geloven, sprong mij de naam van Mr. P.H. Longbottom Toronto tegemoet, met daarachter *Message for Kroll*, hoe was het mogelijk? Hotel Edison. Niet ver weg. Om de hoek bij wijze van spreken, legde de man mij uit. Geweldig.

In de taxi naar hotel Edison, waar alles in diepe rust was. De portier, gewekt, kon me vertellen dat Mr. Longbottom inderdaad in het hotel was aangekomen, zo'n twee uur geleden, maar na een kort telefoongesprek zich had bedacht blijkbaar, want hij was meteen weer vertrokken, naar La Guardia Airport.

JAN DONKERS

DE KLEURRIJKE WANORDE
VAN CHIAPAS*

's Ochtends is onder mijn hotelkamerdeur een exemplaar van *Lloyd's Mexican Economic Report* doorgeschoven. Tijdens het ontbijt lees ik het op geel luchtpostpapier gedrukte krantje door, blij weer eens wat Engelse tekst onder ogen te krijgen.

'What are Mexico's petro-prospects?' luidt de vraag in de kop en het bijbehorende artikel tracht een zo rooskleurig mogelijk beeld te schetsen na de inzakking van de olieprijzen op de wereldmarkt. De 'petro-picture' ziet er zeker niet slecht uit, zo luidt het onvermijdelijke oordeel, de verwachting is dat Mexico in 1987 2525 *barrel* per dag zal produceren en daarmee een zesde plaats op de wereldranglijst zal bezetten.

In het zwembad van het hotel houden vier zwaargebouwde zakenlieden een ochtendvergadering. Ik bedoel letterlijk *in* het zwembad. Ze converseren bedachtzaam, hun kinnen net boven de golfjes die ze zichzelf van tijd tot tijd toekabbelen. De ober voorziet me van meer verse jus d'orange en toast.

Een uur later ben ik op weg en ligt de drukke en stoffige stad ineens al heel ver achter me. De wind is fris, de aarde rood en de bergen aan de andere kant van het dal zijn bijna geheel aan het oog onttrokken door de overal opkruipende rook van verbrande landerijen. De weg blijft stijgen, plotseling, als een zwerm exotische vogels, zijn daar overal Indianen, in plukjes, hurkend langs de weg of tegen de bergrug, mannen in roze kielen met leren schoudertassen en platte strooien hoeden, vrouwen met witte blouses en blote voeten, met kinderen in een blauwe doek rond hun middel en grote bossen hout aan een band om hun voorhoofd. Ik passeer het dorp Navenchauc en een paar bochten verder, midden in het niets, zit een oude Indiaan langs de weg gehurkt. Als hij mijn Volkswagen ziet naderen, schiet zijn hand naar voren en in het voorbijgaan zie ik dat hij maar liefst twee *zapotes* aan de reiziger te koop aanbiedt. Ik zet de auto stil en loop naar hem toe; hij blijft gehurkt zitten met zijn buit nog steeds naar mij uitgestoken.

* Zie ook pagina 149

'Hoeveel?' vraag ik in het Spaans. Er komt een bijna gezongen antwoord waarvan ik niets versta, ik steek hem ook een hand toe, met wat munten die ik uit mijn broekzak heb opgediept, de man kijkt er even aandachtig naar en haalt er met besliste willekeur drie verschillende uit. Ik pak de beide *zapotes*, neem met een handdruk afscheid, en terwijl ik verder rijd, pijnig ik mijn hoofd in een poging deze transactie in te passen in de *petro-picture* waarover ik zojuist heb gelezen.

The Other Mexico. Het andere Mexico. Het idee dat er twee Mexico's bestaan, een dat 'ontwikkeld' is en een dat 'onderontwikkeld' is, treft men aan in welhaast alle literatuur over dat land. De curieuze loop van de geschiedenis heeft een land gecreëerd van wilde tegenstellingen, tegenstellingen die zo diep ingrijpen dat de discussies over 'het Mexicaanse karakter' wel nooit een einde zullen krijgen. Hoewel Mexico zich al heel vroeg (1822) ontdeed van de koloniale Spaanse overheersing, en de drie eeuwen die deze overheersing duurde een relatief kort tijdsbestek zijn in de ontwikkeling van de Mexicaanse beschaving, is de Spaanse aanwezigheid een allesbepalende factor.

De koloniale periode heeft gezorgd voor een tot nu toe onopgelost dualisme in de Mexicaanse volksaard, die door de dichter Lopez Velarde werd omschreven als 'Castiliaans met Azteekse trekken'. Terwijl de meeste Mexicanen, symbolisch gesproken, zoons en dochters zijn van de Spaanse veroveraar Hernán Cortès en zijn Indiaanse maîtresse dona Malinche – meer dan driekwart van de Mexicanen is van gemengd bloed – heeft het Mexicaanse volk, zoals Octavio Paz schrijft, 'La Malinche haar verraad niet vergeven'.[1] Maar die uitspraak is even waar als die van Alan Riding, die samenvattend schrijft: 'Mexico is trots op zijn Indiaanse verleden, maar schaamt zich voor zijn Indiaanse heden.'[2] De unieke *mestizering* van het Mexicaanse volk (veel grondiger dan in andere Latijns-Amerikaanse landen waar de overheersers een blijvende aparte toplaag creëerden) is iets wat door dat volk nog steeds niet geaccepteerd is en dat Mexico maakt tot een land vol ambivalenties, tegenstellingen die ook hevig worden beleefd. Zoals Octavio Paz schrijft: 'Mexico is het meest Spaanse land van Latijns-Amerika; tegelijkertijd is het het meest Indiaanse.'

Van dat Mexico is Chiapas de meest Indiaanse staat, maar misschien wel de minst Spaanse. Chiapas herbergt zeker een tiental verschillende Maya-volkeren, die hun eigen verschillende talen spreken. Velen van hen leven in essentie nog zoals hun voorouders dat duizend jaar geleden deden, maar tegenwoordig gaan in steeds rapper tempo steeds meer Indianen over tot een *mestizo*-leefwijze.[3]

Chiapas is de meest zuidelijke staat van Mexico en grote delen van dit ruige, moeilijk toegankelijke gebied zijn in feite nooit door de Span-jaarden ontworpen. Gedurende het grootste deel van zijn geschiedenis bleef Chiapas een achtergestelde provincie. Tot 1830 behoorde het ge-bied bij Guatemala en nog steeds heeft het meer gemeen met dat land dan met de naburige Mexicaanse staten. Het regenwoud in het noor-den van Chiapas is een onderdeel van de Guatemalteekse Petén-jungle waar de klassieke Maya-beschaving tot bloei kwam.

Tot in het meest recente verleden hebben de Indianen in Chiapas tot de roerigste tegenstanders behoord van de unieke vorm van 'intern ko-lonialisme' waarvan zij het slachtoffer zijn. Nog in 1983 marcheerden meer dan vijfhonderd Indianen uit verschillende dorpen in Chiapas de ruim duizend kilometer naar de hoofdstad om hun grieven te uiten. En hun toestand is er nauwelijks op verbeterd sinds de centrale regering zich om diverse redenen (de vondst van uitgestrekte olievelden, de toe-vloed van vluchtelingen in het grensgebied met Guatemala) wat meer om dit achtergestelde gebied is gaan bekommeren.

In 1926 maakte B. Traven een reis door dit Chiapas, met zijn gids Feli-pe en enkele pakdieren. Een jaar later deed hij verslag van deze tocht in het boek *Land des Frühlings*, waarin hij niet alleen een gedetailleerde beschrijving geeft van het leven van de Indianen in dit gebied, maar ook een ongehoord optimistische visie ten beste geeft op de toekomst van dit volk in het bijzonder en van Mexico in het algemeen.[4]

Toen Traven Chiapas bezocht, stabiliseerde Mexico zich net na de ingewikkelde burgeroorlog die een eind maakte aan de 34-jarige dicta-tuur van Porfirio Díaz. Deze opstand vervulde de 'anarcho-commu-nist' die onder de naam Traven publiceerde, met groot optimisme en in zijn boek laat hij zich herhaaldelijk verleiden tot toekomstbespiege-lingen waarin een voortrekkersrol is weggelegd voor dit traditioneel le-vende volk. Niet alleen betoogt hij omstandig dat Chiapas dé bakermat moet zijn geweest van de gehele menselijke beschaving, hij voorspelt ook dat het 'Indiaanse ras eens een communisme zal opbouwen dat geen en-kele overeenkomst vertoont met het Europese communisme'. 'In dit ras liggen oerkrachten opgeslagen die zich eens moeten ontladen' en die krachten zullen Mexico opheffen totdat het 'het economische middel-punt' van de aarde zal zijn.

Wie nu door Chiapas reist kan zich moeilijk onttrekken aan twee (sa-menhangende) conclusies. In de eerste plaats dat Traven zich in zijn optimisme wel heel grandioos vergist heeft. En daarnaast hoe weinig er sinds zijn beschrijving in essentie veranderd is in het bestaan van de Indianen in dit gebied.

'In een hele week hoor je er misschien één, twee, of als het veel is drie auto's ronken en toeteren.' Dat schrijft Traven over San Cristóbal de las Casas, de voormalige hoofdstad van Chiapas, vanwaar hij enkele van zijn tochten ondernam. Dat die beschrijving niet meer opgaat, is natuurlijk niet opzienbarend, maar als ik het oude stadje binnenrijd, dat hoog gelegen is in een ondiepe vallei tussen de beide armen van de Sierra Madre, begrijp ik onmiddellijk waarom Traven er zo gecharmeerd van was. Want in andere opzichten lijkt er maar heel weinig veranderd in die smalle straten met de lage, in koloniale stijl gebouwde huizen waarvan de façades in een bonte verscheidenheid van pasteltinten zijn geschilderd. Dikwijls biedt een geopende deur een onverwachte blik op een eeuwenoude, bloemrijke binnenplaats, of op een voorkamer waar een man solitair op zijn marimba zit te oefenen, terwijl zijn zedig kijkende dochter het haar van haar jongere zusje zit te borstelen.

Rondom San Cristóbal wonen in dorpen als San Juan Chamula, Zinacantán, Tenejapa de verschillende volken van de Tsotsi-groep waarover Traven in zijn boek schreef; 's ochtends komen vooral de vrouwen in groten getale naar de stad om op de Mercado Lic. José Castillo Tielemans hun vruchten en groenten aan te bieden. Beter aanschouwelijk onderwijs in het verschijnsel acculturatie dan een uurtje rondlopen op het gracieuze plein in het midden van de stad kan ik me nauwelijks voorstellen. Er zijn de uitersten, enerzijds de blootsvoetse vrouwen, hollend, altijd maar hollend, leurend met dekens en ceintuurs, anderzijds de uitschietende jongens met joggingpakken en dunne snorretjes die Bruce-Leetrapgebaren maken naar elkaar en onbehoorlijk naar de meisjes fluiten. Een jonge Chamula in traditionele kledij laat aandachtig zijn nieuwe stadse schoenen poetsen. Een Zinacantánvrouw die vruchten verkoopt vanaf een kleed op de hoek van het plein, roept haar kleine zoontje in t-shirt en spijkerbroek tot de orde. Een vader en zoon lopen langs, beiden met die gepresseerde tred die bij de oude levenswijze lijkt te horen, maar de zoon draagt al gymschoenen en een krap leren jasje. Plotseling is daar een zwerm Indianen op blinkende fietsen, maar in plaats van platte hoeden dragen ze allemaal, als bij afspraak, felgekleurde honkbalpetjes.

Ik strijk neer op een bank, tegenover een rechtop zittende roerloze deken waarboven alleen een plukje grijs haar te zien is. Vanaf de tot theehuis getransformeerde muziektent midden op het plein klinkt luide operamuziek. Tegen de muur van de kathedraal wachten vrouwen en hurkende mannen op de *colectivo*; onder de galerij is de enige beweging die van de armen van de zoeternijverkoopsters die de wespen wegwuiven.

Het is vroeg donker hier; als de kathedraalklok zeven keer slaat, gaat bij het gemeentehuis de gevelverlichting aan, die hard ketst tegen de donkerblauwe avondlucht. De vrouw van de *churros* sluit haar stal. San Cristóbal weet zijn koloniale glorietijd ver achter zich en gaat 's avonds vroeg naar bed omdat er weinig anders te doen valt.

De moderne mens, schrijft Octavio Paz, kan zich er maar nauwelijks een voorstelling van maken hoe totaal de eenzaamheid van de Indianen was na de vlucht van hun goden en de dood van hun leiders bij de Spaanse overwinning. Maar 'het katholicisme herstelde hun banden met de wereld en met de andere wereld. Het gaf hun het gevoel terug dat er een plaats voor hen op aarde was; het voedde hun hoop en rechtvaardigde hun leven en hun dood.'

Paz schrijft dat niet uit bewondering voor de katholieke Kerk, maar zijn oordeel steekt nog heel positief af bij dat van Traven. 'Noch moreel noch geestelijk heeft de christelijke religie de Indiaan op een hoger cultureel niveau gebracht,' concludeert deze onomwonden. Maar hij wijdt wel een belangrijk deel van zijn boek aan de unieke vormen van syncretisme die hij in Chiapas aantrof en die tegenwoordig nog vrijwel ongewijzigd voortbestaan.

'De katholieke godsdienst komt zo dicht bij de oude godsdienst van de Indianen,' schrijft hij, 'dat er mengvormen ontstonden met vele pragmatische kantjes, waarin de Christusfiguur vaak de plaats van de zonnegod overneemt en de heiligenverering een belangrijk bestanddeel is.'

Ik ben op weg naar San Juan Chamula, dat niet alleen het politieke maar ook het religieuze centrum van de Chamula-Indianen is, en ik word vergezeld door Mercedes, een goedlachse lerares die af en toe iets bijverdient als gids en op het toeristenkantoor in San Cristóbal. Toen ik Mercedes voor het eerst opzocht, zat ze te lezen in de Spaanse vertaling van Travens *Dodenschip*: toeval, want ik had haar het doel van mijn komst niet verteld. Mercedes is een eloquent critica van wat zij noemt 'de Mexicaanse oligarchie' en, hoewel ze zelf heel ander Indiaans bloed heeft, een verklaard bewonderaarster van de Chamulas omdat dit volk zich het hardnekkigst verzet tegen het opdringen van de westerse cultuur.

's Ochtends vroeg zijn we op de markt in een *colectivo* gestapt waarvan de chauffeur een nylon Yamaha-jack draagt en op zijn voorruit de letters RAMBO heeft geplakt. Halverwege krijgen we gezelschap van twee Indiaanse vrouwen die baby's torsen en tassen met wortelen, kool en basilicum. Tussen hen in, op de bank voor ons, een jongetje dat me de hele rit, van een afstand van dertig centimeter, onafgebroken sprakeloos recht in het witte gezicht blijft kijken. In het dorp heerst een pre-industriële rust, op het grote plein lopen kippen en varkens en staan groepjes mannen te praten. Ik voel me niet echt op mijn gemak, wetend dat hier nog maar enkele jaren geleden twee toeristen werden vermoord omdat ze zich niet hadden gehouden aan het verbod om in de kerk te fotograferen. Maar Mercedes wijkt niet van mijn zijde en in alle rust kan ik het verbijsterende schouwspel gadeslaan achter de witte façade en de in felle kleuren beschilderde poort.

Langs de wanden: een ware uitdragerij van heiligenbeelden, stuitend lelijk snoepgoed van steen, in kastjes en op tafeltjes, sommige achter glas, sommige met een spiegeltje op de borst om het kwaad te reflecteren. Over de gehele kerkvloer ligt een tapijt van dennenaalden en droge bladeren, met hier en daar een groepje brandende kaarsjes of droge bloemblaadjes gerangschikt in de vorm van een kruis. In de buurt daarvan, her en der verspreid in de kerk, zitten ploegjes Indianen op de vloer, met in hun midden de *curandero* de gebedsgenezer die van een van hen de pols vasthoudt, terwijl hij op zangerige wijze en met zichtbaar vertrouwen de goden toespreekt. De mensen hebben eieren en flesjes Pepsi Cola bij zich als offergaven, en ik zie nog net hoe aan de andere kant geluidloos een kip de nek wordt omgedraaid. Er is iets wat in de verte op een altaar lijkt, beschenen door licht uit twee hoge ramen; vooraan kijkt de beschermheilige San Juan Bautista zedig uit over de activiteiten in zijn kerk en de kleine bosjes bloemen aan zijn voeten.

Mercedes registreert glimlachend mijn verbazing over het schouwspel. 'Dit,' zo stelt ze met enig understatement, 'vindt de katholieke Kerk allemaal niet zo leuk. Maar we hebben vrijheid van godsdienst in Mexico en de Chamula's laten zich niet voorschrijven hoe hun beleving daarvan eruit moet zien.

'Waarom cola?'

'Waarom cola, waarom kaarsjes, waarom eieren? Omdat de *caciques*, de dorpshoofden, de alleenverkoop hebben van die waren in deze dorpen. Een heel tragische ontwikkeling. Vroeger was de *cacique* een vader voor zijn volk, een vertrouwensman, nu is hij dikwijls niet meer dan een handlanger van de Partido Revolucionario Institucional (PRI) de traditionele regeringspartij die in ruil voor het hem verleende monopolie zorgt dat bij verkiezingen zijn dorp massaal PRI stemt. Veel *caciques* zijn tegenwoordig zelfs blanken. Als de mensen water drinken in de kerk, dan zegt hij: 'Denk je niet dat de goden je heel wat gunstiger gezind zullen zijn als je iets specialers voor ze meebrengt?' En je ziet, ze doen het. Ze zijn zo'n makkelijke prooi omdat het zelfs heel lang niet bij ze opkomt dat iemand ze zou wíllen uitbuiten. Indianen voelen zich op aarde neergezet om zo goed mogelijk het aardse erfgoed te bewaren en door te geven aan de volgende generaties. Het winstidee is ze vreemd.'

We rijden naar Zinacantán, waar de kerk vanbinnen een ware kermiskraam is, de muren behangen met veelkleurige slingers en bloempjes van folie en hele regimenten heiligenbeelden. 'Hier,' zo legt Mercedes uit, 'worden wél missen opgedragen, in tegenstelling tot in San Juan. Maar de Indianen zitten er glimlachend bij, wachten tot de mis voorbij is en voeren dan hun eigen rituelen op.'

'Tja, maar dat is een heel slecht boek, hè? Het zit barstensvol onjuistheden.' Jan de Vos tikt vermanend met zijn wijsvinger op mijn exemplaar van *Land van de lente* en hij lacht er wat guitig bij.

'Ik geloof dat we werkelijk mogen zeggen dat die Traven een charlatan was. Hij is hooguit vijf weken in Chiapas geweest en heeft de rest van zijn informatie opgedaan op een antropologiecursus in Mexico City.' We bestellen vis en witte wijn. Jan de Vos was tot vorig jaar jezuïet, hij is nog steeds Belg maar hij woont al vijftien jaar in Chiapas en heeft veel gepubliceerd over de Indiaanse volken. Twee van die publikaties werden in Mexico bekroond. Een opgewekte, erudiete man met een zeer wereldgerichte intelligentie, die hier nu emplooi vindt als onafhankelijk historicus. 'Maar makkelijk is dat niet. Want vergeet niet: als jezuïet had je het goed, hè?'

De Vos heeft zelf ook onderzoek gedaan naar de identiteit van Traven, althans, zoals hij het bij voorkeur formuleert, naar de man die in 1969 in Mexico overleed. Hij bezocht enkele malen zijn weduwe en is ervan overtuigd dat ook zij maar een deel van het raadsel kent rond haar overleden man.

'Er is sprake geweest van ten minste twee mensen die onder die naam schreven, terwijl daarnaast nog gebruik werd gemaakt van de *Erfahrungsgeschichte* van anderen. Ik geloof dat ''de man die in 1969 overleed'' het dichtst bij de waarheid kwam toen de journalist Spota hem dreigde te zullen ontmaskeren. Bij die gelegenheid zei hij: ''Ik ben Traven niet, ik ben zijn neef. Meneer Traven is al jaren geleden gestorven.'' De reden dat hij zich vervolgens in raadsels bleef hullen, was het besef op een enorme geldbuidel aan auteursrechten te zitten waarvan hij geen afstand wilde doen.

Belangrijk bij dit boek was het moment van ontstaan: men wilde in de jaren twintig de Duitse arbeidersklasse een hoopvol voorbeeld voorhouden van een geslaagde revolutie die onderop was begonnen. Maar de Indianen hadden helemaal geen deel aan die revolutie. Het beeld dat Traven schetst van hun cultuur en hun toekomst is zo naïef, op het belachelijke af.'

Hoe komt het, zo vraag ik De Vos, dat sinds kort protestantse zendelingen zulke spectaculaire successen boeken onder de Indianen van deze staat?

'Tja... De katholieke Kerk is een vermoeide kerk, hè? Je moet niet vergeten dat het diocees van San Cristóbal voorooploopt in het verkondigen van de bevrijdingstheologie. Wat moeten de traditioneel levende mensen hier met een kerk die alleen maar zegt dat ze moeten strijden voor hun rechten? Die protestanten pakken dat heel anders aan, die prediken met vuur, die zeggen dat het juist nog veel erger moet worden, dat pas na de apocalyps de verlossing komt voor de gelovigen. Het is mijn overtuiging dat het proselitisme van de protestantse Kerk het gewetensonderzoek zal worden van de katholieke Kerk. Want verbluffend blijft het wel ondertussen: hoe komt het dat dat geloof zóveel aantrekkingskracht heeft op de Indianen. Want ze worden uit hun gemeenschap gestoten, uit een cultuur die al eeuwen ongewijzigd bestond, en ze moeten leven in grote armoede aan de rand van de stad. Het zijn de vrouwen die je overdag ziet, hier op het plein of bij de hotels, leurend met geweven spullen.'

De tocht die Traven door Chiapas maakte, voerde hem in elk geval, zo valt uit zijn boek te reconstrueren, van San Christóbal naar Chiapa de Corzo ('de mooiste weg van heel Chiapas'), Tuxtla Gutierrez en vandaar 'drie lange dagen naar beneden' over de zuidelijke arm van de Sierra Madre, naar Arriaga en over de smalle kustvlakte tot Mapastepec, waar hij zijn tocht beëindigde en in de trein stapte.

Het is een reis die tegenwoordig in enkele uren te volbrengen is, nu in ieder geval de belangrijkste steden van Chiapas met een redelijke tweebaansweg verbonden zijn. Tot de boeiendste passages van Travens boek behoren die waarin hij zijn tocht beschrijft over paden die zo smal zijn dat twee muildieren elkaar niet kunnen passeren, zodat de berijders van veraf hun nadering moeten aankondigen. 'Veel reizigers die langs deze weg moeten, blinddoeken zich en laten alles verder over aan het muildier of het paard waarop ze zitten.'

Wie dit soort avontuur zoekt, is enkele decennia te laat, want op de huidige wegen van Chiapas bestaat dat avontuur hoofdzakelijk uit de mogelijkheid dat achter elke bergbocht een kudde geiten of koeien opduikt of, nog aardiger, een duo paarsgewijs aanstormende vrachtwagens waarvan de buitenste zelden bereid blijkt zich terug te trekken op de eigen weghelft. Ook de omstandigheden dat remlichten en richting-aanwijzers als een overbodige luxe worden beschouwd voor deze vehikels brengt de westerse automobilist af en toe in netelige situaties.

Even buiten Tapachula pik ik een lifter op, een jonge onderwijzer die er hoofdzakelijk op gespitst blijkt zijn Engelse woordenschat onderweg wat uit te breiden.

'Wat is *gracias?*' vraagt hij leergierig.

'Thank you,' antwoord ik.

'En wat is *Dios te guide?*' 'Zoiets als *God bless you.*'

'En wat is *adiós?*' 'Dat is *goodbye.*'

De weg blijft klimmen en is weliswaar stil, maar op sommige plekken bepaald gevaarlijk. Het woud wordt ruiger, we zijn nooit erg ver van Guatemala vandaan. Mijn metgezel wordt ineens zwijgzaam en als ik opzij kijk, blijkt hij in slaap gevallen. Zijn hoofd hangt geknakt op zijn borst en uit zijn neus komen regelmatige piepjes. Dat is lastig, want ik weet niet waar hij eruit moet.

Gedurende de volgende kilometers rijd ik zoveel mogelijk door kuilen, schakel schokkend en por aldus doende steeds hardhandiger mijn slapende passagier. Maar zijn rust is compleet. We passeren wat dorpen, ik aarzel telkens of ik hem zal wekken, maar dan ineens, als we weer een kleine vlek binnenrijden, wordt hij als vanzelfsprekend wakker en meldt, op een toon alsof er niets bijzonders is voorgevallen, dat dit zijn bestemming is. Ik rem af, maar nee, hij wil er niet hier uit maar daar, ja daar, bij dat Coca-Colabord, waar die mannen staan te praten. Ik zet de auto stil. Alle ogen zijn gericht op de auto van de *gringo* waaruit ze een dorpsgenoot zien stappen die net doet of hij niemand ziet. Zijn houding heeft plotseling iets waardigs gekregen, hij buigt zich weer naar binnen. Schudt me de hand en spreekt uit, op luide toon: '*Thank you. God bless you. And goodbye.*' En nagestaard door zijn sprakeloze dorpsgenoten verwijdert hij zich.

Terug in San Cristóbal maak ik met Jan de Vos een laatste middagwandeling door het stille plaatsje. Nu, op het tweede gezicht, vallen me vooral de winkels op met lelijke textiel en het gejammer van Julio Iglesias dat uit de bar klinkt. In Cleo's Boutique wordt net een nieuwe zending asymmetrische damesblouses aan de rekken gehangen. Terwijl een grote groep Indiaanse vrouwen beladen met kinderen langs ons heen holt, staan we stil voor de etalage van Cesar's Video Club ('Terror. Suspenso. Acción. Caricatures. Aventura') en voel ik me besprongen door de meest voorspelbare gevoelens over de zegeningen van onze cultuur, de cultuur die definitief alle andere op aarde heeft overwonnen en ooit ook de laatste resten van deze Indiaanse beschaving zal opslokken.

Waarom voelen we ons daar eigenlijk periodiek zo schuldig over? Waarom worden we gefascineerd door de resistentie van hold-outs zoals de Indiaanse? Omdat het de allerellendigste produkten van onze cultuur zijn die het eerst ingang vinden, de plastic rommel, de herrie, de liefdeloos in elkaar geflanste textiel? Maar misschien ís dat juist wel de essentie van het modernisme en kan alleen een elite zich permitteren te denken dat dat niet zo is. 'Ik wil sterven vóór alle Indianen polyester dragen,' verklaarde de Deense antropoloog Frans Blom die hier een groot deel van zijn leven doorbracht, en hij voegde eraan toe: 'en vóórdat de gringos allemaal Indiaanse kleren dragen.' Maar dat laatste is een modieuze keuze; het eerste lijkt een dwingende onontkoombaarheid.

Jan de Vos heeft weinig geduld voor hen die de Indianen vóór alles hun traditionele leefwijze gunnen. 'Zoiets kunnen alleen sentimentele buitenstaanders vinden,' oordeelt hij streng, en hij ziet in essentie geen verschil met het bestaan op het Vlaamse platteland van toen en nu. 'Wie wil er daar nu terug naar dat armzalige bestaan van vroeger?'

Gelijk heeft hij, maar het gevoel blijft zich opdringen, nutteloos en vals misschien als het is. In de Indiaanse dorpen is het moeilijk om niet onder de indruk te komen van de harmonieuze en zelfgenoegzame leefwijze van de bewoners, wars van innovaties, levend in de overtuiging dat ze het middelpunt vormen van de aarde. Dat beeld, van de 'nobele wilde', is er altijd een geweest waarin westerlingen hun onvrede met hun eigen cultuur konden projecteren.

Ook Traven, met zijn liefde voor de Indianen, was van oordeel dat de 'vooruitgang' niet tegengehouden mocht worden door sentimenten. 'Aan de civilisatie kan alleen díe Indiaan deel hebben die zijn oorspronkelijke taal opgeeft', schrijft hij. Ik ben benieuwd hoe hij er nu over zou denken nu het er soms op lijkt, in deze afgelegen hoek van Mexico, dat de civilisatie waarvoor ze hun oude waarden hebben ingeruild er hoofdzakelijk uit bestaat dat ze bij de Super Video met de Pac Man kunnen spelen of in de bazar gedumpte Led Zeppelin t-shirts kunnen kopen.

Traven, onderweg: 'Van hieruit heb je een overweldigend uitzicht. Beneden kronkelt als een zilveren draad de Río Grijalva door de vlakte die oneindig wild schijnt. Beneden ligt de oude stad Chiapa de Corzo'. Tegenwoordig is het mogelijk die 'zilveren draad' op te gaan met een motorboot en de kilometers lange Sumidero-Canyon binnen te varen.

De kapiteins varen echter alleen maar uit als er voldoende passagiers zijn en wanneer ik in Chiapa de Corzo arriveer, heb ik net pech: er zijn geen andere belangstellenden.

Ik drink een fles superior in een restaurant aan de kade en bestel wat te eten. De maagwandsoep komt al snel, maar het varkensvlees moet nog gebraden worden en net als het op mijn tafel wordt gezet, holt de kapitein naar binnen: ik moet meteen mee. Al het voedsel gaat in een plastic zak en ik kan nog net in het ronkende vaartuig springen. Mijn medepassagiers zijn een verlegen Japanse student en een wel zeer *extended* Colombiaanse toeristenfamilie die goedkeurend toeziet hoe ik mijn lunch naar binnen werk. Er hangt wat damp over de brede, rustige rivier en de palmen en paalhuizen langs de oever zijn maar matig zichtbaar. We varen onder een brug door, dan een bocht om en de canyon in, honderden meters hoog, hier en daar wild begroeid, maar op andere plekken als een immense kale muur loodrecht in het water dalend.

De Japanse jongen sukkelt telkens in slaap, maar wordt elke keer door de zwakbegaafde jongste telg van de familie met een vlak bij zijn oor geschreeuwd 'tsjie tsjie' weer wakker geroepen. Grote schrik bij iedereen. We moeten allemaal naar voren en op onze hurken, zodat de boot net een grot binnen kan varen, een heel kleine, zien we bij het licht van de flitslampen. Eenmaal buiten kijk ik naar boven, het is bijna onmogelijk de onvoorstelbare afstand te schatten en ik bedenk dat het hier moet zijn geweest dat de Indianen van Chiapas in het midden van de zestiende eeuw een van hun laatste gevechten leverden tegen de Spaanse indringers, met hun rug naar het ravijn, met uitgeputte voedselvoorraden en alleen speren en pijlen als wapens. De Spanjaarden staakten hun aanvallen en eisten de overgave, maar de Indianen vochten door, op het laatst, zo wil de overlevering, met hun handen. Toen ze inzagen dat verdere weerstand nutteloos was, wierpen ze zich massaal de honderden meters diepe afgrond in: eerst de gewonden, toen de vrouwen en kinderen, ten slotte de laatste krijgers.

Ik lees het verhaal nog eens over en kijk omhoog, terwijl mijn ruggegraat kraakt onder het harde gekets van de boot op de plotselinge golfslag. Het lijkt vervlogen, kleurrijke historie, zo lang geleden; maar tegelijkertijd dringt het besef tot me door dat die vierhonderd jaar nauwelijks meer zijn dan een oogwenk, een minieme fractie van de tijd die het de Río Grijalva heeft gekost om deze weg uit te slijten door het gebergte.

Palenque is de befaamdste bezienswaardigheid van Chiapas, maar Traven vermeldt niet dat hij ook die plaats bezocht. Het is mogelijk dat in zijn tijd Palenque vanuit Midden-Chiapas nog helemaal niet bereikbaar was, en ook nu kiezen de meeste reizigers die de befaamde Maya-tempels willen bezoeken de makkelijker weg vanuit de noordelijker gelegen staat Tabasco. Vanuit San Cristóbal rijd je door een van de mooiste delen van Chiapas, deze noordwestelijke uitloper van de Selva Lacandona, het tropische regenwoud, dat de laatste jaren met alarmerende snelheid ten onder gaat aan de exploitatie van oliebronnen en mahoniehout en aan de *slash-and-burn* landbouwpraktijken van de bewoners. De weg slingert zich grillig door het oerwoud, dat hoog en groen en even dreigend als uitnodigend is, en bijna permanent in rook en damp gehuld. Langs de weg lopen overal groepjes kleine mannen met machetes, in de groene, vlakke strook langs de weg grazen bleekbonte koeien rondom huisjes met golfplaten daken. De Indiaanse vrouwen in dit gebied (van de Cholnatie) zien er beslist wuft uit, bont als papegaaien, met veelkleurige blouses die de schouders bloot laten en met sieraden in de oren.

In Palenque neem ik mijn intrek in het hotel La Canada, dat wil zeggen in een losse hut in het oerwoud die daaronder ressorteert. In het muurloze restaurant wisselen Franse antropologen bevindingen uit, zitten Amerikaanse posthippies op de nieuwe paddestoelenoogst te wachten, en grissen brutale apenfamilies, hangend aan de steunbalken, het brood van de tafels. Op een ongehoord vroeg tijdstip lig ik in bed, en de volgende ochtend word ik, zoals me was voorspeld, ook heel vroeg wakker. Het is mijn eerste echte tropische ochtend. Het licht filtert nog maar zwak door de dunne gordijnen, en des te overdonderender is de gezamenlijkheid van geluiden die me heeft gewekt. Wat ik hoor, is het tropische orkest dat de ochtend begroet, een mozaïek van vogelgeluiden die ik tot dan niet kende, luid en onontkoombaarder.

Ik sta op, schuif het gordijn opzij en probeer iets te onderscheiden in het flauwe ochtendlicht. Tevergeefs, ik ga weer liggen luisteren en maak vlak voordat ik weer inslaap een paar aantekeningen over de geluiden die ik heb kunnen determineren te midden van het veelkleurige gesnerp. Na een paar uur diepe slaap word ik opnieuw wakker, de dag is nu echt begonnen en verbaasd lees ik over wat ik in halfslaap heb opgeschreven:

> een morse-vogel
> pizzicato-vogel
> trompet-vogels (twee?)
> kefhondjes-vogel (meer)
> Suzuki-vogel

De Suzuki-vogel is de enige die op dat moment zijn aubade nog voortzet. De aanzet van zijn roep klinkt eerst meer als een lage doedelzak die lange tijd één noot aanhoudt, maar dan lijkt hij pruttelend adem te halen en zet zich, nog pruttelender, in een hogere versnelling. De jungle kolkt van nu weer andere geluiden maar blijft, hoe ik ook tuur, van een ondoordringbare beweginloosheid.

Mijn laatste avond in Chiapas breng ik door in Tuxtla Gutiérrez, de drukke maar saaie tegenwoordige hoofdstad rond de *zócalo*, het grote plein van marmer waar palmen staan en bankjes, en waar voortschuifelende paartjes hun ronden draaien. Rondom zijn moderne kantoren van banken en luchtvaartmaatschappijen, de Poder Judicial, de kathedraal. Aan de rechterzijde verdringt men zich rond een podium waarop net een dansgroep is aangekomen. De marimbaspelers, zes in totaal op twee instrumenten, doen hun ingetogen, asynchronische werk – want marimbaspelen lijkt het meest op hard werken. Het groepje doet een zeer Spaanse dans, de mannen vergapen zich aan de enorme borsten van een van de danseressen; dan is het afgelopen en twee van hen keren terug in een veel eenvoudiger kleed en voeren iets uit wat een prekoloniale dans moet zijn, want hij is simpel en bescheiden, met een maximum aan suggestie en een minimum aan expressie.

Ik loop een zijstraat in; het wordt langzaam donker en er begint een warme, onheilspellende wind te waaien die op onweer wijst. Ik bekijk de winkels, loodsachtige bazars die met een rolluik afgesloten kunnen worden, verlicht met tl-buizen. Op bijna elke hoek zijn *taquerías* of *churerías* of kleine gaten in de muur waar vruchtesappen worden verkocht. Auto's zoeken zich een weg tussen de voetgangers die van de stoepen puilen, er wordt gelachen en getoeterd, nog meer gelachen en getoeterd.

Er komt een vreemde weemoed over me heen als ik me realiseer hoe ik in die paar weken aan deze kleurrijke wanorde ben gehecht geraakt. Morgen ben ik weer terug in de welvarende gedisciplineerde orde van mijn Amerikaanse 'tweede vaderland' dat als een permanente dreiging en geweten op zijn arme zuiderbuur neerkijkt. Ik besluit mijn afscheid van Chiapas te vieren met een daad van grote roekeloosheid door de spreekwoordelijke 'wraak van Montezuma' te trotseren en stap een *taquería* binnen van waaruit zich een wel heel onweerstaanbare geur komt melden. De bediende draagt een Kappa t-shirt en een honkbalpet. Ik bestel en leg de boeken die ik meedraag op de toonbank. Hij kijkt er belangstellend naar alvorens zich druk te maken om mijn bestelling. 'Traven,' zegt hij, en hij laat er bijna gedecideerd op volgen, 'Bruno Traven.'

'Heb je hem gelezen?' vraag ik verrast.

'Nee,' bekent hij, bijna betrapt. 'Maar mijn vader wel. Hij zegt dat het een vriend was van het Mexicaanse volk. Bruno Traven.'

HET MYSTERIE TRAVEN

Hoewel dikke boeken gevuld zouden kunnen worden met al het materiaal dat in de loop van de tijd is gepubliceerd over de identiteit van B. Traven, zijn nog lang niet alle raadsels opgelost rond deze schrijver. Niemand kan met zekerheid beweren dat hij de mens 'B. Traven' ooit ontmoette. Er is nooit iemand opgedoken die aanspraak maakte op die identiteit, nooit iemand die als 'B. Traven' contact had met uitgevers of filmproducenten. Niemand wist in welke taal zijn werk oorspronkelijk werd geschreven of in welk land hij was geboren.

Zeker lijkt nu wel dat zich niet één maar meer personen achter deze naam verscholen hebben, en dat met het overlijden op 26 maart 1969 van de man die zich Hal Croves noemde de laatste persoon is gestorven die werkelijk uitsluitsel had kunnen geven.

Croves gaf zich uit als vertrouwensman van Traven en hoewel menige speurder bewijsmateriaal bleef opstapelen voor de stelling dat Traven en Croves één en dezelfde persoon waren, bleef Croves dat tot aan zijn dood ontkennen. Na zijn overlijden werd door zijn weduwe, mevrouw Luján de Torsvan, een korte levensloop van haar man vrijgegeven waarin een aantal van de speculaties bevestigd leken: 'Zijn naam was Traven Torsvan, maar hij heeft van drie pseudoniemen gebruik gemaakt: B. Traven, Ret Marut en Hal Croves. Hij is in Chicago geboren als kind van Noors-Engelse ouders, maar sinds zijn vroege kinderjaren woonde hij in Duitsland. Hij ging naar zee, keerde naar Duitsland terug en gaf later als Ret Marut het radikale tijdschrift *Der Ziegelbrenner* uit (. . .)' De waarde van deze verklaring, die aan alle speculaties een einde had moeten maken, is echter maar beperkt als men bedenkt dat Croves deze zelf tijdens zijn leven had opgesteld.

In het boek *Het raadsel B. Traven* (Meulenhoff, 1983) zijn enkele essentiële pogingen verzameld om tot opheldering van het raadsel te komen, alsmede enkele essays over Travens werk. Een boeiende bijdrage aan dat boek is die van de BBC-programmamakers Will Wyatt en Robert Robinson die, terwijl de verbinding Traven-Torsvan-Marut-Croves wel zo ongeveer vast leek te staan, trachten te bewijzen dat Traven eigenlijk Hermann Feige heette en in Swiebodzin in Polen was geboren.

Wat het allemaal waard moge zijn, maakt elke belangstellende maar voor zichzelf uit. Wat dat oeuvre betreft sluit ik me aan bij de typering die Wouter Tieges ervan geeft in genoemde essaybundel: meeslepend én traag, aangrijpend én irritant moraliserend, maar altijd met de volle inzet van persoon en schrijfkracht.

1 Dit citaat is evenals de hiernavolgende van Paz, afkomstig uit zijn *The Labyrinth of Solitude*, nog steeds een verplicht boek voor wie iets wil begrijpen van de complexe Mexicaanse volksaard.

2 In *Distant Neighbors*, een voortreffelijk geschreven, actueel en diepgaand portret van de Mexicanen.

3 Het woord 'Indiaans' wordt steeds vaker gebruikt als culturele aanduiding in plaats van etnische, om aan te geven dat iemand leeft volgens de traditionele normen. Wie overgaat tot de *mestizo*-leefwijze past zich dus in mindere of meerdere mate aan de westerse waarden aan, maar kan zowel volbloed Indiaan als gemengdbloedig zijn.

4 Het boek is, evenals vrijwel al het andere werk van Traven in Nederlandse vertaling verschenen bij uitgeverij Meulenhoff onder de titel *Land van de lente*.

ROEL VAN BROEKHOVEN

LaLaLaLaLaLaBAMBA!

Het huis in het oude Mexico Stad ademt sfeer, al zijn de ruiten grijs van het stof. 'Ik mis een vrouw, verdomme,' zucht de correspondent, vol zelfvertrouwen overigens, want aan het eind van de reis die we gaan maken wacht Anne Marie in San Salvador. 'Dus dat is je nieuwe bruid,' grap ik. Boven zijn bureau hangt een fotootje van een meisje met een wipneus tussen grote afdrukken van de correspondent op bezoek bij de strijders van Polisario. Hij bloost ongemakkelijk en dus buigen we ons maar over de kaart en strelen met onze wijsvinger de 2500 kilometer, die Mexico Stad scheiden van San Salvador.

Toen ik hem een paar weken geleden belde met de vraag of hij ervoor voelde samen de Pan American Highway af te reizen, had hij enthousiast gereageerd. Niet dat hij een rijbewijs had, noch een auto, maar hij was toch van plan er een te kopen voor zijn vriendin in El Salvador en die zou ik dan mooi van Mexico Stad daarheen kunnen rijden. Over de Panamericana! En dus slofte de correspondent (terwijl heel Mexico Stad de adem inhield, omdat de luchtvervuiling een echt levensgevaarlijk hoogtepunt had bereikt) langs de autoshowrooms *down town*, op zoek naar een geschikte Volkswagen voor de bruid. Het werd een rode, *rocho oriental*, in te rijden op de Panamericana, op weg naar San Cristóbal, Huehuetenango, Guatemala Stad, Santa Ana en San Salvador, om te eindigen in de kampen van de contra's in Honduras.

Jarenlang werkte de correspondent in het Midden-Oosten, in de onberekenbare hel van Beiroet. Tot de krant het zat was, een correspondent die zijn huis niet uit kon omdat hij buiten op straat het eeuwige risico liep gekidnapt te worden. Even kwam hij naar Nederland, een paar maanden van meer hoop dan geluk in de liefde. Toen ten slotte bleek dat zij op wie hij wachtte toch nooit helemaal terug zou keren, pakte hij zijn koffers en vertrok naar Midden-Amerika.

Als ik aankom op het vliegveld roemt hij zijn nieuwe standplaats Mexico als een land van uitersten. Van geweld en tederheid, van vrolijkheid maar vooral droefenis, dat zwaarmoedig besef van de Mexicaan te moeten leven met een geschiedenis die altijd mooier zal zijn dan de toekomst. 'De Mexicaan is zo gewend te moeten verliezen,' doceert de correspondent, 'dat hij geleerd heeft ook het verlies lachend te aanvaarden.' Om zijn stelling kracht bij te zetten neemt hij me mee naar de showroom, waar zijn gloednieuwe vw staat te glanzen. 'Toen ik hier een week geleden kwam en tegen de verkoper zei dat ik deze auto nog voor het weekend wilde hebben, barstte de man in lachen uit. Dat zou nooit lukken.' En de correspondent vertelt over een vriend, die een dorpje binnenreed om in een café de laatste minuten van de wedstrijd Mexico-Duitsland te bekijken. Het was tot het laatst toe gelijkspel gebleven, Mexico zou nog steeds kunnen winnen. Het half uur verlenging maakte de spanning alleen nog maar ondraaglijker. Uiteindelijk won Duitsland en, zo had de vriend verteld, er was een golf van opluchting door het café gegaan, want stel je toch voor dat Mexico gewonnen had. Mexico hoort te verliezen, heeft altijd verloren en zal altijd verliezen.

Het lijkt, althans wat de auto betreft, geen gekke analyse van de situatie. Twee dagen lang verwelkomt de verkoper ons hartelijk ('Beschouw deze garage als uw huis'), maar hij vindt onze vasthoudendheid maar onzin. De derde dag, zaterdag, valt het licht uit en wachten we uren in het schemerdonker. De verkoper zit stil achter zijn tafeltje, als hij merkt dat we kijken toont hij het wit van zijn tanden. En als we dan toch om acht uur 's avonds naar buiten rijden, lijkt er teleurstelling op zijn gezicht te lezen. Dat het toch nog gelukt is, was in elk geval niet de bedoeling.

Een hele goeie reis samen, roept hij ons na. De correspondent gromt wat, we zoeken vijf minuten naar de schakelaar van de ruitenwisser (ruitenwisser? Het hoort om deze tijd in Mexico helemaal niet te regenen.) en gaan vervolgens ongemerkt op in het gekkenhuis van het Mexicaanse verkeer.

Eenmaal uit de vallei van Mexico Stad wordt het tien graden warmer. Het landschap ziet eruit zoals het hoort: kale bergen met daarop kaarsrechte, manshoge cactussen. Daartussendoor het grijze slingeren van de Panamericana, kilometers lang hetzelfde, met af en toe een bus of een zwaarhijgende vrachtauto. Soms is de weg even van zijn stuk gebracht door een uit het niets opduikend dorp. Dan loopt het asfalt dood in een wirwar van stoffige straatjes en het onvermijdelijke *zócalo*, het grote plein, met flanerende boertig bewegende jongens en meisjes ertegenin, uitdagend lachend (let op de oogopslag!) en langs de kant op bankjes oude mannen met grote snorren en haar glanzend van de brillantine. Maar altijd weet de weg aan de andere kant het dorp te ontsnappen; een politiepostje ontwijkend wringt hij zich tussen wat tankstations door, lijkt even te splitsen alvorens resoluut alle bebouwing van zich af te schudden en in de bruine heuvels te verdwijnen.

In 1923 besloten de Amerikanen dat er een weg moest komen, die het wegennet van de Verenigde Staten zou verbinden met Latijns-Amerika. Pas na de tweede wereldoorlog werd er haast gemaakt met de aanleg. Er speelde vooral het strategisch belang: Amerika moest in geval van oorlog snel over land bij het Panamakanaal kunnen komen. Pas in 1968 kwam het laatste deel van de weg klaar, in 'de Kurk', het onherbergzame noorden van Guatemala. ('De weg,' zo wist de apotheker van Huehuetenango zich te herinneren, 'bracht de eerste auto's naar het dorp, maar,' hier dempte zijn stem zodat de klanten in de winkel het niet zouden horen, 'ook de eerste hoeren.') Vanaf dat moment kon je op de maandag in Laredo (Texas) in je auto stappen om de zondag erna te parkeren aan de oevers van het Panamakanaal.

Niet dat er veel Amerikanen gebruik maken van die mogelijkheid om hun achtertuin per auto te verkennen. Te gevaarlijk, te onbekend. 'Ik denk,' grinnikt een jonge Amerikaan in een busje met Californisch kenteken 'dat niet veel van mijn landgenoten weten dat je over de weg naar Nicaragua kunt. Of veel erger, dat de commies met een vw-busje binnen een paar dagen in L.A. kunnen zijn.'

Er is een hit die ons de hele Panamericana lang zal blijven achtervolgen. *La Bamba!* In de aankomsthal van het vliegveld in Mexico Stad, op de radio van de correspondent, flarden uit cafés en voorbijrijdende auto's, krakend in politiepostjes, disco's, hoerententen of militaire trucks. *LalalalalalaBamba!* Zelfs voor wie geen Spaans spreekt blijft die ene regel onuitwisbaar in het geheugen gegrift: *Yo no soy marinero, soy capitán, soy capitán.* Ik ben geen matroos, ik ben kapitein, ik ben kapitein.

De correspondent fluit het als ik aankom en er gaat geen dag voorbij of we ontmoeten iemand die het van ons overneemt, soms stiekem tussen zijn tanden fluitend op een parkeerplaats, of voor zich uit neuriënd als we een tortilla bestellen. *La Bamba* teistert de Panamericana, de hele reis lang. Soms is het melodietje er onverhoeds voor het raam van de hotelkamer, net als we het even vergeten waren.

De krant van die morgen opende met een alarmerende kop: Panamericana doelwit van terroristen! Er stond een foto bij van een van de weg gedrukte bus. Dit deel van Mexico staat bekend om zijn struikrovers, de laatste dagen blijken ze drie bussen tot stoppen gedwongen te hebben om vervolgens de passagiers van hun geld te ontdoen. 'Het is,' zo had de correspondent al met gevoel voor understatement gemompeld, 'verstandiger ervoor te zorgen dat je voor het donker een hotel gevonden hebt.' En dus moest het rode vw-tje nog even flink aanpoten voor we uit de haarspelden van de bergen mochten ontsnappen, de armen moe van het vele bochtenwerk, de ogen zwaar van het turen in een duisternis, die weinig loslaat.

'Vrienden in Mexico Stad verklaarden me voor gek dat ik de Panamericana per auto ging bereizen,' vertelt de correspondent nu pas. 'De Panamericana rij je alleen in noordelijke richting, dat doet iedereen. En inderdaad, we rijden tegen de stroom in. De Panamericana hoor je noordwaarts te berijden, op de vlucht voor armoede of geweld. Of allebei. Salvadorianen vluchten naar Guatemala, Guatemalteken naar Mexico en Mexicanen naar de Verenigde Staten. Niemand rijdt andersom, zuidwaarts kom je alleen van kwaad tot erger.

Door tijdnood gedwongen komen we de eerste dagen nauwelijks de auto uit. Het leven verengt zich tot datgene wat zich via de voorruit aan ons voordoet. Als we uitstappen, af en toe, voor een snelle tortilla langs de kant van de weg, verrast de warmte ons: de auto is airconditioned, binnenin vergeet je dat we de hitte tegemoetrijden. Het landschap verandert nu sterk, het wordt ruiger en Indiaanser, en armer. De mensen zijn niet meer aan toeristen gewend; als we weer eens remmen in de avondschemer voor een snelle plas, slaan langs de weg twee Indiaanse meisjes in paniek op de vlucht. We zien een Posada Panamericana, een wrak hotel, en in Comitán slenteren we over de jaarmarkt waar een gammel, volstrekt onverantwoord reuzenrad verliefde en dronken Indianen metershoog de lucht in voert. In de klokketoren van de kerk staat een jongen die de klok als een dolle om zijn eigen as laat tollen, uren aan een stuk. Het is feest in Comitán, voor twintig cent mogen we een donker binnenplaatsje op waar boerse meisjes dansen in de armen van kleine, norse mannen. Iedereen staart ons aan, we kiezen voor wegwezen zolang het nog kan. Buiten staan, zoals overal in dit deel van Mexico, op elke straathoek verliefde stelletjes ruw tegen een betonmuur te zoenen. Af en toe stijgt er een schelle lach op.

'Hoe gevaarlijk is het eigenlijk, ons reisje naar El Salvador?' Ik had geprobeerd mijn stem luchtig te laten klinken, toen ik hem uit Nederland belde. 'Ik hoorde net van een vriend dat in het noorden van Guatemala de lijken langs de weg liggen,' had hij geantwoord. Jarenlang correspondentschap had hem zijn lesje geleerd: pas na een paar lijken begint de redacteur in Nederland warm te lopen voor een 'story'.

Nu, nog een paar kilometer voor de grens met Guatemala wil ik de feiten.

'Ik weet het niet, ik ben er te weinig geweest. Er zijn inderdaad

plaatsen langs de Panamericana waar rechtse terreurgroepen de licha-
men van hun slachtoffers droppen. Maar het is opvallend stil rond Guatemala. Ze zeggen dat het leger na jarenlang keihard en meedogenloos optreden de strijd tegen de rebellen gewonnen heeft. Er is sinds
een paar jaar weer een burgerregering. Niettemin vielen er de vorige
maand alleen al 149 slachtoffers onder de burgerbevolking.'

Als altijd geeft hij zijn antwoord in de vorm van een verklaring: alles
wat hij weet vertelt hij erbij. De cijfers, de data en zonodig zijn eigen
mening. Als ik hem zo zie lijkt hij op de radio 's morgens vroeg naast
mijn wastafel.

Op de weg van Chichicastenango naar Los Encuentros steken plotseling wat armoedig geklede mannen over, geweren op de rug. De correspondent heeft zich de afgelopen dagen de rijkunst eigen weten te
maken. Hevig zuchtend en vloekend weet hij een van de mannen voor
het zijraampje te vangen. 'Wat doen jullie met die geweren?'

'Wij zijn hier om de vrijheid van onze families en ons dorp te garanderen.' Het antwoord komt zonder een spoor van humor.

'Mogen we een foto maken?'

'Ons is niet toegestaan dat te doen,' vervolgt hij in dezelfde stad-
huistaal. Hij werpt een dreigende blik op de apparatuur.

'Oké, we gaan al.' Ik draai het raampje dicht. 'Met die geweren beginnen ze niks tegen de guerrilla,' weet de correspondent. 'Dat zijn
eenschotsgeweren uit de eerste wereldoorlog.'

De man met wie we spraken, sluit zich aan bij de anderen en in een
slordige colonne hobbelen ze de weg af. De voorste en de achterste dragen een grote vlag aan een kromme tak: de burgerwacht.

'Ik ben vier van mijn personeelsleden verloren,' vertelt de eigenaar
van het hotel 's avonds. 'Eén is vermoord door het leger, drie door de
guerrilla.' Hij heeft het over het begin van de jaren tachtig. De kran-
teknipsels die ik uit Nederland mee had genomen spraken allemaal
over hetzelfde: tienduizend Indianen vonden de dood. 'De mensen
hadden geen keus. Het leger dwong ze burgerwachten te vormen, tien
man met een geweer. Als je weigerde was je verdacht, dan sympathi-
seerde je met de guerrilla. Je moest wel. En als dan op een avond de
guerrilla kwam, dan vroeg die niet of je uit vrije keuze dan wel gedwongen meedeed aan de burgerwacht. Zo zijn er over en weer duizenden vermoord, iedereen verdacht iedereen van steun aan de tegen-
partij. Maar nu is het voorbij, de rebellen zijn verslagen en,' hij kijkt
tevreden naar buiten waar volle bussen toeristen af en aan rijden, 'het
toerisme komt weer terug.'

De volgende dag schieten we de weg af bij een klein dorpje met lemen huisjes rond een ooit witgeschilderd kerkje. Hier moet Jan Cox wonen, een streng gelovige ontwikkelingswerker, die pijlsnel geradicaliseerd zou zijn nadat onbekenden zijn vriend en naaste medewerker vermoord hadden. We vragen de weg aan een Indiaanse jongen, die in de schaduw van de kerk ligt te slapen. 'Ah, don Juan Cox.' Hij wijst vaag in de richting van een rijtje bomen. 'Daarachter.'

De correspondent windt zich op, niet voor de eerste keer: 'Die mensen kunnen niks uitleggen. Ze wijzen maar wat, een beetje zus en een tikje zo.' Hij heeft gelijk, we hebben nog geen Indiaan horen zeggen: bij het tankstation links en dan de straat tegenover de kerk. Het blijft meestal bij gebaren. Daar ongeveer. Het kan de correspondent razend maken. 'En obers,' zo tiert hij nog even door, 'ik weet niet of het jou opgevallen is, maar we hebben deze reis nog niet één keer datgene gekregen in een restaurant wat we ook werkelijk besteld hadden.' En hij vertelt hoe sommige restauranteigenaars uit pure wanhoop besloten tot het maken van stencils waarop de klant zelf kon aankruisen wat hij gehad had willen hebben. Vaak konden de obers dat dan weer niet lezen en analfabete klanten kwamen ook om van de honger. 'Maar,' besluit de correspondent vol leedvermaak, 'dat was in elk geval een goede stimulans voor een analfabeet om toch te leren lezen en schrijven.'

Wat giechelig parkeren we de auto voor het huis van Cox. Er komt een grote man naar buiten met een baard en klompen. Achter hem aan twee Ot-en-Sienachtige kinderen, in de deuropening een blonde vrouw met rode wangen en een schort. Cox is weinig toeschietelijk, hij heeft niet zo'n zin om over 'al die ellende te praten, daar schiet niemand iets mee op'. Hij gaat ons voor naar zijn werkplaats, waarschuwt als we tot twee keer toe het woord 'guerrilla' laten vallen. 'Iedereen verstaat dat hier, dat schept alleen maar misverstanden.'

's Avonds komt hij los, lacht schamper als we vertellen dat we tot nu toe weinig van het geweld hebben gemerkt. 'Elf doden;' hij spreekt het met nadruk uit, waardoor zijn zinnen een onbedoeld dramatisch effect krijgen. 'Elf doden de laatste zesendertig uur. Tenminste voor zover we tot nu toe weten.' Stukje bij beetje komen we meer te weten over het leven langs de Panamericana in deze zogenaamde 'rustige tijd'. Het geweld is overal. Om hem heen zijn talloze mensen bedreigd, verdwenen en gemarteld teruggevonden. Als ik voorstel de meest gruwelijke verhalen te bewaren tot de kinderen naar bed zijn, schieten de ouders in de lach: 'Die kinderen hebben van de week nog gezien hoe een wilde idioot met een machete op een buurman inhakte. Het bloed vloog in het rond. Die zijn wel wat gewend.' Hij vertelt het zonder een spoor van bravoure. 'Toen we hiernaar toe gingen wisten we wat zich hier afspeelde, maar we dachten dat het ergste voorbij was.'

'Als we toen geweten hadden wat ons te wachten stond...' zegt zijn vrouw. Ze maakt haar zin niet af. Cox staart naar het plafond, hij denkt na over elk antwoord; hij wil niet dat ze het in Nederland verkeerd begrijpen. 'Weet je, je moet niet denken dat het hier alleen om arme Indianen gaat, die door meedogenloze militairen over de kling worden gejaagd. De Indianen zijn ontzettend verdeeld. Daar hebben de Spanjaarden al van geprofiteerd. De ene Indiaanse gemeenschap was altijd bereid met de Spanjaarden te heulen, als zij dacht daarmee de vijandige stam te slim af te zijn. Misschien dat toen het verraad wel begonnen is, het systematische verraad.'

We drinken koffie. De kinderen worden te slapen gelegd op een groot bed achter de boekenkast. Erg ruim is het huis niet. 'De mensen in Nederland,' vervolgt Cox, 'denken bij repressie altijd aan een zwarte auto met een doodseskader voor de deur. Natuurlijk, dat is er ook! Maar repressie is ook je buurman niet meer kunnen vertrouwen. Repressie is een boer die vijf kilometer moet lopen naar een dokter om daar te horen dat hij morgen maar eens terug moet komen. En als hij de volgende dag komt en ze schrijven hem een injectie voor, dan moet hij weer eerst naar een ander dorp lopen om een injectienaald te halen. Waar praat je dan over?' Hij zet zijn bril af, wrijft langdurig in zijn ogen. 'Die zwarte auto met die doodseskaders, dat is de ene kant. Maar het meest effectieve middel van repressie is de armoede. De mensen zijn na al hun geploeter om gewoon rond te komen elke dag te murw om op te staan, om zich te verzetten.'

Maar het gaat toch beter nu, onder de burgerregering? Hij kijkt ongelovig. 'Beter? Nee, het gaat niet beter. Maar als je iemand jarenlang met een hamer op zijn kop slaat, als hij niet doet wat je wilt, dan kun je op een gegeven moment wel even ophouden met meppen. Dan is die persoon wel een tijdje rustig, want hij weet wat er te gebeuren staat als hij zich roert. De angst houdt hem stil, het besef dat het getimmer elk moment weer kan beginnen. En dan roept de buitenwereld: het is rustig daar, het gaat beter, er wordt niet meer op koppen getimmerd.'

Het gesprek gaat tot laat in de avond door. 'We krijgen niet zo vaak de kans om open over de dingen te praten,' grinnikt hij. 'Dat we daar nou Nederlanders voor nodig hebben.'

In het stikdonker lopen ze mee naar onze auto. Het dorp, dat er vanmiddag nog zo vredig uitzag, oogt na alle verhalen donker en luguber. Zijn vrouw vertelt dat ze een afspraak heeft met iemand uit het dorp die een auto bezit. Zodra Jan een keer meer dan twee uur te laat thuiskomt, mag ze die lenen om hem te gaan zoeken. Er zijn al eens rare dreigementen binnengekomen.

We schrikken van het plotselinge geschreeuw van een dronken buurman. De correspondent struikelt over een hond die naast de auto lag te slapen. 'Als Jan iets overkomt,' zegt ze, 'en daar hebben we het over gehad, dan zal ik toch nooit spijt hebben. Wat we hier gehad hebben samen, wat we hebben meegemaakt, dat is het waard geweest.'

Langzaam rijden we de stoffige straatjes door op zoek naar het vertrouwde asfalt van de Panamericana. Zwijgend leggen we de weg af richting Guatemala Stad, allebei met het gevoel dat we wegvluchten voor iets wat we de eerste dagen niet langs de kant van deze weg hadden vermoed.

In de hoofdstad zijn de rolluiken neer. De straten zijn nat en verlaten op een enkele dronkelap na, die agressief torero speelt met de aanstormende auto. We schieten een zijstraat in, rechts de hoek om. In het licht van de koplampen zien we een rij mannen langs een muur staan, wijdbeens, de handen omhoog. Een schreeuwend groepje agenten fouilleert hen, er wordt gevloekt en geduwd. Een van de agenten springt voor de auto op de weg: of we niet weten dat dit een eenrichtigsstraat is, blaft hij door het zijraam. Maar dan ontstaat er beroering in het rijtje arrestanten en ongeduldig zwaait hij ons door. We schieten de parkeergarage van het Ritz Hotel in. Het 'mooiste hotel van de binnenstad' is wat in het ongerede geraakt na de laatste aardbeving. De vloer van de lange gang die naar onze kamer voert golft voor ons uit.

'Ik vind dit eng, jij niet?' De stem van de correspondent klinkt vreemd. We rijden al een half uur over het eerste stuk Panamericana in El Salvador. Eerst zagen we nog koeien, ontweken een kat, nadat we vlak over de grens sigaretten hadden gekocht bij een stalletje. Door het halfopen luik zag je blote bruine bovenlijven swingen op aanstekelijke rumba. Daarna nog twee wiegende lantaarns over de weg. Toen werd het stil.

Dertig minuten lang rijden we nu al over een stikdonkere weg. Geen voetganger, geen auto, geen lichtjes langs de weg. Alleen duisternis. 'In Beiroet zou ik nooit de weg op zijn gegaan als het zo stil was,' bekent de co-piloot. Hij ziet er moe uit in het groenige licht van het dashboard. 'Maar hier denk ik dat de mensen banger zijn dan nodig.' Het klinkt niet erg overtuigend. We zwijgen de volgende tien kilometer. 'LIBERTAD' en nog wat staat er op een muur. Lage, stikdonkere huisjes schieten voorbij. 'Je weet toch wat je moet doen als er geschoten wordt?' Hij vraagt het zo achteloos mogelijk. 'Er zal niks gebeuren, maar gewoon als...'

Weet ik dat? Ik heb de afgelopen kilometers zitten dromen over razendsnelle uitwijkmanoeuvres. Gas op de plank, lichten uit en het duister in. 'Nee, ik heb geen idee,' zeg ik naar waarheid. 'In elk geval stoppen. Dan de deur opengooien en proberen zo snel mogelijk de berm te bereiken. Maar NOOIT proberen door te rijden.'

De weg maakt een onverwachte bocht, een diepe kuil en weer een bocht. De achteruitkijkspiegel toont alleen de rode weerschijn van de achterlichten op de donkere weg. Het is te rustig. Ik druk het gaspedaal dieper in: honderdveertig.

Wanneer heeft hij dat bedacht over dat uit de auto rollen? Hoe vaak zat hij in dat soort situaties in Beirut? 'Tenminste,' zegt hij ongevraagd, 'dat hebben we eens bedacht, toen we door gevaarlijk gebied in Nicaragua reden.' Waarom was ik eerst niet bang? Toen we aan de grens ons laatste Guatemalteekse geld opmaakten in een tentje waar de plaatselijke jeugd zich uitleefde op een aantal stoffige flipperkasten zag alles er nog zo vredig uit. 'Een vreemd idee,' had de correspondent toen gemompeld, en hoe poëtisch klonk dat niet. 'Een gek idee dat die jongetjes hier staan te flipperen, terwijl aan de andere kant van de grens hun leeftijdgenootjes met een geweer in de bergen zitten.'

Een paar weken eerder was hij op reportage geweest in El Salvador en had een paar kampen van het verzet bezocht. Van alle landen die we deze reis zouden bezoeken was hij het meest op El Salvador gesteld. Ondanks de oorlog of (ga ik steeds meer denken) misschien wel juist daarom. En nu is hij ook bang, rookt de ene sigaret na de andere terwijl op de cassetterecorder ongemerkt *La Bamba* passeert. Een bord meldt Santa Ana. Na een bocht doemen ineens twee achterlichten op. Langzaam lopen we onze voorligger in. Het is een gammele pick-up, de chauffeur rijdt als een bezetene, zijn auto braakt dikke zwarte rookwolken uit.

Het gevoel niet meer alleen te zijn lucht op. Voor we het weten rijden we San Salvador binnen, militaire trucks op de straathoeken, halfingestorte gebouwen van de laatste aardbeving, een slapende man op de weg en was dat niet de kathedraal van de vermoorde bisschop Romero? In een buitenwijk vinden we het huisje van de bruid. Ze sliep al, had gedacht dat we morgenochtend zouden arriveren. 's Nachts hoor ik het getrippel van de *cucaracha's*, de kakkerlakken op de stenen vloer. In de verte klinken zware knallen. 'Maak je geen zorgen,' had de bruid gezegd, 'die knallen, dat is vuurwerk.'

Het huisje van de bruid lijkt nog het meest op een parkeergarage.

Ruwstenen muren en bijna geen ramen. Maar het schijnt dat een onderwijzer dit soort huizen niet eens kan betalen. Uit het keukenraam zie ik hele gezinnen bezig een helling te effenen om een kartonnen kamer toe te voegen aan een rijtje zelfgemaakte huisjes. 'Die spoelen bij de eerste bui weer weg,' zegt de bruid laconiek. Ze wil naar het strand met de nieuwe auto, het is zondag, dan gaan alle mensen naar het strand, of naar het park.

We rijden die dag driehonderd kilometer. Ten oosten van de hoofdstad heeft de weg zwaar te lijden gehad van de oorlog. Het asfalt is van het leger, aan beide kanten ernaast zit de guerrilla. 'Ze weten van elkaar waar ze zitten,' vertelt de bruid. 'Ze zetten 's nachts expres de radio hard aan, zodat ze niet per ongeluk tegen elkaar opbotsen in het donker.' Beide partijen willen onnodige confrontaties voorkomen. De correspondent was tijdens zijn laatste bezoek in een dorp waar overdag het leger de baas was en 's avonds de rebellen. Elke avond om zes uur kwam er een helikopter om de soldaten op te halen. 'In El Salvador kun je niet om de oorlog heen,' had hij in zijn laatste reportage geschreven. 'Als je niet wilt hoef je er niets van te merken,' zegt de bruid, die hier al twee jaar woont.

In San Vicente lopen we een legerkazerne binnen. De commandant houdt een nietszeggend praatje, een te blanke Amerikaanse instructeur kijkt nieuwsgierig toe. Aan de muur hangen foto's van rebellen. Sommige hoofden zijn met blauwe viltstift omcirkeld. Met dezelfde viltstift staat daarna de losprijs, die je kunt krijgen als je kameraad Renato weet te vangen. Dood of levend.

Een paar kilometer verder kondigt een groot bord een pretpark aan. Tot mijn verbazing is het er stampvol; hele families zwemmen in met bladeren bedekt, drabbig water. Niemand heeft oog voor de vrachtwagenlading soldaten, die in een hoek van het zwembad over elkaar heen springen. Op de kant lopen er een paar wacht, een vreemd gezicht: gele zwembroek, gympies en blote benen, onder een zware patronengordel en een Uzi, want je weet maar nooit.

Terug in de stad passeren we een militair hospitaal. Het lijkt alsof er in de straat ervoor een massascène wordt gerepeteerd voor een film over de eerste wereldoorlog. Op een muurtje langs een park zitten tientallen soldaten met verse verbanden om hoofd of arm, daarvoor hinken anderen met ruwhouten krukken, de broekspijpen leeg achter zich aanslepend. Als we even blijven staan zien we hoe een jongen met een onlangs geamputeerd been probeert nonchalant op een muurtje te zitten. Hoe doe je dat, nonchalant zitten met een los opgeknoopte broekspijp? Sommigen flirten al wat met voorbijlopende meisjes, maar de jongen naast ons kijkt strak voor zich uit, schikt wat aan de lege broekspijp, zoekt in zijn borstzak naar sigaretten, kan ze niet vinden en spuugt dan maar op de stenen voor hem.

Vlak naast hem voeren wij een verhit gesprek over het waarom van hier willen wonen en werken. Ik beschuldig de correspondent en zijn vrouw ervan zich te willen omringen met kicks. Het leven in oorlogslanden is even spectaculair als eenvoudig. In plaats van over fietsreflectoren en honderdtwintig kilometer maximumsnelheid heb je het iedere dag over leven en dood. Waarom wil je zoiets? De correspondent met vele jaren in Beirut en nu weer die voorliefde voor dit land sputtert tegen. Het leven is intenser hier, het GAAT ergens over, elke dag die je overleeft heb je verdiend. 'Het klinkt wat calvinistisch maar zo voel ik het.'

De bruid doet er een schepje op: 'Vroeger, lach niet, maakte ik me in Nederland onzettend druk om het lot van het kistkalf. Schei nou uit.' Want ik lach natuurlijk. 'Nu ben ik met heel andere dingen bezig, die veel meer waarde hebben. Het kistkalf interesseert me helemaal niet meer, laat staan fietsreflectoren.' De eenbenige soldaat kijkt op bij het woord 'fietsreflectoren'. Hij lacht even, maar heeft dan al zijn aandacht nodig om op de been te blijven als een driftig benende vrouw met boodschappentas tegen hem aanbotst. Bijna had hij zijn zojuist herwonnen evenwicht weer verloren. Uit het radiootje naast hem op het muurtje klinkt de hit *Hijo de puta*. In goed Nederlands: hoerenzoon. Het is de hit van de christen-democraten. De hoerenzoon is Roberto d'Aubuisson, de leider van de rechtse Arenapartij, de man van de doodseskaders. 'Wie is toch die hoerenzoon?' luidt de vrolijk gezongen tekst, 'die smokkelaar, die folteraar, die handelaar in drugs?' Een paar dagen later zal de hoerenzoon de verkiezingen winnen. Ook zijn partij had een hit voor propaganda gebruikt: *La Bamba*.

CEES NOOTEBOOM

HET GEHEIM VAN DE MAAT

Panteón Municipal, hier liggen de goden van deze gemeente begraven. Uit de verte nadert een familie, tegen de andere muur geleund zie ik ze voorbijkomen. Een paar mensen, denk ik, maar als ik ze tel zijn het er zestien. Wat doe je hier, denken ze, en ik heb er geen antwoord op. Ik was gaan lopen op het verkeerde uur van de middag. Ik kwam in een buitenwijk. Vreemdelingen blijven niet in Tehuacán, maar ik heb mijzelf een oefening opgegeven, ik moet door deze straten lopen. De vrouwen dragen geen sandalen, ze lopen met blote voeten op het hete asfalt. Ze hebben veel bloemen bij zich, ze gaan iemand begraven of alleen maar herdenken. Ik zou willen volgen maar ik durf het niet, ik hoor hier niet. De oude vrouw heeft een glanzend kruikje in haar linkerhand, het is veel te klein voor de grote lelies, te klein ook voor water. Waar is het voor? Ze kijken naar mij zoals ik naar hen kijk, gringo tegen de muur tussen de stoffige planten, familie op weg naar het kerkhof. Deze middagen bestaan uit traagheid, tijd die zo wordt uitgerekt dat de cijfers op het horloge steeds verder uit elkaar gaan staan. Ook mijn passen zijn zo traag als die van de familie op weg naar het kerkhof. De oude man heeft zijn hoed afgenomen, hij is in de buurt van de dood, achter deze muur is er helemaal geen tijd meer, daar klitten de cijfers aan elkaar of ze vallen gewoon op de grond, tussen het onkruid. De familie gaat de poort in maar ik wil ze niet volgen, ik ga de andere kant op met mijn geheime missie van niets, daar waar de straat van zand wordt en zich tot in de lege verte voortzet. Als er niemand zou lopen was hij misschien minder oneindig, maar nu die twee mannen er zijn is de maat gegeven, die van hun passen. Ik kan hun gesprek niet horen, ik zie alleen maar hun gebaren. Hoeveel zou u over hebben voor een bandopname? Zou er iets aan mij gewijzigd worden als ik dat gesprek kon horen? Als ze lang genoeg voorbij lopen, voorbij de pompeuze kerk die in deze verbrande wereld het hogere moet verbeelden, komen ze aan de heuvels. De blauwe heuvels. Ik weet niet of ze zo ver zullen gaan, ik laat ze alleen met hun onhoorbare, voorgoed van mij afwendende gesprek. Welk gesprek ik ook voor ze bedenk, het zal niet het gesprek zijn dat ze voeren. Mijn voeten werpen het gelige stof op, de luiken van de huizen zijn gesloten, soms hoor je een radio. Ik ga ergens in het droge gras liggen en val in slaap alsof ik van de wereld ben gevallen. Pas tegen de avond kom ik terug in het centrum, het grijs van de nacht zit al in de bomen, een bewaker doet de lichten aan in de voorgalerij van het gemeentehuis, zodat ik de muurschilderingen kan zien, gemaakt door een antroposofische kruising tussen Dali en de tekenaar van Dick Bos. Er zijn taferelen die de bewoners van de siërra en die van de hoogvlakte verheerlijken, weefsters, ploegers, pottenbakkers, bouwers. Maar dat hoort allemaal nog tot de normaliteit, muurschilderingen zijn er in Mexico om het volk te exalteren. Verder moeten ze maar zien dat ze het redden, maar op die muurschilderingen zijn boeren en arbeiders bijna goddelijke wezens, bezig met de eeuwige kringloop waarin dood, armoede en ouderdom niet voorkomen, zaaien en oogsten, planten en bouwen, het heil op aarde. Kunst als alibi voor slecht bestuur, dat is eerder vertoond. De man van de overige muren moet een andere schilder zijn, één die zijn geest een tijdlang in een verhevigde oplossing van kitsch te weken heeft gelegd en toen de schepping wilde verbeelden. Dat is gelukt. De gezichten zijn dan nog wel van Dick Bos, maar de kleuren psychedelisch en de symbolen uit de achterbuurt van Jung. Godenbeelden, raadselgestaltes, het oog van God zwevend tussen glanzende planetaire ballen, gnostische fantasieën, nogmaals het in een driehoek gevangen oog van de Hoogste, maar nu gekroond door een loshangende gouden hoofdtooi, en dat alles boven een renaissancistisch opengespalkt mensenlichaam dat met zijn uiteinden tot in de hoeken van de davidster reikt met in het midden zoiets als een klok zonder wijzers en daarbinnen het wentelwiel van yin en yang. De bewaker vindt dat het zo wel goed is maar ik ben er nog niet mee klaar, op de volgende muur probeert de naakte achterkant van Superman over de oogrand heen een reuzenoog binnen te klimmen. Het oogwit is een bewolkte, tropische hemel, en midden in de iris zit een verbeten doodskop, onduidbare wezens zweven rond in wat vast en zeker de voormenselijke oertijd moet verbeelden, want pas later komen wij eraan, precies op tijd in de evolutie, dwars in het gelid na een vis, een reptiel met gemene tanden, een aap, een schakelmonster dat nog op de aap en al op ons lijkt. Aap, mens en monster hebben hun schedeldak afgezet zodat onze hersens tochtig in de open lucht zichtbaar worden. De bewaker begint nu ook de geest te krijgen en wijst op een in een doorzichtige blaasbalg ronddrijvende foetus en zegt baby. Daar is niets tegen in te brengen, en zo bekijken we de fresco's aan de hand van zijn dwingende vinger nog een keer: het Oog van God, Adam die in het Spaans Adan heet, *el mono*, de aap, *el campesino*, de boer. Op het plein achter me gaan de neonlichten aan die het aankomende duister zwart maken, van tussen de planten komt het geluid van duizend stemmen.

Om sommige plaatsnamen hangt een sluier die er niet meer af kan, de *ruis* noemt Roland Barthes dat in zijn opstel over de fotografie. De ruis, dat wat altijd meeklinkt. Het Nederlands heeft er een mooi woord voor: de roep, dat wat je al gehoord en gelezen hebt over een plaats voor je er ooit komt. Bij het ontdekken van die plaats blijft er altijd een deklaag op zitten, datgene wat er voor je besloten was. Florence, Kyoto, Isfahan, je ziet ze door de sluier van hun roep, die ze bevestigen of niet bevestigen. Oaxaca dat ooit Huaxyyacac heette. Ik rijd ernaar toe zoals ik naar een Spaanse stad rijd, naar de *capital*, de stad die zal opdoemen in de verte. Het Spaanse is hier nooit ver, ondanks de vreemde plaatsnamen, maar de wegen gaan door een wilder landschap, dat geleidelijk aan ook tropischer wordt. Vrienden in Mexico Stad hebben me afgeraden deze stukken met de auto te doen omdat er de laatste tijd veel overvallen zijn, maar mijn Kever ziet er zo verkreukeld uit, geen bandiet komt ervoor uit zijn hinderlaag. Ik kom door marktplaatsen waar hele kuddes over de weg zwerven en vrouwen hele stukken versgeroosterd spek aanbieden, even de verleiding van veelkleurige omslagdoeken, dampende schotels met scherpe gele en groene sauzen, de middeleeuwse gezelligheid van de wekelijkste marktdag, de mensen die uit de bergen gekomen zijn om hun waren aan te bieden. Daarna weer de leegte van het landschap, soms een cluster van wat hutten, bij de weinige dorpen de gevaarlijke *topes*, gemene verkeersdrempels die dikwijls niet aangekondigd worden, honden die plotseling oversteken, een ezel midden op de weg, dode egels, een keer een vos. Ik heb de tijd om na te denken, als iemand me nu zou willen overvallen kan dat, maar er is niemand te zien, zelfs geen tegenliggers. De hitte beukt op de gebutste vorm van de auto, als ik uitstap en tegen een rots ga zitten hoor ik geritsel en door dat geritsel de stilte, een stilte van slangen en insekten, van uitgedroogd gras en agaves, witte ontbladerde struiken. Behalve Amerika hebben wij nooit een kolonie gehad waarin het idee van Nederland zich voort kon zetten. Wat bedoel ik daar nu weer mee? Dat onze bouw en baksteen aan de Hudson nog wel een natuurlijke omgeving vonden, maar er in Batavia en Paramaribo al heel wat vreemder uitzaten. Misschien geldt dat ook voor de taal. Engels in India heeft nooit de *naturalezza* gekregen van het Spaans in Veracruz, Quito, Buenos Aires. Er zijn nog vele springlevende Indiaanse talen in Mexico, maar alles wat Mexicaanse intellectuelen tegen *gachu-*

pines – het scheldwoord voor Spanjaarden – en tegen de rol van het Spaanse imperialisme in hun tragische geschiedenis hebben, zeggen ze in het Spaans, en tegen de achtergrond van een barokkerk of een koloniaal gerechtsgebouw klinkt dat heel aannemelijk. Maar hun Spaanse geschiedenis had zelf alweer een geschiedenis, één met een Arabische component die natuurlijk zijn sporen in de architectuur had nagelaten. En net zozeer als de Andalusische barok in zijn okeren schittering en zuidelijke sierdrift de koele berekening van de jezuïetenstijl naar zijn hand heeft gezet, zo hebben de mudejaren – de door de Spanjaarden onderworpen Moren – ook hun Arabische afkomst nooit verloochend. De geometrische duizeling van het tegelwerk van Fès en Córdoba vind je veel noordelijker terug op de zandkleurige baksteen van de kathedraal van Teruel, en ook die stijlvormen hebben zonder enige moeite de overstap naar Mexico gemaakt. De baksteenmotieven en de betegelde muren en koepels die ik zag bij de wintermoskee in Isfahan vond ik terug in Puebla, en omdat dat in het Spanje van Granada en Sevilla niet vreemd is kan het dat ook in die westelijke voortzetting van Spanje, waar Mexico soms ook op lijkt, niet vreemd zijn. Landschap, godsdienst, taal, het werkt allemaal mee. Dat de Mexicanen daarvoor een eigen, andere geschiedenis hadden is lang niet altijd zichtbaar en die onzichtbaarheid bevordert het gezichtsbedrog op die plaatsen waar het Spaanse nog zo machtig aanwezig is. Goud van de Azteken, goud van Filips de Tweede, een dubbele echo, het goud dat hier weggehaald is komt via de barokke retabels van de Spaanse kathedralen weer naar Mexico teruggewaaid, in een klein dorp als Tonantzitla in de buurt van Puebla schittert het goud van het plafond en de altaarstukken je tegemoet met een uitdaging die de droge stoffige wereld buiten wil ontkennen, maar dat is in Spanje zelf ook zo. Door de droge *meseta* rijd je naar de goudgrotten van Burgos en Toledo, een fundamentele dialectiek tussen een harde, armoedige buitenwereld en churrigureske fantasieën, manuelijnse herinneringen*, Moorse toespelingen. Na het dolgeworden goud van de Santo Domingo in Puebla, na de achthoekige *camarín* van het Santuario de Ocatlán, dat het schrijn van Guadalupe in Spanje evenaart, na het sneeuwwitte stucco van dezelfde kerk dat met zijn pilasters en *estipítes* (omgekeerde piramides) zowaar de herinnering aan sommige Beierse uitspattingen oproept, na het betegelde veelkleurige wonder van de San Francisco in Acatepac, strijk ik als een vermoeide reiziger in de oase van Oaxaca neer. Niets zal ik er doen. Wandelen. Op een bank op de parkachtige *zócalo* zitten onder de olmen, luisterend naar de mariachis die elke avond om acht uur in de muziektent een concert geven. De bronzen klok van de kathedraal waarvan Sacheverell Sitwell (*Southern Baroque Revisited*) de gevel veel 'te druk' vond zal zijn eigen maat slaan door de marimaba's en de pasodobles heen en ik zal het over me heen laten komen, de maat van de tijd en van de muziek, een man op een bank in een koperen tuin. Het is een donkerder, wellustiger Spanje zolang je op dat plein blijft. Daarbuiten, op de markten waar de gekleurde kruiden de felheid van de *azulejos*, de tegeldecors, voorspellen of herhalen, in de straten met de lage huizen, de gelige duisternis van de *pulquerías* waar mannen met Indiaanse gezichten zitten te drinken en spreken in een taal die ik niet versta, wijkt de gedachte aan Spanje weer, weet je dat je ergens anders bent, al was het maar door de paarse omslagdoeken of de scharlaken verrassing van een *poinsettia* in een jaargetijde dat in Europa de kleuren van de dood heeft. Gehoorzaam ben ik, en bezoek de dikste boom van de wereld in Tule, rijd de bergen in om naar Indiaanse stoffen te kijken in Teotitlán del Valle, koop *víbora de cascabel*, gedroogde adders tegen kanker, artritis en het lijden van de nieren, loop langs blauwe muren, roze muren, kijk naar het tongewelf met de druiventrossen in de kathedraal, vind een boek over pulque, die zoveel geheimzinniger drank dan tequila, en lees een krant van de dag, maar welke dag? De veemarkt in Zaachila, een klooster in Cuilapán waarvan alleen de lege huls nog overeind staat, autobussen, markten, gedroogde pepers, witte doodskisten voor kinderen, de wereld is zichtbaar en dus kijk ik. Maar op de kaart heb ik al andere namen gezien, Chichihueltepec, Rio Hondo, San Gabriel Mixtepec, San Francisco Ozolotepec, Sierra de Zempoaltepetl. Hoe moet ik ze weerstaan? Weerloos tegen namen, altijd geweest. De verleiding van woorden, lokaas voor slechte dichters, muzikantenlust, dansersbloed. Niet stil kunnen blijven zitten, en een auto voor de deur. Maar voor ik door de bergen naar de oceaan ga, rijd ik op een vroege ochtend naar Monte Alban.

Het is maar twaalf kilometer van Oaxaca, maar om op de top van de wereld te komen moet je klimmen. Halverwege kom ik de nevels tegen, als ik boven ben zie ik ze boven de wereld zweven. Is dit dan niet de wereld? Nee, dit is de wereld niet meer, die ligt beneden me en is een onderwereld geworden. Maar wat is dit dan? Probeer het maar te zeggen. Dit is een van de uitzonderingsplekken die mensen voor zichzelf gemaakt hebben om er vervolgens uit te verdwijnen. Dat *om* slaat natuurlijk nergens op: ze deden het niet *om* te verdwijnen. Maar verdwenen zijn ze intussen wel, en het lijkt of het zo hoort. De maat hoort niet bij de mensen, ook al hebben die dit dan gemaakt. Alsof de Nederlandse taal geheime codes bevat die iets over het universum uit kunnen leggen, anders kan ik het niet verklaren dat de Egyptische godin Maat de godin van de weegschalen was. Daar houdt het niet mee op. Nauwkeurigheid werd in het oude Egypte verbeeld door een veer die als een gewicht gebruikt werd bij het wegen van zielen. Deze veer heette Maat, maar was tegelijkertijd een lengtemaat. Drieëndertig centimeter, de lengte van een normale baksteen. Dezelfde hiëroglief betekende veer, de godin, de lengtemaat en de grondnoot van de fluit. Dit vertelt Italo Calvino in het hoofdstuk 'Nauwkeurigheid' van zijn postume boekje *Zes memo's voor het volgende millennium*.

Waar ik sta begonnen mensen te bouwen voor wat wij het eerste millennium van onze jaartelling noemen. Wie het waren weet men niet. Ze waren in de omsloten wereld van deze vruchtbare valleien terechtgekomen. Omsloten, beschermd door de hoge bergen die ik als zwevende schepen in de verte boven de nevels zie. Geen natuurlijke passen. Een paar rivieren. Dit was hun wereld, en dit was het hoogste punt van de vallei. Met hun handen hebben ze het veranderd, enorme grondmassa's versjouwd, een plan bedacht dat een zuivere geometrie zou aanbrengen in de toevalligheid van het omringende. Generaties lang hebben ze erover gedaan. De onbekenden werden opgevolgd door de Zapoteken, later door de Mixteken. Archeologen kunnen je vertellen wat van wanneer is, ik zal het lezen en bekijken, en vergeten, zoals ik ook de afzonderlijke gebouwen zal vergeten die met een H of een L of een J benoemd zijn, wat iets heiligschennends heeft, alsof het wonderlijke in een of andere bureaucratie moest worden ondergebracht, een alfabetisering van het sacrale die vervluchtigt zodra je die dwaze letters verwart. Ik loop door de periode I tot en met V als een barbaar die onkwetsbaar is voor de tijd, een later iemand voor wie de strategieën van het verleden, die hier door maten, stijlen, steenvormen, metseltechnieken worden uitgedrukt, een zinloze exercitie zijn, de speelplaats voor vakidioten. Misschien is dat ook wel zo, ik heb er geen tijd voor, of geen oog, mijn oog is gevuld met het geheel dat me verplettert, de geheimzinnigheid van de maat, van de plaats. Ik sta boven aan een trap aan de noordkant, er zijn nog geen andere bezoekers, het is zo onbetamelijk leeg dat het me duizelt, en tegelijkertijd is de mathematische dwang van het concept zo machtig dat het die duizeling intoomt. Alles wat hieromheen ligt, lijkt van de zachte hellingen weggevallen. Daaronder ligt de gewone wereld, die van de mensen. Ik zie wegen, huizen, een enkele auto die zijn weg naar boven zoekt. Maar voor me ligt het plein dat met zijn bedachte maat een onmenselijke zuigkracht heeft, misschien verdrink ik wel als ik die treden afdaal en mijn voeten in het zand zet. De massa van deze heuvel is vierhonderd meter hoog,

het plein is driehonderd bij tweehonderd meter groot, een bijna volmaakte rechthoek, de rotsen die uitstaken moesten worden verwijderd,
ondiepten en holen moesten worden gevuld. Waar de rotsen te hoog
en te weerbarstig waren werd eromheen gebouwd, maar omdat dat af-
breuk deed aan de symmetrie werden op andere plaatsen weer structu-
ren en kleine patio's neergezet, zodat het beeld er nog steeds een is van
een gigantische Zen-tuin. Juist de lichte afwijking roept de idee van het
volmaakte op, als ik er eindelijk in durf ben ik opgenomen in een gedachte die ik zelf niet bedacht heb. Ik loop langs het gebouw van de
Dansers, langs de zaal voor het Balspel, langs de ruïne die het Paleis
genoemd wordt, lees in mijn gids over de tombes met hun onvoorstelbare goudschat, zie de reliëfs van goden en krijgers en stel me de veelkleurige muurschilderingen voor, maar het essentiële blijft de maat,
het concept, de uit-zondering van de buiten ons om tot stand gekomen
wereld die hier aan de orde is. Natuurlijk dringt de gedachte aan god-
delijkheid zich op, maar wij hebben afgeleerd daar iets mee te kunnen,
en dus laat ik die gedachte voor wat zij is, een gedachte, een verwijzing
naar de maat waar ik niet bij kan, een mateloze afkomst waarover het
beter is niet te spreken. Hier hebben de stenen het voor het zeggen,
en ook al versta ik ze niet, ik hoor ze toch.

Nu mengt dr Ontkenning zich in het gesprek. Hij beseft dat ik door
mijn opvoeding bij augustijnen en franciscanen een tik van de molen
gehad heb, maar meende mij toch beter te kennen. De Verlichting was
toch niet voor niets geweest, hoopte hij. De Indiaanse volkeren wisten
tenslotte niet beter, hun irrationele gedrag was nu juist bij uitstek ratio-
neel verklaarbaar. Zoals iedereen die nog niet beter kon weten hadden
zij een aantal mythes vervaardigd om hun afkomst te verklaren plus
de gebruikelijke goden die de natuur moesten vertegenwoordigen of in
toom houden, god van de regen, godin van de vruchtbaarheid. Daar
hoefde ik toch niet van uit mijn evenwicht te raken? Een beetje een reli-
gieus gevoel, dat had hij ook wel eens gehad bij een spectaculaire zonsondergang boven zee, maar daar hoorde je toch wel razendsnel afstand
van te nemen. Zeker, zeker, dat gaf ik toe, alleen, wat me hier eventueel uit mijn evenwicht gebracht had was nu juist het buitensporige
evenwicht, de rust die zulke absolute trekken vertoonde, de letterlijke
uitzonderlijkheid van de plek. Wat schoot ik ermee op dat dat alles te
verklaren was. Na die verklaring bleef die plek daar gewoon liggen,
een plateau boven de omringende wereld, dat door de mensen die het
gebouwd hadden bedoeld was om iets anders te zijn dan de wereld. En
dat was gelukt op een manier waarop, dacht ik, zoiets nooit meer kon
lukken. Misschien een individuele kunstenaar, maar nooit meer aan

een collectief. Kunst moest ook nodig eens gedemystificeerd worden, vond dr O. De godsdienst hadden ze nu gehad, en wat was kunst nu anders dan een laatste rudiment van religieuze gevoelens? Op dat ogenblik kwam een groep Franse toeristen het Grote Plein op, en plotseling zag ik het voor me, hoe ooit een ander in een lege vlakte zou staan waar de leeggehaalde muren van de Notre Dame nog overeind stonden. Nu er zich niets meer in die ruïne bevond (en mensen nog steeds even klein waren als ze altijd al hadden moeten zijn) leek ook de maat van die kerk onmenselijk. De eredienst die daar in zwang was geweest kon de eenzame bezoeker zich niet voorstellen. Gregoriaans had hij nooit gehoord, de paus was een vaag, niet echt bewezen gerucht van voor de Grote Vernieling, rond die muren moest ooit, duizenden jaren geleden een grote stad gelegen hebben en de mensen hadden er iets geloofd, iets met een godin die moeder was geweest en toch ook maagd, er waren hier en daar nog wel contouren van muurschilderingen zichtbaar. Dit soort halve gedachtes zou de bezoeker door het ondenkbare hoofd spelen, maar toch zou iets, als hij daar gevoelig voor was, van de heiligheid van die plaats tot hem doordringen. Heiligheid? Wat kan dat zijn? Het residu van gevoelens die de makers hadden bij het bouwen. Tiens, zei dr O, vol voltairiaanse argwaan. Ook bij de Franse groep klonk meewarig gelach, want de gids had ze zojuist op een van de reliëfs een misvormde mannenfiguur aangewezen en gezegd dat dat nu de god van de handel was. Op een volgend reliëf staan priesters bij een castratieceremonie, maar voor de bloemenjurken en de korte broeken is het nog te vroeg, de melige grappen vliegen door de ochtendlucht, het wordt tijd dat ik wegga, maar nog een keer beklim ik de trappen om het geheel te overzien. Ik zal hier wel nooit meer terugkomen, en het rare gevoel dat daarbij hoort kan ik niet helemaal benoemen. Vanaf de hoogte is de Franse groep weer onaanzienlijk geworden, bewegende kruimels op een koningstafel, scharrelaars.

De afstand van Oaxaca naar Puerto Escondido (Verborgen Haven) is niet groot, maar je doet er lang over. Vanaf Sola de Vega is de weg niet meer geasfalteerd, en je rijdt door de Sierra Madre del Sur en daarna door Sierra de Miahuatlán. Wolken van scherp gruis, autobussen die op je af stormen en van de weg af dwingen, pick-ups vol *campesinos*, armzalige hutten langs de weg, landschappen van grote schoonheid. Puerto Escondido, de meeste bezoekers komen niet over de weg, maar door de lucht, een vissersdorp dat zijn onschuld verloren heeft, resten van het oude, tekens van het nieuwe, uit zijn krachten gegroeid. Over tien jaar misschien een Acapulco, vernietigd, iets anders geworden. Nu een aangename chaos, straten van zand, markten, de bedrijvigheid van plaatsen waar geld te verdienen valt. Het kleine hotel waar ik verblijf wordt gedreven door een neurotische Duitser, ik verdenk hem van het ergste, hij is hier al heel lang. 's Ochtends loop ik het plaatsje uit, richting zuiden. Al gauw zie je niemand meer, het is te heet langs de oceaan, het strand wit en vol scherpe schelpen, een branding die trekt en zuigt, een enkele vissersboot in de verte. Ik zwenk af naar de weg en houd een combi aan die naar het zuiden trekt. Op een kilometer of twaalf van het plaatsje heb ik vanaf een brug een dorp aan de rivier gezien, daar stap ik uit. Een steil pad gaat naar beneden. De rivier glanst alsof hij gepoetst is, het doet pijn aan je ogen. Weer het verkeerde uur, niemand beweegt. Een paar hutten, een plek waar je vis kunt eten, de vrouw die ervoor zit kijkt mij aan zonder me te zien en verroert zich niet. Ik heb bedacht dat ik langs de rivier naar de oceaan wil lopen maar weet niet hoe ver het is. In het begin volg ik een pad tot ik op het achtererf van een paar hutten kom. Daarachter moet, denk ik, een doorgang naar de rivier zijn. Die is er natuurlijk ook, maar het voelt niet goed. Niemand ziet me of iedereen ziet me, een van die twee, alleen ik kan het niet zien. Ik zie alleen maar bladeren, stekels, hutten, en alsof er, in de lege ruimte waarin ik me nu bevind, een hek staat, deins ik terug. Zo kan ik er niet komen. Ik loop het pad weer af en ga terug naar de rivier. Aan de overkant zie ik mensen waden, zo moet het ook kunnen. Colotepec heet de rivier, en zoiets onnozels denk ik als ik er instap: ik sta in de Colotepec. Dan begin ik langzaam te lopen, maar onmiddellijk wordt er aan mijn voeten gezogen, getrokken, ze zakken weg in iets wat uiterst zacht is, wellustig, smakkend. Modder, slijk, elke keer als ik mijn voeten eruit trek maakt dat een zwelgend, smakkend geluid. Nu moet ik steeds naar een weg zoeken waar het niet te diep wordt, het moet kunnen. Een tijdlang loop ik langs de oever, maar lopen is niet het goede woord, het is waden wat ik doe. Zodra het wat harder wordt sta ik even stil, zie vluchten vogels overkomen, luister naar de geluiden. Ik zie nu ook niemand meer. Kiezels voel ik, en ik waad naar een plek die boven het bruine, modderige water uitkomt. Steeds opnieuw die wisseling tussen hard en zacht, tussen het slijkerige zwelgen en de scherpe stukken. Soms kan ik een tijdlang langs de oever gaan over een pad dat daar is, maar ook dat is modderig, het goudkleurige slijk maakt klompen aan mijn witte voeten. Geritsel, gesis, vermoedens van stekende of bijtende, verborgen dieren. Dichter bij zee, op een drooggevallen plaat, een doodstille klas witte vogels, nog te ver om ze te herkennen. Als het pad ophoudt moet ik weer het water in, zo diep nu dat ik mijn opschrijfboek boven mijn hoofd moet houden. Ik kan zien waar het ondieper is en ga naar de overkant. De bladeren van de lage palmen langs de kant zijn gerafeld, alsof ze te moe zijn om heel te zijn. Een paar vrouwen doen de was op hun knieën langs de rivier. Ze kijken naar de eigenaardige voorbijganger die ik ben en lachen. Ik wijs naar waar de zee moet zijn en zij wijzen en knikken, ja, daar is de zee. Ten slotte kom ik er. De rivier is nu breed, het lijkt een kleine delta, ik moet uit de buurt van de vaargeul blijven. Door de hitte en het zonlicht lijkt het strand wit, het is te heet aan mijn voeten en er is niemand te zien, links en rechts gaat het oneindig ver door tot het zich verliest in een trillende schittering met af en toe een regenboogvonk in de branding. Pelikanen duiken als een groep oorlogsvliegers tussen het schuim, maar als ik verder van de monding van de Colotepec wegloop zie ik plotseling hoe er een in het hete zand ligt te sterven. Hij probeert op te vliegen als hij me ziet naderen, klapwiekt met zijn ineens zo grote, wanhopige vleugels, en ligt dan stil. Hij kijkt mij aan, ik kijk hem aan. De kleur van zijn veren is geel, vaal, een oude doek van veren die in het zand ligt, end of the line. De ogen groot en strak, twee stenen van amber met een donkere steen in het midden. Ik voel hoe vreemd ons gezamenlijke standbeeld is, mens met stervende pelikaan. Zijn nu veel te grote bek lijkt hem in de weg te zitten, hangt tegen het glinsterende zand aan. Zo sterven ze altijd, denk ik, om toch maar iets te denken. Hij denkt niet, denk ik. Hij wacht. Na een tijdje ga ik weer naar de rivier. Ik zal de hele weg terug naar het dorp moeten afleggen zoals ik gekomen ben, het pad, het water, het slijk. Als ik na meer dan een uur weer bij de hutten gekomen ben ruik ik een zoete geur van bederf. Niet van vlees, of van rottenis, eerder een ander soort bederf, van weelde, overdaad, te veel zwelgend vergaan, een tropengeur. Het moet een bloem zijn, heeft iemand me eerder gezegd. Nu ruik ik aan alle bloemen, de sterren, de kelken, de monden, de waaiers, de sporen. Maar de geur is er niet bij. Het verbaast me hoe vijandig sommige planten zijn, wurgkoorden, dolken, scharen, machetes. In het slijk van de oever zie ik de gaten van wormen, een onleesbaar schrift. Iemand komt aan op een ezel. Iemand parkeert een Datsun onder een hoge boom. Iemand in een hut achter me zet een transistor aan. Dat geluid splijt de middag. Twee mannen staan midden in de rivier, aan de rand van de vaargeul, en kijken. Ze zien wat ik niet zie, vissen. Af en toe gooien ze er een net overheen en halen het dan op. Als ze terugkomen naar de oever laten ze ze zien.

Ik vraag hoe ze heten. 'Lissa.'

Ze vragen of ik ze wil kopen, maar ik zeg dat ik geen huis heb. Daar moeten ze om lachen, iemand die geen huis heeft. Zij hebben wel een huis en verdwijnen over het bospad. Ineens herinner ik me een liedje dat ik heel lang geleden, misschien wel dertig jaar, hoorde in een cabaret in de rue Jacob, in Parijs. Het waren twee mannen, elk met een gitaar, een blanke en een zwarte. De een zat iets hoger dan de andere. Het laatste lied van de avond was altijd hetzelfde:

> Time for man go home
> Time for beast go home
> The monkey in the bush go kwakwakwa
> Time for man go home

In Puerto zie ik een bord tussen de winkels voor t-shirts: 'Maak een vogeltocht met Michael Malone'. Ik verdring mijn weerzin tegen georganiseerde trips en ga naar binnen. Michael is een brede Canadees die 's zomers vogelwachter is in de Canadese wouden en 's winters hier verblijft. Het kon slechter. Hij wil de volgende dag wel een tocht maken naar de lagune, maar er moeten minimaal vier mensen mee. Ik breng Simone mee, die de foto's maakt. Als hij er nog twee vindt zal hij me morgen heel vroeg uit bed bellen. Dat gebeurt. Als ik me nog slaperig kom melden zijn de andere twee er al, een jonge neger uit Chicago en zijn roodharige vrouw. Het is een voorbeeldige ochtend, het licht nog zo vers alsof het net is uitgevonden, nevel boven de zee. We stappen in een Landrover en rijden naar de lagune, lopen een pad af. Er ligt een smalle boot klaar, waar we net met zijn zessen in kunnen. Michael stelt ons voor aan Pedro, een jonge Indiaan. Het water is zwart, roerloos, ik heb het gevoel dat we het pijn doen als we wegvaren, de aaneengesloten bomen langs de oever worden zo genadeloos weerspiegeld dat je niet meer weet wat echt is en wat niet, zoals ook wij dubbel zouden bestaan als er niemand was om ons te zien. Het geluid van de motor is niet schreeuwerig, eerder een aangenaam zoemen. Toch is het prettig als Pedro hem uit zet en wij een stille kreek binnenvaren. Dit is stof voor dromen, denk ik. Het bootje beweegt geluidloos, alleen af en toe het zachte klokken van dik water rond de peddel. Kroos, van een geslepen groen. Pedro is de meester. Hij ziet de vogels die Michael niet ziet, trekt hem aan zijn mouw, tikt hem op zijn schouder, wijst. Wij zien hem kijken, maar hij ziet het niet, we volgen Pedro's vinger, langzaam omhoog langs een stam, een tak, een vork in de tak, een kleine donkere vorm. 'Northern watertrush,' zegt Michael, maar ik zie alleen maar de onbenoembare vorm. Uren dwalen we door kreken en dan weer over open water, ik zie keizersterns, een visarend, een groene reiger, fregatvogels, regenwulpen, aalscholvers, lepelaars, purperkoeten, toppereenden, anhinga's als versierde lettertekens. 'Let op,' zegt Michael, als hij in de verte een paar anhinga's gezien heeft die op een lage tak boven het water zitten, 'als we dichterbij komen laten ze zich in het water vallen.' Laguna Lagartero, Laguna de Chicahua. Michael vertelt dat er in de lagune en langs de stranden nog negers wonen, afstammelingen van vroegere, gevluchte slaven uit de Cariben. Later zien we een paar van hun hutten vlak bij zee, de bladeren wit uitgeloogd door het zout en de zon. Mensen zijn er niet te zien. De vogelnamen die ik niet in het Nederlands ken schrijf ik op in het Engels, om ze later na te kijken, maar als ik de vogels terugzie in mijn Thieme zijn die stille tekeningen niet meer de vloeiende vormen van die geheimzinnige ochtend. De sheepskinned hawk, heb ik die gezien? Het moet, want het staat in mijn boekje, maar de verstarring van die vorm op de witte pagina kan ik niet meer rijmen met de ritselingen, halve zichtbaarheden, schaduwen tussen de mangroves, boven de onbreekbare steen van de zwarte waterspiegel in die kreken. Wat overblijft zijn de namen, en de herinnering aan vogels die ik zag en dan toch weer niet zag, het geplas van de riemen, het gefluisterde Spaans van Pedro, onze zachte stemmen, een boot in de vroege ochtend, zes mensen die elkaar nooit meer zouden zien.

De volgende ochtend rijd ik over de hoofdweg langs dezelfde lagune, maar nu hoor ik al niet meer bij die wereld. Ik weet wat er achter het front van die bomen verborgen ligt maar ik kan er niet meer heen, ik zou er verdwalen. Ik rijd over de Mexico 200 naar het noorden, naar Acapulco. De vrede van de vorige dag ruil ik voor een dag van verkeerde beelden. Al meteen aan het begin ligt er een dode ezel midden op de weg. Zijn buik is opengescheurd, een rood hol, de slijmerige slierten van ingewanden eruit. Twee honden vreten hem leeg, heel deftig en rustig, adellijke heren aan een barbaarse feestmaaltijd. Ik toeter en ze kijken niet op. Die dag word ik drie keer aangehouden, jonge soldaten in het blauw met mitrailleurs. Ze doorzoeken de hele auto. 'Dat doen ze speciaal op die route,' zegt een vriend later. 'Daar komen veel Amerikanen. Reagan geeft Mexico een hoop geld voor drugsbestrijding, ze moeten laten zien dat ze het niet allemaal in hun zak steken.'

Meer dan andere dagen voel ik die dag hoe geweld hier altijd onder de oppervlakte schuilt. In een dorp rijd ik per ongeluk een verkeerde straat binnen en voor ik het weet heeft de dienstdoende agent al zijn revolver door het open raam in de auto gestoken. Ik kijk naar dat eigenaardige voorwerp, kort, glanzend, dreigend, dat ineens in de betrekkelijke intimiteit van mijn Kever is binnengedrongen, maar veel tijd voor reflectie is er niet. Ik zie alleen de onderkant van het gezicht van de agent dat op een rare, vertekende manier aan dat wapen lijkt vast te zitten, en die onderkant schreeuwt. Wegwezen, oprotten, die orde, en ineens voegen die beelden, dat geschreeuw, de mitrailleurs zich in een ongerijmde irrationele reeks van mensenoffers, foto's van executies, de wrede tekeningen uit de codices. De klad zit erin, en Acapulco is niet de plaats om hem eruit te krijgen. Een andere keer zal ik gevoelig zijn voor de hoofdstad van de kitsch, voor de roze hotels en de blauwe luifels boven de Amerikaanse sleeën, voor het winkelcentrum in de vorm van een draak, voor de gekartelde torens met duizenden kamers voor Australiërs en Amerikanen, voor de versteende dolfijn boven het lege zwembad, voor de namaakhutten met kleren uit Milaan, de neger van plastic, het oorlogsschip in de gouden baai die ooit onbedorven was, een andere keer, nu niet. Nu staat er als ik wakker word een soldatenlaars naast me in het zand, en is de wereld veranderd in een onophoudelijke massa koopwaar. Na de koloniale schittering van Puebla, en de afzijdige rust van Oaxaca, de keizerlijke landschappen en de stilte van de vogels heb ik er geen zin in. Alleen nog de veldslag op de weg door de bergen naar Mexico Stad en de stad zelf, hoog en verstikkend. Dan is het over. Ik weet dat ik hier terug zal komen maar nu is het tijd om te gaan.

Zondagochtend. De taxi heeft me door de verkeerde wijken naar het vliegveld gereden. De krant vertelt dat we gisteren het wereldrecord luchtvervuiling gehaald hebben, maar dat wist ik al. Mijn keel en mijn ogen kunnen dat ook meten. Ik kijk naar de lage huizen, het vuil dat door een windhoos lijkt aangeblazen, de mensen, de walmende bussen. Een uur later ben ik in de eerste wereld. Het land waar ik vandaan kom ziet er ineens uit als een KLM-toestel, een oneigenlijke blauwe rust. *Calme, luxe et volupté.* Ik laat me wiegen, de tijdelijk niet meer gespleten reiziger. De stewardess brengt me een vaderlandse krant waar het nieuws van de wereld gerangschikt staat. De lucht is koel, het is stil, de wereld van buiten, die zich niet laat rangschikken, is buitengesloten. Even later vlieg ik boven het woedende, in elkaar gedraaide spinneweb van de stad waar ik zoveel dagen heb doorgebracht. Ik weet wat zich daar afspeelt, en ik kan het me niet meer voorstellen.

* De churriguerra-stijl is een vorm van Spaanse barokarchitectuur, ontstaan in navolging van José Churriguerra (1650-1723). De manuelische of manuelijnse stijl is een Portugese variatie op laat-gotische sier onder Dom Manuel (1495-1521). Gelijktijdig met en deels beïnvloed door de Spaanse Isabella-stijl – decoratief, met rijke ornamentiek, Moorse invloeden en renaissance-elementen.

GUIDO GOLÜKE

MOERASNOTITIES 'IN HET VOET-SPOOR VAN NAIPAULS BISWAS'

Toen ik destijds net van mijn reis terug was, leek het of ik een reusachtige capsule met als inhoud Trinidad had doorgeslikt. Mijn verblijf daar had een reusachtig soortelijk gewicht. Het lag zwaar op mijn maag, er zou een sterk, geduldig doorbijtend zuur nodig zijn om de capsulewand door te branden. Pas daarna zou ik de reis in mijn verbaasde systeem kunnen opnemen. Laat ik nu, enkele jaren later, maar beginnen in Arima, waar ik opeens besefte hoe ver ik van huis was.

Ik liep met een rugzak vol hitte tussen drommen negers en Indiërs in een amper geplaveide marktstraat. Ik sprak een jonge man aan en vroeg of er een bus naar Blanchisseusse ging. Hij nam me met een bruin en een melkwit oog van onder tot boven op en vroeg wantrouwig waarom ik daarheen wilde.

Ja wat moest ik in Blanchisseusse? Ik wilde na drie dagen uitlaatgassen in Port of Spain, in een loodgrijze, warme mist van dertig graden naar het strand – wit zand, wuivende palmen, een driedimensionale ansicht in een verkoelende zeebries. Berlitz had me bovendien beloofd dat de slechte, slingerende weg – o, romantiek – door een dichtbeboste bergstreek vol tropische vogels voerde (tijgervinkjes in het wild? In Port of Spain had ik in de Botanical Gardens plots een felgroene papegaai zien langsvliegen, en in mijn arm geknepen om te controleren of het van de hitte was). En was er een mooiere naam voor een badplaats dan Blanchisseusse?

'Naar het strand, lekker zwemmen!' zei ik.

'Hoor eens, dat soort dingen doen wij hier niet,' zei hij, agressief nu. 'Met dat soort bourgeois flauwe kul houden wij ons hier niet bezig. Wij werken!' Ik dacht aan de calypsosong in *Miguel Street*, die mij had aangemoedigd via Arima naar Blanchisseusse te gaan:

> *A certain carpenter feller went to Arima*
> *Looking for a mopsy called Imelda*

De hardwerkende timmerman had ik dus net ontmoet, maar zijn mopsy had hij vast niet gevonden.

De winkels aan weerskanten stromen de trottoirs op. Ruw gegoten aluminiumpannen, groenten, sandalen. Het is niet te geloven dat de donkere winkeltjes erachter al die koopwaar 's avonds weer kunnen opslokken. Midden op straat staat een klokketorentje van een meter of vier hoog, de klok is ooit blijven steken. Japanse en Amerikaanse auto's vol deuken en roestplekken. Golfplaten daken bruin van de roest. Onbekende, overrijpe geuren. Een donker, stoffig dorp omringd door duister doorgroeiend groen.

Het bleek dat er van Arima alleen taxi's naar verdere bestemmingen rijden. Ik informeerde op een zanderig, door die taxi's geflankeerd kruispunt. De taxi's zijn particuliere auto's met de H van Hire op het nummerbord. Ze hebben geen meter, de chauffeur perst je gewoon een bedrag af en schuift het geld in een dikke rol achter de zonneklep. Het tarief naar Blanchisseusse was plenty TT-dollar, zowat de helft van mijn totale reisbudget, en het bedrag kon alleen minder worden als ik medereizigers kon vinden. De chauffeur glimlachte verontschuldigend, hij dacht niet dat er verder nog iemand naar Blanchisseusse zou willen.

Ik wilde naar een plek die niemand anders wilde bezoeken: de volle DC-10 van Londen naar Port of Spain was bij de tussenlanding op Antigua in een tropische stortbui helemaal leeggestroomd. Er waren nog drie passagiers die naar Trinidad wilden: een free-lance piloot die informeerde of ik Amerikaanse dollars te koop had, een veteraan van het 'Falklandconflict' die me vertelde dat de 'Argies' hun onopgeruimde doden van booby-traps voorzagen, en ik. Nu moest ik ter plekke een wijziging in mijn schema aanbrengen. Ik was die ochtend vroeg met rugzak en al uit het Edgar P. Lau Hotel in Port of Spain vertrokken om via Arima naar Blanchisseusse te reizen, daar in een hotelletje te overnachten enzovoort. De bus had zo'n drie uur gedaan over de vijfentwintig kilometer naar Arima, in een schetterende, schokkend opschuivende file. Zitten is hier zweten.

Maar wat moest ik nu in Arima? Ik was hier alleen maar op doorreis naar nattigheid. De hitte in mijn rugzak begon geweldig te wegen. Ik voelde een gevaarlijke gejaagdheid door mijn lijf zinderen: ik moest wat eten. Ik zag jammen en papaya's, dingen waarvan ik hoogstens de namen was tegengekomen in *Biswas*. En in de grote roman van Naipaul werden die papaya's en jammen eetklaar, hoe wansmakelijk ook, opgediend door de schoonzussen van meneer Biswas. Ik had gehoopt op een gekookte hap.

Naast mijn duizelingen begonnen nu ook mijn eetgruwelen met tropische snelheid te groeien. Ik gruwde weer van de bonen die ik ooit in Louisiana in de week had gezet, die na drie luttele uren al centimeters waren gesproten! Ten slotte vond ik tussen allerlei onbekende eetwaren een paar bekertjes yoghurt die ik meer willend dan genietend naar binnen worgde. De beoogde rust in lijf en brein bleef uit. O, voelde Papillon zich zo toen hij uit het bagno was ontsnapt en in Venezuela rondzwierf?

Ik zeulde de hitte in mijn rugzak (geen bagagekluizen in Arima) naar een vrachtauto vol kokosnoten en bestelde er een. De verkoper rommelde wat in de berg, koos een geschikte noot en hakte er met twee klappen van zijn machete een hoek uit.

Dik zoetig spul. Wel heerlijk.

Ik zag dat de drie, vier andere klanten hun noten na het slurpwerk aan de venter teruggaven. Deze sloeg de bast dan helemaal in tweeën zodat het weke vruchtvlees genuttigd kon worden. Ik gaf mijn leeggedronken noot aan de verkoper terug. Hij mikte hem achteloos op de stapel gehalveerde basten. Dan maar terug naar Port of Spain en het Edgar P. Lau Hotel.

Daar ik, met pluk de dag en de warmte in gedachten, voor dag en dauw was opgestaan, was het na dit alles nog geen twaalf uur!

De bus terug was weer zo'n rustieke bouwval, te beklimmen na een lange wachttijd in een stalen labyrint dat nog het meest leek op de afdeling slachtbiggen en kistkalveren op de Zwolse veemarkt. Het busstation bestond uit een afgetrapt loket aan een grote pokdalige sintelvlakte, geflankeerd door voornoemde staalconstructie.

Ik zou de komende vijfentwintig kilometer over de Eastern Main Road weer uren de tijd hebben om te overdenken hoe ik mijn oriënterend bezoek aan Trinidad zou voortzetten. V.S. Naipauls waarschuwingen over het verkeer claxonneerden luid in mijn oren: kilometers en nog eens kilometers gebutste auto's kruipen ronkend over een veredelde landweg geflankeerd door rommelige velden en propjes bomen. Rechts glooien blauwig groen de heuvels van de Northern Range, waar ik me had willen vergapen aan exotische vogeltjes. Als Port of Spain eindelijk daar is, krijgt de file een stedelijk en begrijpelijk karakter. Ik stel zwetend vast dat het busvervoer een onmogelijkheid is, en krijg een heilig ontzag voor de schoolkinderen, die deze busreis dagelijks maken. Bussen, taxi's, ze kunnen niet vliegen. Het eiland is een groene broeikas waar te veel auto's als koppig voortploeterende mieren over te weinig, te nauwe weggetjes kruipen. Ik moet maar in Port of Spain blijven en blijven lopen.

De eerste dagen liep ik in een staat van voorzichtige nieuwsgierigheid en straalstress door de hoofdstad. Met enkele tips en waarschuwingen van V.S. als mijn enige houvast, had ik besloten alle straatnamen, plaatsnamen en andere aanknopingspunten in *Een huis voor meneer Biswas* en *Miguel Street* af te werken, te beginnen met Port of Spain, waar ik mijn intrek had genomen in het Edgar P. Lau Hotel, in een kamer die werd gedomineerd door een reusachtige staande ventilator met vier versnellingen.

Ik vergaapte me aan de bougainvillea, hibiscus en tientallen andere, mij onbekende bloemen. Lichtende kleuren, onbescheiden afmetingen. Struiken groeien zienderogen in de vochtige warmte. Ik zie voetbalgrote vruchten aan bomen hangen. Waaiervormige palmen. Zware geuren. Op de Savannah, een uitgestrekte grasvlakte, geflankeerd door grote koloniale huizen, zie ik een boom met een brede, laaiende kruin. Het is een flamboyant, een vlammenboom. De al afgevallen bloemblaadjes liggen in een even brede, donkerrode kring om de stam na te gloeien. Terwijl ik zo met boordevolle ogen langs de stoeprand loop, hoor ik plots een jonge vrouw vanuit een langsrijdende auto naar me sissen: '*Pssssssss, white man! Piss off, white man!*'

Schrik.

Ik heb al vastgesteld dat ik vrijwel de enige blanke ben in Port of Spain. Ik ben hier een witte nikker en krijg de universele zwarte-nikkerbehandeling. Het is instructief en bijzonder onaangenaam. *Eh, white man!* Doelen ze op mijn belachelijke melkflessen, mijn aanstootgevende korte broek, mijn provocerend glurende fototoestel? Moet ik mijn anders-zijn juist onderstrepen en een tropenhelm opzetten, zoals lange vrouwen heel doeltreffend op hoge hakken lopen? De blanda in het blandapak. *Eh, white man!*

Ik liep die eerste dagen door straten vol groeiwarmte en pas op de plaats rokende auto's. Een onbekende stad kun je te lijf met een plattegrond, een gids, maar wat doe je als daar zowat geen boom, plant of bloem vertrouwd is? En vertrouwde planten en bloemen uitgegroeid tot afmetingen die je niet voor mogelijk had gehouden? Het betekent dat je zintuigen, toch al druk belast door zoveel interessant nieuws, nergens kunnen uitrusten. De bamboestruik in de tuin van de buurman thuis moet van een ander ras zijn dan deze reusachtige, piepende, krakende bossen stokken dik als regenpijpen. Aan de voet huppen spreeuwen – geen spreeuwen natuurlijk, zwart glimmende vogels die op spreeuwen lijken. Ik bemerk dat ik al wat leeft een vertrouwde naam wil geven. En voel een onvermoede buitenlandsheid als het blijft mislukken.

Een desoriënterend bezoek. Ik loop alle door Naipaul vermelde straten af, maar in een noordelijk tempo, te snel. De warmte doet sluipend, schier onmerkbaar haar werk, tot je ineens verwilderd van vermoeidheid naar alles tegelijk kijkt en niets meer kunt opnemen, geen indrukken en ook geen voedsel. Gedachten en voornemens, plannen en wensen beginnen elkaar hinderlijk snel te verdringen. Ariapita Avenue, de Lapeyrouse begraafplaats waar de hindoes rusten die onder het Britse beheer niet gecremeerd mochten worden – het blijft een muur langs de stoep waar ik op loop. Woodford Square met Red House, een gebouw dat naar de koloniale tijd verwijst. Maar in de ruime hal gaat het aangenaam gewoon toe, drukte, wachtende mensen voor loketten. De fontein staat droog. Op Woodford Square houdt een man een redevoering over zwarte emancipatie. Hij heeft zo'n honderd roerloze toehoorders, mannen met aandachtige hoeden op.

Daar is ineens de gevangenis waarin Hoed werd opgesloten. Alweer herken ik het gebouw aan de korte, trefzekere beschrijving van Naipaul. Een groene poort in een gele muur, het golfijzeren dak erboven is bruin verroest en garandeert vast een moordende hitte voor de zuchtende ingezetenen. Ik wil een foto nemen van de portier als hij een bezoeker binnenlaat. *'Eh, no pictures!'* roept hij belangrijk. *'Eh, white man! Show the black man what you got in there. Give the black man what he want, white man! Eh, white man!'*

Er staat een jonge neger voor me, heel dicht voor me. Hij trekt aan mijn schoudertas (met fototoestel, opschrijfboekje, reuze interessant allemaal), hij port in de papieren zak in mijn hand. Tomaten. Hij kijkt boos, uitdagend, hij ruikt mijn vrees. Ik voel me lullig zenuwachtig worden en vraag nog eens wat hij wil. Hij wil *what the black man want.* Er dringt inmiddels een groep geüniformeerde schoolkinderen om ons heen. Ik maak de bruine zak open en geef de black man een tomaat; hij kijkt naar mijn hand, naar mijn schaapachtigheid. Hij pakt de tomaat aan, smijt hem in de goot kapot en loopt weg. De kinderen gieren het uit. Ik gier ook.

Hierna maak ik tot in mijn kloten gegeneerd een foto van de bajes, al staat er nu geen sleutelknecht in korte broek en kniekousen in de deuropening. Doorlopend schieten er wat calypsoregels uit *Miguel Street* door mijn hoofd:

> *The more they try to do me bad*
> *Is the better I live in Trinidad*

Ik ben kaartlezer in een sterrit: ja, de drukpersen onder het kantoor van de *Trinidad Sentinel* in Vincent Street daveren inderdaad met urgente bedrijvigheid, afkruisen en doorlopen. Vertalend zal ik Biswas straks door 'vertrouwde' straten volgen, maar nu ben ik hier nog een zebra op Duindigt. Ik vind de moskee vlak bij Piccadilly Street maar durf er niet in omdat ik niet weet wat er van me verwacht wordt. Het lijkt een onneembare burcht achter een droge gracht, zo te zien een open riool uit de oude tijd, en zo te zien ook de grens. Ik voel dat de wijk erachter een *no go area* is, Piccadilly Street. Mijn instinct zegt me dat ik er niet in moet gaan. De blikken van voorbijgangers zijn evenmin uitnodigend. Ik zie wrakkige huizen met rafelige palmen erbovenuit. Hier en daar een tuintje vol woekerend bananegroen. Een groezelige garage onder aan een omhooglopende weg vol huizen zonder bouw- en woningtoezicht. Ik zie van alles om te fotograferen, maar ik zie geen kans mijn voorzichtigheid te overwinnen.

En ik heb al die tijd heel weinig naar binnen kunnen krijgen. Eén roti (pannekoekje met zeer pittige vulling), een broodje, tomaten. Ik zit te vol warmte en indrukken.

Terug uit Arima ging ik naar mijn hotelkamer. Een bed met nylonlaken, aan het voeteneind een ruw houten krat waarvan ik de functie niet kan bevroeden. Aan de muur een luchtstudie op een stuk triplex. Ik zet de ventilator in zijn vier en sla mijn opschrijfboekje open, indrukken en plannen. Port of Spain is min of meer afgewerkt. Ik heb boeken gekocht over fauna en flora, ik heb rijpe, grote mango's doodgewoon in achtertuinen aan bomen zien hangen. Het strand is onbereikbaar ver. Mijn engelbewaarder zeurt dat ik moet eten.

Ik ga naar buiten en loop naar Independence Square, een langwerpig plein vol taxi's, routetaxi's (minibusjes die een vaste route rijden tegen een vast tarief), bussen, daklozen, bedelaars. Aan een stalletje eet ik kruidige kikkererwten in een vetvrij papiertje. En word meteen weer aangeklampt: *'Eh, white man! Dope? Ganja? Guns? Eh!'*

Dan maar weer terug naar het Edgar P. Lau Hotel. Als ik de douche annex plee instap, zie ik aan de randen van mijn blikveld allerlei klein grut wegvluchten. Kakkerlakken met dat gecoördineerde renvermogen bij gebrek aan vleugels. Allerlei ander tuig. (Kruipen ze 's nachts over mijn gezicht?) De douche is lauw en krachteloos. En het is pas vier uur 's middags.

Ik besluit een tweedehands fiets te kopen om zo het vervoerprobleem op te lossen – wat een geniaal idee! Ik besluit een tukje te doen, naar Fort George te gaan, ik tuur in mijn opschrijfboekje. Ik besluit wat te gaan eten. Niet in die volgorde. In geen enkele volgorde. Een fiets, geen gezeik meer met niet-rijdende bussen en onbetaalbare taxi's. Op een fiets ben ik onafhankelijk, immuun voor verkeersopstoppingen, op een fiets kan ik het hele eiland afpeddelen!

Een fiets is te duur. Ik besluit naar Fort George te gaan, de enige naam op mijn lijst die nog afgekruist moet worden. Van Fort George kun je heel Trinidad overzien, en de Golf van Paria. Het fort staat op een heuvel boven Port of Spain, dus is het er vast veel koeler!

De man die ik op Ariapita Avenue aansprak om hem de weg naar Fort George te vragen, lachte hoofdschuddend en zei dat het veel te ver was om te gaan lopen.

'Neem de bus.'

'Gaat die helemaal naar Fort George?'

'Nee. Neem een taxi.'

In plaats daarvan stapte ik een winkel binnen waar van alles te koop was en vroeg of ze soms tweedehands fietsen verkochten. De Indiër keek me eerst niet-begrijpend en toen boos aan. *'I have no second hand rubbish in here!'* zei hij, en keek over zijn schouder naar een collega in een achterkamertje. *'This man wants to buy a second hand bicycle!'* riep hij quasi-beledigend. Hierop krijsten beide heren van het lachen. Ze wilden me wel een grote fles koud water geven, voor onderweg. Fort George was ongeveer vijf kilometer zeiden ze, aldoor de heuvel op, veel te ver om te lopen. Vijf kilometer leek mij geen probleem als ik het kalm aan deed, met het oog op de temperatuur.

Voorbij St. James, een wijk vol keurige huizen omringd door hibiscus en poinsettia, begon de weg sterk te stijgen langs een pokdalige kloof. De twee steile wanden waren lukraak bezaaid met huisjes die zo te zien door de bewoners zelf waren ontworpen en gebouwd. Geen twee huisjes waren hetzelfde, bij sommige leek het oorspronkelijke ontwerp halverwege de bouw aangepast aan de gewijzigde financiële omstandigheden. Hoe verder ik Port of Spain achterliet, des te grilliger werd de behuizing.

De kloof was zo steil dat de platte daken van huisjes pal aan de weg parkeerplaatsen leken, vlonders vanwaar men die dichtbevolkte kloof kon overzien. Ik dacht weer aan het Hollandse bouw- en woningtoezicht en sloeg haast dubbel van het lachen, zodat er nog meer zweet van me af sloeg. Ik leek vocht uit te wasemen in een poging mezelf te assimileren met de vochtige lucht om me heen.

De weg helde zo sterk dat ik om de tweehonderd meter moest blijven staan om op adem te komen, hoewel ik het heel rustig aan deed. Na één of twee kilometer begon ik ernstig te betwijfelen of ik het zou halen. Op de maat van bouw- en woningtoezicht deed ik telkens honderd korte passen en bleef staan. Water. Honderd passen woningtoezicht, tot er geen huisjes meer langs de weg stonden. Water. Honderd passen. Mijn fles raakte leeg. Meteen begon dat me te obsederen. Ik was een stomkop, een Mad Dog and an Englishman die geen acht sloeg op waarschuwingen van de mensen die het konden weten. Ik zou uitdrogen en instorten. De hagedissen die ik nu en dan in de berm zag, leken steeds groter en trager te worden. Het schoot me te binnen dat Titus Hoyt in *Miguel Street* zijn pupillen de berg opgekregen had door ze een frisse beek in het vooruitzicht te stellen. In het verhaal was die beek boven Fort George opgedroogd!

Vijftig passen tot aan de bocht. In de berm een kleuterkrokodil. Met mijn handen op mijn knieën uithijgend kijk ik naar het kleine prehistorische monster. Eén oog gaat open en dicht. Na de bocht gaat de weg meedogenloos verder omhoog, geen spoor van Fort George. Aan weerskanten zoveel dicht groen dat ik me niet kan oriënteren. Mijn brein draait nu een refreintje af: water, bouw- en woningtoezicht, water. Water, bouw- en woningtoezicht, fiets. Wat voor versnelling zou Eddy Merckx gebruiken om deze tropische helling te beklimmen? Water, Eddy Merckx, fiets. Als ik een fiets had zou ik wel tien bidons meenemen. Bidons op het frame, bidons vol water aan weerskanten van mijn kuiten. Bidons aan mijn bovenarmen. Klotsend en druppend sleep ik wel tien liter water omhoog de bult op. Mijn last neemt af naarmate ik drink. Wat ik drink wasem ik meteen weer uit. De slok haalt mijn maag niet eens. Zo neemt mijn gewicht gelijk met mijn krachten af. Na een hoop gezwoeg zijn de watertanks leeg en al mijn krachten verdampt. Geen gewicht maar ook geen energie om mijn vederlichte ziel nog verder omhoog te duwen. Stilstand. Mijn fles is leeg. Maar ik wasem niet alleen stoom uit, ik adem het ook in! Ik voel de vochtige lucht tussen mijn lippen door naar binnen glijden. Water en stoom. Water wordt stoom. Mijn schoenen zijn grijs van het stof.

Dan zie ik een antiek kanon!

Ineens is er uitzicht. Port of Spain ligt vlak uitgevloerd te stoven aan een heiige zee. Ik herken de Savannah met de renbaan. De Golf van Paria, onaanraakbaar ver. Op de voorgrond ketsend felle kleuren van bougainvillea en andere bloesems die ik nog niet ken. Palmen. Het is hier niet koeler. Het uitzicht is geen ansicht: te wazig. Het is zwaar bewolkt, geen zuchtje wind. De zee is grijs en ver, en vast verstikkend warm. Erachter zie ik een vage streep: Venezuela, het vasteland van Zuid-Amerika.

Vlak om me heen zijn de kleuren vastomlijnd, paars en blauw, het harde groen van puntige palmbladeren. Fort George is zachtgeel, een eenvoudig Caribisch gebouw dat er doodstil, nu doelloos bijstaat. Een leguaan laat me zien wat je doen moet in deze moorddadige hitte: niets.

Water! Er is geen beek maar wel een kraantje. Ik vul mijn fles. Nu kan ik gerustgesteld rondkijken. De leguanen zijn als de katten in het Colosseum, hoe langer ik kijk, hoe meer ik er zie.

Omringd door loom luierende leguanen drink ik mijn water.

Op de terugweg langs de bebouwde kloof zie ik een man uit een heel klein huisje stappen. Het is niet meer dan een hok waar de kippen uitgezet zijn; die zitten nu onder de vloer in het stof. De man begroet me met een vriendelijke grijns. Zijn kroeshaar is bijna helemaal wit. Als vanzelf lopen we naast elkaar verder. Hij draagt gummilaarzen, de neuzen wijzen sterk zijwaarts. Ik neem het ritme van zijn trage tred over. Het is comfortabeler en meer in harmonie met de stil wordende omgeving. Vogels en bloesems hebben hun geschreeuw gestaakt. Op zijn vraag waar ik vandaan kom, zeg ik Fort George; verder dan dat verlossende keerpunt reikt mijn brein niet meer.

De oude man lacht breed. Dat bedoelde hij natuurlijk niet. Ik licht hem in. Hij zegt eenvoudig dat hij zijn hele leven in deze vallei heeft gewoond, en nooit van het eiland is geweest. Ja, in dat kleine huisje. Maar hij leest de krant en trekt zijn conclusies, zegt hij.

Langzaam verder lopend waarschuwt hij me voor de warmte.

'Daar hebben wij hier wel verstand van. Als jij straks terug bent in Port of Spain, denk je, ha, een lekkere kouwe douche! Maar dat is helemaal verkeerd, man. Dan word je verkouden. Je gelooft me vast niet, maar het is zo. Die warmte is een raar ding. Je slaat het op. De hele dag neem je meer warmte op. Ik heb de hele dag buiten gewerkt, ik heb de hele dag warmte opgenomen en nu ben ik moe, ik zit helemaal vol met warmte. Dat moet ik vannacht in bed langzaam kwijtraken. En dan fris ik me morgenochtend misschien op met koud water.' Hij kijkt me bezorgd aan en zegt: 'Jij zit ook vol warmte, dat zie ik. Geen kouwe douche vanavond! Waar logeer je?'

'In het Edgar P. Lau Hotel. De douche is niet erg koud.'

'*That good good.* Jij neemt vanavond geen douche in het Edgar P. Lau Hotel. Eerst moet die warmte uit je lichaam. Ja, wij weten van de warmte, maar wij zijn traag. Traag in ons hoofd. Die warmte maakt je hersenen zacht zacht, man. Jullie in het noorden, jullie verstand is hard en scherp, man. *A hard hard brain, for hard thinking.* Wij, wij zijn zacht en sloom. Het is hier te warm om veel denkwerk te doen. Maar ik denk wel na, hoor, langzaam, langzaam.' Hij kijkt me ernstig aan, zijn tanden wit in het plots verminderende licht. Zijn blauwe overall is nu bijna zwart. Hij legt een hand op mijn arm.

'Ik lees kranten. Ik lees in de krant dat jullie in Engeland oorlog voeren met de Argentijnen. Om de Falklands. En dan denk ik: wat een treurnis, al die vliegtuigen neergeschoten, al die boten gezonken. Daar denk ik dan over na, al zit ik hier ver van de wereld in mijn huis op Trinidad. Ik denk na en ik denk, waarom doet de techniek daar niet wat aan? Waarom maken ze die vliegtuigen van enkel aluminium? Eén voltreffer en pats, dat ding stort neer! Boten van staal – één torpedo en hij zinkt. *Steel too heavy heavy, man.*' Hij spreidt zijn handen, pakt weer mijn onderarm beet en schudt zijn hoofd.

'Waarom doet de techniek daar niks aan? *It have aluminium, it have rubber, it have wood.* Hout zinkt niet. Het is licht. Waarom geen houten schepen? Een houten schip kan nooit zinken. De wanden van hout, met rubber aan de buitenkant.'

'Rubber aan de buitenkant?'

'Ja, dan stuitert zo'n torpedo gewoon terug.' Hij slaat zijn vuist in zijn handpalm. 'Hij stuitert gewoon terug, en als hij er toch doorgaat – tussen het hout en het rubber zit nog aluminium, dat is licht licht, en toch heel sterk. Die boot zinkt nooit!'

We lopen stil verder.

'Hetzelfde met de vliegtuigen. Rubber aan de buitenkant, hout aan de binnenkant. Alle kogels ketsen af. En als hij toch in zee stort, blijft hij drijven, vanwege het hout.'

'Maar als dat vliegtuig van zo hoog in zee stort,' zeg ik, 'dan sterven alle passagiers van de schok.'

Daarin moet hij me gelijk geven, maar: 'Dan doen we het rubber aan de binnenkant en het hout aan de buitenkant. Het hout om hem te laten drijven, en het rubber is zacht zacht.' Hij slaat met zijn hand tegen zijn hoofd. 'Zo zacht dat je je hoofd niet stoot. En dan aluminium ertussenin, want hout en rubber dat is niet sterk genoeg als het vliegtuig een noodlanding moet maken.'

We lopen stil verder. We zijn in St. James.

'Ja, zo denk ik over die dingen na. Waarom geen schepen met wanden van rubber en aluminum, met hout aan de binnenkant? En vliegtuigen met rubber aan de binnenkant – om de passagiers te beschermen als hij toch nog neerstort, of een noodlanding moet maken.'

Als we bij de grote weg aankomen neemt hij afscheid. Hij pakt mijn hand met beide handen vast en kijkt me recht aan, met overredende ogen. 'Nu moet je een taxi nemen. Je zit vol warmte. Nog meer lopen is niet goed voor je. En denk erom, geen kouwe douche.' Hij drukt me een paar dollar in de hand. 'Voor de routetaxi!'

Ik wil het geld niet aannemen, leg hem uit dat ik geld genoeg heb, en inderdaad een taxi zal nemen. Hij blijft mijn hand met het geld vasthouden tot er een routetaxi aankomt. Ik weet dat ik zijn gastvrijheid moet accepteren, wil ik hem niet diep beledigen. Ik wil hem iets geven. Ik heb niets en we lopen al naar de taxi. Ik knijp hem heel hard in zijn schouder en bedank hem. Hij lacht.

Een oude neger met een donker gerimpeld gezicht staat in een blauwe overall op de stoep. Hij zwaait.

Terug in het Edgar P. Lau Hotel, waarvan de zijgevel is overdekt met een muurschildering in Afrostijl. Mijn raam is beschilderd met olijfgroene en zwarte tijgerstrepen, die overdag een moerassig licht doorlaten. Nu het donker is steken de strepen duister af tegen de straatverlichting, als algen op de glazen wand van een groot terrarium. Ik lig naakt onder het nylonlaken in de roerloze lucht. De ventilator is uit de lagers gelopen, zodat ik moet kiezen tussen een lawaaiige bries en drukkende stilte. Ik kies voor de stilte en hoor kakkerlakken over het zeil rennen. Ik zie snel bewegende zwarte vlekjes in het schemerdonker. Buiten rijden auto's.

Op advies van de eerder ontmoete theoreticus heb ik geen douche genomen, enkel mijn gezicht, handen en voeten gewassen.

Ik lig nu in een terrarium vol bezige bewoners. Ik probeer aan morgen te denken, de dag in te delen, maar de verkeersopstoppingen van vandaag blokkeren alle plannen. Taxi's zijn te duur, routetaxi's niet flexibel genoeg, lopend bleef ik vandaag haast vloeibaar op het asfalt achter. Ik lig in een verstikkend terrarium en ik kan nergens heen. Arima, Tunapuna, Chaguanas, Guayaguayare. De exotische namen zijn hier even onbereikbaar als in Londen. Alle wegen uit Port of Spain zijn verstopt. In Arima vond ik een stilstaande klok en een kruispunt met taxi's naar de vier windstreken. Vier zandwegen waarheen? Een stilstaande klok in een donkere straat, onder een loodzware lucht. Dat was vandaag. Vanmorgen. Allemaal vandaag.

Ik knip het licht aan en stap in de douche. Gewriemel op muren en vloer, alsof ik met het lichtknopje een filmprojector aanzet. Ik zit vol warmte. De lucht om me heen is van dezelfde temperatuur als ik, hoe kan al die hitte uit me wegvloeien? Ik ga weer op het bed liggen en meteen beginnen er weer auto's in een aaneengesloten rij om me heen te rijden. Ik kan die steeds harder ronkende, mij steeds hechter omsingelende file alleen ontvluchten door daadwerkelijk op te staan. Ik loop de badkamer weer in en neem een douche. Het water is van dezelfde temperatuur als mijn lichaam en de omringende lucht. Als ik nu de ventilator aanzet, word ik vast verkouden.

Ik ga weer liggen. Onmiddellijk dringen de auto's en taxi's weer van alle kanten mijn denkruimte binnen. Taxi's die me niet naar Blanchisseusse konden brengen. Het verkeer rijdt al mijn gedachten klem. Ik probeer te bedenken waar ik een tweedehands fiets kan kopen, maar kan het idee niet ongehinderd uitwerken. Het verkeer blijft opdringen in groeiende stilstaande files. Ik hoor het. Als ik mijn ogen dichtdoe zie ik dichtgereden kruispunten. Als ik ze opendoe, zie ik beestjes op muren en plafonds. Is dit een delirium? De beestjes zijn echt. Ik moet denken aan de hallucinaties in technicolor na het eten van *magic mushrooms*. In die paddestoelentrance kon ik de bontgekleurde vleermuizen en fluorescerende monsterbloemen uitbannen door rustig naar het plafond te kijken, al bleef mijn ruggegraat gloeien als het element van een straalkachel. Maar wat is dit? Is dit zo'n flashback? Is het de warmte waar de man in overall het over had? 'Die warmte maakt je hersenen zacht zacht, man.' Mijn brein is een zacht borrelende kaasfondue. Kan ik het verhelpen? Is het zoutgebrek? Moet ik iets eten met een hoog zoutgehalte? moet ik naar buiten om ergens oesters te gaan eten? De oesterkraam waar meneer Biswas 's avonds laat heen ging, stond in Arwacas/Chaguanas. Ik heb in de buurt van het hotel geen oesterkraam gezien. Bovendien kreeg meneer Biswas naderhand vreselijke maagpijn. Ik lig bezwaard op het bed, ik kan geen vinger optillen. Als ik mijn ogen dichtdoe, beginnen de auto's, bussen en taxi's te schetteren. Ik doe mijn ogen open en volg een kakkerlak op het laken, hij loopt schuins over mijn lijf, in de richting van mijn kin. Hij trippelt links langs mijn hals. Ik hoor zijn pootgewrichten licht piepen. Het raam achter mijn hoofd groeit verder dicht. De rimboe vol schetterende auto's klauwt met gretige groene handen over de ruiten. Zal dit alles afgelopen zijn als het licht wordt? Hoe kom ik hier uit? Ik moet morgen een fiets kopen. Ik heb verstand van fietsen. Op een fiets –

Zo werd het ten slotte toch nog ochtend. Ik stond met het eerste licht op en liep het centrum van Port of Spain af op zoek naar een betaalbare fiets. Het lenigde mijn gevoel van hulpeloosheid, ik had nu een direct, praktisch doel in deze stad, ik zou de verkeerspuinhoop op mijn eigen manier overwinnen.

Het was onmogelijk. Ik vond alleen een gloednieuwe ouderwetse Raleigh met drie versnellingen en trommelremmen, een haast koloniaal rijwiel, veel te kostbaar voor mijn geringe budget. Ik besloot dat het tijd was naar Chaguanas te gaan. Hoe dan ook.

Op de markt van Chaguanas werd me ineens de Indische kant van Trinidad getoond, na het zwartere Port of Spain. Ik was, met mijn ervaringen in de hoofdstad, nog erg voorzichtig en informeerde heel bedeesd bij een dikke vrouw in een knalrode jurk naar de prijs van twee tomaten. Ze wuifde de vraag met een brede lach weg en zei dat ik ze maar lekker moest opeten. Ze had er geen bezwaar tegen dat ik haar achter haar groeten fotografeerde. In Port of Spain was me vanaf het begin van alle kanten toegesist dat ik moest oprotten; ik was uitgescholden; ik was op straat door dreigende negers staande gehouden en lastig gevallen. Ik reageerde steeds met een dwaze, bevriezende glimlach, inwendig woedend om mijn vrees. Hier op deze markt liet ik mijn schouders geleidelijk losser omlaaghangen.

Ik zag jammen en zoete aardappelen, ellenlange sperziebonen, kleurige pepertjes. Veel onbekende knolgewassen. Ontspannen mensen. Weer die koopwaar uitbrakende winkeltjes. Ik zag grote krabben, met taai gras bijeengebonden in trossen van drie. Nu was ik in Biswasland. *'Crabcatchers? What about crabcatchers?'* De krabbenvangers behoorden tot de laagste kaste, ze waren niet beter dan grassnijders. Ik maakte een foto van ze. Een man zag me bezig en sprong op de laadbak van zijn Toyota pick-up. Hij rukte zijn hemd open, nam een Tarzan-pose aan en riep: *'Eh, white man! Make a photograph of the native!'* Gevolgd door een brullende lach.

Achter op de markt werd ik weer toegeschreeuwd: 'Hee, witte, kom hier. Neem een foto van ons. Hee, witte, neem een foto.'

Een dikke Indiër poseerde met een groots gebaar voor een hok vol kippen. Ik voldeed aan zijn verzoek. Er volgde teleurstelling toen bleek dat mijn camera geen polaroid was, zoals hij gedacht had.

'Waarom geen polaroid?'

'Tja.' Ik beloofde dat ik hem de foto zou sturen als hij me zijn adres gaf. Hierop keek hij me gebiedend aan en zei dat ik veel meer foto's moest maken van hun interessante kraam.

De kippen werden niet levend verkocht, maar geplukt en schoongemaakt, panklaar geleverd. De dikke man toonde me trots hoe dit in zijn werk ging, terwijl hij me voortdurend aanspoorde vooral foto's te maken. Hij pakte een kip uit het hok en sneed hem nog tegen mij pratend en gebarend de strot af. Zijn collega had inmiddels een hels loeiende machine in werking gesteld. Het was zo te zien een grasmaaiermotor waarmee via een v-snaar een katrol werd aangedreven. Op de katrol stonden stugge reepjes autoband als stekels overeind. De collega pakte de nog bloedende kip bij zijn poten, hield hem boven de rondsnorrende katrol en riep: *'Ready!'* Een snel groeiende wolk veren en de kip was volkomen kaalgeplukt. Het ging zo vlug in zijn werk dat ik nauwelijks de gelegenheid had gehad het te fotograferen, zodat de dikke aanbood nog een kip te nekken. Ik wist hem hiervan te weerhouden, de tweede kip ging levend terug in het hok.

De mannen wilden weten wat ik hier in vredesnaam kwam doen, waarom, waarvandaan. Ik vertelde ze dat ik het spoor van meneer Biswas volgde, om een indruk te krijgen... sfeer te proeven... flora en fauna... enzovoort. De dikke keek ongelovig en lachte: 'Jaa ja.' Een omstander, kennelijk een vriend van hem, nam me terzijde en zei dat ik maar geen aanstoot moest nemen aan die barbaar; hij had gestudeerd en begreep heel goed dat ik hier een belangwekkende missie vervulde. Hij vertelde me dat hij politieagent was geweest en nu als onderwijzer werkte. Hij foeterde de kippeslachters uit om hun onwetende opmerkingen en legde op boze toon uit dat ze de *white man from Holland* een betere indruk van Trinidad moesten geven, want daarvoor was hij hier, om een goede indruk te krijgen van hun paradijselijk eiland. Hij gebood een van de plotseling verschenen omstanders bier en fruit voor mij te gaan halen: 'Deze man komt helemaal uit Europa omdat hij belangstelling voor ons heeft. Zorg dat hij wat te drinken krijgt, in plaats van met die stomme kippen te klootzakken! Wat moet hij wel van ons denken!'

Tot mijn stomme verbazing holde de koerier meteen weg. Hij kwam terug met twee blikjes carib en twee trossen bananen, de normale pisangs en een tak kleine dikkertjes. De dikke trok een dikkertje van de tros, sneed het dwars doormidden met zijn kippemes en liet me de siropige kern zien. Hij lepelde één helft met een slachtvinger naar binnen, smakte demonstratief smullend en gaf de andere helft aan mij. Het banaantje smaakte heel zoet. Gauw een slok pils erachteraan.

Op verdere vragen wat mij naar uitgerekend Chaguanas voerde, vertelde ik dat de zus van V.S. Naipaul hier woonde, en ik op zijn advies later op de middag bij haar langs zou gaan. Ik wilde haar vragen me de weg te wijzen naar de diverse huizen van meneer Biswas, of de plaatsen waar die huizen gestaan hadden. De onderwijzer-agent knikte ernstig. De dikke schoof nog een brok banaan in zijn wang en zei dat hij me wel wat beters van Trinidad kon laten zien, iets wat de Trinidadiërs zelf niet eens kenden. Het Caroni-moeras. Als ik wilde, zouden ze me in een boot meenemen naar een ontoegankelijke plek in het moeras die alleen zij kenden. In een bar in Port of Spain was me al een boottocht rond het eiland aangeboden, maar die rondvaartondernemer had me met zo'n nors loerende blik aangekeken, dat ik ondanks zijn aandringen beslist had geweigerd.

De kippeslachters en de agent begonnen nu in hun eigen Engels met elkaar te beraadslagen. Het leek wel of ze ruzie hadden, maar na enkele minuten werd mij hun plan voorgelegd: als ik voor eten en drinken, benzine en de huur van de buitenboordmotor betaalde, zouden zij me maandag meenemen naar het Caroni-moeras, om daar de rode ibissen te zien. Ze beloofden me dat ik de aanblik van die vogels nooit zou vergeten.

'*We'll show you a good good time!* Zorg dat je hier maandagochtend om half elf bent, en *no fooling!*' zei de dikke, met alweer die borende, gebiedende blik. Hij keek me zo dreigend aan dat ik het niet in mijn hoofd zou halen die maandag zonder bericht weg te blijven.

Ik had een afspraak!

Later die middag zou ik naar de zus van V.S. Naipaul gaan, maar dat was geen afspraak. V.S. had aan de telefoon geopperd dat ik na vieren bij haar langsging. Daar zij geen telefoon had, moest ik het maar onaangekondigd, op goed geluk proberen, zei hij. Ik had nog enkele uren te gaan en slofte vertraagd door de warmte en het blikje carib de markt af. Ik besloot alvast op zoek te gaan naar het 'Apenhuis', de residentie van de Tulsi's in Arwacas/Chaguanas.

Ik hoefde niet te zoeken. Al gauw liep ik langs een groot eigenaardig huis dat beantwoordde aan de beschrijving van V.S. in *Een huis voor meneer Biswas*, al waren de witte pilaren nu groen en keken er behalve apen ook leeuwen van het balkon de straat in. Het was nog steeds een winkel, een drogisterij. De winkelier stond me bereidwillig te woord en liet me de binnenplaats zien, waar ooit die grote krabben in een bak hadden rondgekropen. Het was er een grote troep van flessen, potten en dozen, gadegeslagen door een god op de zijmuur die een van zijn vele armen afwerend ophief tegen zoveel stank en rottenis. De drogist zei verontschuldigend dat hij me de bovenverdieping helaas niet kon laten zien 'omdat de familie de sleutel had'. Hij zei het met een berusting alsof dit een onoverkomelijk hindernis was.

Recht tegenover het Apenhuis was een bar. Het ging rumoerig toe achter de plastic repen in de deuropening, en ik moest even doorbijten toen ik het intimiderende interieur zag. Vanaf de L-vormige bar in de hoek rees een stevig hekwerk op tot aan het plafond, met onderin enkele openingen waar net een consumptie door kon. De kastelein werkte aldus in een hermetisch gesloten kooi, onbereikbaar voor agressieve klanten die hem te lijf wilden. Alle bars die ik in Port of Spain had gezien waren precies zo afgerasterd, maar daar leken die roofdierkooien meer in overeenstemming met de ambiance. Ik had niet verwacht dat het horecapersoneel op het platteland even drastisch beveiligd moest worden.

Zodra ik aan de tralies een carib wilde bestellen, dromden de drinkende gedetineerden om me heen en voor ik het wist zag ik me geconfronteerd met een ondrinkbare rij gul aangeboden blikken pils, omringd door gul grijnzend tandbederf.

Hoe kwam ik hier lopend uit zonder een van deze personen te beledigen? De heren waren luidruchtig dronken, en hieven wild aanmoedigend hun blikjes toen ik weifelend een hand naar de rij pilsen uitstrekte. Hoe kon ik ze luid schreeuwend uitleggen dat ik mij mentaal voorbereidde op een onaangekondigd, belangrijk bezoek en had gehoopt ontspannen met een glas bier aan het venster te zitten, om mijmerend in de lome middaghitte mijn gedachten te ordenen, wat in mijn notitieboekje te bladeren? Ik was hier niet in een uitspanning aan de Kalfjeslaan. Ik was een ezel. Dit was geen café met vergunning en uitzicht op donker rustgevend water. Dit was een bar aan een drukke straatweg met statige palmen en krottige huizen. Rustig zitten was er niet bij. Hier ging men kennelijk alleen een café binnen om er stevig te zuipen. Weer wist ik niet hoe ik de broeiende gretigheid van dit eiland het hoofd moest bieden.

Eerder op de dag was ik op Independence Square in Port of Spain door een dikke, boos transpirerende neger bij kop en kont beetgepakt en pardoes achter in zijn taxi gezet, nadat ik voorzichtig had geïnformeerd of hij bereid was me naar Chaguanas te brengen (Er reed geen bus.) *'Yes yes, Chaguanas Chaguanas,'* riep hij gebiedend. Zodra we reden, verlangde hij met achterovergestoken hand zijn losgeld, genoeg om een maandelijkse termijn van zijn Toyata af te betalen. Slingerend draaide hij mijn TT-dollars om een al dikke rol biljetten en schoof die weer achter de zonneklep. De dikke man reed met een bloedstollende nonchalance en pikte onderweg nog vier passagiers op, die samen minder betaalden dan ik alleen. Moest ik protesteren... mijn geld terugverlangen, de man laten stoppen en uitstappen? Ik zag geen deurkruk aan het achterportier. Nog kilometers voor Chaguanas begon het verkeer op de Princess Margaret Highway, een brokkelige vierbaansweg door vlakke velden, alweer vast te lopen. De temperatuur in de wagen steeg snel, de plastic hoezen over de bekleding werden zacht. Toen de verkeersopstopping eindelijk Chaguanas binnenkroop, beval de chauffeur me plotseling uit te stappen. Ik kon het portier met geen mogelijkheid open krijgen. De andere passagiers boden geen assistentie aan. In plotselinge boosheid om al die afzetterij, hitte en belachelijke files op landweggetjes, begon ik in het Nederlands te vloeken dat hij godverdomme mooi met zijn luie reet achter het stuur vandaan kon komen om het portier voor mij te openen. Het werkte ook nog, al beefde ik naderhand om mijn roekeloosheid.

Moest ik deze heren in fraaier Nederlands danken voor hun gastvrijheid en door de plastic repen naar buiten stappen om lawaai en pils te ontvluchten? Na drie caribs gaf ik hun goede bedoelingen eindelijk onbezorgd de ruimte, en spoedig daarna was het tijd mij naar het huis van Kamla Tewari te begeven. Hoe dan ook.

De taxichauffeur eiste zo'n bedrag, vooruit te betalen, dat ik me opmaakte voor een lange rit, maar na krap twee kilometer over een smalle kaarsrechte weg door suikerriet stopte hij al op het erf van een laag, modern huis, nog voor ik gelegenheid had gehad mijn kleren in fatsoen te brengen. Ik was nog bezig mijn hemd in mijn broek te stoppen toen er een vrouw in de deuropening verscheen. Ze had een brief in haar hand.

'U bent de vertaler uit Nederland.'

Ze had nog geen tien minuten geleden een brief van haar broer uit Engeland ontvangen, waarin hij in een postscriptum waarschuwde dat ze misschien bezoek zou krijgen van een Nederlandse vertaler, en dat het goed volk was. Ik had geluk dat ze de brief net had ontvangen, zei ze, want na talloze onaangekondigde, brutale of ronduit malafide bezoekers was het nu hun beleid niemand zonder introductie te woord te staan. Haar ogen vlamden toen ze me over de leraar vertelde die met een buslading scholieren met Naipaul op hun leeslijst voor haar deur stopte.

'Eerlijk waar, als je tien minuten eerder was gekomen, had ik je niet te woord gestaan, laat staan binnengelaten.' Ik dacht aan de gul trakterende, aandringende drinkers in de bar tegenover het Hanuman-huis die mij hadden 'opgehouden'. Ik glimlachte inwendig.

Toen ik haar vertelde waarvoor ik hier was en vroeg of zij me misschien nu, of op een tijdstip dat haar beter gelegen kwam, op het goede spoor kon zetten, zei ze beslist, zonder bedenktijd: 'Het lijkt me het beste dat ik je met mijn auto naar de diverse huizen rijd, dan kun je onderhand vragen stellen over alles wat je ziet of weten wilt. Dat zal alles bij elkaar wel het hele weekend in beslag nemen. Morgen moet ik eigenlijk naar een bruiloft, maar dit is een mooi excuus om er niet heen te gaan, want ik heb er geen zin in. Al die bruiloften. Waar logeer je?'

'In Port of Spain, in een hotel.'

'Dat is wel lastig met op en neer reizen, met dat verkeer. Het lijkt me veel handiger als je het weekend hier logeert, je kunt de kamer gebruiken die Vidia altijd heeft als hij hier is. Ik rijd je vanavond wel naar Port of Spain om je bagage op te halen. Welk hotel is het?'

Ik bezwoer haar dat ik al dolblij was als ze me wat tips kon geven, dat ze toch louter voor mij geen bruiloft moest laten schieten, dat ik haar gastvrijheid bijzonder waardeerde maar –

Ze keek me recht aan. 'Luister. Als ik er niet voor voelde je te ontvangen en op weg te helpen, zou ik het niet aanbieden. Je kunt het gerust accepteren.'

Dat deed ik.

'O ja, dit weekeinde is er ook een *puja* in de familie, dat lijkt me ook een erg leerzame ervaring voor je.'

We zaten op de binnenplaats, in een koel atrium vol planten, en ineens zag ik alle groezelig geworden plooien in mijn broek. Mijn hemd was niet fris meer na een dag broeihitte, de gul trakterende drinkers hadden weliswaar mijn timing succesvol bijgesteld, ze hadden me vast ook een walgelijke kegel bezorgd, die ik nu tussen mijn groezelige broekspijpen door op de vloer richtte.

Toen haar dochter me een hand gegeven had zei ze vrijwel onmiddellijk: 'Je bent erg gespannen. Dat is helemaal niet nodig, hoor. We zullen je niet opeten.' Weer zo'n directe kalme blik.

Ik was niet alleen overdonderd door hun ondubbelzinnige gastvrijheid, het bracht ook opluchting. Nu hoefde ik een paar dagen niet te worstelen om van A naar B te komen op dit krankzinnige eiland. Kamla zou me A en B niet alleen aanwijzen, ze zou me er zelfs heen rijden en intussen antwoord geven op tientallen vragen. Wat een weelde. De warmte leek ineens af te nemen.

Op weg naar mijn hotel sprak Kamla al over de echte familieleden achter de romanfiguren. Ze vertelde over haar vader, meneer Biswas. Ze wees in het snel verdwijnende licht diverse eenvoudige huizen aan. 'Zo'n huis had vader in gedachten. Een functioneel sober huis met veranda's.' Niet ver van Port of Spain, met de Northern Range recht voor ons uit, wees ze naar een stel wrakke huizen met grote opschriften erop in de middenberm van de Princess Margaret Highway. De huizen werden bewoond door stugge volhouders die weigerden ruim baan te maken voor de modernste snelweg op Trinidad. *'Squatters!'* Ze lachte heel hard en zong een regel uit een calypso waarin werd geklaagd hoeveel miljoen de weg per strekkende kilometer gekost had. Voor elke kilometer was er wel tien kilometer aan geld in de zakken van allerlei bureaucraten en ambtenaren verdwenen.

In Port of Spain pakte ik binnen vijf minuten mijn rugzak en zei monter aju tegen de kakkerlakken.

Nu lag ik weer in een kamer met aangrenzende badkamer, ditmaal niet achter ruiten vol oerwoudwoeker, maar achter hermetische horren die geen klein tuig binnenlieten. Wel geluid. Ik hoorde een kikker. Hij zat vlak onder mijn raam te oreren als een basklarinet. Het moest een reusachtige knaap zijn. In gedachten zag ik zijn keel gewichtig zwellen. (Kamla's zoon Ved nam me de volgende avond mee naar buiten met een zaklantaarn. Overal om het huis zaten kikkers, kleine ukkies niet groter dan een kruisspin, middelgrote kwakers en hier en daar een corpulent personage ter grootte van een forse bloemkool. Mijn basklarinettist moest van de laatste categorie zijn.)

Terwijl ik stil in het donker lag te luisteren begon het aanvankelijke amorfe, tropische rumoer achter de basklarinet zich te structureren tot een kermis van individuele klanken. Lange trillers en rollers, uitglijdend gezwabber. Een gillende langswapperende spooktrein. Piepende, tuterende flipperkasten. Druk gerebbel. Die kikkers hadden het geweldig druk daarbuiten in het vochtige warme gras, in de kaarsrechte greppels tussen de suikerrietvelden. Een vlak, diepgroen eiland vol sappig gras en nattige beesten. Ik luisterde naar alle kikkers van Trinidad. Hun gebabbel vulde van gras tot sterren heel het zwart. Een kwakend, rebbelend moeras voor de kust van Venezuela.

En terwijl ik daar knus, met open ogen in het bed van de grote schrijver lag te luisteren, zag ik ineens groen gloeiende komeetjes door de kamer flitsen, en golvende, ragdunne neonzweepjes die plots midden in het donkere luchtruim weer uitdoofden. Knipperlampjes. Gestaag kruisende lichten. Wat kon dat zijn? Ik dacht aan vuurvliegjes en glimwormen en verwierp deze hypothese vanwege de horren. Bovendien had ik in het Edgar P. Lau Hotel, waar allerlei klein tuig vrij in- en uitvloog, geen enkel lichtpuntje waargenomen.

Dit lichtcircus moest iets te maken hebben met de grote schrijver. De groen flitsende verschijningen waren lumineuze ideeën die hem in de nacht waren ontschoten! Nu zwermden ze thuisloos, onuitgevoerd rond. Ik sloot mijn ogen en opende mijn brein om al dat licht gastvrij binnen te halen. Na een poosje gleed er een weldadige, zware kalmte door mijn leden. Het nachtconcert klonk nu vertrouwd, harmonieus. Het had de juiste temperatuur en vochtigheidsgraad. Toen ik mijn ogen opende was het volslagen donker in het vertrek. Ik wist dat het fluorescerend lichtspel nu binnen mijn schedel voortging, en dat het met de vertaling van *Biswas* wel goed zou komen.

'Hoeveel lagen verf zouden er nu over de koopjes zitten die meneer Biswas ooit op de pilaren had geschilderd?' vroeg ik me hardop af. We,

Kamla en ik, stonden gewapend met sleutel voor het Hanuman-huis. 'Weet je waarom de pilaren nu groen zijn?' vroeg Kamla met een fonkelend oog. 'Omdat de drogist die de winkel pacht Greene heet,' zei ze, en lachte knallend hard.

We gingen naar boven. Kamla legde uit dat dit op heel Trinidad het enige huis was in deze Indiase stijl. De bouwstijl hoorde in een heet, droog moederland: de stamvader van de Tulsi's had zich niet gerealiseerd hoe nat het hier kon zijn. Hij had ook zonder winkelhaak of schietlood gewerkt.

Het huis was overdekt met zwarte schimmel. Het enige vertrek op de tweede verdieping was de bidkamer, te bereiken via een steile, smalle trap. Het vertrek was kaal, leeg, afgezien van een hekje rond het trapgat en in de hoek een huisaltaar met spiegeltjes erin. Het enige dat ooit in dit kamertje heeft plaatsgevonden is gebed.

Op de hoeken van het balkon op de eerste verdieping staan leeuwen met aapjes op hun rug. Ik kijk langs de leeuwestaarten de straat in. In een van de rommelige 'voortuinen' ligt een grijzig bruine gebochelde koe. Het is niet moeilijk de auto's weg te denken en een eenzame, bezorgde meneer Biswas de lege weg af te zien peddelen onder de grijs neerhangende wolken. Een lege weg met halfvoltooide huizen erlangs. Nu rijden er gebutste Toyota's, en de huizen zijn nog steeds niet af. De golfijzeren daken roesten maar aan, ze zijn al bruin vóór de deuren in de scharnieren hangen; niets kan lang fris en nieuw blijven in deze vochtige, slopende warmte. Zal het vandaag gaan regenen?

Op weg naar Shorthills, het paradijs in de heuvels boven Port of Spain, vallen eindelijk de eerste vette druppels, juist als Kamla een roze *poui* aanwijst: een hoge luchtige roze kruin als een flets bruidsboeket tegen de nu zwarte lucht. Het licht is ongemeen vals. De temperatuur daalt niet. Het regent bakken.

'En daar een gele *poui*.' De gele bloesem vangt net wat zonlicht uit een wit gat in de wolken. Ik kan de donkere lucht niet rijmen met de hitte en die helder bloeiende bomen.

Op de plek waar ooit het paradijselijk buitengoed Shorthills onderdak had geboden aan een menigte Tulsa's, probeer ik een *shaman tree* te fotograferen. De reusachtige boom is waarschijnlijk louter door zijn omvang aan de roofzuchtige kaplust van de Tulsi's ontkomen. Het wordt niets, want de werkelijk gigantische kruin steekt niet genoeg af tegen de groene omgeving.

Het is me in het algemeen niet meegevallen iets tastbaars op de film vast te leggen. De meeste plaatsen die Kamla me liet zien waren 'locaties', plekken waar meneer Biswas ooit een huis had proberen te bouwen, of in een huis had gewoond dat nu niet meer bestond. Naast het Hanuman-huis, waar hij niet wilde wonen, was er alleen zijn laatste huis, zijn eerste eigen huis, waar zijn vrouw nu nog woont.

Kamla nam me mee naar haar moeder, een stevige vrouw met grijs dik haar en een diepbruin, levenskrachtig gezicht. Zij vertelt me ook al over lastige, brutale bezoekers en nieuwsgierigen. Het verontwaardigde vuur in haar ogen doet me besluiten mijn toestel maar in mijn tas te laten. We zitten in de salon en drinken limonade. Het huis waarin meneer Biswas ten slotte arriveerde is buitengewoon helder en wit, met veel latwerk. De levensgevaarlijke trap die tegen de achtergevel geplakt was, zal onderhand wel verbeterd zijn.

Na dit korte bezoek, waarbij ik veel te verlegen was om iets te vragen, staan we in het laatste licht van de dag in een plat veld met aan de horizon wat bomen en houten bouwsels die lijken op huizen in 'jongensstad', uit allerhande hout en andere materialen in elkaar getimmerde constructies. Ze lijken niet gebouwd om in te wonen. Ik kan me niet voorstellen hoe je hier aan de kost kunt komen. Dit is het einde van de wereld. Op een dergelijke plek moest ook de poel zijn waarin de vader van meneer Biswas was verdronken. Misschien denk ik dit omdat de schemer nu neerdaalt, de snel donkerder wordende avondstilte die V.S. rond die tragedie opriep.

'Hier ergens stond het huis waar pap die inzinking kreeg,' zegt Kamla. Ze heeft me niet naar een locatie in de roman gebracht, haar eigen vader is hier bijna krankzinnig geworden. Ik voel me op privé-terrein. We staan te zwijgen.

Er staat een schraal boompje met hier en daar wat rode vruchten eraan die nog het meest lijken op rode paprika's. Kamla plukt er een en geeft hem aan mij. Onder aan de vrucht hangt een harde bruine komma. Een cashew. De vrucht is eetbaar, de cashewnoot in de harde bruine komma ook, maar de kleverige substantie waarmee de noot aan de vrucht geplakt zit is giftig.

De *puja* vindt plaats in het huis van een familielid. We rijden erheen langs welvarende huizen, vele met een boeket enorme lange bamboestokken ervoor waaraan hoog bovenin kleine vaantjes hangen, sommige fris gekleurd, andere grauw en gerafeld, verweerd.

Het huis van de *puja* heeft ook flink wat vlaggen in de voortuin, de stokken zijn wel tien meter lang. In de galerij langs de zijkant van het huis staan rijen stoelen, er liggen een paar nieuwe vlaggestokken klaar. De meeste familieleden zijn al gearriveerd, zo'n honderd mensen. Het doet me denken aan dorpelingen op het kerkplein. Iedereen kent iedereen. Ik krijg een plaats naast de moeder van Kamla op de eerste rij, ik voel me een eregast. En tegelijkertijd een klein jongetje in de kerk dat niet weet wat er van hem verwacht wordt en angstvallig het gedrag van zijn ouders volgt. Kamla's moeder glimlacht streng tegen me. Ik voel mijn hele gezicht krullen en moet een andere kant opkijken, want ik bedenk nu ineens dat zij het was die in de winkel van het Hanuman-huis een paar zwarte kousen op de toonbank legde toen een negerin om 'vleeskleurige nylons' vroeg. Terwijl meneer Biswas buiten koopjes op de pilaren schilderde.

Voorin zit het echtpaar voor wie de *puja* wordt gehouden op de grond; tegenover hen, met zijn gezicht naar de aanwezigen, zit de *pundit* in zijn witte *dhoti*. Een *puja* kan om allerlei redenen worden gehouden. Om de heren en dames boven te danken voor een geslaagd examen of de voltooiing van de nieuwe keuken, om een huwelijk in te zegenen, het welslagen van een zakelijke onderneming te bevorderen, wat dan ook. De dienst verschilt aan de buitenkant niet eens veel van een katholieke ceremonie. Er wordt wierook en sandelhout gebrand. De lange vlaggestokken worden besprenkeld en met vuur gezuiverd. Het vuur komt langs zodat iedereen een vinger door de vlam kan halen. Voorhoofden worden gemerkt met een wit goedje. Ik denk aan aswoensdag en de Blasius-zegen. De pundit spreekt de aanwezigen toe over de vergadering van aardse rijkdommen, het klinkt als een bijbelse parabel, dezelfde goddelijke boodschap in een andere beeldspraak, tegen een ander decor. Dan hoor ik duidelijk de eerste regels van het evangelie van Johannes. Figureert die apostel in hun schriftuur?

Het grote verschil is het gezang. Hier geen temend, schuchter Gloria, geen schoorvoetend brommende Geloofsbelijdenis. Men zingt vol gas, de vrouwen soms bijna snerpend, witte sluiers waaien verwoed. Een steeds herhaalde wijs als een goed jazznummer met plenty soul en funk. Langs de zijkant vooraan staan zo'n vijf, zes witgesluierde vrouwen die nu en dan assisteren bij de gewijde handelingen rond vlaggen en vuur, zij vormen het stuwende koor als er gezongen wordt. De liederen zullen nog jaren in mijn geest terugkeren, en steeds diezelfde, intense energie opwekken.

Na afloop van de ceremonie word ik voorgesteld aan de man die de werkelijke moordenaar achter de Jimmy Ahmed in *Guerrilla* destijds heeft verdedigd tijdens zijn proces. Ik vraag hem naar de regels uit Johannes en hij legt me uit dat de pundit het citaat speciaal heeft ingelast om mij houvast te geven, me duidelijk te maken dat hun geloof wezenlijk niet van het mijne verschilt, om me welkom te heten in hun midden. Wat een edel gebaar.

De moeder van Kamla beslist dat ik beter niet kan deelnemen aan de nu volgende maaltijd. Ze is bang dat het mij vreemde, ceremoniële voedsel mijn maag geen goed zal doen. Ik moet aan de notoire kookkunst van de Tulsi's denken en stem met haar in. Kamla verzekert me dat zij niet wil blijven eten. We rijden terug naar Chaguanas en eten hotdogs met mosterd met haar zoon en dochter.

Nu moet ik alleen nog het moeras in.

Op maandagochtend stond ik om elf uur op de markt van Chaguanas. Er scharrelden bruine geiten tussen de lege kramen. Hier en daar zag ik er een boven op een kraam staan, als een prijsdier. Voorlopig kwam er nog niemand opdagen. Kamla had onzeker gereageerd toen ik haar vertelde over mijn voorgenomen excursie. Ze wilde weten waar ik de heren had ontmoet, ze knikte bedenkelijk en vroeg of ik zeker wist dat ik met dergelijke lieden op stap wilde. Afijn, ik had alle kans dat er niks van kwam, ik stond al een uur te wachten.

Ik voelde reeds opluchting dat het feest niet doorging toen ik de dikke tussen de lege kramen zag aankomen. Hij keek niet blij toen hij mij zag. Hij vroeg of ik het afgesproken bedrag bij me had. Op mijn bevestigende antwoord verscheen er een diepe rimpel in zijn voorhoofd. Hij legde uit dat Boti, de assistent-kippeslachter, niet met zijn pick-up was komen opdagen. Boti had voor de buitenboordmotor moeten zorgen. De dikke besloot dat we maar naar Boti's huis moesten gaan om te kijken wat er aan de hand was. Per taxi. De dikke betaalde met mijn geld, en daarna stoofden we een uur lang in een file van Chaguanas naar het naburige Felicity, een rechte weg door het suikerriet met allerhande huizen aan weerskanten. De taxi stopte op een kruispunt vol druk pratende jonge mannen. Ik zag Boti in hun midden. De dikke gebood mij op enige afstand te wachten terwijl hij poolshoogte ging nemen. Vrijwel onmiddellijk kwam hij weer aangestapt. Hij keek gewichtig en opgewonden tegelijk: '*It have big big trouble!*' Hij klonk bijna verheugd. Boti's buurman en beste vriend was die ochtend vermoord in een auto gevonden. In de kofferbak.

Ik wilde de dikke al vragen me het geld terug te geven en een taxi te regelen, toen de gewezen agent met enkele mij onbekende metgezellen in een auto arriveerde. Nog meer plots omslaande gelaatsuitdrukkingen. Ik ging maar even op de stoeprand zitten. De groep jonge mannen beraadslaagde druk, men wierp blikken in mijn richting. De agent stapte op me toe en legde uit hoe de zaak in elkaar stak. Het slachtoffer was een autosloper die iemand net een kunstje te veel geflikt had. Ik zei dat ik nu wel begreep waarom Boti niet met de buitenboordmotor was komen opdagen. 'Onder die omstandigheden is Boti natuurlijk niet in de stemming voor een uitstapje naar het moeras.' De agent knikte, maar hij stemde niet met mij in. Hij riep Boti bij zich en zei dat ze deze man, die helemaal uit Holland kwam om hen hier bezig te zien, niet konden teleurstellen. Hij kon er toch niks aan doen dat Boti's buurman in de kofferbak van een auto was gevonden? Die buurman was geen brave jongen geweest. Boti keek omlaag en opzij, zijn ogen vlogen alle kanten op. Zijn mondhoeken trilden.

'Ik weet ook wel dat het een rotzak was,' riep hij uit. 'Als ze hem flink in elkaar hadden geslagen – oké. Maar hem vermoorden, dat gaat gewoon te ver!'

Ik probeerde weer naar voren te brengen dat de trip wat mij betreft niet meer hoefde, maar daar wilden de dikke, de agent en nog twee mannen, die kennelijk ook waren ingeschakeld om mij een onvergetelijke dag te bezorgen, niets van weten.

We gingen met ons zessen een huis binnen waar ik werd voorgesteld aan de vader van Boti. Op mijn *'Pleased to meet you'* keek hij me met een vaste, schattende blik aan en zei: 'Weet je dat zeker?'

Er werd besloten dat ik met Boti in de pick-up de buitenboordmotor zou gaan halen en tweetaktbenzine. Een man die ze Mexico noemden om zijn Latijnse uiterlijk, zei dat ze meer geld nodig hadden voor 'provision'. *'Provision!'* herhaalde de dikke gretig, met luide stem. Het was me nu duidelijk dat mijn uitstapje een picknick voor vijf personen financierde. Welja.

Boti jakkerde met klapperende wielen over smalle, kaarsrechte landwegen. Al zijn agitatie ging regelrecht door zijn rechterbeen het gaspedaal in. Een tegenligger werd met furieus oogcontact en loeiende claxon gedwongen ons aan de verkeerde kant te passeren.

Boti beukte op het stuurwiel en riep weer jammerend dat ze te ver waren gegaan. Hij huilde bijna en zette de wagen woest remmend langs de kant. Hij sprong uit de cabine en trok een machete achter zijn stoel vandaan. Ik zag daar nog twee of drie van die enorme kapmessen liggen. Hij zwaaide met het kapmes en jankte, veegde woest tranen weg, smeet het kapmes achter de stoel, sprong weer achter het stuur en scheurde verder.

'Vind je dat ik goed rijd? Ik rijd goed, hé?' zei hij opeens met een maniakale grijns. Ik zei hem dat hij volgens mij te hard reed en dacht meteen dat ik nu onthoofd zou worden. Maar Boti lachte alleen, en reed nog harder.

Na het opladen van de buitenboordmotor bleek het kopen van tweetaktbenzine een groot probleem. We raasden van de ene pomp naar de andere, overal stonden lange rijen auto's op hun beurt te wachten. Er was een staking in de oliebranche. Het eiland had een bodemloos asfaltmeer waar heel Europa mee platgeteerd kon worden; ze hadden zoveel olie dat benzine hier even goedkoop was als in Saudi-Arabië. De wegen waren totaal ontoereikend. Tweetaktbenzine? Hoezo tweetakt-benzine? Ten slotte bemachtigden we bij een stoffige oude pomp een paar liter super en mikten er een scheut olie bij. Waarna de pick-up niet wilde starten. Boti gebood mij achter het stuur te gaan zitten, dook onder de motorkap en beukte met het heft van een machete op de accu-polen. 'Starten maar!'

Dit praktische gebruik van de moorddadig ogende machete stelde me wat op mijn gemak.

Nu reden we met vijf man in de laadbak naar het moeras. Boti, alleen in de cabine, reed nog steeds te hard. Mexico sloeg op het dak en zei dat hij godverdomme wat rustiger aan moest doen. Daarop lachte hij verontschuldigend tegen mij, zijn ene gouden tand fonkelde. De man-nen hadden groenten en vis ingeladen, een reusachtige giet-alumi-niumpan, een blèrende radio vol verfspatten, nog meer machetes. Nu moest er alleen nog drank worden gekocht. De agent vroeg wat ik wilde en hoeveel. Ik dacht wel genoeg te hebben aan zes blikken carib. De jongste van het gezelschap, een magere jongen met vriendelijke ogen, zei iets over ganja.

De boot lag tussen wat andere schuitjes in een ondiepe inham. Vlak aan de waterlijn lag een reusachtige rechthoekige stapel afvalhout. Ik vroeg de dikke wat voor hout het was.

'Crapaud. Crapaud!' riep hij.

Van crapaud waren ook de palen onder een van meneer Biswas' hui-zen; ik had nog nergens een Nederlandse naam voor deze houtsoort kunnen vinden. Was het timmerhout?

'Het is een brandstapel. Er wordt vandaag een dode verbrand.'

'De vermoorde autosloper?'

'Nee,' zei de dikke.

Ik had onderweg een veranda vol in het wit geklede mensen gezien. 'Was dat het huis van de overledene?'

De dikke knikte en gaf me een plastic zak vol kleurige pepertjes om in de boot te laden. Hij werd meteen terechtgewezen door de agent; het protocol verbood kennelijk dat de betalende gast meehielp.

Zodra de boot met Mexico aan het roer van wal stak, kwamen de flessen uit de plastic boodschappentasjes, cognac, rum, whisky – ik had een bacchanaal gefinancierd. De agent beval Boti een carib voor mij open te trekken.

'Hou je fototoestel klaar!' brulde de dikke, en nam poserend een teug cognac. 'Neem een foto, *neem een foto!*' Ik keek om me heen en zag niets dan dofgroene mangrove, enorme wortelnetwerken boven bruin water. De radio schetterde, tot er een voet uitschoot en alle batterijen uit de kapotte kast vielen en onder de denningen rolden. Gelukkig. Boti keek me grijnzend aan, maar alleen zijn mond lachte, zijn donkere blik was getroubleerd, nors, onvast. Hij viste de batterijen onder de denningen uit en gaf ze met de dode radio aan mij. Ik voelde er weinig voor de hele dag met dat blèrende secreet door te brengen, maar het leek me beter Boti zijn zin te geven. Ik prutste wat met de radio. De batterijen rolden steeds uit het gebarsten compartiment zonder deksel. Ik keek liever bij het rustige geluid van de buitenboordmotor naar de brede sloot voor ons uit.

'Kijk, kijk!'

De dikke was overeind gesprongen. Hij wees naar een auto aan de oever met een jongen en een meisje erin. Alle opvarenden sprongen gretig overeind en begonnen van alles te brullen. De boot deinde wild onder hun obscene gebaren en woeste kreten. Ik kon er geen woord van verstaan maar het klonk verschrikkelijk schunnig allemaal. (Het was even gênant als destijds in dienst, waar die klootzak van een CSM de hele compagnie elke morgen beval te fluiten als aan de overkant van het exercitieterrein de schoonmaaksters langskwamen.) Ik lachte zuurzoet met mijn krijsende metgezellen mee en morste snel, ongemerkt in de commotie, alle batterijen overboord.

Toen de opvarenden enigszins van hun opwinding waren bekomen, vroeg Mexico mij of ik getrouwd was.

'Ja.'

Mexico lachte goedkeurend: 'Wij ook. Allemaal. Kinderen?'

'Ja.'

'Goed zo. Wij ook,' zei de agent. 'Mexico heeft er zes.'

De vader van zes kinderen hief trots zijn bijna lege fles. 'Cheers!' riep hij.

De agent beval Boti nog een carib voor me open te trekken.

We voeren nu al meer dan een uur door brede kreken, die nu en dan overgingen in grote plassen. Een soort tropische Biesbos, waarin ik af en toe een kleine witte neef van onze Hollandse reiger zag. Zaten hier krokodillen en slangen? Ik trok mijn hand uit het water en vroeg naar de rode ibissen.

De agent vertelde me dat de ibissen overdag op zee fourageerden. Met het vallen van de duisternis kwamen ze met duizenden naar het moeras om er in de mangrove te overnachten. Hij waarschuwde me genoeg film over te houden, want het was een heel bijzonder schouwspel.

We voeren nu dwars door een verboden gedeelte van het Caroni Moeras, een reservaat dat de rode ibissen een veilig thuis moest garanderen. De dikke zei dat ze heerlijk smaakten, het vlees leek wel wat op kip maar was dieprood van kleur.

De gehuwde heren hadden geheel clandestien een picknickplaats voor zichzelf ingericht op een landtong niet ver van de open zee. Op de drassige grond stond een dak van palmettobladeren met een lange tafel eronder. Verder was er een houten aanlegsteiger en een stenen vuurplaats.

De mannen ging meteen aan het werk: Boti kreeg opdracht de hut en de vloer eromheen schoon te vegen, Mexico en de agent hakten brandhout met hun machetes, de dikke stapte krijgshaftig met zijn kapmes rond en beval me regelmatig een foto van hem te nemen. De agent beval hem op een gegeven ogenblik scherp niet aldoor als een *fucking warrior* rond te paraderen en liever wat aardappelen te schillen. De jonge ganjadokter was aan de tafel gaan zitten om een grote joint te draaien. Hij deed het kalm aan, duidelijk genietend van zijn arbeid. Toen hij klaar was kwam iedereen om hem heen staan voor een trek. De agent nam me wat onzeker op toen ik de joint aanpakte. De uitwerking van de ganja was verbluffend, nog voor ik de rook had uitgeblazen, al toen ik de joint aan de ganjadokter teruggaf, voelde ik mijn brein gewichtloos worden. De mannen lachten gul.

Ik had als gast niets omhanden en liep wat over de landtong rond. De ganja was zo sterk dat ik ineens een zwarte paranoia voelde. Waarom hadden die lieden me hier gebracht, op een modderige streep land met moeras aan de ene en zee aan de andere kant? Niemand anders wist waar ik was. Als ze me alleen achterlieten kwam ik dit moeras nooit meer uit. Ik concentreerde me op de drassige bodem, waar overal kleine krabbetjes rondwroetten, maar die realiteit bracht me geen kalmte. Ik liep naar de agent die op zijn hurken bezig was de vis in het water af te spoelen. Ik schrok van zijn blik. Hij nam me terzijde en drukte me, in zijn hoedanigheid van gewezen politieman, op het hart niets over de ganja te zeggen tegen mensen die dat beter niet konden horen. Hij keek me fel aan, en nu begreep ik dat het louter bezorgdheid was. Ik stelde hem gerust en bood aan te helpen met groenten schoonmaken. We schilden jammen, zoete aardappelen, Mexico hakte een verontrustende hoeveelheid pepers.

'Neem een foto, neem een foto!' De dikke zwaaide weer gebiedend met zijn machete en wees ermee naar Boti. De ganja had kennelijk een bevrijdende uitwerking gehad op Boti's gekwelde psyche: hij ging breed lachend, met een arm theatraal opgeheven, voor me staan en knoopte zijn gulp open.

'*Yes look, man, he has this big big tool, man!*' lachte de agent.

Boti haalde een enorme bruine lul te voorschijn en ging demonstratief staan pissen. Ik protesteerde dat ik mijn film liever bewaarde voor de ibissen en ging door met jammen schillen. Gelach.

Toen de soep op het houtvuur stond te sudderen, was het tijd om te zwemmen. De ganjadokter maakte een salto mortale vanaf de steiger. Geen krokodillen dus. Ik werd vurig aangemoedigd ook een duik te nemen. Het water was iets koeler dan de lucht en ondanks de bruine kleur verrassend helder. Het smaakte ziltig.

De soep was grijs en dik, scherp gekruid. De dikke keek me met boos aandringende ogen aan en riep: '*The hotter the weather, the hotter the food!*' Hij viste een flink stuk peper uit zijn bord, stak het in zijn mond en kauwde met rollende ogen. 'Nou jij!'

Ik deed wat me werd opgedragen en ontving applaus. De peper sneed witheet en dun langs mijn tong, maar ik kreeg er geen bloedstuwingen van zoals bij een fikse curry madras. Boti kreeg bevel nog een carib voor me open te trekken. Zijn blik was weer verduisterd.

Toen moesten we ineens snel weg om voor donker terug te zijn.

We voeren in snel toenemende schemer tussen de mangrovebossen door, net voor een brede plas hief Mexico een hand op om aandacht. Afwachtende spanning in de stilte. De mannen namen me gretig op. En daar zag ik ze! Een mangrovebos van wel honderd meter breed zat propvol dieproze vogels, een reusachtige rododendron aan de overkant van het brede water. Mijn verbazing kroop in kippevel over mijn hele lijf. De al gewekte verwachtingen deden niets af aan mijn verrassing. De mannen lachten verheugd, en op dat geluid vlogen alle bloemen uit de struik de lucht in. O!

Overal zag ik nu reusachtige, bloeiende struiken op het donkere water, en steeds dwarrelden er wolken ibissen op.

'Neem een foto, neem een foto!' In mijn verwondering vergat ik dit schouwspel vast te leggen. Hoe kon je zo'n natuurverschijnsel overigens in een plat vierkant vangen?

De mannen tikten en trommelden op flessen en doften, ze zongen liedjes die het midden hielden tussen reggae en calypso. Hun oproer was geluwd, ze musiceerden rustig en geconcentreerd, zonder effectbejag. Iedereen was tevreden over de ibissen. De vogels hadden hun veelbelovende reclame meer dan waar gemaakt. Mexico vroeg me in een verloren ogenblik of ik zin had om vanavond even lekker te neuken.

Hij kon zo een paar lekkere grietjes regelen. Hij kuste klikkend zijn duim en wijsvinger om aan te geven hoe lekker ze waren. De agent wees hem boos terecht. Ze zongen verder.

De agent kwam naast me op de voorplecht zitten en vroeg of de excursie de moeite waard was geweest. Ze hadden me willen tonen hoe ontspannen en vreugdevol men op Trinidad met het leven omspringt, zei hij. Gasten wisten zich hier verzekerd van een warm welkom. We gaven elkaar een dubbele handdruk om onze vriendschap te bezegelen, en werden zo vereeuwigd door de dikke.

Toen we weer in de inham aanlegden was de stapel crapaud platgebrand. Boti pakte een lange stok en pookte wat in de grijze resten. *'Pst, finish,'* zei hij.

In het midden zag ik een ruggegraag en een bekken van witte as. De wind gloeide rood door de wervels.

CAROLIJN VISSER

OUD JAAGPAD LANGS PARELRIVIER

Toen Johan Nieuhof, dienaar van de voc, in Kanton aankwam werd hem verteld dat de stad voor de laatste oorlog 'zoo vol nering is geweest, datt er dag an dag door 't gedrangh in de poorte vijff a zes menschen doodbleven, 't welk well te geloven is, als men acht slaat op de menigte der omliggende dorpen en gehuchten'.

De verovering van geheel China door de Tataren had een paar jaar eerder een einde gemaakt aan die bedrijvigheid. 'Doen ging het bloedvergieten aan, daar werd niemand van verschoond, noch jonk noch oud, totdat... de walge stak van zooveel menschenbloed'. Op het moment dat Nieuhof in Kanton arriveert is de stad volgens hem 'bijkans weder tot haar voorgaande heerlikheid geraakt'.

De geschiedenis herhaalt zich. Ik ben in Kanton een paar jaar na een andere oorlog: de Culturele Revolutie. Ik was hier voor het eerst in 1981, de stad was toen grauw, de mensen liepen in blauwe of groene versleten kleding langs lege winkels en hadden vaak de holle blik van mensen die verschrikkingen hebben gezien. Nu is de stad veranderd in één groot marktterrein. In alle straten wringen de mensen zich langs stalletjes en in de zwoele avondkoelte flaneren de Kantonezen in hun nieuwste kleren langs de Parelrivier. Opnieuw hebben de bewoners van Kanton de brokstukken van hun stad bij elkaar geraapt.

In 1655 waren de Nederlandse schepen de *Koukerk* en de *Bloemendaal* de Parelrivier opgevaren tot dicht bij Kanton. Aan boord bevond zich een delegatie van Hollanders die door de Verenigde Oostindische Compagnie was gestuurd om met 'den Tartarischen Cham en keizer van Sina' handelsbetrekkingen aan te knopen. Dat was geen eenvoudige opdracht want in die tijd was China voor de rest van de wereld gesloten als een schelp.

Om de wetenschap te dienen was er aan het gezelschap een tekenaar-schrijver toegevoegd die de opdracht kreeg: 'Van 't een en 't ander perfecte aanteckeninge doen ende alles correct [te] beschrijven... alle steeden, dorpen, paleysen, rivieren, vastichheden ende andre marckweerdige gebouwen, die U-edele voorbij passeeren mocht'. De naam van de tekenaar was Johan Nieuhof. Zijn verhalen en schetsen werden na terugkomst uitgegeven in het Nederlands, Frans, Latijn en Engels en met rode oortjes gelezen en bekeken. Het was vooral aan de hand van Nieuhofs boek dat Europese kunstenaars, handelslieden en bouwmeesters en geleerden in de zeventiende en achttiende eeuw zich een beeld konden vormen van 'Sina'.

Lange tijd werden wetenschappelijke discussies gevoerd over de echtheid van de boeken die onder Nieuhofs naam verschenen terwijl hijzelf al lang weer over de wereld zwierf. De historicus en sinoloog dr Leonard Blussé, verbonden aan de universiteit van Leiden, heeft onlangs, na jaren onderzoek, het originele dagboek van Nieuhof in een Parijse bibliotheek gevonden waardoor een einde is gekomen aan de twijfel. Naar aanleiding van deze vondst werd een tentoonstelling georganiseerd in het Zeeuws Museum te Middelburg. Daar zag ik voor het eerst de sobere, roerende schetsen van Nieuhof.

Zijn geïllustreerde dagboek is opnieuw uitgegeven door de Stichting voc publikaties Zeeland in samenwerking met uitgeverij/boekhandel Fanoy te Middelburg. Ik heb een exemplaar in mijn koffer en wil een gedeelte van de reis volgen die de Hollandse heren ruim driehonderd jaar geleden maakten.

In het scheepvaartkantoor aan de oever van de Parelrivier hangt een bord waarop alle vaarroutes van passagiersschepen zijn geschilderd; een gecompliceerd netwerk dat de moerassige Parelrivierdelta doorkruist. Ik kan de Noordrivier ontcijferen, de rivier die ooit de hoofdweg vormde tussen Zuid- en Noord-China. De Chinese keizers verboden eeuwenlang hun onderdanen en vreemdelingen over zee te varen, de enige toegestane route naar zijn paleis in Peking liep via de Noordrivier, over het Meilin-gebergte, de Gan-rivier en het Keizerlijk kanaal. Over deze waterweg van 2400 kilometer lang werden honderden jaren lang bestuursambtenaren, belastinginners, buitenlandse bezoekers, poststukken en allerhande vracht vervoerd.

Aan een vrouw achter een piepklein gat vraag ik informatie over de boot naar Qingyuan, een plaats langs de Noordrivier waar het Nederlandse gezelschap uitgebreid ontvangen werd. *'Moa,'* ('Is er niet') zegt ze met een scherpe Kantonese tongval. 'Morgen dan?' *'Moah,'* zegt ze ongeduldig. 'Volgende week dan?!' *'Moaaahh!'* roept ze kwaad.

In de hal houdt een oude man met een rode band om zijn arm vanuit een hoge stoel toezicht op de passagiers die met hun bultige bagage op de grond zitten, als een scheidsrechter bij een tenniswedstrijd. 'De boot naar Qingyuan,' vraag ik, 'wat is daarmee?' 'Ayaah, die lijn is een paar maanden geleden opgeheven. Iedereen gaat tegenwoordig met de bus. Het is een reis van maar drie uur, vroeger duurde het met de boot meer dan een dag. Vooruitgang mevrouw.'

Ik kan mijn oren niet geloven. Eeuwenlang, meer dan duizend jaar, vervoerden de Chinezen passagiers over de Noordrivier, ze bouwden er dammen en dijken lang voordat de Nederlanders daar nog maar van droomden. Dynastie na dynastie hebben de Chinezen over deze rivier naar Peking gereisd en nu ben ik te laat, net te laat, een seconde te laat.

Johan Nieuhof en de andere dienaren van de voc moesten vijf maanden in Kanton wachten voordat eindelijk schriftelijke toestemming kwam van de keizer dat ze verder konden reizen.

De plaatselijke mandarijnen bestookten hen in de tussentijd met allerlei vragen over de geschenken die ze voor de keizer hadden meegebracht. Ze waren niet tevreden over de brief die de Hollandse heren aan de keizer wilden overhandigen: waarom was die zo povertjes ingepakt? Een brief aan de keizer moest toch minstens in een gouden envelop of een gouden doos gepresenteerd worden? En waarom hadden de prins en de regering van Nederland geen stempel of zegel voor hun brieven?

Om het wachten te veraangenamen organiseerde de Chinese onderkoning een groot feest voor hen. In een open veld was een tiental tenten neergezet, in de middelste, gezeten op een prachtig kleed, hield de onderkoning audiëntie. Tijdens het diner werden de gasten geamuseerd door 'konstenaars met basuynen en andre blaasinstrumenten. Wij waren altegaar verwondert over de pracht en praal van deze heydens'. De Hollanders maakten indruk op hun gastheer door op een klavecimbel te spelen en een glas Spaanse wijn te presenteren.

Kort na het feest trekt de onderkoning ten strijde tegen een aangrenzende provincie. Nieuhof hoorde van zijn Chinese tolk dat de waarzeggers aan de sterren en duivepoep hadden kunnen zien dat er niets dan ellende uit deze missie zou voortkomen, maar de onderkoning ging toch. Toen zijn veldslag succesvol verliep, vluchtten de waarzeggers de stad uit, zo bang waren ze dat ze gestraft zouden worden voor hun verkeerde voorspellingen. De onderkoning was inderdaad woedend toen hij terugkwam en omdat hij hen niet kon vinden brandde hij uit wraak een paar tempels af en sloeg alle boeddhabeelden aan gruzelementen.

Ik loop langs de Parelrivier, langs het park, langs warenhuis nummer één, ik ga over een voetgangersbrug heen en kom in een straat met bomen waar ik al van verre de was voor de winkel van mijn vriend zie wapperen.

Lai is éénendertig, precies even oud als ik, spreekt goed Engels en we kennen elkaar al jaren. De eerste keer dat we elkaar ontmoetten was toen zijn winkel net geopend was. Lai had als een van de eerste Chinezen zijn baan opgezegd en was een eigen zaak begonnen, een wasserij, samen met zijn vader die mij met een glimlach van gouden tanden vriendelijk toeknikt. Toen beklaagde Lai zich erover dat niemand met hem wilde trouwen omdat hij als zelfstandige, zonder 'eenheid' geen zekerheid kon bieden en ook geen woning. Tegenwoordig gaan de zaken gelukkig zo goed dat er zelfs een jongere neef van het platteland is overgekomen om te helpen. En sinds kort is Lai getrouwd, zijn vrouw is zwanger. Daarom ook kan hij de belofte die hij mij een half jaar geleden heeft gedaan niet nakomen; hij zou mij vergezellen op mijn reis over de Noordrivier.

'Nu heb ik geen gids én de veerdienst is opgeheven,' zeg ik tegen Lai. 'Ik zoek nu ook nog iemand met een boot die mij de Noordrivier op kan brengen.' Lai is geen man die niet snel met zijn antwoord klaar staat, rustig denkt hij na en zegt dan: 'Wat als je slechte mensen treft die je dood maken en overboord gooien? Niemand weet dat je daar bent! Je bent een buitenlander, de mensen kunnen denken dat je heel veel geld bij je hebt. Ik ben jouw vriend en een Chinees, daarom ben ik verantwoordelijk voor jouw veiligheid.'

Ik heb Lai en zijn vrouw een mooi bruiloftscadeau gegeven; een wekker die ook als calculator gebruikt kan worden, maar daar zijn allemaal problemen mee. Het is vreselijk ingewikkeld om het ding te programmeren en omdat ik het ook niet kan, ook niet met de handleiding erbij, heeft Lai de indruk gekregen dat ik hem een kat in de zak heb gegeven. Ik voel me net zo beschaamd als de Hollanders in 1655 die vergeten hadden de keizerlijke brief mooi in te pakken. Lai laat mij zien dat hij het apparaat heeft opengebroken in de hoop dat alles overzichtelijk zou worden maar nu is er helemaal geen geluid meer uit te krijgen en het beeldschermpje waarop eerder geweldige rekensommen gemaakt konden worden blijft donker.

Het is heet in Kanton, het vocht druipt van de muren. Gelukkig hoef ik geen vijf maanden te wachten zoals de mannen van de voc. Na twee weken vertelt Lai dat besloten is door de familie dat zijn broer met mij mee zal gaan. Op zijn werk zal niemand hem missen, want hij heeft zojuist opdracht gekregen een Engelse cursus te volgen en op school heeft hij gezegd dat zijn bedrijf hem heeft teruggeroepen. Het enige probleem is nu nog dat zijn zoontje van een half jaar oud koorts heeft, we moeten wachten tot de temperatuur zakt.

Om nader kennis te maken nodig ik mijn nieuw tolk, Guy, uit voor een diner in het beste restaurant dat hij kent. Hij wil het liefst naar de Gouden Draak, dat aan een meertje ligt, iets buiten het centrum. In mijn hotel heb ik een Frans-Canadees ontmoet met een enorm lange paardestaart, die ik ook meevraag. Als we op het punt staan in een taxi te stappen vraagt hij of zijn twee vrienden, twee Amerikaanse Hara Krishna's op wereldreis, ook mee mogen. Dat mag als ze beloven niet te zingen of te preken.

We krijgen een tafel in een grote betegelde zaal. Aan het plafond hangen kristallen luchters en in het midden klatert een fontein die groen water spuit.

'Leuke tent,' zegt een van de Krishna's en knikt bemoedigend met zijn kale hoofd. Hij eet alles, zegt hij, maar geen vlees.

De mond van Guy valt open, geen vlees? Ik praat met de Krishna's terwijl ik naast mij Guy en de Canadees een conversatie hoor voeren.

'Canadees, dus je spreekt Engels.'

'No, I only speak French.'

Guy concentreert zich de rest van de avond op het eten. Als alle schalen leeg zijn zegt hij heel beleefd tegen mij: 'Voordat we een boot gaan zoeken, wilde ik nog iets voorstellen.'

'Ja?'

'Je naam, je zou een Chinese naam moeten hebben, want jouw naam is voor een Chinees niet uit te spreken.'

'Visser is vast wel te vertalen in het Chinees,' opper ik.

'Maar dat is geen naam voor een vrouw! Ik had zelf iets gedacht met een bloem.' Hij tekent een paar grote karakters op zijn hand.

'Kijk, dit is heel mooi. *Ka Lo Lien*, als je het zo schrijft betekent het 'Prachtige Ochtenddauw op Lotusblad.'

'Heel mooi,' stem ik in, 'zo wil ik erg graag heten.'

Het is nog vroeg in de morgen als Guy en ik langs de oever van de Parelrivier fietsen op zoek naar een schip. Schuin tegenover warenhuis nummer één liggen een zandschuit en een oude sampan die op een kever lijkt, een model dat al eeuwen gemaakt wordt. Om de mensen op het schip niet te veel te laten schrikken gaat Guy alleen aan boord, ik bewaak de fietsen en sta naast een debiele jongen die aan het vissen is met een rotan hengel zonder lijn. Hij grijnst om mijn vreemde verschijning en danst even van plezier.

'No way,' zegt Guy als hij weer van boord komt, 'ze kennen niemand in Qingyuan en daarom zullen ze geen vracht voor de terugweg kunnen vinden en ze zijn bang dat ze door de mensen daar opgelicht zullen worden.'

'Maar het is vlakbij,' zeg ik, 'met de bus ben je er in drie uur.'

'Met hun boot duurt het minstens drie dagen,' zegt Guy. 'Bovendien was het heel smerig aan boord, er waren wel een stuk of zeven kinderen en ook nog een oude opa, er was helemaal geen plaats voor ons.'

We vervolgen de oever van de Parelrivier en nemen de veerpont naar de overkant, daar liggen veel schepen, weet Guy. In de tijd van de Culturele Revolutie, toen zijn school gesloten was, ging hij daar vaak naar toe om de verveling te verdrijven.

Aan de andere kant lijkt het alsof de klok is teruggezet; er is bijna geen verkeer. In het water is een wrakke steiger gebouwd van aangespoeld hout, als we erop lopen kraakt hij onder ons gewicht. Aan weerszijden liggen kleine vissersampans afgemeerd, fragiel als libellen. Het regent, onder een klein afdakje zitten een paar mensen te schuilen en kaart te spelen. Ze lachen hun gouden tanden bloot. 'Naar Qingyuan? Dat is minstens een week roeien en een motor hebben we niet. Ayaahhh, de stroom is veel te sterk door de regen.' Nee, voor nog geen duizend yuan willen ze naar Qingyuan. 'Jullie moeten het maar bij een vrachtkantoor proberen, daar werken mensen van de Staat, die weten het wel.'

'Het ziet er droevig uit,' zeg ik tegen Guy. 'Voor de privé-bootjes is het te ver en voor grote boten hebben we officiële papieren nodig. Misschien moeten we toch maar met de bus gaan, er lijkt niets anders op te zitten, maar wat een begin van een verhaal; in de voetsporen van een zeventiende-eeuwse reiziger en het begint in de bus.'

We nemen de veerpont terug en als we van boord lopen kijken we verlangend naar de grote schepen die daar afgemeerd liggen. Aan boord van de grootste schuit staat een man die ons aankijkt. 'Hebben jullie vracht voor de Noordrivier?' roept hij.

'We willen zelf mee, naar Qingyuan,' zegt Guy en hij legt iets uit over een buitenlander die graag foto's wil maken. De boot lijkt op een oude stoomboot van de Mississippi, alleen de raderen ontbreken.

'Misschien kan dat wel,' roept de kapitein, 'hoeveel betalen jullie?'

'Zijn er slaapplaatsen aan boord,' wil ik eerst weten.

'Ja, en jullie krijgen schone witte lakens en drie maaltijden per dag.'

'En kunnen we bij verschillende bezienswaardigheden stoppen?'

'Als het niet te lang duurt.'

'En de prijs?'

'Vijfhonderd yuan.'

Een waanzinnig bedrag, het is honderd keer zoveel als de prijs van twee buskaartjes.

'Dat is ongelovig veel' stottert Guy. Hij is zo geschrokken dat hij zijn fiets uit zijn handen laat vallen.

'Ja,' zeg ik, 'maar laten we het toch maar doen.'

Guy is even sprakeloos, herstelt zich razendsnel en rondt de onderhandelingen af. 'We reached an agreement now,' zegt hij.

Voorbijgangers die nieuwsgierig zijn blijven staan fluisteren ademloos: 'Vijfhondred, vijfhondred.' Aan boord van andere schepen hoor je de mensen naar elkaar roepen: 'Vijfhondred, ze betalen vijfhondred voor de reis van hier naar Qingyuan.'

De kapitein lacht en roept naar de omstanders: 'Ik moet eerst nog zien dat ze echt betalen. En het risico! Ik ken ze niet! Misschien zijn ze niet te vertrouwen!'

Iedereen zwijgt. Tegen ons zegt de kapitein heel beminnelijk: 'Overmorgen vertrekken we, wanneer u maar wilt.'

Ik ben zo tevreden over onze 'deal' dat ik meteen naar Lai ga om hem te vertellen dat alle problemen opgelost zijn. Hij kijkt me ongelovig aan, omringd door zijn ratelende wasmachines. 'Vijfhondred yuan,' zucht hij. 'Wie weet zijn het moordenaars die jullie keel afsnijden en jullie de rivier laten afdrijven.'

De twee broers besluiten dat ze het nummer van het schip zullen achterhalen zodat Lai dat aan de politie kan doorgeven in het geval niemand meer van ons hoort.

Als we onze bagage aan boord dragen kijken tientallen ogen op andere schepen ons nieuwsgierig na. 'Krijgt u geen problemen als u vreemde passagiers meeneemt?' vraag ik.

'Niet in Guangdong provincie, hier zijn we vrije mensen,' zegt de kapitein. Guy voegt toe dat ze in de beste provincie van China wonen, het meest ontwikkeld, hier mag een mens tenminste ongestraft wat bijverdienen. De twee mannen zijn nog voor we vertrekken de beste vrienden, want ze zijn het over een belangrijke kwestie roerend eens; Guangdong provincie is het enige beschaafde gedeelte van China, de rest van het land is helaas een beetje achterlijk.

De motor wordt gestart, langzaam maakt het schip zich los van de wal en de stuurman manoeuvreert het behendig langs de grote en kleine boten die gemeerd liggen. Nu pas geloof ik dat we inderdaad in Qingyuan zullen komen, tot het laatste moment was ik ervan overtuigd dat de kapitein zich zou bedenken of dat de veiligheidspolitie lucht van mijn plannen zou krijgen en de kapitein zou verbieden mij mee te nemen. Dat is gelukkig allemaal niet gebeurd. Vanuit de stuurhut heb ik een prachtig uitzicht over het water, ik kan iedereen aan boord vragen stellen want Guy spreekt hun dialect. In alle rust en comfort kan ik nu eindelijk de sporen van Nieuhof volgen. We varen langs een eiland waar nog een ruïne is te zien van het fort dat Nieuhof schilderde. Grote, lichtgroene bomen groeien op de puinhopen, het eiland is nu in gebruik als werf. Een klein vissersbootje vaart dichterbij, voortbewogen door een man met een zonnehoed die rechtopstaand roeit; het symbool van China. We komen langs opslagplaatsen, een oud kerkje uit de tijd van voor de revolutie, betonnen flats en dan begint het landschap steeds grotere groene vlekken te krijgen. Langs de kant staat een man geduldig naast een waterbuffel die op de uiterwaarden graast, bamboeriet schiet hoog naast hem op. Een jongen draagt een lange stok met een vlag aan het uiteinde als een speer over zijn schouder om zijn ganzen bij elkaar te houden. 'Dit is het beste schip van ons bedrijf,' laat de kapitein weten, 'we vervoeren alleen maar moderne produkten, deze keer hebben we een vracht blikken Coca Cola aan boord,' vertaalt Guy, 'veel schepen zijn het niet waardig een buitenlander te vervoeren.'

De reis ging stroomopwaarts, daarom werden de schepen gejaagd door een leger van 'trekkers' waar Nieuhof groot medelijden mee had. De Tataren behandelden de Chinezen 'erger als beesten'. 'En gebeurt 'et dat iemand door flauwhartigheid te traag in 't trekken valt en zijne krachten bezwijken, daar zit terstont een Tarter achter her, en tout 'er met een stuk houts lustig op.'

Buiten de stad lijkt het alsof we de schetsen van Nieuhof binnenvaren. Aan de oever groeit meters hoog bamboe, de huizen aan de wal, samengebald in kleine dorpjes, hebben de golvende daken die Nieuhof vastlegde. Eeuwenoude Banyanbomen leunen topzwaar over het water.

De kapitein gaat door zijn boot te prijzen: 'Tachtig pk en 35 ton, dat is een van de grootste en sterkste boten op de Noordrivier, we zullen het met eigen ogen kunnen zien.'

Gejaagd wordt er niet meer, al heel lang niet meer, vertelt hij. 'Wanneer zag u voor het laatst een boot gejaagd worden?' vraag ik.

'Zeker tien jaar geleden!' is het antwoord, alsof dat een eeuwigheid is. Tot in het midden van de jaren zeventig werden schepen hier voortgesleept met mensenkracht. Het jaagpad is er nog, geen meter ligt vlak. Ik probeer me de zwoegende, zwetende mannen en vrouwen voor te stellen op de oever. Hun werk was waarschijnlijk het zwaarste werk ter wereld.

Nu is alles gemotoriseerd. Dezelfde houten dekschuiten worden nog gebruikt maar ze worden nu in rijen van vier, vijf voortgetrokken door een sleepboot.

De schepen *Bloemendaal* en *Koukerk* bleven in Kanton achter, ze waren te groot voor de Parelrivier. Nieuhof verliet Kanton met een konvooi van vijftig trekschuiten die de keizer ter beschikking had gesteld. Aan boord waren veertien Hollanders met hun geschenken voor de keizer, ze werden begeleid door Kantonese mandarijnen, tolken, musici en tientallen Chinese soldaten om voor hun eigen veiligheid te zorgen. Op het moment dat het gezelschap vertrok werd de 'Prinsevlag' gehesen en klonk het lied *Willem van Nassau.* Postjongens waren te paard vooruit gegaan om alle dorpen te waarschuwen zodat die als groet een kanonschot konden laten klinken.

In de stuurhut heb ik een hoek toegewezen gekregen waar ik al mijn papieren kan uitspreiden, de kapitein kijkt nieuwsgierig over mijn schouder. Hij wijst naar een van de schetsen van Nieuhof van de stad Foshan, een stad vlak bij Kanton: 'Daar is nu een nieuwe spiritusfabriek,' zegt hij. Even later varen we er voorbij. Op de wal zijn vervaagde karakters te zien, Guy vertaalt: 'De gedachten van Mao moeten ieders leven beheersen. Bah,' zegt hij, 'een heel ouderwetse slogan.' De kapitein moet erom lachen. 'Tegenwoordig,' zegt Guy gewichtig, 'zeggen we: een miljard mensen, een miljard gedachten.'

De kapitein is ook zeer progressief, hij bezingt de lof van het privé-initiatief. 'Zo'n boot als deze,' zegt hij, wordt veel beter gerund als hij privé-bezit is, want zeg nou zelf: als je een vast salaris hebt heeft het toch geen zin om je uit te sloven?' Guy knikt zeer instemmend. De twee mannen, allebei ambtenaar, zijn grote voorstanders van privatisering.

Om op het achterschip te komen moet je voorzichtig door het gangboord lopen, daar is het woongedeelte. Onze slaapplaatsen zijn net bedsteden met schuifdeuren. Er is een eettafel en een wc waar je ook kunt douchen met het koelwater in de machine. Helemaal achterin is de keuken die het domein is van een echtpaar dat op de boot werkt. De vrouw en de man koken hier en ze maken groenten en vissen schoon op het achterdek. Zij doen ook het matrozenwerk. Toen we vertrokken moesten zij de trossen losgooien en met een vaarboom de boot in de juiste koers duwen. Aan het begin van de reis hebben zij het voordek geschrobd. Het regende voortdurend en er was blijkbaar maar één regenjas, de vrouw droeg die, de man werkte met een paraplu in zijn hand.

Opeens wordt een van de bedsteden opengeschoven en blijkt er nog een vijfde bemanningslid te zijn, hij wrijft zijn ogen uit. Vriendelijk groet hij ons, rookt een sigaretje en stapt weer in zijn kooi.

Om twaalf uur krijgen we in de stuurhut een lunch geserveerd, rijst-noedels met gele prei en varkensvlees. Buiten blijft het regenen. Ieder-een die langs de rivier aan het werk is heeft zich in het plastic gekleed. Een groot houtvlot drijft voorbij, voortgetrokken door een sleepboot. Het tuktuktuk-geluid van de motor klinkt nog lang na.

In het begin van de middag komen we bij een driesprong waar het dorpje Sanshui ligt: 'Driestromen'. Nieuhof ging hier in gezelschap van de Hollandse ambassadeurs aan wal en werd met veel respect ont-vangen. 'De magistraat hadde een goet getall soldaten onder twe blau-we vendels buiten de stad langs den oever van de revier gesteldt.' De Hollanders sloegen hun tenten op in een open veld. 'De Tartaren, om ons te vermaken, hadden een prijz opgehangen voor de schutters met-ten boog, 'twelk ene van haar capiteinen wierd toegeleid, die op 56 tre-den driemaall achtereen door een wit, zoo groot als een palm van een handt schoot.'

Ik wil graag de pagode beklimmen die we al van kilometers afstand konden zien, negen verdiepingen hoog, een beetje landinwaarts. We waden door de modderige uiterwaarden en volgen een zompig pad door de rijstvelden.

Op de begane grond heeft ooit een altaar gestaan waar mensen aan de watergoden konden offeren. Nu ligt er in een alkoof een aardappel waarin wierookstokjes zijn gestoken en er ligt een bankbiljet met een getal van tientallen miljoenen erop. 'Currency for the other world' staat erop te lezen, voor het geval ze in de andere wereld Engels spre-ken. Ik overweeg even of ik het biljet mee zal nemen als souvenir, maar bedenk me; wat is lafhartiger dan een dode ziel te beroven?? Guy lacht: 'Dat geloven alleen mensen die niet beter weten.'

De trap naar boven is nieuw, tijdens de Culturele Revolutie is de ou-de verbrand. Boven horen we iemand lopen, er klinkt een schot. 'Een jongen die op kraaien jaagt,' zegt Guy. We krijgen de jongen niet te zien. Als we op de negende verdieping aankomen horen we hem schar-relen op het dak. Beneden zien we de imposante rivier die zich vertakt, en de lichtgroene, ragfijne gewassen. De pagode staat op een belangrij-ke plaats, een heilige plaats.

In het dorp kuieren meer roze varkens door de straten dan mensen. Naast alle voordeuren zijn rode papieren geplakt, met zwarte karakters erop om geluk af te smeken. In een winkeltje kopen we een fles drank, lichtgroen en gemaakt van salamanders. Guy heeft de keuze gemaakt, want die drank helpt tegen reumatiek weet hij en daar hebben mensen op het water vaak last van.

Guy kent dit dorp omdat hij hier, tijdens de Culturele Revolutie, als dertienjarige schooljongen te werk is gesteld. Zijn hele klas moest een maand lang zandzakken aandragen om een dijk te bouwen. Ze woonden in tenten op de uiterwaarden en kregen weinig te eten. 'De dijk ziet er nog stevig uit,' zegt hij tevreden. Door dit verhaal ga ik hem met andere ogen zien, misleid door zijn beleefde houding en zijn kleine postuur zag ik hem als een echte ambtenaar uit de stad. Maar hij kan onder alle omstandigheden overleven, hij is taai, hij heeft veel meegemaakt.

We varen die dag niet veel verder, de duisternis valt vroeg en we gaan voor anker vlak bij het dorpje Lubao. Iedereen komt aan de eettafel zitten en we maken de fles open. De vijfde man wordt uit zijn bed gepord en iedereen krijgt een glaasje salamanderdrank.

De kapitein heeft een voorstel: waarom varen wij niet wat verder mee met hen dan Qingyuan, waarom gaan we niet mee naar Yngtak, hun eindbestemming? Onderweg kunnen we dan nog de beroemde kloof zien en de tempel, dat zijn dingen die de moeite waard zijn. 'Hoeveel?' vraag ik Guy, maar de kapitein is nog niet uitgesproken: 'Natuurlijk zullen we bij verschillende bezienswaardigheden stoppen, alles bij elkaar zullen we op die manier acht uur vertraging oplopen. Dat is in het geheel niet bezwaarlijk, er valt wel een excuus te bedenken, maar vanzelfsprekend willen we een kleine compensatie.

'Hoeveel?' vraag ik.

'Ze willen niet veel vragen, want nu ben je hun vriend geworden, ze zijn vereerd met de aanwezigheid van een buitenlander op hun schip. Hun voorstel is een vriendenprijs: tweehonderd yuan extra voor de rest van de reis. Do you accept their offer?'

Ik durf niet anders dan in te stemmen en hoor mezelf zeggen dat de eer geheel en al mijnerzijds is. Het gesprek raakt in een cadans van beleefdheden, iedereen lacht en we toosten op elkaars gezondheid.

De bemanning zou graag een aantal vragen willen stellen, zegt Guy, over gewoontes en gebruiken van westerlingen. De eerste vraag is van de kapitein: 'Wat gebeurt er in Nederland als een getrouwd iemand een vriend of vriendin heeft?' Ik ben verbaasd, dat is wel de laatste vraag die ik verwachtte.

'Waarom wil hij dat weten?' vraag ik Guy.

'O,' zegt hij, 'op dit moment is dat *a very hot issue*.'

'Wel,' zeg ik, 'er is in mijn land erg veel geëxperimenteerd op dat gebied, maar over het algemeen zijn de mensen nu van mening dat het heel veel problemen geeft.'

'Problemen met de wet of met de publieke opinie,' wil de kapitein nog weten.

De bemanning vindt dit een wijze koerswijziging van de Nederlandse moraal. Wat hen betreft wordt iedereen die zich aan overspel schuldig maakt in de gevangenis gegooid. In Yngtak, hun thuisbasis, kon je pornofilms zien in een illegaal bioscoopje voor het astronomische bedrag van 40 yuan. Maar gelukkig heeft de politie de zaak opgerold.

De volgende vraag is van de stuurman en veel gemakkelijker: 'Hoeveel kinderen mag je in Nederland hebben?'

'Zoveel als je wilt,' is een antwoord dat inslaat als een bom.

'Ayaaah, en hoeveel heb jij er dan wel niet? Niet een! Wat een gemiste kans! Misschien wordt de wet veranderd en dan ben je mooi te laat!'

'Dus,' vat de kapitein samen, 'jullie hebben helemaal geen last van jullie regering?'

'Nou ja,' zeg ik, 'als je je belasting betaalt niet.'

'De kapitein knijpt zijn ogen tot sluwe spleetjes. 'Daar zou ik wel wat op bedenken,' zegt hij.

We worden 's morgens wakker in de wereld van Nieuhof. Ons schip is omringd door kwetterende visvrouwen die, gekleed in traditionele zwarte broeken en jasjes, hun netten aan het ordenen zijn aan boord van hun vederlichte bootjes. Als ik over dek wandel volgen ze mij met open mond. 'Hebben jullie wel eens een buitenlander gezien?' vraagt Guy.

'Ja,' roept een vrouwtje met grote oorbellen. 'Iemand uit Hongkong, maar die zag er niet zo vreemd uit als deze. Wat is het eigenlijk, een man of een vrouw?'

Tegen de middag leggen we aan bij Qingyuan. De stadsmuur die Nieuhof tekende is er niet meer, geen enkel dorp langs de rivier heeft nog een muur. De bemanning en Guy doen een middagdutje. Ik ga eens naar de markt. Bij een vrouw die een stapel baleinen voor zich heeft liggen laat ik mijn paraplu repareren. Naast haar verkoopt iemand rattegif; om de kwaliteit van zijn produkt te bewijzen heeft hij twintig dode ratten uitgestald. Een oude man prijst de eenden aan die zacht kwekkend in een mand zitten. Er is een kraam met religieuze artikelen: wierook, papieren kleren die, als ze verbrand worden, de doden warm houden en stapels bankbiljetten voor de andere wereld. Lange tijd mochten deze spullen niet verkocht worden, maar hier lijkt het wel alsof het oude China nooit opgehouden heeft te bestaan.

's Morgens varen we op een rivier die smaller en smaller wordt, de heuvels worden bergen die zich tot een nauw gat voor ons sluiten: *Sang-wonhab*, de kloof waarover Nieuhof schreef: 'Munt iets in gansch Sina uit... zoo is het dit gebergte... dat zijne steile en hemelhooge toppen ter wederzijde zoo hoogh na de wolken steekt dat de wegh beneden duister valt'.

Links en rechts rijzen hoge rotsen, het is inderdaad alsof de zon hier nooit schijnt, de wanden zijn mossig. Ons schip worstelt tegen de sterke stroom in.

In een bocht zien we een tempel, die ook door Nieuhof werd beschreven: 'Een wonder kunstig en aartig maaksel,' hij vond dat het hier leek alsof 'kunst en natuur beide aan 't werck schijnen geslagen te hebben'.

We gaan aan wal, de tempel is nog steeds alleen per schip te bereiken en sinds kort weer opnieuw in gebruik genomen. Het nieuwe boeddha-beeld is nog nat en niet geschilderd, de groteske bewakers bij de ingang met hun wapens zijn kort geleden geboetseerd uit klei en zien er nog niet vervaarlijk uit. Wel is er een monnik, die wapperend in een geel-zijden mantel wierookstokjes aansteekt. Hij groet mij beleefd; hij heeft hier nog nooit eerder een buitenlander ontvangen. Hij bladert in oude boeken met handen waaraan enorme nagels groeien, zijn gezicht is gerimpeld.

'Waar was u met de Culturele Revolutie,' vraag ik.

'Ik heb me tien jaar schuil gehouden in de bergen, niemand wist dat ik daar was behalve een paar boeren die me lieten weten dat ik weer te voorschijn kon komen.'

Nog een paar uur varen we door de kloof terwijl Nieuhof drie dagen in dit gebied ronddobberde, steeds voortgetrokken door jagers die over het pad liepen dat min of meer verticaal tegen de berg aanligt.

Nieuhof had nog een reis van zes maanden voor de boeg voor hij in Peking zou aankomen. De dienaren van de voc werden ontvangen door de keizer gedurende een uur en deze liet de delegatie weten dat er geen handel gedreven kon worden, maar dat ze wel over acht jaar konden terugkeren om opnieuw geschenken aan te bieden en hun respect te betuigen.

Wij gaan van boord in Yngtak, in de druipende regen en gaan naar het station om de trein terug te nemen naar Kanton, een reis van een paar uur. Later dit jaar zullen we de reis van Nieuhof verder volgen. De hele dag moeten we op het station wachten, want door de regen is de aarde gaan schuiven en is er een rotsblok op het spoor gevallen. Nog steeds beheerst de natuur het vervoer in China.

HERMAN VUIJSJE

DOMWEG MISTROOSTIG OP RANGIROA

'Morgen zal de zon over ons schijnen,' zegt de jonge zendeling. 'Wij zullen in onze blote bast aan dek zitten en droog en warm zijn.' Hij ziet bleek en ongeschoren, het is zichtbaar dat hij vannacht nergens onderdak vond. Regenvlagen striemen het achterdek van de *St Xavier Maris Stella*: het is koud.

Het handjevol passagiers achter de anti-buiszeilen bestaat half om half uit Polynesiërs en wereldreizigers. De zendeling is een Zwitser, afkomstig uit het schrale hoogland van de Jura, en doet nogal denken aan het soort godsdienaren dat in cowboyfilms figureert. Hij was opgelucht Papeete te kunnen verlaten. Hoe zou iemand van die stad kunnen houden? Nee, dan Tonga of Raratonga, waar de bevolking nog sterk traditioneel leeft en waar hij verwelkomd werd gelijk een vorst. In Papeete kreeg hij alleen maar te horen dat hij moest wachten. 'Maar geduld is erg duur op Tahiti,' zegt de zendeling.

Zelf ben ik Papeete, de hoofdstad van het eiland Tahiti en van de Franse kolonie in de Stille Zuidzee, ook ontvlucht. Het stadje gaat mank aan een fatale combinatie van saaiheid, absurde duurte en kitscherigheid. Zelfs Tahiti's originele rode geweven stof met witte bloemmotieven, alom aanwezig als gordijnen, handdoeken, beddespreien en uniformen, draagt het fiere opschrift: *Imprimé en France*.

Het traditionele bloemetje achter het oor? Iedereen draagt het, dat is waar. De nieuwslezer op de tv, die het weerbericht voor Parijs en Bordeaux voorleest, maar met geen woord rept van de situatie op de meer afgelegen eilandengroepen van Frans-Polynesië. Staatsdienaren combineren het bloemetje moeiteloos met de opperste onbeschoftheid die in ontwikkelingslanden gebruikelijk is voor mensen met macht.

Op de boulevard Pomare zag ik een mevrouw met een hele bloementooi in heur haar gevlochten op haar claxon timmeren, het gezicht van woede vertrokken, en naar een medeweggebruikster woorden roepend die ik gelukkig niet kon horen. Ik besloot uitkomst te zoeken in een langzame boot naar de Tuamotus, de meest uitgestrekte archipel van Frans-Polynesië. Na uren van zoeken en rondvragen aan de kades werd me de *St Xavier Maris Stella* gewezen, een kleine felrode coaster die als beurtschip het noordelijk deel van de Tuamotus bedient.

Het schip lag zo goed als gereed voor vertrek, volgestouwd op de manier die alleen in de Derde Wereld bekend is. Ook de beide redding-boten waren tot de rand gevuld, met een lading satijnzacht toiletpapier voor een van de schaarse hotels op de Tuamotus. De gangboorden stonden tot berstens toe volgesjord met vaten benzine. Op een daarvan schreef de kapitein een passagebiljet naar het atol Rangiroa voor me uit.

In de nacht passeert de *St Xavier Maris Stella* het eiland Makatea, in 1722 ontdekt door onze landgenoot Jacob Roggeveen. De inboorlingen die hij op het strand ontwaarde, liet hij op passende wijze kennismaken met de westerse beschaving: hij loste wat salvo's op de bruine kerels en schoot er een stelletje dood.

Het eiland van mijn bestemming, Rangiroa, was al in 1616 ontdekt door een andere Nederlandse zeevaarder: Willem Schouten. In het Musée de Tahiti et des Îles, even buiten Papeete gelegen, hangt een gravure uit zijn reisbeschrijving, waarop een ontmoeting met inboor-lingen is afgebeeld op het 'Vliegen Ynsel', zoals hij Rangiroa noemde.

Deze koene verkenningen brachten niets blijvends voort: in de Poly-nesische volksverbeelding spelen Hollanders geen rol, en het omge-keerde is evenmin het geval. De enige voorstelling die ik in mijn brein opduikel is van Amerikaanse herkomst: de eilandbewoners die de fami-lie Duck aantreft als zij zich naar de Pacific begeeft op zoek naar ge-heimzinnige schatten of verdwenen beschavingen. Het zijn vreemde, vormeloze mensen, met grote gezichten en onbestemde blik. Hun ogen zijn even expressief als de kooltjes waarmee een sneeuwpop de wereld in kijkt.

Als jeugdig Duck-lezer nam ik altijd aan dat dit mensensoort een vinding van de tekenaar was, om het absoluut-vreemde en totaal-ver-wegge aan te geven. Maar hier in Polynesië blijkt dat deze wandelende puddingen uit het leven gegrepen zijn. Overal zie je ze in een soort Charlie-Chaplin-pas rondwaggelen. De zendeling, die de Pacific lan-ger kent dan vandaag, legt me uit dat ze hier nu eenmaal grove botten hebben. Het voedsel van de eilandbewoners is eentonig en zetmeelrijk. En op veel eilanden is het nog een teken van succes als je dik bent. Hij heeft de koning van Tonga eens gezien, die was zo dik dat hij niet tot lopen in staat was.

De zendeling verwijst naar de vrouwen van Gauguin, dat waren ook allerminst frêle types. Hij vindt het een prestatie hoe de plaatselijke vvv dat beeld van het paradijselijke Tahiti met zijn betoverende Tahi-

tiaansen weet te cultiveren. 'Voor zover je mooie meisjes ziet, zijn ze
van Polynesisch-Chinese afkomst,' zegt hij kil.

Bij mijn ontwaken op de warme ijskast die ik tot mijn territoir heb uitgeroepen, verschijnt meteen de zendeling in beeld. Hij hangt ziek over
de railing. 'Het is een goede ervaring,' hoest hij vol deemoed. 'Ik ben
eerder op zee geweest. Iedereen was doodziek en ik láchte!' De capu-
chon van zijn anorak heeft hij zo ver mogelijk dichtgetrokken, zodat
slechts een stuk ongelukkig besnorde snoet zichtbaar is.

Een vriendelijke matroos wijst me op de eerste kleine uitstulping aan
de horizon, ternauwernood zichtbaar onder de grijze hemel. Daarna
verschijnen er steeds meer. 'Tikehau,' zegt de matroos. De meeste
atollen bestaan niet uit één eiland, maar uit een ring van *motus*, lang
uitgerekte, merendeels onbewoonde eilandjes rond een grote lagune.
Ze bieden stuk voor stuk een perfecte aanblik: schuimende branding,
witte zandstreep, groene palmen, lucht.

De matroos komt van Ahe, een verder weg gelegen atol met een paar
honderd inwoners. Zoals de meeste van de Tuamotus is het schaars be-
deeld met natuurlijke rijkdommen. Vruchten moeten worden geïmporteerd, de bodem is schraal en brengt niet veel meer dan kokospalmen
voort. Kopra, gedroogde kokos, is dan ook de voornaamste lading die
de *St Xavier Maris Stella* op de Tuamotus inneemt. Maar dit jaar is het
aanbod veel te groot, de loodsen van de fabriek in Papeete liggen al helemaal vol. Tot overmaat van ramp heeft onder de pareloesters, het
tweede belangrijke produkt, een ziekte toegeslagen. Japanse technici
zijn te hulp geroepen om de beroemde zwarte parel te redden.

Als straks de vakantie is afgelopen, vertelt de matroos, heeft elke
passagier heel wat minder ruimte op het achterdek. De boot is dan
berstens vol scholieren die terugkeren naar collège in Papeete. Ernstig
vindt hij dat steeds minder jongelui na voltooiing van hun opleiding
terugkeren naar de Tuamotus, dat is het. Daar, in de plaatselijke *métro-
pole*, groeit een werkloosheidsprobleem, terwijl de buitengewesten door
vergrijzing en bevolkingsdaling bedreigd worden.

De matroos: 'De meeste jonge mensen vinden de kokosteelt maar
een karige bedoening. Velen van hen weten niet eens meer hoe je in
een palm moet klimmen. Ik maak me daar zorgen over: ze kunnen
zichzelf niet voeden als het nodig is.'

'Wij Fransen kunnen niet dekoloniseren,' zegt het oudste van de twee
Franse meisjes die ik als commensaal aantref bij Jean en Temarama
Ami te Rangiroa. De meisjes hebben familie wonen in Papeete en zien

ook niet veel paradijselijks in deze met onderontwikkeling en monocultuur geslagen kolonie, die economisch drijft op financiële injecties uit Frankrijk, in ruil voor het recht om als nucleaire proeftuin te worden gebruikt.

Toch denken zij: als erover gestemd zou worden, zou een meerderheid van de Polynesiërs zich voor blijvende Franse aanwezigheid uitspreken. Wat moet er anders van hen worden? *Paris vaut bien a mess*, dat is ongeveer de gedachte. De nucleaire risico's worden afgewenteld op de dunbevolkte, armelijke Tuamotus. Mururoa, waar de Franse bommen ontploffen, ligt in het zuiden van de archipel, meer dan duizend kilometer van Tahiti, waar ruim twee derde van de Frans-Polynesische bevolking geconstrueerd is.

Voor de meesten van de 10 000 Tuamotu-bewoners geldt: weten zij van hun gezond. Hun aandacht richt zich op de materiële spulletjes uit het westen, nog niet op natuurbehoud en milieubewustzijn. Zoals in veel arme landen wordt dit treffend geïllustreerd door de onbekommerde manier waarop de bevolking zich te kanker rookt.

Een week voor mijn aankomst in Papeete bracht ik een middagje door in de universiteitsbibliotheek van Auckland, Nieuw-Zeeland. De afdeling Frans-Polynesië telde vele honderden titels, waarvan de helft bestond uit antropologische en andere wetenschappelijke literatuur. Wat frappeerde, was de andere helft: een eindeloze reeks liefdesverklaringen van schilders, schrijvers, journalisten en andere zonderlingen, afkomstig uit het Westen, meestal neergestreken op de 'parel' van de archipel, Tahiti, om daar in innige aanraking met een authentieke cultuur in de zon te zitten.

De reeks begint zo'n honderd jaar geleden, en wordt nog steeds aangevuld, zij het dat de aandacht nu uitgaat naar meer afgelegen eilanden. Op Tahiti zelf zijn de 'edele wilden' die de Franse schilder Gauguin er aantrof toen hij er in 1891 ging wonen, al lang op.

De meeste van deze geboekstaafde lofzangen zijn in journaalvorm geschreven. 'Vandaag poseerde Ma-Iva voor het nieuwe schilderij dat ik heb opgezet. De boot kon niet landen vanwege de hoge golven, dus geen post. Weinig last van mijn lever gehad.' In ieder boek staat wel ergens een kiekje van 'De auteur met zijn inheemse vriendin voor zijn hut'. Een belangrijk thema is altijd de verkrachting van de oorspronkelijke cultuur door de blanke horden, tot de voorhoede waarvan (al denkt hij daar liever niet aan) ook de auteur behoort.

Op Rangiroa lijkt die afkalving van de oorspronkelijke leefwijze zo goed als voltooid. Wat ooit het specifieke, het kleurrijke uitmaakte, is verdwenen. Wat ervoor in de plaats kwam is een triest rommeltje. Rondklungelende mensen op verwaarloosde erven. Binnen hangt boven de tv de kalender van de Chinese winkel. Het bankstel en het jaren-vijftigwandmeubel. Christelijke prenten aan de muur: met een beetje geluk ook een worteldoekje, stierevechter of geweven voorstelling van de San Marco in Venetië.

Zo voeg ik mij als zoveelste in het koor van elitair-romantische jammeraars. Misschien houdt niet zozeer het verdwijnen van het oorspronkelijke me bezig; daar doe je toch niks tegen. Het is vooral het banale en tweedehandsachtige van de nieuwe aankleding, dat me beklemt. Net zo kun je het zien in Zuid-Amerika, in Indonesië of het Caribisch gebied. Deze nieuwe culturele eenvormigheid is het die voor mij het 'trieste der tropen' uitmaakt: een soort neokoloniaal 'Algemeen menselijk patroon', samengesteld uit onze afleggertjes.

Schuimkoppen rollen over de lagune zover het oog reikt. In de asgrauwe lucht wolkenbanken hoog opeengestapeld. Een soort harde föhn stuwt de golven tot vlak voor mijn deur en loeit dwars door het gevlochten rieten dak van mijn hutje. Opmerkingen over het ontregelende effect van warme winden verwees ik vroeger altijd naar het rijk der fabeltjes uit het *Heil-* en *Kneipp-* kabinet. Maar nu! 's Nachts lig ik met holle ogen en wapperend haar in het duister te staren, me afvragend of ik het nu warm of koud heb, of mijn hoofd open of juist dicht zit, en calculerend welk van de elementen er het eerst bij zal zijn om me uit mijn lijden te verlossen. Zou het water al tot het plankier staan? Komen tornado's alleen voor in het tornadoseizoen? Vragen, vragen. Rangiroa is het grootste atol van de Tuamotus, de lagune meet zo'n 75 bij 25 kilometer, maar de landstrook eromheen is niet meer dan een paar kilometer in doorsnee, en zo plat als een dubbeltje. Het kan nooit lang duren of de golven van de Grote Oceaan slaan er eenvoudig overheen.

Afgezien van de grote hoeveelheid weer gebeurt er weinig dat de aandacht vraagt. Jean en Temarama Ami, die enkele huisjes op hun erf aan pensiongasten verhuren, zijn grote stille knechten en lijken het niet erg op hun klanten van overzee voorzien te hebben. Temarama, een jaar of vijftig, behoort tot de vleesklompenclub. Het grootste deel van de dag zit ze glimlachend en zwijgend op het treetje naar de keuken, een uiterst traag opbrandende sigaret in de mond. Ze heeft altijd een bloem achter het oor en is gekleed in rok en grote witte bustehouder.

Tweemaal daags komt ze in actie, zodat ik samen met de Franse meisjes een zootje vis naar binnen kan slaan. Na een paar dagen hebben we alle drie ons hele leven opgedist. Vervolgens dulden we elkaar op de manier van een doorgewinterd echtpaar, met op de achtergrond de zwijgende Temarama als nurkse schoonmoeder.

Ik vul de dagen met achterstallige lees- en schrijfbezigheden. Het enige uitje dat op de weersomstandigheden is toegesneden, behelst een bezoek aan het nabijgelegen postkantoor, waar een zuster van Jean Ami al even ontoeschietelijk achter het loket zetelt. Op elk verzoek tot een post-transactie reageert zij met nauw verholen afkeer. Tijdens het tochtje valt in de hoofdstraat van Avatouru, het grootste dorp van Rangiroa, geen mens te zien. De ware betekenis van 'Stille Zuidzee' begint terdege tot me door te dringen.

Alsof het nog niet erg genoeg is, wordt me ook nog het sterke, omgekeerd evenredige verband gedemonstreerd tussen de mate van plezier die de reiziger heeft, en de energie die hij spendeert aan gedachten over thuis. Als fantomen duiken de gezichten mijner beminden voor me op. Ze denken in het gat van de Polynesische verveeldheid te kunnen springen. Kssssjt, weg jullie! Ik hou van jullie, maar nu opgesodemieterd naar huis. Ik schrijf wel.

Hoewel – zal ik mijn geliefde geboortegrond nog wel weeromzien? Zal ik hier niet door lieden zonder tekst, zonder rieten rokjes, zonder muziek – of het moest uit zo'n gigantische draagbare wereldontvanger zijn – worden terneergelaten in het warme zand, aan vreemde kust verkommerd ten gevolge van somber weer op de verkeerde plek?

O, wat kan ik verlangen naar deze zelfde regenvlagen en wolkenjachten, dezelfde tegen de wind optornende gestalten, maar dan geplaatst in het juiste decor: de kade van Zierikzee op de winterdag, het regenachtige Rokin bij avond zoals Breitner het schilderde, of zelfs de Badweg te Ameland, met het hotel-pension van het NS-weekendtripje. Heimwee naar de mompelgroet waarmee de gasten zich in de eetkamer aan tafel zetten – wel heb ik ooit.

Het tij gaat in, het tij gaat uit. Het proces is allerduidelijkst waarneembaar doordat eb en vloed zich met grote kracht en een onheilspellend geborrel door de *passe* persen, de geul tussen twee *motus* waaraan mijn hutje gelegen is. Meer naar binnen in de lagune ligt het gedroomde eilandje uit de cartoon, het palmenbosje zwiepend onder de windvlagen. Is een schipbreukeling op zo'n eilandje om te lachen, wanneer hij er behalve het mooiste meisje ter wereld niks dan regen en wind aantreft?

Vlak voordat de Fokker Friendship naar het zuidwesten afbuigt, zie ik beneden op de rede van Tiputa, Rangiroa's tweede dorp, een vertrouwde rode vorm dobberen. De *St Xavier Maris Stella*, het leukste deel van mijn Rangiroa-reisje, heeft bijna al zijn stukgoed afgeleverd. Zelfs de sloepen zijn weer gereed voor hun oorspronkelijk doel.

In een Papeets hotel wacht ik de eerstkomende vlucht naar Los Angeles af. Bij het door hoge palmen omzoomde zwembad vlieg ik midden in een dutje overeind door een oorverdovende klap vlakbij: anderhalve meter van mijn hoofd is een kokosnoot geland. Mijn schrik geldt vooral de schande van mijn einde, in overbodigheid slechts geëvenaard door een val van het trapje bij het ramen zemen of sneuvelen in de Falkland-oorlog.

De volgende ochtend, onderweg van Papeete naar het land van actie, dikke kranten en *value for money*. In de diepte schuiven nog eenmaal de Tuamotus voorbij. Grote stapelwolken drijven onder ons wanneer de piloot de lagune van Rangiroa meldt. Het is zondag daar en ik huiver. Mijn speurtocht naar het echte Polynesië heeft me niets anders opgeleverd dan een visioen van het ultieme Franse platteland. De meest authentieke ervaring was in feite die kokosnoot: *made in Tahiti*, en die liet zomaar spontaan los. Gratis ook.

Ik tuur de lichtblauwe binnenzee af, een verbazende oppervlakte in verhouding tot de dunne landserpentine eromheen. Ik kijk uit naar een speeltje, een rood speelgoedbootje in het nat, maar de wolken willen niet wijken. Zij sluiten zich tot een dek aaneen.

BEN BORGART

ONDER DE BLOTE HEMEL

Op de marktachtige stations van stadjes in Karnataka hangt gewoonlijk een mengelmoes van Aziaten rond. Regionale mannen met eega's
in kleurige sari's, bedelaars, kinderen van lichtbruin tot bijkans zwart,
de een of andere beschilderde sadhu, figuren met tulbanden, oranje
monniken, hindoes, moslims, jaïns en al wat er maar aan exotisch kan
opduiken in deze smeltkroes van rassen, volkeren en religies. Komt er
een autobus binnenhobbelen dan dringt de hele horde eromheen. Er
ontstaat een werveling van tinten. En toch, in zo'n bonte mengeling
springen *Lamada*-vrouwen altijd nog in het oog.

Uitgedost in rood of geel of violet, lappen met franje en vol borduur-
sels, bestikt met noppen en schelpen in mystieke patronen onder kra-
lenkettingen. Trosjes munten in het blauwzwarte haar. Ringen aan
vingers en tenen, blinkende arm- en enkelbanden. Van al deze smuk
is een neusbroche misschien het enige goud, ze zijn armer dan ze lijken, en bij nadere beschouwing blijkt hun gewaad uit versierde lompen
te bestaan, maar ze dragen het met een vorstelijke gratie. Hun rug en
de navel blijven traditioneel onbedekt. Boze tongen fluisteren dat die
wijven nooit ondergoed aan hun lijf hebbben. (Enfin, dan zullen ze dat
niet van waslijnen gappen.) De grauwwit geklede mannen zijn daarentegen onopvallend onderweg. Het is iets in de blik van hun donkere
ogen, wars van civilisatie, of een litteken dwars door hun snor heen,
dat hen onderscheidt van de rest. Fier en trots is hun houding, doch
voorzichtig.

Daar heb je het al: *'Dzjînga lamadi!'*

Zoiets als 'vuile garnalen'. De beschimpten houden zich gereed; ze
hebben geleerd zich te verdedigen maar laten zich niet licht uitdagen.
Ze zijn verder in de wereld geweest dan zo'n stelletje provincialen –
zelfs wel eens aan het strand van Goa. Zij weten meer. Een garnaal
is eigenlijk een kreeft, niet waar, maar tja, daar is fantasie voor nodig.
Laat ons met rust.

Mijn eerste kennismaking met deze outcasts was in de buurt van de
ruïnes van het tempelrijk Vijayakar. Ooit heeft er een strijd tussen reu-

zen gewoed, waardoor het landschap voornamelijk uit rotsblokken bestaat, hier en daar opgestapeld tot wonderlijke torens. Een vallei met de rust van een natuurreservaat. Hier woont de schilder Rob Geesink. Een pezige gebronsde veertiger, die er al lang niet meer Europees uitziet. Getrouwd met een Lamada-schone, opgenomen in hun midden, levend in de middeleeuwen, pointilleert hij fijn bezielde doeken van goëten in de magie van deze woestenij. In zijn uitnodigingsbrief lag hun stee op een eilandje in een rivier – de laatste hindernis. Drooggevallen beddingstenen blijken nu evenwel een brug te vormen. Breek je nek niet. Na viereneenhalve dag reizen vanaf Bombay, plus heel wat gezoek, is laat in de middag dit semi-permanente kamp bereikt. Twee hutten tussen een afdakje van palmbladeren.

'Wauw...,' stamelt de maëstro, knipperend, 'we dachten al dat je ergens in het spleen van Indië was vastgekleefd.'

'Nee, maar die stoomtreinen, jongen.'

'Thee?'

Er kruipen mensen uit een sprookje te voorschijn. Met geloken ogen kauwt een ietwat smoezelige prinses, de schoondochter van Sita Geesink, een papje voor vermoeide voeten. Zijzelf schreeuwt aanwijzingen voor gastvrijheid door hondegeblaf heen. Als matrone regelt Sita hier alles. Kleuters die bang voor je zijn, krijgen een klets voor hun blootje. De uitgestoken hand van stoere kerels beeft van schroom. *'Atsja hai?'* Ja, wel goed hoor. Slechts enkelen van de familie spreken een langs de baan opgepikt woordje Engels. Hoe je naam luidt. *Ben?* Gegniffel. Hoe bestaat het, Bên blijkt in hun taal Zus te betekenen.

Eindelijk onder vier ogen met mijn landgenoot. 'Zeg, waar is de wc?' Hij maakt een ruim gebaar naar de omgeving. Met een kannetje water (bij wijze van toiletpapier) op zoek naar een verscholen plekje. Op oneffenheden zijn schoenzolen gladder dan barre voeten en een pantalon is onhandige kledij om gehurkt te 'kundaliën'. Zo'n *dhoti* daarentegen, een tot broek gevouwen laken, hoeven ze alleen maar even los te knopen om op hun gemak de aarde te bemesten. Zo had je tevens wat van het uitzicht kunnen genieten: bosjes rimboe, cactusbloemen, de rivier, de plantages tegen hellingen aan de overzijde en ver weg een piek met het pinakel van de apengod.

De tropische duisternis daalt vroeg. De schapen zijn dan nog maar net binnen; ze worden gemolken bij een vuurtje op het erf. Ha. Er is weer melk voor *chaia* (pikante thee) en dit verhoogt de stemming. De tover van een fluit op het tikkelende ritme van tegen elkaar geketste kiezels, ontlokt van lieverlee gezang. Twee meisjes voeren er een liefdesdans bij uit. Chi Baba, de oudste rover, geeft na enig aandringen een schorre solo ten beste. Telkens na een klap op een trom vallen de overigen in met een litanie, die klinkt als: *'Riesja mokka, ká, cha ja aah ah-ah-ah.'* Wat vertelt het lied? 'Niks,' verklaart Rob, 'psalmenquatsch.' *Riesja mokka* (Rishya-mukha) is die mythologische berg – daarginds – waar Hanuman geboren is, hun oervader. Uit dien hoofde zullen ze eeuwig heilige erfrechten op dit land blijven claimen.

'Als ze een malle bui hebben, laten ze hun ezeltje zo maar overal grazen. Dan moet je de pachters zien kijken.'

Ze plegen nergens om te bedelen, bietsen staat zogezegd niet in hun woordenboek en ze nemen nooit meer dan hun toekomt. Iets anders. Beschouwen ze mij niet als een vette vlieg in hun web? 'O, ze zullen jou helemaal uitschudden, dat zeker, maar op een subtiele manier... hahaha.' Inderdaad. Over de vlammen heen kijken sommige van die gemoedelijke Apaches je eens zo aan, dat je vanzelf wel geneigd bent iets te geven.

Ons avondmaal wordt op een *chapati* geserveerd. Peultjes in kerriesaus. Etend met de vingers voel je nog wel zo'n beetje wat op dit uur zowat niet meer te zien valt. De tong is sensibeler. *Ai*... die 'peulen' zijn feitelijk gekookte groene pepers. Water! Maar is het drinkwater hier wel te vertrouwen? Och, nou ja, van dorst sterft een mens misschien nog eerder dan aan cholera of zo. In deze ongerepte natuur schijnen slangebeten de belangrijkste doodsoorzaak te zijn. 'Proost.' Zolang je de lichtkring maar niet verlaat en alles in de gaten houdt, kan het nog een leuke avond worden.

Half begrepen overleveringen uit een schriftloze cultuur. Rook. Stof. Wegen. Karavanen. In vroeger eeuwen waren de Lamada's een soort transportondernemers, zoveel is zeker, die vanaf de kust zout naar de binnenlanden vervoerden en specerijen op de terugweg. Nu praktisch uitgerangeerd door de komst van treinen en vrachtwagens. Het zwerven konden ze niet laten. Ze staan op een nationaal prioriteitsprogramma voor 'wilde stammen', scholing en huisvesting gratis, maar ongebonden vrijheid is hun blijkbaar liever. Ze hebben niet veel nodig: wat voedsel en op z'n tijd wat katoen. 'Maffen doen ze van oudsher onder de blote hemel.' Zo. En ja hoor – bij het tanende kampvuur slaapt de een na de ander gewoonweg in op het erf. Binnenshuis is het benauwd.

Niet gewend om hard te liggen doe ik geen oog dicht. Als zwarte plakken komen er *kalongs* overzeilen. Aan de einder flitst en rommelt het bij tijd en wijle. Starend naar vreemde sterrenbeelden, luisterend naar het koor van cicaden en padden, dizzy maar wakker, zucht ik me door een nachtelijke eeuwigheid heen.

In alle vroegte een bad in de rivier. Nergens iemand om een zwembroekje voor aan te houden. Schuimend, bruisend, kolkt het water tussen klompen bazalt en pollen papyrusriet door. Wie er niet te lang in blijft, die heeft geen last van bloedzuigers. Opgefrist, mij afdrogend op een strook oevergruis, kijk ik plots op... mensen. Vrij dichtbij, als silhouetten tegen de opkomende zon, zit er een man of vijf te gluren vanaf een rots. Er stijgt een zacht gebroddel op. Alvorens ervandoor te gaan kijk ik nog eens om (nu met zonnebril) en merk dat het *apen* zijn.

Alweer drijfnat van het stukje klim naar de nederzetting. 'Good morning, folks.' Niemand reageert op die groet. Het is maar een weet: Lamada's houden er geen loze beleefdheidsfrasen op na. Ook alstublieft of dankjewel is er nooit bij; iets vanzelfsprekends hoeft geen praatvocht te kosten. De kinderen zijn koevlaaien bijeen aan het rapen om te laten drogen voor brandstof. Vrouwen, van wie enkele met een baby aan de borst, ontklitten en vlechten elkanders lange haren. De mannen overleggen mompelend wat er vandaag zoal moet gebeuren voor brood op de plank – of misschien gaat het over het gedrag van mister Sister. Zoëven aaide hij nota bene een kat. In plaats van betel te kauwen, borstelt hij met een witte smiksemsmaksem. En waarom op een polsuurwerkje gekeken? Wie de tijd niet kan aflezen aan de stand van de zon, die is achterlijk. Maar ze grijnzen er maar eens om. De meiden poetsen zich op en sommige doen lonkerig. Zo'n westerling heeft een lekkere kont, vlezig, met een knip vol pingping. De binken zijn hier evenwel gauw jaloers. Tussen haakjes: zou je je trouwring mogen houden?

Herderinnetjes van lagere-schoolleeftijd vertrekken om het vee te weiden op richels onland. Het dagelijks leven komt op gang. Water halen, hout sprokkelen, verstelwerk, arak brouwen, stropen, kruiden plukken, kunstnijverheid etcetera. Het vrouwvolk houdt wel tijd over voor frutseltjes, terwijl de baby's pruimend zitten te dobbelen. Op het heetst van de dag sluimert iedereen in de schaduw. Voordat de lethargie van die siësta voorbij is, slaan de honden aan. Over het pad nadert een gedaante met een staf. Molali, de tovenaar. Uitgeteerd, gehuld in vellen, grijs bebaard, uiteenstaande ogen – een op de wereld gericht en een op het glorierijk. De demonen zullen het hier nu kwaad krijgen.

Opschudding. Ik heb een zedendelict begaan. Een van de dames zat poeslief wat aan me te plukken, en nee schuddend kneep ik haar dus maar eens in haar grote teen... waarop ze verschrikkelijk begint te gillen. Godzijdank weet Rob de zaak te sussen. 'Wél van hun *voeten* afblijven, suffie, die zijn onaanraakbaar.' Voor de rest schijnt het niet zo nauw te steken.

Er komt weer volk aan. Een haveloos groepje familie, dat hier voor enige tijd neerstrijkt. Anderen moeten nu zoetjes aan het veld ruimen; slaapplaats plenty onder de maan maar helaas is de *pappot* niet onuitputtelijk. Evengoed wisselt men geanimeerd nieuws uit (krant noch televisie maakt deel uit van hun leven), somber worden er problemen behandeld. Wie zijn er zoal in de diaspora overleden en wie zijn er weer eens opgepakt voor landloperij?

De afscheidnemers krijgen een gesnikt advies mee: daar-en-daar is mogelijkerwijs wat seizoenwerk, ketels te lappen of een bruiloft op te luisteren. In enkele dagmarsen zullen ze er zien te komen, te voet, overnachtend in slums, want woonwagens zijn tegenwoordig onbetaalbaar.

Mister Sister verlangt naar een logeerkamertje met een bed. Sita leest die gedachten. Dan wordt er ernstig over vergaderd. Ten slotte gaat de korte, gespierde baas Nemu voor naar een grot op enige afstand. Aha, droog en niet bedompt. De vorige bewoner, een varaan, vlucht blazend weg voor een zaklamp. We hoeven alleen nog maar op het schemerdonker te wachten om wat stro te halen bij de buren.

Dit rotshol wordt mijn woning.

Geleidelijk aan begin ik erbij te horen. Vermagerend, bruin geworden, een amulet om de hals, in sleets rakend kleedsel en met eelt onder de voeten. Kalmer, om niet te zeggen fatalistisch, meedraaiend met het tempo van de hemellichamen. Na een week of drie kan ik me al een beetje verstaanbaar maken. Hoewel ze over het algemeen wel wat hindi kennen, prefereren ze hun oude geheimtaaltje. Korter, duidelijker. Vriend: *bai-bai*. Slecht klinkt als kraaiegekras, *ui* is het woord vies, *oetsji* betekent uiteraard gek en *ssj* is pas op. Zo wordt het mogelijk om te communiceren met de dieren. Een veelgebezigde term is *whâ*, dat wil zeggen. 'Tsja, eh, wat valt eraan te doen...' Soms geen pest, ja, de broekriem aanhalen misschien en gelaten enige hoop bewaren in de wisselvalligheid der gebeurtenissen.

Op zekere dag verschijnt de radja van Sanapur. Een heerschap in een crème pak. Ofschoon slechts een niet-Rom is hij de landeigenaar, waar alle streekbewoners voor kruipen. 'Well, what's this mess?' Volgens klachten uit de omtrek krijst en gokt men hier tot diep in de nacht, rokken fladderen, messen flitsen, het ruikt er naar opium en er schijnt magie te worden bedreven. Vanwege zo'n heidense bende in de buurt van hun stortplaats voelen de dorpelingen zich kortom niet meer safe.

Schande afkopen dus of ophoepelen. Sputterend geeft de arme Rob maar een paar etsen, *echte* Geesinks. Zo mogen we hier nog wat blijven afwachten uit welke hoek de wind de volgende keer zal waaien.

Dit jaar doemen er weinig moessonwolken aan de horizon op. De schaarse groenplekjes en alle zandvegetatie zijn al in een wijde omtrek kaalgegraasd. Ter overleving zullen de schapen nu nog verder geleid moeten worden, desnoods helemaal naar de velden van Bellary. 'Mooi.' Ik heb het hier wel bekeken en ga mee. Laat zonder hartzeer ballast achter, boeken, camera, scheergerei; hoe lichter hoe mobieler. Alleen een stok schijnt onderweg wel handig te zijn. De tochtgenoten, twee vrijgezellen, een jochie en een hond zullen vanzelf wel baat hebben van je Zwitserse officiersmes. Persoonlijke bezittingen kennen ze niet zozeer; wat je nodig hebt dat gebruik je zolang. Wel dient alles in het belang van de groep te zijn.

Puri Daj, een bijziend oud wijfje, legt prevelend de Taro: nevel.

De leden van de clan wuiven ons uit. *'Ghama o gham.'* Het ga je goed – tientallen malen herhaald. Sita huilt. Rob legt zijn penseel er even bij neer en maakt zwijgend een *shanti*-gebaar.

Op zoek naar gras verlaten we het dal in de richting van een lage bergpas. Een voortschuivende stofwolk vol geblaat en gemekker. Distelpluizen zweven mee. De eerste dagen gaat het door agrarisch gebied, nog over verharde wegen, met hier en daar tentjes van vluchtelingen uit het noorden in de berm. Vaak driftig getoeter van achteren – er is geen plaats voor een kudde zonder land. Arbeiders in *sawahs* kijken vijandig op. Levend van schrale schapemelk (de room is vaak te gelig om te kunnen verkopen) laten we andermans gewassen met rust. De hamels denken er anders over. Wij baden in buffelpoelen en leggen ons ter ruste waar het zo uitkomt, houden om beurten de wacht. Welke ster zou er het beste zijn te volgen?

Als voorboden van een malariagebied zoemen er elke nacht meer muskieten rond. Geld is er niet meer. Weliswaar heb ik nog wat dollars, maar wie wil ze inwisselen, want er kleeft een schooiersluchtje aan en ze zouden wel eens vals kunnen zijn, hè? Onze dobbelstenen vertrouwt men nergens. Voor oprechte waarzeggerij ('u zult geen rijkdom deelachtig worden... althans geen stoffelijke') betalen burgers gewoonlijk niet meer dan een handjevol tabak, maar Lamada's houden niet van huichelen. Met een ongunstig karma zou je nog verder van huis zijn. Gelukkig zijn de paden in dit seizoen soms bezaaid met manna. Aardnoten, een paar banaantjes, pitten van zonnebloemen en ander door de mand gevallen oogstgoed – elke aar is meegenomen. Een doodgeboren lammetje wordt een zondagsmaal.

In gebieden met elektriciteit schijnen telepathische berichten slecht door te komen.

Eindelijk een teken bij een splitsing van zandwegen, in boombast gekerfd. Voor insiders luidt de boodschap: 'Boze lieden aan de reine hand'. Dan die andere kant maar op.

Lief en leed delend leren we elkaar op deze zwalktocht goed kennen en worden op die manier broeders. Nu ja, je hebt elkaar nodig. Met z'n vieren voel je je sterker in de buitenwereld. Ramo, een knappe en aardige maar keiharde gozer, neemt veelal de verantwoording. Neef Puti gedraagt zich ergens schichtig om. Het iele jongetje, Ninga, een wees, werkt van vroeg tot laat mee als een volwassene. Slechts één keer heeft het kind een traan gelaten, toen het ergens met een zwerende hoofdwond in het slijk lag. De hond heeft het nog moeilijker; daar waar hindoes óns nog net niet lastigvallen, moet zij zich op leven en dood verdedigen tegen loebassen. Op het laatst valt de hongerige kudde amper meer in te tomen. Waar blijft het niemandsland van de grote stille heide? Elk over te steken territorium kost zenuwen en angst. Waar geen andere passage overblijft, vloekt men je na vanwege vertrapte dijkjes. We krijgen het eens aan de stok met muzelmannen, die de tamarindenlaan langs hun moskee door onze stank ontheiligd achten. Overal blijft er 'rommel' achter.

Bij de grens van Pradesh loert politie, hetgeen noopt tot een omweg door een moeras, waarbij twee ooien verdrinken.

Wat een opluchting om in de jungle te kunnen verdwijnen.

Tussen de brem op open plekken van dit verwaarloosde kroondomein worden we weer herder uit de *Rigveda*. Gieren die hoog in de lucht volgden, drijven weg. Rondscharrelend vinden we een verlaten houthakkerskeet bij een beekje. *'Atsja haï.'* Nou, doggy kan het hier wel alleen af en lui laten wij onze blaren helen. Vrij als raven. Met volle teugen de leegte inademend. Op een keer streelt Ramo mij door de haren; eerst denk ik er iets van, maar hij wil je alleen maar van jeuk verlossen. Ah, gezellig om elkander te ontluizen. Fijn om gedachteloos een bamboetje te betokkelen, houtskool te branden, een vis te roosteren, of uitgerust wat aan kick-boxing te doen in de schaduw van een kloosterruïne. Mag dit allemaal wel? Och, het paradijs berokkenen simpele flierefluiters nooit veel schade. Wat netels voor hun pony's, wat stronken voor een waakvuurtje, het mag geen naam hebben. Ze lachen om bordjes van de overheid. Misschien betekent zoiets wel *ver-*

boden toegang, wie weet, en ook ik kan die oriëntale letters echt niet ontcijferen. De schamel geklede veldwachter houdt zich koest omdat er
een 'blanke' bij is. De geesten roeren zich zelden.

Onder in een ravijn ontmoeten we bij toeval een kluizenaar in een
autowrak; hier de bocht uit gevlogen en er maar gebleven. Die invalide
Sikh blijkt overigens tuk te zijn op dollars (nooit vragen waarom) en
geeft er na urenlang onderhandelen een buidel met rupee-munten
voor. Hij mankt zelfs een end mee om een dorp met een winkeltje te
wijzen. Die avond raken we dronken. 's Ochtends blijkt onze brave
hond er niet meer te zijn; ten prooi gevallen aan panters.

Rook van een savannebrand zweeft langzaam maar zeker deze kant
op. Sommige schapen hebben van een kruidje geknabbeld waar ze
bloed van opgeven, andere krijgen de schurft.

Neef Puti ziet kans om iets op te lopen in een ashram voor gepensio-
neerde priesteressen.

Gebulder van kanonnen (onkundig van het wereldnieuws meenden
we eerst in een oorlog verzeild geraakt te zijn) verdrijft ons van een militair oefenterrein.

Ergens ontstaat er onenigheid om niets.

Maar eindelijk. Ho eens even... Bij het oversteken van een weg
langs een spoorlijn daagt er een aantal ossewagens met zwierig volk op.
Tziganen. Verre familie. Op hun paasbest zijn ze onderweg naar een
groot verzamelfeest in de buurt van fort Raichur. Zo zo. 'Kan ik soms
een lift krijgen?' Voerlui fronsen, nieuwsgierige tantes giechelen achter
hun sjaaltjes. Ze vinden je een zigeuner van lik-me-vestje. Het gerinkel
van geldstukken geeft de doorslag – halverwege zijn ze blut geraakt.
'Stap in vredesnaam maar in.'

Je makkers staan tussen hun tanden te fluiten. Jammer dat zij niet
van de partij kunnen zijn, maar ze zullen toch wel blij wezen om van
zo'n onhandige kaaskop af te zijn.

Traag voeren trekdieren de troep over de oude karavaanroutes van
Deccan. Hotsend, rammelend. Die karren met houten wielen, zelfge-
maakt, hebben geen schokbrekers en zo ver de blik reikt zitten er gaten
in het plaveisel. Hier en daar moeten er knapen uit om mee te duwen
tegen kluchten op. Aan gene zijde, waar zich laagland uitstrekt, rolt
de boel denderend naar beneden. De wind klappert aan de huifzuilen.
In de benauwenis van de vlakte neuriën meisjes, op weg naar hun hu-
welijkskans, eentonige *spirituals* om de moed erin te houden. Alles gaat
pijn doen.

De droogte in deze contreien baart zorgen. Stof dwarrelt over bruine velden, water wordt kostbaar. Voor een lik zoute boter zijn er weinig liefhebbers meer.

Overnachting bij een dode put in een woestijngehucht, ooit een oase, waar de laatste kruiken leegvloeien in rauwe kelen.

De regengod laat zich bidden noch smeken.

Die festivalplaats, aan een verdampt meertje op de maan, heeft iets weg van het marktplein in een kasba. Vol drukte van nomadengezinnen uit alle windstreken. Muzikanten stemmen hun snaren, kamelen krijgen belletjes aan hun tuig, een sprookjesverteller wenkt om aandacht, danseressen staan al te popelen. Zo gonst dit oord thans van leven. Een vreemde pottekijker, binnengesmokkeld door een troep uit het hoogland, mengt zich gehuld in jute onder de toeschouwers. Stil wachtend op wat nog nooit een westers oog heeft aanschouwd.

Geleidelijk voeren drummers een langzame cadans op.

Warm draaiend spookt men tegen de avond in een processie rond. Voorouders uit Kish-Kinda worden teruggeroepen. Er is momenteel weinig drinkwater, maar zij krijgen het plechtig geoffreerd in schalen. *'Dzjînga-tjing dzjînga-tjing,'* galmen cimbalen in een spanningsverhogend voorspel, *'dzjînga dzjanga dzjonga dzjoenga.'* Her en der ontsteekt men toortsen. Zangers uit de *domba*-klasse schrapen hun keel. Acteurs van een esoterisch drama, feeën, barden, heksen – ze hoeven niet eens te schminken – stellen zich onder applaus op bij een orkest van vedels en tamboerijnen.

Hola, niet zo dringen.

De voorganger houdt het kort: 'Maak open de palmwijn!'

En juist zou het lang verwachte spektakel eens goed losbarsten, het offerdier beseft dat het gedaan is met de geit, of de aanwezigen verstarren in enkele flitsen bovenwereldlijk licht. Wind vlaagt vaantjes los. Vervolgens ratelt er een donderslag die de aarde doet dreunen. Hé... had er in die feestroes dan niemand een beetje op de lucht gelet? Ongelooflijk: even later begint het pijpestelen te regenen. *'Pahni, pahni!'* Hemelwater! Zowaar – tóch nog. Het 'aaahh' van de verbazing gaat al spoedig over in vreugdekreten en alle *Spielerei* is vergeten.

Terwijl kinderen joelend hun plunje afwerpen voor een douche, en toortsen uitsissen, zet men overal teiltjes buiten.

Ja ja, de komende weken zal het hier aan één stuk door blijven hozen. Een late moesson, die de periode van volle maan alsmede de feestdata overschaduwt en wegspoelt. Van evenementen in de open lucht, uniek om bij te wonen, komt er zodoende dit jaar niet veel terecht. *'Oetsja kankaretsji!'* Die mysteriespelen van de *wild gypsies* lossen op in waterdamp. Klam luisterend naar het concert van de regen, zoals dit overal in de tropen klinkt, schuilt iedereen als in trance onder wagens en in tenten. Alles loopt in de blubber. Bijt je potlood maar kapot... hang je harp maar aan de wilgen. Anderzijds: zie, daarginds wordt het meertje weer een meer. Dorst is voorlopig weer voorbij. De heuvels in de omgeving herkrijgen al een groen waas. Wat een geluk. Hebben de goden deze keer niets beters geschonken dan feest?

KEES RUYS

DE LACHENDE SCHEDELS VAN KUCHING

In september 1839 zeilde de Engelse avonturier James Brooke met zijn schip *The Royalist* over de rivier de Sarawak naar Kuching, Noordwest-Borneo, om de – Bruneise – radja van het land te assisteren bij het neerslaan van een opstand van Dajaks en Ibans. Het bezit van één kanon bleek daartoe afdoende, en als dank voor de moeite (en uit angst voor een machtsgreep) gaf de sultan van Brunei hem in 1841, als eerste blanke in een niet-gekoloniseerd oosters land, de alleenheerschappij over Sarawak.

'He lived a life such as schoolboys dream of – he attacked pirates, marched unarmed into the palaces of sultans who were his declared enemies, and went into battle at the head of head-hunting savages, whose women were sometimes as beautiful as princesses.' (R. Payne: *The White Rajahs of Sarawak*)

Nacht, honderdvijftig jaar later, hoog boven de Zuidchinese Zee. De moderne witte radja reist per vliegtuig en is gewapend met een pen, een camera en stapels boeken.

Opnieuw blader ik ze door, onrustig: *Een land als Maleisië*, van Aya Zikken; *Naar het hart van Borneo*, van Redmond O'Hanlon; *A Travel Survival Kit: Malaysia*, van Tony Wheeler. *Borneo*: ondanks de informatie is de naam een dreun gebleven. Een splijtende reus van een boom. Bloedzuigers. Krokodillen. Duisternis.

Kuching. Ik kom er met een taxi, over kleverige asfaltwegen. De stad is leeg, en donker. Ook de chauffeur houdt zijn mond – totdat we bijna in het centrum zijn, en hij zonder een inleiding een anekdote vertelt: 'Lang geleden kwam hier een vreemdeling aan land. Hij wees naar het dorp en vroeg een jongen op de kade hoe het heette. De jongen meende dat hij naar de kat wees die voor zijn voeten liep, en gaf hem het Maleise woord: "Kuching". Sindsdien is het de naam van onze hoofdstad. Wist u dat, sir?'

Ik betaal en stap uit. Het vreemdste ogenblik van elke reis naar plaatsen waar je nog niet eerder was: het ogenblik waarop de lang bewaarde voorstelling zich met de waarheid meet, niet past en wordt vervangen, voor altijd.

Het *Kuching Hotel* blijkt gesloten. Op een ietwat louche terrein erte-
genover, vóór *Cinema Rex*, waar *Dr. No* draait en een paar Chinezen
aan verroeste tafeltjes slierten mie uit plastic kommen zuigen, weet een
man een alternatief: *Selamat Lodging House*. Hij loopt nors met me mee,
in onderbroek, en wijst naar een donker gat in een huis. Voor ik de
trap op ga blijf ik even in verbazing staan. De maan – hij ligt op zijn
rug in de hemel.

Op een stretcher ligt een jongen te slapen. Ik maak hem wakker en
vul een tachtig centimeter breed gastenboek in. Of ik vast vooruitbe-
taal, vraagt hij. Op de trap naderen stemmen. Een man en een vrouw
– een prostituée; als een vlijmscherp mes gekleed, en ongeduldig. Als
ik haar aankijk, steekt ze.

In de schemering ga ik naar boven. Ik hoor het piepen van een rat.
De lampen in de kamer doen het niet. Alleen op de wc brandt nog een
peertje.

Het duo krijgt de kamer naast me. Zonder gêne gaan ze aan de slag,
terwijl de jongen staande op het bed een tl-balk tracht te repareren.
Het hoofdeinde bonkt hierdoor tegen de muur, wat de buren geërgerd
terug doet tikken.

'Tomorrow try...' zegt de jongen en verdwijnt. Ik zoek mijn zaklantaarn. Vind op het laken van mijn bed een korst van vlekken. Ga
in de douchecel staan, smeek met een stinkend lijf om meer dan lauwe
druppels, droog me af, zet de a.c. op wintersterkte, zie op de vloer een
vette kakkerlak en stoot ten slotte met een woedeschreeuw mijn tenen
op iets hards. Een boek. Ik raap het op. Het is *The holy Bible*, 'Kuching,
Sarawak'.

Met mijn hoofd uit het raam probeer ik te kalmeren. Te begrijpen
waar ik ben. Maar alleen mijn lichaam is ter plekke, nog.

De volgende ochtend landt mijn hoofd in Sarawak. *Het idee ervan*
raakt nu voorgoed verloren in iets nieuws, iets onweerlegbaar werke-
lijks: Kuching.

Ik loop in een oven. Airconditioning: zolang je hem gebruikt, blijft
elke stap naar buiten die van west naar oost. Ik besluit hem voortaan
uit te laten, en begeef me langzaam in het kruiswoordraadsel van de
binnenstad. Achter donkere galerijen liggen de Chinese winkels en bedrijven weggestopt: *beauty parlours*, met reclameborden uit de jaren vijftig; antiek- en curiosawinkels, juweliers, *ladies dress makers*. Ik passeer
er één die *Liz Tailor* heet, met op de etalageruit twee voorzichtig geschilderde benen.

In de nergens meer bij horende vitrine ernaast hangen bruingewor-
den foto's van seksloze Chinezen in *De Lach*-achtige poses. De *Modern*

Scientific Store verkoopt ouderwetse ijskasten, haardrogers, lampen en de eerste Philips-radio's. Zo zijn er vele: pakhuizen van winkels die *'trading company'* heten, en tot de nok zijn volgestouwd met onverkoopbaar uitziend materiaal.

Bijna uit het zicht gedrukt vind ik *Hong San*, een honderd jaar oud Chinees tempeltje, dat vanbuiten is beschilderd met tijgers, slangen en vriendelijke olifanten, en vanbinnen als een wattendoos is gevuld met wierook, verkocht door een kromgegroeid vrouwtje dat nauwelijks met haar ogen boven haar toonbank uitkomt.

In de *Kwam Hwa Bookstore* – een van de grootste van het land – zoek ik vergeefs naar boeken over de Brooke-dynastie of andere (westerse) literatuur. Wel vind ik een reusachtige verzameling (kromgetrokken) talencursussen en volkomen willekeurig gerangschikte studies over management (het merendeel), auto's, gezondheid en techniek, stuk voor stuk schrikbarend duur en gedateerd: *Modern Europe* ('68), *The car today* ('63) en *New Africa* ('59); verder een plank met vergeelde *Biggles*-vertalingen, en dan – toch nog iets – een klein draairekje met Engelstalige schooluitgaven: de *Stories to remember*-reeks, met verkorte versies van onder meer *Jane Eyre*, *A Christmas Carol* en *Shakespeare-tragedies* (vijf per bandje). De enige onverkorte literaire roman in dit twee verdiepingen tellende boekenmagazijn is een beduimelde *1984* van Orwell (*f* 44), waarschijnlijk aangekocht, vrees ik, omdat men indertijd gemeend zal hebben dat het een modern verhaal betrof.

In een plotseling inheemser Kuching sta ik weer buiten: aan de Sarawak-rivier, waar de grootse, tijdloze sfeer hangt van verval en lome bedrijvigheid die bij tropenhavens hoort. Krakende touwen. Knarsend hout. Klotsen van water waarop vuil wordt gewiegd. Lagen plastic dat een eeuw zal blijven drijven. Loodsen vol bananen. Boomstammen, bij duizenden: een van de longen van de wereld loopt hier langzaam leeg.

Een scheepstoeter breekt door de hitte. Een Indiër kijkt om. Hij zit naakt op de kade, onder een kraan. Hoog erboven, op de zolder van een havenkantoor, staan Chinezen te biljarten onder trage *fans*. Ergens in een schip wordt een radio aangezet.

'Can I join you in a conversation, sir?' Ik draai me om en zie een jongen met een zacht gezicht, die naar me lacht. Twee minuten later is hij al weer weg, met mijn adres: 'Now we *pen-pals*, sir...!'

Egyptische dodenscheepjes steken in tegen de stroom, om recht aan de overkant te kunnen uitkomen: bij het *Istana*, het sprankelende, wat al te fraai gerenoveerde paleis van de tweede witte Sarawakse radja: Charles Brooke.

Het domineert het havenbeeld. Maar wat het boven alles groots maakt, broeierig, en triest, blijft hier onzichtbaar. Het drukt van alle kanten tegen Kuching aan, als een vijandig leger.

Ik koop van een man achter een hek een munt met de beeltenis van Vynor Brooke – de laatste van de drie, die Sarawak in 1946 overdeed aan Engeland – en steek per *tambang* over naar Fort Marguérita; gebouwd in 1879, 'to guard the entrance to Kuching in the days piracy was commonplace'.

Het is nu een politiemuseum, en bewaart antiek inheems krijgstuig, overblijfselen van de Japanse bezetting en curiosa als een legendarische executiekris en zes, achter een zware torendeur bewaarde schedels, die volgens mijn reisgids op ongeregelde tijden in lachen uitbarsten: 'Ze zouden deze gewoonte hebben opgevat toen de donateur (een Iban, wiens familie de schedels al tweehonderd jaar in bezit had en zich er inmiddels wat te *modern* voor begon te achten) onderweg naar het museum een verfrissing genoot.' Via een steil pad kom ik bij het zwaarbewaakte hoofdkwartier van politie. 'Uw paspoort,' zegt de agent van het informatiekantoor. Hij neemt het in, speldt me een *badge* op – 'Muzium' – en deelt me mee dat ik geen foto's mag maken. 'Ook geen notities.'

Ik toon mijn badge aan flinkbewapende agenten die een hefboom bedienen en passeer vervolgens een kantoor vol mannen die op tafels zitten, elkaar pesten, lachen, slapen.

De ingang van Fort Marguérita is met een ijzeren staaf afgesloten. Kloppen, bellen, noch eromheen lopen helpt, en ik koel mijn woede door ertegenaan te plassen, uitkijkend over Kuching en Sungai Sarawak, waarop een groot zilveren jacht tussen sampans ligt te blinken in de ochtendzon. 'On that bright morning, when the Royalist was anchored in midstream and the mist hung over the jungles, James Brooke saw for the first time the town which was to become his home and his capital.'

De man van het informatiekantoor verontschuldigt zich niet. 'Het is betaaldag, vandaag,' zegt hij op een toon alsof dit mij al zesmaal eerder was verteld.

'Betaaldag,' herhaal ik en ik heb moeite niet te lachen. 'Kunt ú mij de lachende schedels niet laten zien? U bent in dienst...'

Hij kijkt me aan maar antwoordt niet, geeft me mijn tas en paspoort terug en staat groot op. Als ik me niet vergis flikkerde er even iets van schrik in zijn ogen.

Eenmaal weer buiten hoor ik fluiten en schreeuwen, en zie ik iemand met een grote leren buidel het kantoor instappen.

Dat Charles Brooke (geholpen door de antropoloog Rusell Wallace) het initiatief heeft genomen tot het opzetten van wat algemeen beschouwd wordt als een van de beste land- en volkenkundige musea in Azië – het *Sarawak Muzium* – is typerend voor de houding van de witte radja's ten opzichte van het land dat ruim een eeuw lang aan hun onderworpen was. Payne: 'They all showed one thing in common: a love for Sarawak and an understanding of its people.'

Het museum bestaat uit twee gedeelte, aan beide kanten van de weg, en met elkaar verbonden door een loopbrug. Het oude romantische deel, dat is ontworpen als een negentiende-eeuws Normandisch dorpshuis, bevat in donkere krakende ruimten een opgezette versie van een Sarawak dat over tientallen jaren niet meer zal bestaan. Er is een volledig Iban *longhouse* nagebouwd, er is een reconstructie van een van de grotten van Niah, met vogelnestjesplukkers in hoge palen, vleermuizen aan ijzerdraadjes en schorpioenen, kakkerlakken en *guano* – mest – op de grond; en in mahoniehouten toonkasten, tegen een naïef geschilderde jungle-achtergrond, klimmen luipaarden tegen boomstammen omhoog, vliegen paradijsvogels verschrikt op, hangen neusapen en honingberen aan wankele takken en schiet een Maleise renslang door het rietgras.

Er zijn foto's van tatoeages bij Ibans. Getatoeëerde handen duiden op eigenhandig gesnelde koppen, lees ik. En: 'Tegenwoordig dienen tatoeages voornamelijk als visuele herinneringen aan ondernomen reizen.'

Het raakt me. Het idee: reisverhalen op je huid. Je eigen lichaam als papier. Als oeuvre. Boven het skelet van een walvis hangt een zes meter lange, in *Kuching* gevangen python, en even verderop zie ik een haarbal en *een kunstgebit* die in een krokodillemaag zijn aangetroffen.

Ik slik. Mijn oorspronkelijke beeld van Borneo keert terug. En morgen verlaat ik Kuching.

Naast een vitrine met een klem, zoals die op de hoofdjes van vrouwelijke Iban-baby's werd gezet om zo een platter voorhoofd te verkrijgen, zie ik de *palang* waar O'Hanlon over schreef in *Into the heart of Borneo* – een klem die op de penis wordt gezet nadat de eikel is doorboord, en die op een onduidelijke wijze in een verbreding resulteert:

'Maar Leon, wanneer laten jullie zoiets doen? Wanneer laten jullie zo'n gat in je pik boren?'

'Wanneer man vijfentwintig. Als hij niet goed meer. [...] Als zijn vrouw genoeg krijgen van hem.'

Ik zie dat verschillende mannen die voor de vitrine staan het niet kunnen laten even hun geslachtsdeel te beroeren.

Ik bewaar het nieuwe deel van het museum voor mijn terugkeer in Kuching, en ga op zoek naar de curator – de enige in het land die me een *permit* kan geven om de *Painted Cave* van Niah te bezoeken, overmorgen.

'Maar ik tref het niet, zoals ik al vreesde. Werk in Azië is stressbestendig. Na aanhoudend kloppen op een poort wordt mij opengedaan door een groep tafeltennissende zaalwachters, die me vragen van de week nog maar eens terug te komen, en nú mee te doen.

Avond en alleen. Maleisië is geen Indonesië. In de 'local hangout' (reisgids) *4 Supersonic* luister ik naar The Supersonics, een tweemansorkest dat Maleise versies van internationale tophits ten gehore brengt. Het volle *Spector*-geluid wordt slechts door één gedreven, hoekig orgelende man geproduceerd. Strijkkwartetten, drums, gitaarlicks, saxofoons en metalige pianosolo's stuwen de zwaar zwetende zanger naar een emotioneel vertoon dat in schril contrast staat met de desinteresse in het vrijwel lege zaaltje: wanneer hij *My Way* tot een einde heeft gebracht, loopt hij heftig knikkend en bedankend achterwaarts, komt dan weer op, buigt diep en aangedaan, werpt kushanden en gaat ten slotte hollend af, *kapot*; dit alles in de stilte van vijf ietwat ironisch klappende Chinezen.

Na twee flessen bier, en nog niet erg op mijn gemak, laat ik me naar de *Fata Night Club* brengen – Kuchings topgelegenheid. Buiten hangt een broeierige sfeer. Gescharrel rondom auto's. Een vrouw die door drie mannen wordt getroost. Haar decolleté rust op haar tepels.

Er hangen foto's in vitrines. En een prijslijst: bier M$ 12; whisky M$ 20. 'Welcome sir...!' In een duisternis die haast volkomen is, word ik door een schim in smoking naar een tafeltje geleid, waar een laserspot een asbak met water oplicht. Het is krankzinnig koud. Een vriesvak dat open is blijven staan. Ik zak weg in de fauteuil die mij is toegewezen, bestel een *lager* en word een oogopslag daarna verblind door een fijnstraler op de revers van een ober: 'Twelve dollar, please.' Het klinkt als een bevel. Zolang hij inschenkt, rust zijn laser op een plastic palm vol watten die een kerstsfeer suggereert.

Vanuit mijn ooghoeken verken ik de ruimte. Het merendeel van de aanwezigen bestaat uit zwaar geparfumeerde dames, die ogenschijnlijk slechts in elkaar geïnteresseerd bijeenzitten, converserend op niveau. Op de vloer twee schimmen van dansparen.

Een van de schichten van obers schiet op me af en reikt me met een reus van een pincet een ijskoude lap waar ik niet om heb gevraagd. Ik heb de aandrang hem in zijn nek te smijten.

Een Chinees spreekt me aan over zijn werk – 'salesmanager, sir' – en komt dicht naast me zitten. Ondertussen wordt er op het podium van zangeres geruild, en klimt er – letterlijk – een *ster* het pluche podium omhoog, met een roze, op haar huid gespannen jurk vol minuscule spiegeltjes, en een zo diep ingesneden split dat de absentie van een slipje zichtbaar wordt. Een Aziatische Cleopatra, met de ogen van een lynx, de rondste heupen van China en een stem zo dwingend pathetisch, zo superkitsch en hoog verheven tegelijk, dat ik minutenlang met een brok in mijn keel zit te huiveren.

De salesmanager zegt dat de dames hier te huur zijn voor M$ 40 per uur – als bijzit. Je mag converseren, dansen, af en toe een hand verleggen, maar daarmee houdt het dan wel op. Ze komen alleen uit de Filippijnen, of Taiwan. 'No cheap Malays,' zegt hij. '*Koran* and police...'

Een nummertje met een der dames komt de klant op zo'n vierhonderd gulden te staan. Beter, fluistert hij klef, kunnen we een taxi nemen, en ons naar een achterstraatje laten rijden. Ik glimlach maar wat, zeg dat ik zo terug ben en ga dan – op de tast – op zoek naar een wc. Draaierig vind ik er een. De airconditioning is er uit, en dat is meteen een stuk behaaglijker. Zoals het hoort, in de tropen.

Ik plas tegen een aluminium plaat en kijk door het raampje naar buiten. Nog steeds: die liggende meloenschijf van een maan. Beneden me zitten twee Maleise obers op hun hurken achter elkaar. Naast hen staat een grote fles bier. De voorste heeft zijn jasje uit, en laat zich door de achterste masseren. Ze lachen.

Aan de overkant van het straatje staat een vrouw tegen een sportauto aangeleund, één knie keurig opgetrokken. Ze draagt een bloedrode jurk en rookt gelaten uit een sigarettepijpje. Naast haar, in het open portier, nonchalant, een kleine Chinees die draadloos staat te telefoneren in aan- en uitknipperend neonlicht.

Ik blijf zo een tijdje staan, rook een kreteksigaret en herinner me een zin uit *The White Rajahs* van Payne. Voor ik wegga kras ik met een sleutel boven het urinoir: 'Sometimes a wanderer in the East comes closer to Paradise than anywhere on earth.'

FRITS STAAL

DORPEN AAN DE RIVIER

Gene Smith werkt voor de Library of Congress in Indonesië, is een kenner van de Tibetaanse literatuur en was mijn gastheer in Jakarta terwijl ook David Snellgrove, een andere kenner van het Tibetaanse boeddhisme, daar logeerde. Zowel Gene als David zijn het barre Tibet een beetje moe en gefascineerd door de verscheidenheid van Indonesië, niet alleen het boeddhistische Indonesië, niet alleen Java, maar ook, zo niet speciaal, de andere, 'buitenliggende' eilanden.

David vertrok al spoedig naar Sumatra maar Gene en ik gaan naar Borneo, waarvan het Indonesische gedeelte tegenwoordig Kalimantan heet. Hoewel Gene er nooit is geweest is hij mijn ene *Kalyanamitra*, want hij is niet alleen een Goede Vriend maar kent goed Indonesisch en zal daarom kunnen spreken met andere Kalyanamitra, Kiwok Rampai, een Dajak die in Palangkaraja in Midden-Borneo op ons wacht. Gene kent overigens bijna alle talen omdat hij nooit een woord dat hij eenmaal gehoord of gelezen heeft kan vergeten en ook morfologie en syntaxis gemakkelijk absorbeert. Hij zal ongetwijfeld spoedig met de Dajaks in het Dajaks spreken.

Wij vliegen rechtstreeks naar Palangkaraja dat net als Brasilia in het midden van een tropisch continent ligt. Het is de nieuwe hoofdstad van Kalimantan Tengah (Midden-Borneo), dat gesticht is om een stuk van Kalimantan waar vooral Dajaks wonen te scheiden van een ander stuk, de kuststreken van Kalimantan Selatan (Zuid-Borneo), waar vooral Bandjarezen wonen. De Dajaks zijn de producenten; zij doen aan land- en bosbouw, zij vissen en jagen; de Bandjarezen zorgen voor de export van de Dajakse produkten en verdienen daar geld mee. Palankaraja is omgeven door moerassen en zandgronden waar niets wil groeien behalve noten en ananas. Het is ontzettend vochtig en heet, zoals ik nog niet eerder in Indonesië heb meegemaakt. Als we bij het hotel aankomen zit een jongetje voorzichtig velletjes van een wc-rol af te scheuren en netjes op te vouwen. Dit is dus een hotel met servetten, dat wil zeggen, met minstens één ster in de Michelin van Zuidoost-Azië.

Kiwok Rampai heeft in Jokjakarta archeologie en dus ook Sanskriet gestudeerd. Hij wacht ons op met andere Dajaks, onder wie Jack Ni-han, een journalist die het nieuws dat uit Kalimantan komt controleert en die Nederlands spreekt. Hij wil ook met ons mee het binnenland in omdat hij daar al lange tijd niet meer is geweest. Er is blijkbaar een binnenland dat veel verder naar binnen ligt en waar wij beslissen zo gauw mogelijk heen te gaan, want in Palangkaraja is niet veel te doen behalve etenswaren kopen.

De volgende dag gaan wij per auto naar Tongkiling maar daar houdt de weg op bij de rivier Rungan waarop een speedboot ligt te dobberen. Dat is zo'n kreng dat op alle meren, plassen en stranden van de zoge-naamde beschaafde wereld ontzaglijke golven, enorm lawaai en alle be-schaafdere vormen van watersport onmogelijk maakt. Maar hier stelt het ons in staat in een paar uur een afstand af te leggen die in het verle-den dagen of weken in beslag nam. Het arrangeren van passage in zo'n boot gaat op dezelfde manier als bij een privé-busje. Overal in Indone-sië zijn zulke busjes die twee jongens voor een dag huren van een Chi-nees. Een jongen stuurt en de andere schreeuwt de naam van de plaats waar hij heen gaat. Dan wachten ze tot de bus zo vol is dat de tweede jongen er alleen maar bij kan omdat hij een piepklein houten bankje draagt waar hij net op zitten kan. Onze boot was ten slotte zo vol dat de bestuurder na één rondje op de rivier terugkeerde en de laatste twee passagiers verzocht weer uit te stappen.

Aan het begin van de tocht is de rivier nog breed – soms bijna vijf-tig meter – en het water donker purperbruin. Wij zien op de oevers weinig anders dan eindeloze bossen van lage bomen en struiken, geen 'oer'-bos maar betrekkelijk recent gewas. Zeldzaam zijn dorpen en huizen op palen die gedeeltelijk in het water staan. Na een paar uur wordt de rivier smaller en de bomen, die ook hoger zijn geworden, bui-gen zich meer over ons heen. Soms moet je bukken om geen takken in je gezicht te krijgen, wat met een vaart van veertig kilometer per uur beslist is af te raden. Wanneer de rivier niet alleen lichter bruin en smaller wordt maar ook stroomversnellingen begint te krijgen en er meer en meer rotsblokken uit omhoogsteken, stoppen wij bij een drij-vend restaurant waar wij rijst met vis, stinkende *trassi* gemaakt van ge-peperde vis en gebakken bananen eten. Wij stappen dan met onze ba-gage over op een *klotok*, een veel kleiner motorbootje dat rustig puffend verder de rivier opgaat.

Nu volgen een paar meer ontspannen uren en wij beginnen de schaarse huisjes en mensen wat beter op te nemen. De vegetatie wordt dikker en zowel de bomen als de oever zijn hoger. Nu en dan leidt een bamboeladder of een massieve, uit één boomstam gemaakte trap omhoog en verdwijnt in het bos of leidt naar een grijs huis op palen met mensen die ons even nieuwsgierig bekijken als wij hen. Bij elke bewoonde plek drijven houten vlotten op de rivier met kleine huisjes en wassende Dajaks erop en motorbootjes, roeibootjes of kano's eromheen.

Ten slotte bereiken wij Tumbang Baringei waar de rivier zich tussen grote rotsblokken en stroomversnellingen in twee takken splitst. 'Tumbang' duidt een plaats aan waar twee rivieren samenkomen, en alle dorpjes heten Tumbang in deze streek waar de Ngadju-Dajaks wonen. Wij gaan aan wal en stuiten tot onze verbazing op een begaanbare weg en een jeep. Na een korte rit over die weg die buiten het dorp minder begaanbaar blijkt – op een paar punten moeten wij de jeep uit omdat hij zulke gevaarlijke sprongen maakt – komen wij aan bij Tumbang Malahoi, ons hoofdkwartier, en gaan meteen op bezoek bij het dorpshoofd die niet thuis is in zijn prachtige *longhouse*.

In deze Dajak-huizen wonen gigantische families. Het genealogische systeem van zo'n *joint family* ziet eruit als het circuit van een behoorlijk sterke computer. De huizen van de Ngadju-Dajaks hebben een deur die bij voorkeur uitkijkt op het oosten en in ieder geval op de rivier, die nooit ver weg is. De huizen zijn solide gebouwd van ijzerhout, en de palen, soms te dik om te omhelzen, lopen binnen door het dak. Zij hebben groeven als Dorische zuilen die er met een bijl in zijn gemaakt. De daken schijnen zelfs onder zware regen nooit te lekken, wat meer is dan je van de daken in Californië kunt zeggen. Wij zitten op matten op de houten grond, krijgen thee, ik produceer mijn officiële introductiebrief en wij worden uitgenodigd om te blijven logeren. Maar Kiwok zegt nee, wij logeren om de hoek bij zijn eigen familie. In dat andere huis, waar de hoofdbewoner ook weg is, worden wij nog hartelijker onthaald. Vrouwen en meisjes zitten niet ver weg in een hoek zoals in andere Aziatische landen. Wij hebben honger en krijgen rijst met groenten en gember. Meteen daarna vallen wij in slaap op matten op de houten grond.

Ik ben geïntrigeerd door de gekleurde houten huisjes die buiten bijna ieder *longhouse* staan. Deze op palen gebouwde *sandongs* hebben geen openingen, maar een overhangend dak en zijkanten die naar boven uitwijken. Zij bevatten de beenderen van de gestorvenen die er in worden geplaatst na een feestelijke ceremonie die *tiwah* heet. Bij die gelegenheden worden de beenderen van de dode weer opgegraven, schoongemaakt, eerst in een *gong* en vervolgens in een *sandong* geplaatst. Er zijn *sandongs* met prachtige schilderijen waarop vaak een neushoornvogel is afgebeeld. Zij worden omgeven door houten beelden die op totempalen lijken, *hampatong* heten en waaraan uiteenlopende functies worden toegekend.

De *tiwah*-ceremonie duurt zeven dagen maar de priesters, die *basir* heten, zijn er 33 dagen en 32 nachten mee bezig. Vroeger waren die priesters vrouwen, tegenwoordig zijn het mannen die getrouwd zijn maar zich in het ritueel als vrouwen gedragen. Ze zijn iets heel anders dan de travestieten op Java, zeggen de Dajaks. Wij willen graag een *tiwah* zien maar kunnen maar één dorpje vinden waar er in juli een zal worden gehouden. Wij kunnen niet zo lang wachten maar gaan erheen om te kijken of er al iets te zien is en om meer inlichtingen te krijgen. De basir vertelt dat de ceremonie zal worden gehouden voor 137 gestorvenen die geholpen zullen worden het hiernamaals te bereiken. Buiten staat een grote constructie die voornamelijk bestaat uit een cirkel van 137 bamboepalen die verticaal in de grond zijn geplaatst. Ik vraag of dat de 137 doden zijn, maar het antwoord is dat er geen verband bestaat tussen de 137 doden en de 137 bamboepalen. Ik leg uit waarom ik dit onwaarschijnlijk vind, maar ten antwoord laat de basir ons zien hoe hij om die constructie zal dansen. Spoedig dansen vele dorpelingen, vooral vrouwen en meisjes om de bamboepalen terwijl een orkestje van gongs en xylofoons in een huisje op palen ernaast voor de muzikale begeleiding zorgt.

Wij gaan naar het huis van de basir die ons meer zal vertellen. Er wordt veel gerookt maar ook betel (*sirih*) gepruimd, waar ik aan mee doe. Dit leidt tot veel hilariteit maar wordt ook gewaardeerd als compliment, want een volksetymologie brengt *basir* in verband met *sirih*. Wij komen nu op religieuze onderwerpen waarover in Indonesië altijd graag en veel wordt gepraat. Ik kan niet nalaten te denken dat die gewoonte althans gedeeltelijk een erfenis is van de Nederlandse periode. De Dajaks hebben ook een religie, zegt de basir, en die heet *kaharingan*. Dit woord komt van *haring* met de Indonesische voor- en achtervoegsels *ka-* en *-an*. *Haring* heeft niets te maken met het rauwe visje dat je al dan niet met uitjes aan een kraampje kunt eten, maar verwijst naar iets wat 'blijvend' of 'natuurlijk' is. Vervolgens krijg ik al de argumenten opgedist die eigenlijk bestemd zijn voor de oren van het ministerie van godsdienstzaken. Ook de Kajaks hebben een hoogste wezen, heilige boeken en besnijdenis, maar die is alleen voor jongens, wordt in het koude water van de rivier gedaan en doet dus geen pijn.

Ik vind dit allemaal niet zo interessant en vraag wat de basir reciteert gedurende de *tiwah*-ceremoniën. Hierover ontspint zich een meer technische discussie waaraan actief wordt deelgenomen door Kiwok, die een scriptie heeft geschreven over begrafenisgebruiken in Midden-Borneo. De taal van de mantra's is geheim en verschillend van de omgangstaal. De basir zegt er niet veel over en is niet bereid om mij zo'n reciet te laten horen. Ik wil best aannemen dat je daarvoor ook wat langer moet blijven.

Avontuurlijker is een dagwandeling met Pak Dageo, onze eigenlijke gastheer, die terug is gekomen. De Dajaks hebben vanouds de zogenaamde *slash-and-burn*-methode van landbouw toegepast: een stuk van het oerwoud wordt platgebrand waarna groenten en vruchtbomen worden geplant. Dat stuk wordt in een paar jaar onvruchtbaar en ten slotte groeien er alleen nog varens, bamboe en wilde bananen. Dan trek je naar een ander stuk land en doet hetzelfde. De regering – om van ecologen maar niet te spreken – keurt deze methode van landbouw af maar biedt geen goede alternatieven. Wel zijn de faciliteiten in de bestaande dorpjes verbeterd: er is nu medische hulp en onderwijs, vooral lagere scholen die in heel Indonesië in de jaren zeventig enorm zijn vooruitgegaan. De Dajaks willen daarom ook liever in de dorpjes wonen maar de grond blijft niet vruchtbaar, de vis is uit de rivieren verdwenen (onder andere vanwege bovenstroomse goud- en houtwinning en de daarmee samenhangende chemicaliën) en rubber, een van de alternatieven, groeit langzaam. Daarenboven blijft transport voor elke commerciële exploitatie een probleem. Dus blijven vele Dajaks in het geheim voor eigen gebruik de *slash-and-burn*-landbouw toepassen maar zij moeten nu steeds verder van het dorp af stukken grond gaan zoeken. Ten slotte liggen die gebieden zo ver dat zij daar tijdelijke optrekjes bouwen waar je kunt overnachten. Nog weer later worden die optrekjes woningen, en dus zijn er Dajaks die een huis in het dorp hebben en verschillende huizen buiten. Ze zijn daarom vaak weg, net als welgestelde Nederlanders.

Pak Dageo wil mij wel meenemen maar ik mag er niet over schrijven. Dat doe ik nu wel, maar ik verwijs niet naar hem bij zijn echte naam. Wij lopen minstens drie uur door de bossen en komen ten slotte bij een huis dat 'tijdelijk' is – althans in vergelijking met de solide *longhouses* van het dorp – maar vrij groot. Het varken eronder heeft ook behoorlijke afmetingen. Mevrouw Dageo is al bezig met een klein helpertje en hoewel zij ons niet verwacht zit ik even later rijst met heerlijke groenten te eten. De Dajaks eten met hun rechterhand die zij wassen in een kommetje. Vervolgens gaan wij nog een stuk verder tot we bij een eenvoudiger optrekje komen. Daar vult Pak Dageo de mand op zijn rug met de uiteinden van bamboe en rotan, vruchten en een schildpad die wij onderweg zijn tegengekomen. Wij lopen snel terug en het is donker als wij in het dorp aankomen.

Een paar ochtenden later vraagt Kiwok of ik nog steeds wil weten wat de mantra's van het dodenritueel betekenen. Ik zeg, welnee, ik weet precies wat ze betekenen, want ik heb in India gestudeerd. Hij kijkt me een beetje ongelovig aan, en ik ga meteen op mijn hoofd staan. Jack Nihans mond valt open en iedereen komt kijken – ik ben er zeker van dat dit in de krant komt. 's Avonds praten wij er nog uren over en iedereen wil dat ik weer op mijn hoofd ga staan. Ik zeg dat je geen yoga kunt doen met een volle maag, maar dat ik het zal demonstreren aan iedereen die de volgende ochtend vóór het ontbijt komt.

Het is tijd om weg te gaan, jammer, want ik vind de Dajaks erg aardig. De ochtend van ons vertrek komt iedereen naar ons *longhouse*. Er zullen speeches worden afgestoken en speciaal van mij wordt iets verwacht. Ik zeg: 'Ik houd niet van speeches. Woorden zijn lucht' (Kiwok, die vertaalt, met Gene zo nodig als tussenschakel, stokt even, want hij is het daarmee niet eens) 'maar ik ken gevoelens die wonen in het hart. Ik heb veel warmte en vriendschap gevoeld in Tumbang Malahoi. Toen ik een paar dagen geleden met Pak Dageo door het bos liep heb ik gezien dat hij sterk is en teder' (ik zeg in het Engels, *strong* en *gentle*, en weet niet hoe dit vertaald wordt, maar iemand roept 'gentleman!'). 'Hij loopt snel drie uur lang zonder te stoppen, maar hij neemt mijn hand wanneer wij over een boomstam een riviertje oversteken of wanneer de modder erg glibberig is. Diezelfde combinatie van eigenschappen heb ik bij alle Dajaks hier in huis en in het dorp gevonden. Mogen jullie die altijd blijven behouden! Ik hoop dat ik terug kan komen. Dank aan iedereen!'

Dan komt een verrassing. Er wordt een ritueel uitgevoerd voor ons vijven – voor Kiwok, Jack, Gene, mijzelf, en voor Sinin, onze jonge vriend die meegaat naar Palangkaraja. De *basir* gaat vlak voor ons zitten en spreekt ons eerst toe in het Indonesisch en reciteert dan mantra's. Tegelijkertijd sprenkelt hij water over ons, dan verse rijstkorrels, doet gekookte rijst op ons hoofd, schouders en andere ledematen en een beetje kokosnootolie op ons haar. Dan laat hij ons bijten op een groot kapmes waarmee hij vervolgens ons hoofd aanraakt. Dezelfde ceremonie, een beetje ingekort, wordt vervolgens voor ons uitgevoerd door Pak Dageo, twee andere notabelen en een winkelier op wie ik nog terug kom.

Ik ben verdrietig dat wij weg moeten maar gesterkt door het betekenisloze ritueel. Verse rijst en gekookte rijst! Dat is klassiek voer voor antropologen. *Le cru et le cuit* is de titel van een van de bekendste boeken van Lévi-Strauss, die uit dat thema heel veel haalt, bijvoorbeeld het onderscheid tussen natuur en cultuur.

Rijstkorrels en gekookte rijst zijn de basisgrondstoffen van menig Aziatisch ritueel, maar in een mes had ik nooit gebeten. Ik voel mij prettig agressief daarbij en sta gereed om koppen te snellen. Mijn eerste doelwit zijn de twee jongens die de motorboot op de terugweg besturen. Zij hebben een langneusaap op het voordek vastgebonden en vragen ons een exorbitante prijs (die Gene meteen betaalt) onder voorwendsel dat het al laat is en dat niemand anders mee wil. Vervolgens pikken zij nog twee meisjes op, die zij laten betalen, terwijl zij hun vriendjes die ook mee willen aan de kant laten staan. Wanneer wij ten slotte uitstappen bij Tongkiling is het al donker en wij kunnen maar met moeite een taxi vinden. Als ik terugkom met de bagage zitten de twee jongens op de voorbank. Ik gooi ze er meteen uit.

Mijn tweede doelwit is een Balinese ambtenaar van het ministerie voor godsdienstzaken die ons opwacht in het hotel-met-de-servetjes omdat hij gehoord heeft dat wij daar die nacht logeren. Hij wordt vergezeld door vier andere Balinese ambtenaren van dat ministerie, die hij voorstelt, en zijn Balinese vrouw, die hij niet voorstelt. Het eerste dat hij tegen mij zegt, is dat de religie van de Dajaks het hindoeïsme is. Ik antwoord dat ik net bij de Tenggerezen en bij de Dajaks ben geweest, dat er geen twijfel bestaat dat de Tenggerezen hindoes zijn en dat het zeer twijfelachtig is of de Dajaks hindoes zijn. Onmiddellijk daarop ga ik een bad nemen en laat de ambtenaar in grote ontsteltenis achter. Gene blijft uren met hem praten om mijn opmerkingen te vergoelijken en uit te leggen dat ik het niet zo heb bedoeld als ik het heb gezegd.

Mijn derde doelwit van agressie blijft, in Aristotelische termen, zuivere potentie. Ik hoop dat een bemoeizieke beambte op het vliegveld van Jakarta mijn rugzak zal openmaken, want er zitten meer vies stinkende kleren in dan ik ooit heb rondgedragen. Dat illustreert in het voorbijgaan dat de Dajaks in plaats van besnijdenis zouden moeten overwegen om net als in het verleden naakt te lopen. In een heet en vochtig tropisch oerwoud is niets onhygiënischer dan kleren.

Ik loop over het vliegveld met een geweldig mooie en grote Dajak-hoed die iedere steward en stewardess op wil doen. Die hoed had ik de vorige ochtend, nog voor de speeches en het ritueel, in Tumbang

Malahoi gekocht. Dat zat zo. Een van de eerste dagen in Tumbang Malahoi bezocht ik een kraampje waarvoor een deftige Dajak die er een beetje Chinees uitzag, een pijpje zat te roken. Ik bewonderde dat pijpje want het was het simpelste pijpje dat ik ooit had gezien. Het had een bamboe kop en een even gebogen steel die de stengel was van een of andere houtachtige plant.

De avond voor ons vertrek kwam de eigenaar van dat winkeltje, Pak Duien, op bezoek en overhandigde mij een klein pakje waarin drie van die pijpjes zaten. Ik voelde meteen dat ik voor die drie pijpjes niets moest betalen maar dat er nog wel iets achterzat. Ik bedankte hem dus uitbundig en hij zei dat hij ook een Dajak-hoed had. Ik toonde belangstelling voor die hoed en vroeg of ik hem mocht zien. Hij zei dat die hoed niet in zijn winkeltje maar bij hem thuis was en dat ik hem de volgende ochtend mocht komen bekijken. Sinin zou mij de weg wel wijzen.

De volgende ochtend was het erg druk. Wij moesten van iedereen afscheid nemen en even op bezoek bij een tante van Jack bij wie in een ver verleden een Duitse missionaris in huis was geweest en die nog eens een buitenlander op bezoek wilde hebben. Daarna nam Sinin mij mee naar het huis van Pak Duien. Wij moesten de brug over en helemaal naar het andere eind van het dorp. Daar stond een groot modern huis, niet op palen, naast een batterij van *sandongs* en *hampatongs* en een nieuw huis dat nog in aanbouw was. Ik liep de open deur door en stond in een grote kamer die bijna helemaal leeg was, maar waar op een grote tafel met stoelen eromheen een enorme prachtig gevlochten hoed lag met patronen in rood en beige en een rand in rood en wit met zwarte biezen. In het midden was een bos kippeveren bevestigd met een roze stengel die op een kippepoot leek. Ik had niet zo vaak zo'n mooie hoed gezien en dacht meteen daar zal ik vijftigduizend roepia (ongeveer zestig gulden) voor bieden. Maar ik zei niets en dat zou ook niet veel uithalen want Pak Duien en Sinin spreken alleen Dajaks.

Vervolgens ging Pak Duien naar boven en kwam na een kwartier terug in een prachtig zwart pak met geborduurde randen. Hij zette de hoed op en schreed door de kamer, de voordeur uit en door het hele dorp terwijl wij er een beetje bijliepen. Ik had het gevoel dat er in Tumbang Malahoi niet vaak zo'n indrukwekkende processie had plaatsgevonden. Thuis bij Pak Dageo wachtte iedereen, want de speeches en ceremoniën waarvan ik nog niets wist stonden op het punt te beginnen. Maar ik zei tegen Kiwok: vertel Pak Duien maar dat die hoed prachtig is en dat ik hem wel wil kopen als-ie niet te duur is.

Na lang fluisteren kwam Kiwok terug en zei dat die hoed verschrikkelijk duur was: honderdduizend roepia. Gene die ernaast stond en die hoed ook wel wilde hebben stak zijn hand al in zijn zak maar ik zei: die prachtige hoed is 75 000 roepia waard. Nu bleef Kiwok nog veel langer weg en kwam terug met een heel ingewikkeld verhaal waarvan de kern was dat die hoed weliswaar 75 000 roepia waard was maar dat hij door de vrouw van Pak Duien was gemaakt, dat er ook voor Pak Duien zelf iets in moest zitten, en dat hij honderdduizend roepia moest hebben. Ik zei goed, deed 75 000 in mijn linker- en 25 000 in mijn rechterhand en overhandigde beide pakjes aan Pak Duien. Toen begonnen de speeches.

De Dajaks zijn geen zakenlieden; zij werken hard, maar er wordt aan verdiend door Chinezen en Bandjarezen. De transactie die ik net had meegemaakt en die een voorbeeld is van koopmanskunst, was uitzonderlijk en misschien is het waar dat Pak Duien Chinees bloed heeft, maar dat kan ook mijn vooroordeel zijn. Het zou overigens niemand hoeven te verbazen want Borneo ligt dichter bij Oost-Azië dan de meeste andere gedeelten van Indonesië en de contacten met China zijn oud. Grote Chinese potten die je buiten veel *longhouses* ziet en die het waardevolste bezit van een Dajak-familie zijn, werden al gedurende de middeleeuwen uit China geïmporteerd. Zij werden onder andere gebruikt om er beenderen in te bewaren en te beschermen tegen varkens en andere dieren.

China en Zuidoost-Azië spelen een belangrijker rol in de geschiedenis van Indonesië dan vaak wordt beseft. Wij horen altijd over de invloed van India, de islam en de Nederlanders. Maar zowel de Dajakse gong, die een belangrijke rol speelt in het ritueel, als de vijftonige muziek van de Javaanse en Balinese gamelan met hun verscheidene stemmingen, is verwant met de Chinese en niet met de Indiase muziek. Commerciële contacten van Indonesië met China zijn altijd even belangrijk geweest als die met India, de Arabische landen en het Westen. De Chinese tempels in Indonesië zijn beter bewaard gebleven dan waar ook. In de Volksrepubliek is veel vernietigd en in landen als Taiwan of Hongkong worden tempels voortdurend gerestaureerd en gemoderniseerd. In de grote steden van Java zoals Jakarta, Surabaja of Semarang liggen bloeiende Chinese tempelcomplexen die druk worden bezocht door jong en oud.

Het ministerie van godsdienstzaken zal de zogenaamde Chinese religies misschien accepteren als de Chinezen bereid zijn van de daken van hun tempels te roepen dat er maar één hemel is, dat Confucius de profeet is en dat alle Chinezen zich laten besnijden. Het is te hopen dat het niet zo ver zal komen. De Chinezen verschaffen juist het duidelijkste tegenvoorbeeld dat aantoont dat de politiek van opgelegd conformisme waarop dat ministerie gebaseerd is, op verouderde inzichten gebaseerd en belachelijk is.

Indonesië houdt hardnekkig vast aan een anti-Chinees vooroordeel terwijl de meest spectaculaire vooruitgang in de wereld op het ogenblik juist te vinden is in Japan, China, Hongkong, Singapore, Zuid-Korea en Taiwan. Aziaten spelen een steeds grotere rol bij wetenschappelijke ontdekkingen. Amerikanen en Europeanen beginnen te beseffen dat ze enorm veel voordeel kunnen hebben van de aanwezigheid in hun midden van Aziaten. Het is zonderling dat Indonesië, zelf een Aziatisch land, de meest creatieve Aziaten die al zo lang in hun midden hebben gewoond tracht uit te sluiten.

Iedereen weet dat Indonesië een enorme rijkdom aan grondstoffen bezit. In feite is het veel rijker dan het merendeel van de Aziatische landen die ik net heb genoemd. Dat het desalniettemin niet behoort tot de vijf 'Newly Industrialized Countries' is niet te wijten aan het feit dat het een grotere bevolking heeft, maar eerder aan het tegendeel: dat het zijn rijkdom aan bevolkingsgroepen niet volledig inschakelt. De Chinezen zijn daarvan een duidelijk voorbeeld, maar de Dajaks zijn een veel interessanter voorbeeld omdat het niet zo duidelijk is. Ze lijken op een oliebron die nog niet is aangeboord en waarvan niemand weet hoe diep die is.

De geschiedenis van de Dajaks is onbekend. Zij hebben geïsoleerd geleefd en hebben zich weinig aangetrokken van de rest van de wereld. Dat is grotendeels te wijten aan gebrekkige communicatie en transport. Terwijl wij ons hebben opgewonden over twee wereldoorlogen, die een groot deel van de wereld hebben beïnvloed, Borneo niet uitgezonderd, zijn de Dajaks voortgegaan hun *sandongs* en *hampatongs* te bouwen. Nu zitten zij in de klem omdat communicatie en transport nog steeds zo moeilijk zijn.

Ik heb de Dajaks maar heel kort meegemaakt, maar lang genoeg om te merken dat zij net zo capabel, intelligent, ondernemend en creatief zijn als wie dan ook. Ik weet niet of dat voor alle bevolkingsgroepen van Indonesië geldt. Maar ik weet dat de wereld nog meer behoefte heeft aan creatieve bevolkingsgroepen dan aan waardevolle grondstoffen. Indonesië is fortuinlijk, misschien meer dan enig ander land, want het bezit beide in overvloed. De sleutel tot die overvloed is niet hameren op conformisme maar erkennen van verscheidenheid.

HENK ROMIJN MEIJER

BELLUM BELLUM BELLUM

KATHMANDU 13 NOVEMBER 1986

Ik wilde van het Tibetan Guesthouse verhuizen naar het goedkopere
Sunrise Hotel dat ik vorige week min of meer toevallig had ontdekt en
waar ik een kamer had besproken. De jongen van het Guesthouse riep
een riksja voor me en ik zette mijn koffer en rugzak in het wagentje.
'Sunrise Hotel.' De bestuurder van de riksja wist niet waar dat was en
ik was het volledig vergeten. Je begrijpt niet waar ze zo gauw vandaan
komen, de mensen die zich ermee willen bemoeien. Drie omstanders
leggen de jongen tegelijk uit hoe hij bij het Sunrise Hotel moest komen.
'Sunrise Hotel, fifty rupees!' riep hij. Ik gebaarde van laat naar je kijken en hij zei boos: 'Sunrise Hotel! One hour!' 'Tien minuten,' zei ik,
'hoogstens! Tien rupees!' Hij boog zich om na te denken. 'Twintig rupees,' zei hij, 'twintig minuten.' Ik nam mijn bagage van de wagen.
'Fifteen rupees,' zei hij. Ik liep van hem weg, want hij benam me het
uitzicht op andere voertuigen. Een scooter-taxi naderde en stopte.
'Sunrise Hotel? Fifteen rupees,' zei de chauffeur en knikte daarna dat
tien ook goed was.'

Onderweg werden we opgehouden door twee tegenliggers die niet
voor elkaar wilden wijken. De strijd die zonder stemverheffing verliep
nam de mannen zo in beslag dat ze niet beseften dat een van de auto's
gemakkelijk voldoende kon uitwijken om de ander te laten passeren.
Pas toen een voetganger een van de chauffeurs lachend wees op de
ruimte, reed hij door, stug en boos en zonder bedankje.

'Yes Sir, we have reserve,' zei de Indiër bij de receptie van het Sunrise Hotel, maar ik had de indruk dat hij me niet herkende en dat mijn
komst hem ongelegen kwam. Het hotel wemelde van de Indiërs die
schitterend gekleed en pompeus in de gang liepen en in de eetzaal waar
een week geleden nog geen mens te bekennen was. Ik kreeg voorlopig
kamer 350, 'maybe for a few hours, maybe for to-night.' Waarom
mocht ik niet blijven? 'Is not normal room,' zei de man beleefd. Hij
riep een jongetje dat mijn bagage pakte en grijnzend drie trappen op
tilde naar de grote kamer. In de aangrenzende badkamer hadden zeker
twee koeien zich schoongespoeld, zoveel zand als er lag op de natte

vloer. Dat zand maakte de kamer waarschijnlijk tot een 'not normal room'. Ik gaf de jongen een biljet van tien rupees en gebaarde dat hij het moest gaan wisselen en dat hij dan vijf rupees zelf mocht houden. Grijnzend van oor tot oor rende hij weg en kwam even later terug met twee biljetten van vijf rupees. Hij gaf ze me allebei. Een oud mannetje sloop geluidloos mijn 'not normal room' binnen en zag dat ik de jongen vijf rupees gaf. Hij vroeg gebarend of ik warm water wilde en draafde af bij mijn ja en keerde een poosje later terug om mijn warme kraan voor mij te proberen. Zijn oude bruine gezicht rimpelde vriendelijk onder een bruin hoedje en hij droeg iets wits wat tot zijn voeten reikte. Hij beduidde me dat alles in orde was, dat ik een douche kon nemen. Mijn knik bevredigde hem niet, hij wachtte en trok zich weer terug op het knarsende zand, omdat ik ontoeschietelijk bleef. 'Is ready,' zei hij moeizaam wachtend op de andere helft van de tien rupees. Hij had geen koffers gesjouwd en ik liet hem onverstaanbaar mompelend afdruipen, gebogen en vluchtig. De douche die ik daarna nam bleef steenkoud.

De Indiër bij de receptie hield me staande om me te zeggen dat ik kamer 217 kon krijgen. 'Normal room?' vroeg ik en hij knikte. Het jongetje dat ik de vijf rupees had gegeven en dat nu mijn gangen volgt rende naar boven om me van de ene kamer naar de andere te verhuizen. Het is een hoekkamer, ramen aan twee kanten. De jongen liet me trots zien dat alle lichten werkten, zodat het me niet opviel dat sommige het niet deden. Verwachtte hij een vervolg op de vijf rupees? Het leek me eerder dat hij me liet weten dat er nog speling zat in de eerste vijf. 'Much cleaner,' zei ik van deze normale kamer en hij lachte, waarschijnlijk omdat hij de drol die in de wc dreef evenmin als ik had gezien. Ik kreeg hem later weg met behulp van mijn wandelstok.

De man bij de receptie zei dat ik morgen de kamer kon krijgen die ik had gereserveerd. Welke was dat dan? 'Kamer 437.' Had ik die dan gereserveerd? 'Ja,' zei hij, 'no problems.' 'No problems' is een stopwoord, een oplossing voor onoplosbare problemen, onbegrepen Engels, wat ook. Ik maakte een wandeling door de modderstraatjes rondom het hotel en keek de lage donkere kooien binnen waar mensen hun handel verkochten, groente, kruidenierswaar, ijzerwaar. Een enkele van de zwak verlichte vertrekjes was een inheems eethuisje waarin een of twee tafels en banken stonden en een buffet waarachter een vrouw schalen vol eigen baksels beheerde. Ik zou het lekkers willen proberen, maar als ik me diep genoeg zou buigen om naar binnen te kunnen zou de ruimte terstond gevuld zijn van mijn uitstraling en zouden er zich zwijgende toeschouwers verzamelen.

Ik ging eten in een doodstil eethuisje om de hoek bij het hotel en vroeg de jongen die me het menu bracht of het een feestdag was vandaag, want behalve al die feestelijk geklede Indiërs die me in het hotel zo'n beetje onder de voet hadden gelopen, was er in een naburige tempel een grote bedrijvigheid gaande, vrouwen en kinderen die in twee lange rijen op de grond zaten achter een blad waarop wat rijst en groente lag, iemand schonk een melkachtige drank in voor iedereen uit een enorme ketel. Lopende vrouwen brachten een *tika* aan op het voorhoofd van hun zittende zusters en iedereen was stilletjes en kleurig.

'Ja, festival,' zei de jongen. Aan de bar oreerde een dronken man tegen de baas die mij niet uit het oog verloor. Hij kwam bij me staan en ik vroeg hem wat ik moest nemen. Hij wees me het duurste, *kalijko tarkari* en mixed *dhuja*, wat dat ook zijn mocht. De dronken man oreerde en dronk whisky en daardoorheen iets wits uit een fles wat hem geen goed deed. Zodra het kelnertje mijn eten gebracht had ging de baas mijn gezicht bestuderen zoals het niet eerder bestudeerd was. Hij droeg het witte vest dat hier bij bazen schijnt te horen. De dronken man kwam bij me zitten om me te vertellen dat hij gids was bij een Trekking Company. Ik zei dat ik niet kon trekken vanwege mijn kapotte knieën en hij stortte zich op het verhaal van een goede klant van hem, een Oostenrijker, die in de oorlog een been had verloren en niettemin elk jaar een lange trektocht maakte en daarbij bovendien ook nog altijd haantje de voorste was, altijd overal het eerst.

Ik knikte beschaamd bij het relaas over die Oostenrijker en probeerde mij de genoegens van het alleen eten voor de geest te halen. 'And his wife she is very famous writer,' zei mijn tafelgenoot, 'Austrian writer.' Hij noemde haar naam, zo dronken als hij was, en liet een stilte vallen, zoiets als de gaping na de piep van het antwoordapparaat, zoveel seconden om plat te liggen van ontzag voor die schrijfster. Kende ik haar dan niet? 'Very famous Austrian writer.' Ze had een heleboel boeken over bergbeklimmen geschreven en ook een heleboel kinderboeken. Ik nam een paar happen van mijn eten onder de glanzende blik van de baas. Zou hier ooit iemand anders komen dan deze dronken man en een loslopende hond zoals ik? De dronkaard had massa's foto's op zak, ik moest ze allemaal bekijken, foto's van de boten op de rivier waarop hij gids was, foto's van hemzelf te midden van toeristen, een foto van hemzelf naast een meisje. ('Is dat je vriendin?' 'Nee, ik ben getrouwd, ik heb geen vriendinnen.')

Foto's ook van de cremate van zijn beste vriend, twee weken geleden verongelukt op weg naar Lhasa: zijn auto vloog het ravijn in en viel meer dan vijfhonderd meter naar beneden. 'Waarschijnlijk veel te hard gereden, nee, niet hijzelf, hij zat niet aan het stuur. Onvoorzichtig,' zei hij, 'maar ik zie het als het noodlot, als je in bed sterft sterf je in bed, als je een ongeluk hebt heb je een ongeluk.' Maar het was wel verschrikkelijk: het was zijn beste vriend, net veertig jaar, een vrolijke snor op een foto. Hij zag op zijn horloge dat het acht uur was en hij moest plotseling dringend weg. We schudden elkaar de hand. Het was moeilijk om in deze dronken man een betrouwbare gids te zien, hoewel, misschien dronk hij alleen tussen twee tochten, de tol die hij moest betalen voor zijn goede gedrag als gids. Over een paar dagen vertrok hij weer. 'Ik heb al vanaf twee uur zitten drinken,' zei hij voordat hij verdween. 'Waarom drinkt hij zoveel?' vroeg ik de baas om een beetje van onder zijn blik vandaan te komen. 'Ik weet het niet,' zei hij, 'het is een gewoonte, het is een ziekte. Het is net als kanker of tb.'

Ik betaalde het kelnertje en zei dat de gids twee foto's op mijn tafel had laten liggen. 'Had hij ze aan u gegeven?' wilde hij weten. 'Nee, hij is ze vergeten.' 'Oh, he forgot?' 'Yes,' zei ik, 'he forgot.' Hij nam ze een voor een in de hand en bekeek ze lachend, overbelichte kiekjes van trekkende mannen en vrouwen die ergens aan een strand zaten te eten.

Ik wandelde door het festival heen terug naar het hotel. Binnen een menigte dansten twee dansers terwijl mensen in het publiek hun bankbiljetten toestaken. De behendigste danser pakte er een en maakte tergende bewegingen naar zijn partner bij de geluiden van fluitspelers en trommelaars. De trommels bleven tot diep in de nacht klinken.

14 NOVEMBER

Mijn badkamer en de aangrenzende zijn communicerende vaten, de tussenmuur reikt niet tot aan het plafond. Ik sta om half zes op en luister naar de eindeloze plas van mijn buurman, op ware grootte. Het is buiten mistig en de ramen druipen van het vocht. Om half zeven komt de straat beneden tot leven. Op het omheinde terrein waarop roestige tonnen staan, doet een jongen aan ochtendgymnastiek. En opeens zijn er drie jongens, ze vermenigvuldigen zich daar in de mistige kou. Ze gaan touwtje springen. Ze doen kniebuigingen, ze grijpen zich vast aan een rekstok. Nu zijn het er vijf, geruisloos en boordevol beweging, ze moeten in de steden loods hebben geslapen. Op de gang praten twee vrouwen, een vader maakt vroege herrie tegen een hard pratend kind, een vrouw slaakt de kreten van vermoeide tegenzin die bij een vroege ochtend horen, allemaal leden van de groep Indiërs die het hotel bezet houdt en volgens de man van de receptie morgen zullen vertrekken, no problems.

Tot tien uur wandel ik weer door de achterstraten waar je niet wordt lastiggevallen met kreten en fluisteringen van buy carpet sir, hash sir, smoke enzovoort. Tegenover de tempel zijn vrouwen aan het schoonmaken na het festival, ze wrijven het koper van de potten in met iets zwarts wat op modder lijkt en branden de bovenrand van binnen af met een takkenbos. Voorbij de hoek naast de tempel waar gisteren een openbare keuken was ingericht, zijn nu twee pottenbakkers aan het werk op een zwaar houten wiel dat ze af en toe vaart geven door het met een stok zo snel mogelijk te draaien. Boven aan de toren van natte klei vormen ze telkens een schoteltje van het soort waarvan er gisteren honderden kapot gegooid zijn. Ze snijden ze af met een ijzerdraad en zetten het bij de andere in de zon te drogen.

Op het marktplein waar ik gisteren een van die vriendelijke politiemannen een ruzie tussen een verkoper van radijzen en de bestuurder van een riksja zag beslechten, is het al tamelijk druk. Gister porde de agent in de radijzen zodat ze over de straat rolden, gaf een harde klap op de riksja en liep daarna verder. De verkoper zocht zwijgend zijn radijzen bijeen, no problems. Nu dreigt een heilige koe de groentekraam van een marktvrouw plat te trappen. Ze schreeuwt zo hard ze kan naar het beest en klapt zo dreigend in de handen dat hij alleen een krop sla van haar steelt. Daarna zet het dier het op een schonkige draf achter mij aan zodat ik opzij moet springen om geen por van de horens te krijgen. Ik denk aan het verhaal dat de dronken gids me gisteravond vertelde. Hij stond naast een olifant om een foto van hem te maken en die olifant hield zijn slurf gekruld in de hoogte. 'And the driver he save me,' vertelde de gids. 'He grabbed me, he says. Are you crazy? That elephant killed already two men.' Hij had die twee mannen met zijn slurf beetgepakt en ze vervolgens doodgetrapt. 'That elephant don't like people,' had de man gezegd. 'Some are gentle and sweet but others don't like people.'

Ik verdiep me in allerlei groenten en fruit en een jongen komt fluisterend bij me staan en vraagt zacht waar ik logeer. 'In the Tibetan Guesthouse?' vraagt hij en ik zeg ja. Was ik alleen, had ik vrienden? In moeizaam Engels vertelt hij me dat hij alles voor me kan krijgen, alles. Alles? Ja. Alles waarnaar ik ooit zou kunnen verlangen. Smoke? vraagt hij. 'Nee, zeg ik, dank je wel, op het ogenblik niet.'

16 NOVEMBER

Onderweg naar de drukke straathoek waar ik mijn fiets huur zag ik een jongen op het trottoir liggen, leunend op een elleboog, ongeveer tegenover Instant Photo: een grauwe regenjas en daaronder helemaal niets.

De hoek was een centrum van exotische commercie, kramen vol spiegeltjes uit Hong Kong en allerlei snuisterijen van plastic, een bioscoop waaruit lawaai opstijgt, daverende bromfietsen, een winkel vol elektrische apparaten, dat was het decor voor die jongen die gedachteloos en afwezig in hoger sferen voor de voorbijgangers telkens even die grauwe jas opendeed om zich bloot te stellen en daarna af en toe een geldstuk te grijpen dat hem werd toegegooid. Hij was verwant aan de geboren bedelaar, de man die zonder benen op een plankje rijdend voortbewoog, hallo hallo roepend, of de man die elke voorbijganger onverwacht een flappende botloze stomp been voorhield en op en neer wuifde. De jongen in de grauwe jas was subtieler. Hij was vrouw waar hij af en toe in een miniem gebaar even die grauwe jas opensloeg en waar hij man had moeten zijn. Hij hield een bezige vinger waar de vinger genot kon verschaffen en dat deed hij zo discreet dat de vragen zich pas later opdrongen. Hoe doet het leven zich voor aan iemand van dergelijke kunne? Wat is zijn kans op geluk, het geluk zoals wij het kennen? Heeft het iets warms om zo als het ware je eigen moeder te zijn en dan zo op straat te liggen genieten? Geen mens die hem lastig viel of een verwijt maakte.

Er zijn in het hotel een paar jongetjes die niets doen dan een beetje rondhangen, weesjongetjes waarschijnlijk of kinderen die door scheidende ouders zijn verstoten. Nu de Indiërs zijn verdwenen is het hotel vrijwel leeg, er zijn weinig koffers te dragen. Altijd als ik op het dak zit te lezen wil een aandoenlijk jongetje in een paarse trui door mijn 'telescope' kijken.

'Telescope' is het enige Engelse woord dat hij kent, we bespreken onze problemen als twee doofstommen. Hij wil altijd werk voor me doen en heeft mijn schoenen vanbinnen en -buiten zo degelijk onder de stromende kraan schoongemaakt dat ze dagenlang doorweekt zullen blijven. Terwijl de jongen in extase de omgeving afzoekt met mijn verrekijker, verschijnt het kruiperige kelnertje dat nooit iets te doen heeft en nog minder doet in het trapgat. 'I clean floor in your room, Sir,' zegt hij, zijn schichtige bruine ogen wijd open, 'I put new water in your thermos.' 'Heb je ook een handdoek opgehangen?' 'Oh Sir,' zegt hij, want dat is hij vergeten.

18 NOVEMBER

Ik zit op het dak te lezen in de zon. Een paar klusjesmannen repareren iets aan de watertank, tenminste, uit hun gereedschap leid ik af dat ze van plan zijn iets open te draaien of dicht. Ik vertel een van hen dat mijn wc steeds overstroomt en of hij daar iets aan kan doen. 'Yes,' zegt

hij, 'toilet, no problems.' De mannen raken gewikkeld in een druk gesprek. Het paarse jongetje komt boven en zegt opgewonden 'telescope,
telescope, telescope.' Ik geef hem de verrekijker en knik naar het kruiperige kelnertje dat boven aan het trapgat zijn lange zwarte druipende
haar gaat staan kammen. Na iedere haal inspecteert hij de kam en verwijdert de haren die zijn vrijgekomen. Wanneer hij zich mooi gemaakt
heeft onderwerpt hij me aan een vraaggesprek. Kwam ik uit Holland?
Hoe groot was dat land? Was er werk voor jongens als hij? 'Ik hou niet
van Nepal,' zegt hij. 'Waarom niet?' Hij denkt na. 'Je ziet overal bergen,' zegt hij dan vaag. 'Houd je van Dhaka?' 'Very hot,' zegt hij,
'people no good.' En hier? Deugen de mensen in Nepal? Hij knikt.
'People here not steal,' zegt hij, 'not take purse from your pocket.' Hij
aarzelt, hij haalt geld uit zijn broekzak en laat het me zien, zes Sau-
di-Arabische riyalen. Kan ik ze voor hem wisselen? 'For me with Nepalese passport is very dangerous,' zegt hij. 'They say, Where have
you been, how come you have this money? For you, foreign passport,
no problems. But please don't tell downstairs anybody! I have also an
English pound, but is very old.' Hij laat me een Iers biljet van een
pond zien, gedateerd 1980, maar precies in het midden gehavend door
een rond brandgat, waardoor het de indruk wekt van 'very old'.

21 NOVEMBER

Boven op het dak van het Sunrise Hotel brengt het paarse jongetje me
een stram militair saluut en zegt opgewonden: 'Bellum bellum bellum.' Hij grijpt mijn arm en wijst naar de verte waar inderdaad een
grote ballon in de lucht hangt. Hij maakt wilde gebaren dat hij de ballon door mijn 'telescope' wil bekijken.

Ik schud nee en beklop al mijn zakken om hem te beduiden dat ik
hem niet bij me heb. Hij is teleurgesteld, hij gelooft me niet erg. Om
hem op te beuren laat ik hem mijn stoel naar beneden dragen. Ik geef
hem twee rupees voor de moeite, hij bestudeert ze en knikt dat de belo-
ning redelijk is. Lachend brengt hij een militair saluut waarbij hij zijn
hielen tegen elkaar klakt.

23 NOVEMBER

In de Nepal Arab Bank bekijkt een ontzettend scheel meisje de Sa-
udi-Arabische riyalen met afgrijzen. 'Oh no, Sir,' zegt ze geschokt,
'we do not accept.' En dat Ierse pond, is dat niet wat waard? Het
brandgat boeit haar zo hevig dat ze het biljet door drie in smetteloos
donkere westerse pakken geklede mannen laat onderzoeken. Ze lachen
onder elkaar vanwege dat biljet en ze wijzen het glimlachend af. Het

schele meisje brengt de boodschap over. 'We only accept Swiss currency and German marks and dollars, Sir.' Gelijk hebben ze. Arm kelnertje dat dacht dat hij een verboden kapitaal in zijn bezit had dat het
beloofde land binnen zijn bereik zou brengen. Hij vroeg me steeds
naar mijn adres in Amsterdam.

24 NOVEMBER

Op het Potters' Square waar betrekkelijk weinig toeristen komen, oliën
twee vrouwen zich en geven hun baby's de borst. Hanen kraaien, kippen en parelhoenders scharrelen tussen de rijst en worden verjaagd
wanneer ze aan de rijst pikken. Er is een geroezemoes van pratende
vrouwen en twee jongetjes staren halsstarrig van dichtbij tot in het
diepst van mijn ziel. Ze eten nootjes die knapperen tussen hun tanden.
Een jong meisje ontluist een oude vrouw en lacht wanneer ze een luis
tussen haar nagels stukmaakt. Een man gooit een dikke dode rat naar
een hond die er niet eens aan snuffelt. Een vrouw laat me lachend haar
baby zien waarvan ze het haar ingevet heeft en een man bekijkt me van
top tot teen.

Een hoogblond Engels echtpaar duwt een blond kind over het plein.
Het kind maakt misbaar, tot grote vreugde van tien of twaalf donkere
kinderen die hen volgen en telkens wanneer een krijs aan de kinderwa-
gen ontstijgt, in gejuich uitbarsten. Ook de hooglopende ruzie van het
echtpaar vermaakt de kinderen geweldig. 'And I think it's bloody *stupid,*' sist de vrouw tegen haar zwijgende hippieachtige echtgenoot, 'it's
stupid, stupid, stupid!' De kinderen schateren. Een oude man verkoopt
me voor een rupee een hasjpijpje en laat me zien hoe ik het moet gebruiken. Daarna gebaart hij dat hij mijn jasje wil hebben en ook de trui
onder de jas. Ik knik en loop verder.

25 NOVEMBER

Ik ontmoette Michèle die nog steeds boos is op een Amerikaan ge-
naamd Chris die ze in het Jungle Safari kamp schuddend en hossend
op een olifant had zien rijden terwijl hij voortdurend foto's nam met
een zware camera. Michèle is een Canadese. 'De grootste fotograaf
van de wereld zou zo nog geen foto kunnen nemen,' zei ze, 'en hij loei-
de steeds van, Oh Yeah! This is a great picture! This is a picture with
a story behind it!'

Deze zelfde Chris is nu in het Kathmandu Guesthouse waar Michèle
ook logeert, zijn camera kwijtgeraakt en nu scheldt hij de hele dag op
de 'fuckin' Nepalese' die allemaal rovers en dieven zijn. 'Ik ben zelf een
horloge van zeventig dollar kwijtgeraakt,' zei Michèle. 'Ik stond onder

de douche, ik had mijn kleren op de grond gelegd en mijn horloge erop en er is zo'n brede richel onder de deur. Ik zag de hand die het horloge pakte en ik kan je verzekeren dat die hand geen Nepalese hand was. Die hand was net zo blank als die van mij. En die dief wist natuurlijk dat ik niet vanuit de douche meteen de gang zou oplopen...' Ze vertelde van een vriendin die een hele hoop wisselgeld op tafel had laten liggen, omdat ze geen zin had om de muntjes uit te zoeken. Toen ze 's avonds terugkwam op haar kamer waren de muntjes keurig op stapeltjes gelegd. 'Amerikanen denken altijd dat iedereen ze wil beroven,' zei Michèle, 'ik haat mensen als die Chris.'

26 NOVEMBER

In de mist van half acht beginnen de houthakkers op het terrein zware stukken boom tot dunne gelijke latten te hakken die ze op nette stapels leggen. Meisjes hinkelen en jongens spelen een soort landverovertje. Vrouwen zetten pannen vol wasgoed voor hun huis in de steeg. Waarschijnlijk zijn zij de 'laundry service' die je wasgoed in een dag gestreken terugbezorgt en schoner dan na een beurt in de machine.

De Indiër bij de receptie luistert naar de muziek van zijn schorre transistortje. 'I like music,' zegt hij, 'you no wife?' Ik vertel hem dat zij een trektocht maakt. 'En hoe lang bent u hier nu al?' vraagt hij. 'Tien dagen,' zeg ik, 'misschien twaalf. Ik weet het niet meer precies.' 'Tien dagen,' roept hij uit, 'en u heeft nog geen een keer ontbijt gegeten!' Ik zeg dat ik 's morgens heel weinig eet en hij heft zijn arm in een gebaar van wanhoop. 'Maar het is gratis,' zegt hij, 'het is bij de kamer inbegrepen en u heeft het nog geen een keer gehad!' 'Morgen,' beloof ik hem, 'morgen zal ik het nemen.' 'Morgen,' zegt hij, 'morgen, okay, no problems.' Achter hangt een bordje waarop staat: 'The outside ladies are not allowed in the room.'

INEZ VAN DULLEMEN

IN DE BOCHT VAN DE GANGES

De bootsman heet Ganesh naar de god met de olifantskop. *'This is my job,'* zegt Ganesh terwijl hij aan de riemen trekt en behendig tussen samengeschoolde schimmen, die tot hun navel in de rivier staan, door manoeuvreert. Ik krijg een lichtje aangeboden, een oliepitje vastgestoken in het blad van een leerachtige plant te midden van afvalbloemblaadjes van diverse crematies. Ik plaats het vlammetje op de golfslag van de Ganges, en zie hoe om mij heen tientallen soortgelijke vlammetjes scheep gaan op de stroom in de richting van de monding ver weg aan zee, de gebeden en wensen van de bewoners van Varanasi met zich meevoerend.

We varen onder langs de kade, tussen de woonbootjes door. En overal zitten er beelden van goden en godjes in de schrijnen aan de waterkant: vierhoofdige Brahma, veelarmige Vishnu, Shiva danst met zijn drietand op een koepel: de koning van de dansers, de bruidegom, de minnaar; hanuman, de aapgod, in een rood habijt en met zijn muil vol geofferde rijst, Ganesha, dikgebuikt en vergezeld door zijn rijdier de rat – alle vermiljoen besmeerd en bloemomkranst en waakzaam uit hun heilige ogen kijkend. Uit een godshuis begint een luidsprekerstem te galmen, een zware stem zoals van Boris Karloff in de Hollywoodfilm *Dracula*. In de ramen van de huizen boven de *ghats* verschijnen overal gezichten, witte slaaphemden drommen samen op de veranda's, drie nonnen zitten roerloos op een uitbouw boven het water: aller ogen haken zich vast aan de horizon, alles wacht op het moment suprême.

Zonsopgang boven de Ganges. Plotseling doorboort een straal verblindend zonlicht de nevel en vlamt over de rivier. Een profeet met een baard tot zijn navel breidt zijn armen uit alsof hij de zon wil omhelzen en blijft als een standbeeld versteend op de kade staan. De hele lucht gonst van prevelingen en Sanskrietzangen en al het vlees, het naakte, het wulpse, het eenzame, het aangevreten vlees duikt onder in de stroom, lippen beven blauw door de schok van de koude; je ziet niet meer wie de woekeraar is, wie de bedelaar, wie advocaat of sterrenwichelaar: oud of jong, robuust of ziekelijk, allen nemen hun duik, terwijl zij ijverig hun incantaties prevelen en het heilig water in hun donkere handen scheppen: elk gebed behelst een formule om de ziel schoon te wassen, de geest te bevrijden van zorgen en begeerten. Borstdiep staan de weduwen in de stroom, hun sari's als een tweede huid tegen hun versleten ledematen gekleefd. Zij schuiven dichter bij elkaar, zacht murmelend, de tongen klikkend tegen hun benige verhemelte. Zij scheppen het water in hun handen en heffen die naar de zon omhoog alsof ze zijn verschroeiende dorst willen lessen, zij wenden zich van de ene kant naar de andere, zonder ophouden gebeden intonerend en raken met het water voorhoofd, lippen en borst aan, ze vullen hun koperen keteltje met het heilzame elixer.

Ganesh lacht met betelrode tanden. 'Water van de Ganga is voedzaam. Je drinkt het en je hebt geen honger, drie dagen lang...' Hij blaast zijn buik een beetje op: 'Het is zwaar.'

In de rivier zie ik olijfkleurige tinten, de getaande goudkleur van de Ganges-bewoners, maar geen blank vel. Blankhuidigen, zoals ik, zitten in bootjes en absorberen het tafereel via hun camera. Een toren ontvlamt in rode gloed en altijd door galmt die monotone Boris-Karloffstem over het water.

Ergens, duizend mijlen van hier, ontspringt de heilige Ganga als een kristalhelder stroompje in de Himalaya. Zij wordt geboren in het *Huis van IJs – Him betekent huis en Laya* ijs – en zij wordt als heilig beschouwd omdat zij zo dicht bij de hemel ontspringt in dezelfde bergketen waar ook God Shiva en zijn gemalin Parvati hun woonplaats hebben op de berg Kailasa – Verblijfplaats van Vreugde. De godin Ganga kwam naar beneden om de mensheid te redden – de toedracht van deze geschiedenis heeft even zovele mythische variaties als zij zelf kronkels bezit op haar meanderende weg door de landstreken naar zee. Hoe het ook zij: Ganga liet zich op zekere dag vermurwen om uit haar Huis van IJs naar beneden te komen, maar omdat zij vreesde dat het geweld van haar neerstortend water de aarde in tweeën zou klieven, stelde zij als voorwaarde dat Shiva zijn schedel zou aanbieden om daarmee de val van het water te breken. Shiva willigde haar verzoek in en zo glijdt zij nu, gekalmeerd, in haar bedding voort om jaarlijks driehonderd miljoen mensen van voedsel, drinken en leven te voorzien.

In een kiosk in Delhi kocht ik een boekje waarin honderdenacht verschillende namen van de Ganges stonden opgetekend: al haar aanroepnamen, haar koosnamen, de mythische namen in alle talen en dialecten van de volkeren die aan haar oevers wonen.

Een naakt persoon ligt op zijn rug in de stroom te dobberen, de armen zijdelings gestrekt alsof men hem zojuist van het kruis heeft gehaald.

In die houding mediteert hij wel tien minuten. Overal zijn pelgrims en bewoners van Varanasi zich aan het wassen. Op een gegeven moment zie je amper verschil tussen ritueel en gewoon badderen, een bruine man lijkt op een met wittige klei ingesmeerde neger, zozeer is zijn lijf met zeepschuim overdekt, vrouwen naast hem poetsen met hun wijsvinger hun tanden of wassen de haren van hun kinderen. Varanasi maakt ochtendtoilet. Onder gezang en tromgeroffel komt ons bootje voorbij met silhouetten achter elkaar gezeten, zoals in Egyptische schepen die naar de onderwereld afvoeren.

Wij varen nu dicht onder Manikarnika Ghat, de heiligste plek aan het waterfront, het verbrandings*ghat.* Hier zijn de knechten van de lijkverbranders druk in de weer om met bamboestokken in hoge bergen as te porren op zoek naar goud van kiezen of andere kostbaarheden. Lijkverbrandingen in Varanasi zijn het monopolie van de Doams, een speciale groep van de kaste der Onaanraakbaren, waarvan de ongekroonde koning zich aan de menselijke as zozeer heeft weten te verrijken dat hij een eigen paleis aan de Ganges bewoont met een bordes door twee heraldische leeuwen bewaakt.

Om een efficiëntere en hygiënischere lijkverbranding mogelijk te maken, en vooral ook omdat de toevoer van lijken voortdurend groter wordt wegens de weg der vermenigvuldiging, overweegt de Indiase regering elektrische crematoria te gaan bouwen. Maar de Doams verzetten zich daar heftig tegen, niet alleen omdat zij hun nering bedreigd zien, maar ook omdat lijkverbranding sinds mensenheugenis een onvervreemdbaar en heilig privilege is, dat hun door god Brahma zelf werd geschonken nadat zij een verloren oorring van zijn vrouw Sati, die zelfmoord had gepleegd, aan hem hadden terugbezorgd.

Gewijdheid is een relatieve zaak. Terwijl er een in goudbrokaat gewikkelde dode over de trappen van het *ghat* wordt gedragen, keilen de Doam-knechten stukken hout en halfverbrande troep naar beneden zodat ik bijna een gebarbecued stuk lijk op mijn hoofd krijg. Verstrooid en schijnbaar richtingloos komen de mensen met hun doden de trappen afdalen, als mieren die hun poppen versjouwen, hier talmend, daar een pop neerleggend, zelf weer terugkerend om in de schaduw te wachten tot zij opgeroepen zullen worden voor het volbrengen van de laatste handelingen.

In het zalmkleurige licht walmen de brandstapels; de hitte van het vuur doet de lucht voor mijn ogen beven als in een delirium. Ik zie de met bloemslingers versierde cocons, de met rood of wit lijnwaad of goudbrokaat omwikkelde doodscocons in series op de trappen liggen; waterbuffels staan tot de schoften weggezonken in de zachte modder dicht onder de berg van as, dicht onder het vuur. Aan het uiteinde van lange rietstengels wordt een vonk van de heilige vuurhaard in de tempel naar beneden gedragen; de kaalgeschorene, de door het lot aangewezen oudste zoon, moet daarmee de brandstapel aansteken en maakt daartoe een rondgang rond de houtmijt waarbinnen de dode rust. Ik denk aan de botten daarbinnenin, aan welke werelden de dode ogen gezien hebben. Geen menselijke klacht is hoorbaar, want weeklagen en jammeren zou ongeluk over de dode afroepen en zijn vertrek naar het Nirwana verhinderen, menen de hindoes, dus hoor je geen geluid behalve het knisteren, het aanloeien van de vlammen, met daartussendoor sinistere plofjes als van kastanjes die gepoft worden – de dromen worden uitgerookt, een leven van zonde, genade en berouw dat alles ontvliedt.

Onder het wateroppervlak, in het groenbruinige water, drijft iets voorbij, iets wittig blauws, de kleur van darmen, volgezogen met water, een klein gezicht nog herkenbaar, de gaten van ogen en mond: het kreng van een zuigeling. Een rondploeterende hond geeft met zijn neus een duwtje tegen het babylijk, maar hoe leeg zijn maag ook mag zijn, dit hier is al te onappetijtelijk. Een onbeduidend incident. Nog geen halve eeuw geleden dreven hele flottieljes van kadavers stroomafwaarts naar de monding aan zee.

Een gouden mummie, stijf ingewikkeld als een soort Toet-ank-amon, wordt door de nabestaanden de trappen afgedragen en driemaal in het water ondergedompeld om hem te reinigen van de smet van de dood. Terwijl zijn windselen uiteenwaaieren door de stroming zie ik hoe een streng gestructureerd profiel zich door het dunne doek heen dringt, alsof de dode nog een laatste maal zijn identiteit wil openbaren alvorens hij aan het vuur wordt prijsgegeven. Aan het vuur, de energie van transformatie.

Ganesh, tegenover mij in de roeiboot, vangt mijn blik, grinnikt: 'Body's last swim. Then finish...'

De dood betekent voor de hindoes niet het tegenovergestelde van leven, maar eerder het tegenovergestelde van geboorte. Vandaar dat de zonen van de afgestorvenen een aarden kruik vol water breken als symbool dat de band met de baarmoeder van het leven verbroken wordt, zoals bij de geboorte de navelstreng wordt doorgeknipt.

Een denkend rund in het water eet peinzend de voorbijdrijvende bloemetjes van de crematie op. Uit een vlammende brandstapel zie ik twee zwarte geroosterde benen steken, en terwijl ik kijk trapt het linkerbeen opeens in de lucht en draait zich buitenwaarts alsof de dode zich binnen in de vuurhaard op zijn andere zij wentelt.

Ik zie hoe het licht verandert. Mannen beginnen de was te slaan, begeleiden zichzelf met een sisgeluid tussen de tanden of een langgerekt mooee, mooooeee. Hemden, broeken, sari's in gloeiende kleuren worden schuin op de zon op de traptreden te drogen gelegd, als muzieknoten op notenbalken. Twee aan twee wringen mannen grote doeken, die ze zo sterk ineendraaien dat het weerspannige cobra's lijken te worden. Met waszakken beladen staan ezels te wachten, doen piepend balkend hun beklag, ankers liggen als reuzenkrabben onder aan de *ghats*. De huizen zijn gebouwd als hoge forten tegen het wassen van het water in de moessontijd, de muren worden bevlinderd door de duiven. Er wordt stof voor sari's gemaakt en op een cilinder opgewonden, tussen twee mannen in; een houdt de draad van wel vijfentwintig meter strak gespannen. Witte geitjes dalen als van een rotsgebergte naar beneden.

Ganesh gaat betel halen aan de wal, loopt snel, blootvoets, over de dekken van andere bootjes om het op de kade te gaan kopen. Teruggekeerd werkt hij alles wat in het grote blad zit, met duim en wijsvinger naar binnen. Hij kauwt, zijn ogen gaan zwemmen, zijn spraakzaamheid verdwijnt, zijn blik keert zich binnenwaarts. Is hij drugged? Of enkel verdiept in het genot van de betel? Plotseling schiet een straal vuurrood sap zijn mond uit, richting Ganga.

Naast Vishnu Resthouse wordt een nieuw *ghat* gemaakt, er liggen zand en stenen, maar het is bouwen met een theelepel. Geen hijskraan of bulldozer te zien. Tik tik tok tok klinkt het bikken van de stenen, alles gebeurt nog met de hand, als in oudtestamentische tijden. Een vrouw geeft terloops haar kind de borst om zich daarna weer in de rij te voegen van degenen die de stenen in schalen op het hoofd naar boven dragen; in haar sari loopt zij over een ruwe plank, het lichaam breekbaar en zwaar belast, maar altijd nog gehoorzamend aan de voorgeschreven stilering die van eeuwen her dateert.

Geplons klinkt onder aan de Shiva tempel, kinderhoofden bobbelen daar als kokosnoten op het water, handjes klemmen zich vast aan onze achterplecht. Jongens maken touwtjes om mee te vissen, een teef met tepels als theepottuitjes loopt zorgelijk haar neus achterna, een bootje glijdt voorbij, volgeladen met terracotta kruiken, schipper en kruiken zijn in eenzelfde kleur uitgevoerd. Ik vis trouwkaarten uit de rivier met verwaterde Indische letters en leg die te drogen op de voorplecht. We roeien stroomopwaarts. Een verwelkt, maar nog met goud bekroond Maharadja-paleis hangt in precair evenwicht boven het water, een echo van weelde, een grandeur als van een Venetiaans paleis oproepend, maar gedoemd om net als de lijken door de rivier te worden afgevoerd.

Langzaam ontstaat er een grotere afstand tot de stad, tot de ronde pagodeparasols en de mensen en de was. Nu komen we in het ijler domein van witte reigers en libellen. Van ver hoor je nog de eeuwige symfonie van de stad: zuigelinggehuil, geluid van kinderen die juichen, een rund loeit scheurend, ik hoor het geklop van de steenbikkers en het gelach en gepraat van de Ganges-bewoners. Van een afstand gezien vormen de *ghats* een surrealistisch decor, alsof hier een of ander goddelijk gewas van minaretten, ashrams, moskeeën en tempels is ontkiemd als een tomeloze groei van paddestoelen of een opeenstapeling van koraalriffen. Maar hoe verder we ons verwijderen, hoe meer zich een vredige neveligheid over Varanasi heen legt, een zachte witheid als van melk. Het langst handhaven zich daarin nog de torens met hun kleuren okergeel, loodgrijs en karmozijn.

Varanasi, de Stad van Licht, is de oudste van alle steden op aarde, zeggen de Indiërs. Vóór de dagen van Babylon, voordat Salomo zijn tempel bouwde of Nebukadnezar zijn triomfen vierde, was er op deze plek al een beschaving ontstaan. Aan deze bocht van de Ganges kwamen duizenden jaren geleden al wijze mannen bijeen om studenten te onderwijzen op een plek die zij Amandavana, Woud van Gelukzaligheid, noemden – een woud waarvan de laatste boomreuzen in het begin van deze eeuw voor de bijl gingen.

De stad lost op, je gaat het smakgeluid horen waarmee het water aan de bootromp sabbelt. We passeren een *dhow* met bruine zeilen die zand gaat halen voor cement. Waar het water te ondiep is bomen ze het vaartuig voort met bamboestokken.

Een nieuwe tocht begint, in de richting van de lege vlakte aan de overzijde, de vogels tegemoet. De vlakke rivier ligt hier breeduit als een lui dier. Haar water is niet langer helder als bij de oorsprong in haar Huis van IJs. De Ganges-bewoners kennen het ijs niet, noch de stilte daarboven waaruit het ontstaan is – misschien wordt datgene wat je niet kent, wat zich onttrekt aan je voorstellingsvermogen, een godheid. Ganesh wijst mij op een zwarte rug die zich met een wielende beweging door de stroom voortbeweegt: de Ganges-dolfijn, een zoetwaterdolfijn. In een oeroud bootje, zit een grijsaard te vissen in de Ganges, de baarmoeder van het leven en de dood. Ik moet denken aan die vreemde vis, het blauw gezwollen kinderlijk dat ik voorbij zag zwemmen onder het Marnikarnika Ghat en dat zijn tocht begon naar de monding aan zee. De eerste bootsman in de geschiedenis is de Dood. Charon was zijn naam in Hellas, hier heet hij Yama.

De vlakte, vele mijlen lang, is niet bedekt met zand maar met grijs slib, er hangt een vage verontreinigde geur. Deze oever is voor de gieren. Als mislukte monniken, in hun kap gedoken, zitten ze in een vergadering bijeen. Aan het karkas van een hond pikken een kraai en een gier broederlijk, ik hoor het scheuren van het vlees.

Even verder ligt een geraamte van een rund half boven water. De gieren, die zich hebben volgevreten en zich in het water van bloed en smurrie hebben ontdaan, zitten hun vleugels te drogen, met al hun koppen naar één kant, tegen de wind in. Of ze bewegen zich met zware huppen voort als kangoeroes, doen vervolgens enkele stapjes om te starten, wijdbeens lopend als mannen met zakken aardappelen onder hun armen, schokkerig door de inspanning van zo'n zwaar lijf de lucht in te krijgen, om dan opeens, los van de grond, omhoog te cirkelen.

Deze oever loopt tijdens de moesson helemaal onder water. Randgebied van land en water. Water waaruit we geboren zijn en waarnaar we terugkeren. De gieren, een en al potigheid, zitten hier zoals ze duizenden jaren gezeten hebben. Geluidloos, bewegingloos, voor hen geen zijde of parfum, geen papieren of documenten, niks geen inzepen met zeep, geen sari aan, geen betel kauwen – zijn het reïncarnaties misschien van de doden die aan de overkant verast zijn?

Ik vaar langs het land van de vogels, Ganesh tegenover mij; zijn rode tong en zijn glinsterend geolied haar zijn de enige toetsen kleur in dit kleurloos land. Het is alsof wij langs een onbekend universum varen, we vangen geen geluiden op, de vogels staan zwijgzaam bijeen, zich wijdend aan hun spijsverteringsprocessen. Ineengedoken gestalten op het onvruchtbare zand, die immense vlakte van slib die ligt te wachten tot de rivier zal wassen. Geen struik, geen boom. Het zijn vuilgele vogels met kale koppen en donkergele borst: witte krenggieren.

Ganesh is nog nooit eerder naar de overkant gevaren. 'Toeristen willen geen vogels zien,' zegt hij, 'toeristen willen lijken zien.'

Ik besta niet voor de gieren, ik ben *quantité négligeable*, ik ben entourage; hier in dit niemandsland glijdt alles langs elkaar: vissen glijden langs gebeenten en wrakken van boten op de rivierbodem, boten schuiven langs de oevers, water schuift langs boten – zolang iets voorbijglijdt verontrust het de gieren niet.

Ik adem met korte ingehouden teugen, het dobberen maakt me onpasselijk, de zon begint te branden, mijn lichaamssappen, mijn ego – alles zweet mijn lichaam uit. De gewone logische door de tijd beheerste wereld van alledag bestaat niet langer, het licht van het water straalt mijn lichaam in, ik word doorstraald door een kosmisch röntgenapparaat. Hoe ben ik hier gekomen? Al die plaatsen die ik bezocht heb, waar ik iets van mezelf heb achtergelaten voordat ik hier kwam aan deze kale vlakte: het rijk van de gieren...

Zal ik mij dit herinneren, later – binnenkort – , als ik in een bejaardenhuis zal zitten met een slab voorgebonden, terwijl de verpleegster mij een hapje pudding voert, als ik de lepel met dat weke spul naar mijn mond zie komen? Als ik daar zit, tachtig, vijfentachtig jaar oud misschien met een verjaardagsslinger rond mijn stoel en een feestmuts op het hoofd, zal ik mij dan Ganesh, mijn bootsman herinneren? Zal ik wensen dat ik met hem was meegegaan om nooit meer terug te keren? Zal dan een verhelderende flits één ogenblik mijn dompige bewustzijn verlichten voordat de wolken weer dichttrekken en ik mijn mond open om het kwakje pudding, de ouwel van de ouderdom, te ontvangen?

Ik heb in mijn leven altijd iets te maken gehad met water en boten. Dat stond in de sterren geschreven. Ik keek regelrecht de verblekende nachthemel binnen toen ik over de Egeïsche Zee geroeid werd. Toen waren het de Grieken die de riemen hanteerden. Dertig jaar geleden. Met een dubbel bewustzijn zag ik mijzelf in die wijnkleurige zee drijven en verbaasd dacht ik dat ik misschien al dood was. Het leek heel simpel, heel vanzelfsprekend dat de dood zich zo zou voordoen: een soort oplossen zoals koolzuurbelletjes in champagne. Ik werd buitengaats geroeid naar waar het vrachtschip wachtte buiten de haven van het eiland, een metalen wand in de romp werd opengeschoven en met brancard en al werd ik tussen kratten vol meloenen in het ruim gezet. Het metalen schot in de scheepsflank viel weer dicht. Een siddering voer opeens door de romp van het schip als van een groot hart dat begon te kloppen, en stampend begon het zijn weg door de zee te ploegen in de richting van Athene. Binnen in die romp geborgen, te midden van de moederlijke geur van meloenen, kwam ik opeens tot mijn positieven en dacht: ik moet de overkant zien te halen, ik wil léven...

Nu ben ik daar niet meer zo zeker van. Bijna benijd ik de weduwen, die frêle bundeltjes botten, waaruit de begeerte al vervlogen is, en die aan de Ganges zitten in de hoop door het water naar de eeuwigheid te worden afgevoerd. Maar de mens is dualistisch geaard: mijn lijf, dat gezonde, weldoorvoede, dicteert me verder te gaan, en mijn geest wil zijn omzwervingen langs dat hele panopticum van beelden en beeldjes nog niet opgeven. Maar wat moet ik daar dan mee, straks aan het eind van de reis? Met die hele knapzak vol souvenirs? Heeft dat betekenis?

Zwijgend roeit Ganesh voort. Hoe goed begrijp ik Richard Burton, de ontdekkingsreiziger die als wens te kennen gaf: als ik oud ben wil ik aan boord van een stoomschip stappen met een passagebiljet enkele reis en net zo lang doorvaren, de wereld rond tot ik de geest zal hebben gegeven.

VERANTWOORDING

Alle verhalen verschenen in 1988

- 'Onwerkelijk' van Remco Campert in: *Sic*, voorjaar
- 'Het laatste reisverslag van Joop Waasdorp' van Dens Vroege in: *Het Oog in 't Zeil*, december
- 'De vakantie in de vakantie' van Dolf Cohen in: NRC *Handelsblad*, 6 augustus
- 'De geest van Cornwall' van Renate Dorrestein in: *De Tijd*, 7 oktober
- 'De laatste reis van de *Plancius*' van Karel Knip in: NRC *Handelsblad*, 25 oktober
- 'Verloren zonen' van Ben Haveman in: *De Tijd*, 30 september
- 'Reis naar de lente' van Gerrit Jan Zwier in: *Leeuwarder Courant*, 12 augustus
- 'Het vakantie-eiland van een "perverse" auteur' van Ethel Portnoy in: *Avenue*, december
- 'Reisbrieven' van Jean-Paul Franssens in: *Het Oog in 't Zeil*, februari en oktober[1]
- 'Flauberts Bretagne' van Matt Dings in: *De Tijd*, 20 mei
- 'Reis' van Ellen Ombre in: *Maatstaf* nr 7
- 'Een basiliek in het regenwoud' van Jan Brokken in: *Nieuw Wereldtijdschrift*, december/januari[2]
- 'De falaise van Bandiagara' van Robert Vacher in: *Sic*, voorjaar
- 'Missie New York' van Gerrit Krol in: *Schipholland*, 19 juli
- 'De kleurrijke wanorde van Chiapas' van Jan Donkers in: *Avenue*, januari
- 'LalalalalalaBamba!' van Roel van Broekhoven in: *Haagse Post*, 9 april
- 'Het geheim van de maat' van Cees Nooteboom in: *Avenue*, november
- 'Moerasnotities "In het voetspoor van Naipauls Biswas"' van Guido Golüke in: *Maatstaf*, nr 2
- 'Oud jaagpad langs Parelrivier' van Carolijn Visser in: NRC *Handelsblad*, 27 augustus

- 'Domweg mistroostig op Rangiroa' van Herman Vuijsje in: *Intermediair*, 8 januari
- 'Onder de blote hemel' van Ben Borgart in: *Elsevier*, 21 mei
- 'De lachende schedels van Kuching' van Kees Ruys in: *de Volkskrant*, 17 december
- 'Dorpen aan de rivier' van Frits Staal: in *Elsevier*, 30 juli[3]
- 'Bellum bellum bellum' van Henk Romijn Meijer in: *Sic*, voorjaar
- 'In de bocht van de Ganges' van Inez van Dullemen in: *De Tijd*, 7 oktober[4]

1 'Reisbrieven' van Jean-Paul Franssens zijn opgenomen in *Over en weer. Schrijversbrieven* van H.J.A. Hofland & Jean-Paul Franssens, Contact, 1989

2 'Een basiliek in het regenwoud' verscheen in uitgebreidere vorm in *De moordenaar van Quagadougou* van Jan Brokken. De Arbeiderspers, 1989

3 'Dorpen aan de rivier' van Frits Staal is opgenomen in *Een wijsgeer in het Oosten. Op reis door Java en Kalimantan*, Meulenhoff 1988

4 'In de bocht van de Ganges' is in bewerkte vorm opgenomen in *Huis van IJs. Reisimpressies uit India en Nepal*. Querido 1988